# 阅读铜仁

《阅读铜仁》编写组 编

孔學堂書局

本书获贵州省孔学堂发展基金会资助

图书在版编目（CIP）数据

阅读铜仁 /《阅读铜仁》编写组编 . -- 贵阳 : 孔学堂书局 , 2024. 10. -- ISBN 978-7-80770-569-7

Ⅰ . I211

中国国家版本馆 CIP 数据核字第 2024M904Z9 号

# 阅读铜仁

YUEDU TONGREN

《阅读铜仁》编写组　编

责任编辑：陈　倩　杨　慧
责任校对：练　军
封面设计：万　及
责任印制：张　莹

出版发行：贵州日报当代融媒体集团
　　　　　孔学堂书局
地　　址：贵阳市乌当区大坡路26号
印　　刷：天津创先河普业印刷有限公司
开　　本：787mm × 1092mm　1/16
字　　数：400千字
印　　张：26.25
版　　次：2024年10月第1版
印　　次：2024年10月第1次
书　　号：ISBN 978-7-80770-569-7
定　　价：78.00元

# 序

张新民

铜仁自明清两代迄今，从来都是令人神往的地方。之所以令人神往，一方面，梵净山绵亘数百里，不仅是弥勒道场，为佛教净地，早已入世界自然遗产名录，影响遍及五洲四海，而且更是武陵山区名岳，广袤南域奇胜；另一方面，则如明代大地理学家王士性所说，贵州有“北二水”“东一水”“南二水”，而以梵净山脉为分界线，当地西有“出涪水”之乌江，东有“出沅江”之锦江。（《广志绎》卷五《西南诸省》）另一条支流㵲阳河，也流经境内辖区玉屏，下接沅江，入洞庭湖。前人感慨“滇蜀楚粤间，陕隘天所藏”（张百熙《退思轩诗集》卷二《自玉屏赴贵阳道中感述》）。铜仁作为边要重地，不仅地缘区位事关四省，而且山川盘郁有奇气，风物景色无一处不诱人。例如，清代湖广名宿李元度便盛称：“梵净山峗峨，牂牁水荡潏。”（《天岳山馆诗存》卷二《南旋述事，步杜工部北征元韵留别黔东士民》）黔中学者蒋其贤《两江春色》：“铜水交流见两川，光吞晓翠日浮烟；柳阴已占西湖地，花气浑如二月天。”（《黔诗纪略》卷九《蒋其贤》）明代巡按御史王杏《览（乌）江》：“层涛急峡雷霆斗，熸浸轻烟鼍蛋游；金鼓过湾声曲折，旆旌荡桨影沉浮。”（嘉靖《思南府志》卷一《山川》）晚清诗人潘乃光《再过玉屏》：“趁得轻舟下玉屏，此邦佳胜喜重经。雪融岭带三分白，日落山余一角青。”（《榕阴草堂诗草》卷八《入黔草》）天地造物之奇，无所不有。铜仁仅仅因为梵净山及两江，便足以令人心慕神往。而以西湖比拟锦江两岸秀色，凡到过铜仁者都不会以为过。至于乌江的雄浑苍劲，㵲阳河的四季景色，历来题咏颇多，更令人流连忘返。铜仁人得益于山之厚重，以仁取名，寓成德之意；又受益于水之灵动，临事不滞不惑，有好智之性，所谓“智者乐水，仁者乐山”（《论语·雍也》），诚乃德智并重，仁勇双全。徜徉于当地佳山秀水之间，岂能不由山品水性而赞叹其民众乎？

当然，从传统中国山川地理大势讲，铜仁地区不仅山水雄浑壮美，而且地缘战略地位也极高。梵净山“跨铜仁、思南二郡之边，北接四川酉阳州界。山下九十溪，环绕纡折。其东南诸溪会为铜仁江，即辰水源也”（《黔诗纪略》卷九《蒋其贤》）。迄今仍耸立于金顶的万历《敕赐碑》，可谓难得之褒扬地方山水人文的叙事文章；其中仅“山连四府，当与国运俱隆”十字，便可见梵净山表面虽只是边地一座雄峰，实亦关涉周围八方广袤区域秩序稳定，长期在人心中具有神圣地位，以至于关系到国家盛衰气运。

铜仁的两江，一条流至湖南省辰溪县入沅江，遂注进洞庭湖并连结长江，称锦江；一条流至重庆市涪陵区，直接汇入发源于青海唐古拉山之各拉丹冬雪山的长江，名乌江。货物入楚者称“楚运”，货物入川者谓“川运”。如同早期黄河文明的传衍、发展及繁荣，实主要集中在大小支流纵横交错并易于耕种的地区一样。早期的长江文明的传衍、发展及繁荣，也不能离开集众多溪河汇成网状般支流且易于耕种的地区。铜仁的两江及万千支流所流经的广袤区域，恰好可以看成颇有代表性的长江支系文明之一。一方面，两江及其所连接的千川万溪，从来都是极为重要的水路网络航运通道，形成了特定的河流水道运输空间；另一方面，水路通道又连接了陆地难以计数的大路小径，同样形成了网状般的交通体系。而一定的交通体系又与一定的社会经济体系相结合，尽管难免存在鞭长莫及的边远地带，但长时段整体性地观察，交通体系仍不断强化了区域内部的社会文化结构，逐渐扩大或发展了区域与外部世界的交往和联系，在加快区域的内地化变迁发展过程的同时，强化了区域对国家的心理认同。

河流水道与陆路驿道合为一体，是充满活力的有生命的交通网络。物资、财富、知识、思想、文化的交流与互动，凡道路所到之处，即其必到之处。

完全可说是无远弗届，任何边界都难以限制。但尽管水陆相连而交通四达，仍不能不说“天下马（码）头，物所出所聚处”（《广志绎》卷一《方舆崖略》），古代水道船运远较陆路更为便利。因此，铜仁地区凡稍具规模的大型城镇，都主要沿两江交通便利处分布，余则随道路的远近不断延伸，形成大小不等的人口聚落，凝聚大量零星分散的族群，扩大了社会乃至国家共同体意识涵盖的地域范围。因此，无两江及其所连接的长江远程航运，便谈不上铜仁社会经济文化的发展与繁荣。作为长江支系文明最重要和最有代表的多民族聚居区域，尚有必要将铜仁置于更大的空间范围如实观察和深入了解。

铜仁山势绵延起伏，又得两江交通、灌溉之便，生活方式各有不同的族群，根据山川气候所赐之宜，或择山而居，或傍水而住，错综分散，自成聚落，不仅自然生态环境变化万千，即文化生态环境亦多元复杂。在长期的社会历史变化过程中，不同生活环境的族群或聚落，通过不同的交往交流方式，一方面进行族群与族群或聚落与聚落之间自生自发演化秩序的互动与交往，逐渐突破了区域内部血缘家族区隔的限制；另一方面则进行区域与区域乃至区域与国家之间形式多样的规约化秩序互动与交往，不断突破区域与外部世界山川语言的阻隔，始终朝着民族融合的大方向历史性地变化发展。无论其整体时间变化过程是缓是急，诱变的外来因素是大是小，都与自身生存发展的内在动因密不可分，都具有边地入华夏的明显演化变迁趋势。

与民族融合和内地化变迁同步的另一政治文化现象，是明清两代国家化发展进程的不断加快。但前者往往在不知不觉中发生，非历经长时段历史即无从显现；后者多具有突发性，往往为各种史籍志乘大书特书。易言之，较诸长期而缓慢的民族融合及去边地化历史变迁过程，地方社会政治行政体制的国家化发展，尤其是积久而发的时代大变动，往往更能引起世人的关注。其中最突出者，即明代贵州行省的设置，实牵连一系列震动性的政治事件。诚如贵州巡抚郭子章所说：“黔自国初以来，西南既平，设卫所，以武功领之，率诸酋长共提边圉。其后经略稍定，渐棋布而郡县之。视前代固有间矣。”（万历《黔记》卷七《舆图志四》）最突出的标志性历史事件，即“洪武中，止设贵州思南府宣抚宣慰司，管束土民，及设都指挥使司，镇守其地”。以后延至永乐十一年(1413)，“思南宣慰使田宗鼎与思州宣慰使田琛数相攻伐，抗拒朝命，乃敕镇远侯顾成以兵擒而诛之，命户部左侍郎夏原吉等，以思州所辖二十二长官司分设思州、新化、黎平、石阡四府，思南所辖十七长官司分设思南、镇远、铜仁、乌罗四府。”（陈建《皇明资治通纪》卷十三“永乐十一年”条）自此国家西南版图遂多了一个直隶中央政府的贵州承宣布政使司，当为地方社会国家化发展最具深远影响的历史性事件。由于事件的发生地主要在黔东北即今铜仁地区，故可说铜仁乃贵州最早启动国家化发展进程的重要边地。政区内部以后仍时有不同程度的变动，历史叙事亦始终不离地方与国家两条主线，反映地方乃是有国家的地方，国家也是有地方的国家。地方自我意识不断觉醒的同时，国家认同意识在明显加强。

与地方社会不断内地化和国家化的变化过程同步，当地另一变化发展现象即人才的蔚然兴起。当地人才“或以忠节著，或以治行称，雾举云升，彬彬然相望于科目者胥此焉出”（田秋《思南府儒学记》，引自嘉靖《思南府志·学校志》），不能不说是“文章风节骎骎比中州”（《黔诗纪略》卷三《田布政秋》）。其中仅思南一地，便人才卓然争自矜奋，名儒硕学辈出，完全可说“是邦多君子，有若李同野，则以正学倡西南矣；有若申天锡，则以忠孝称完人矣；有若田西麓、萧剑斗，则以经济奏议克自树立矣；有若田子礼、李留坡，则以宣慰义愤不负所司矣。其他秉礼而慕义，守贞而抱信，佩耻而砥廉，其事皆自为之事。而百世下流连慨慕，咨嗟敬畏，不惟贤士大夫，如出一辙。下逮愚妇悍卒，仆隶乞人，聆其风流遗韵，亦莫不肃然恻然于乍闻之际者，何哉？民彝如昨，而是非之公不能混淆也”（贺长龄《耐庵文存》卷二《思南府续志序》）。地方人才之盛，民风之醇，即使置于全国范围观察，亦骎骎然早已入文献名邦之列矣。

正是由于爱其山水之壮美，喜其人文之蔚兴，历代贤人名士前后相继，佳篇秀构层增累积，铜仁主事者以为不仅当笔之于文，更应汇之为帙，遂广搜博采，精酌细选，而有此书之出版。全书或依地域分类叙事，或按时间列目编排，“梵净灵山”“两江挹翠”“武陵炊烟”，逐篇读之，则知自然山水与锦绣人文，二者合之即双美，离之则两害，自古迄今无不相得益彰。山水人文融为一体，不仅妙景奇观自相应发，使人应接不暇，即名人往事亦前接后踵，使人浮想联翩，读之久久不忍释手。至于纤夫舟人、风物异说、闺咏野歌、谐语趣谈，也时见篇章，引发无限乡愁。“黔东烽火”与“古韵铜仁”两章，一为晚近革命叙事，一为历代诗文精选，览古审今，沧海桑田，变化翻天覆地，亦能令人了知家国天下正理，从而砥砺奋发，跃跃然上进不已。

是书题名冠以“阅读”两字，亦内含甚深义蕴。盖一卷在手，即可透过文字，随时卧游，遍历其地，心赏情悦。而更重要者，则为入境躬历，身触目接，非仅人在雄岩严壑仙地之中，即神亦大得云蒸霞蔚妙趣，则所“阅”所“读”者，实以天地万物为对象，非文本书册所能囿限。举凡家乡风物人情，故老雅闻逸事，族群殊俗异习，祖国奇山丽水，借助今日交通便利，无一不可步履亲历踏勘，周览遍阅，成为当代之徐霞客或王士性。昔陈函辉读友人徐霞客游记后感慨：“自有山川，即有游屐，往古来今，岂止一向子平、司马子长哉？昔日黄十岳以两游五岳自名，璃玛窦从大西洋裹粮入中土，经寒暑十四年。世人足不出故封，睫不见域外，宜其蛙井而虫冰也。”（陈函辉《纪游诗序》）今日身处全球一体化历史大变局中，虽千里之遥，亦顷刻即至，“蛙井”“虫冰”的时代早已结束。与全国其他名区胜地一样，以开放的风姿谋求进步发展的铜仁，会满足更多朋友深“阅”细“读”本土山川风物的需要，无论读者是透过典籍文献认知了解，还是凭借实地咨询周览洞悉——不拘形式方法，不限时间地点，铜仁都会敞开自己宽广宏大的襟怀，表示诚挚热情的欢迎。

是为序。

二〇二四年中秋谨识于贵州大学中国文化书院

（作者系贵州大学中国文化书院荣誉院长、二级教授）

# 目录

## 第二章　两江挹翠

## 第三章 武陵炊烟



## 第四章 黔东烽火

# 凡例

一、选文宗旨：记述铜仁重大历史事件，叙述铜仁名人贤士，描绘铜仁风情风物；传递正能量，传承历史文脉，传播铜仁优秀传统和文化，展现铜仁文采。

二、选文标准：历史上记述铜仁历史和文化的优秀文章；上至汉武帝元狩元年（前122年），下至2024年；兼顾思想性、文化性、历史性、艺术性、情感性原则；围绕“境外名家写铜仁、本地学者写铜仁”选文；描述铜仁文化特色、民族风情风物、重大历史事件、重要历史人物的文章优先；见诸报刊和书籍的文章优先。

三、章节与排序：综合考虑主题、内容及体裁因素分为五个章节；章节的内部排序主要体现作者年代和文章重要性。

四、体裁特点：大体包括古代历史散文、韵文（诗词歌赋），现代散文（随笔、小品、回忆录等），现代诗，少许碑刻文献，现代调研报告，等等。

五、语言要求：力求通俗易懂，表述规范，语句通顺，句不生涩，词不生造；文辞优美者优先，见解独到者优先，材料新颖者优先，适于通识阅读者优先。

六、资料依据：主要依据正史文献，如《史记》《明史》《明实录》《清史稿》《贵州通志》《黔记》《铜仁府志》《铜仁地区通志》《石阡府志》《思南府志》以及政协文史资料、民委三套集成、党史研究室资料、档案局研究资料等。

七、增删校补：部分选文，根据需要对标题有所改动，并在注释中做出说明；部分文章根据需要有删节；部分语句，在审校中有增删和修改，如方言词汇改为普通话词汇；文言文中有缺字缺句现象，编者有补缺；有多版本的，择优而用。

# 第一章

# 梵净灵山

# 导言

梵天净土，仁义之城。一山高古，积亿万年自然之造化；众生沐恩，承千百载文化之精华。村村寨寨，沉淀历史风云；山山水水，见证黔东发展变迁。

勒石为记，肃穆庄严。梵净山上的明清碑记，承载了古老的文化时光。每块碑记，都因其内容的高度可信，而可以作为客观、有效的史料。“立天地而不毁，冠古今而独隆”，明代万历皇帝赐封所立的敕赐碑，其文骈俪优美，为梵净山千古绝唱。清道光年间铜仁府竖立的梵净山禁树碑，明确指出“草木者，山川之精华。山川者，一郡之气脉”，规定禁止“私卖山树”“积薪烧炭”。周边世代居民依此守护传承，形成了梵净山人与自然和谐共处的良好局面。

以文印心，情深意长。梵净山不光是铜仁的主要地理标志，也是主要文化标志。“每当天青日朗，升高而望，梵净山孤秀插空，爽人眉宇，行旅延伫不舍去，亦名岳画图也”（清·徐訚《梵净山记》），“众山眼底小，南国此峰尊”（启功《梵净山尊》），山上的树、崖边的风、谷中的雾、金顶的光……处处是自然的美景，又处处是文化的浸润。古往今来，不知有多少文人墨客以浓烈的情感、精妙的手笔记录梵净山、讴歌梵净山，写下了无数精彩绝伦的传世篇章，不仅丰富了梵净山的历史，也使铜仁市的文化底蕴更深厚。

2018 年 7 月 2 日，梵净山成功入列世界自然遗产名录，其奇绝的自然风光与深厚的人文底蕴由此蜚声海外，梵净山也因之成为贵州文旅的一张更闪亮的名片，引来了更多文人学士的倾慕与赞赏。

梵净屐履处，翰墨点点香。《梵净山，一个人心中的光》《人间最短的河》《感官五重奏》《坐看云涌金顶》……那一份份用心的记录给梵净山的前世今生留下了更多可用灵魂相融的印痕。每一段文字，都再现了梵净山的风霜雨雪；每一位作者，都亲历并见证过梵净山的沧海桑田。后来或域外的人们，借此可知这片神奇秀美的土地，那时曾以怎样的姿态，孕育了多彩贵州的亮丽风景，增添了黔地史册的人文魅力。

本单元梳理梵净山文化脉络和历史人文优势，收录的文章颇可管窥梵净山瑰丽的自然风貌、悠久的历史文化、深厚的人文底蕴与卓然的当代风采，为普及铜仁市情教育、增强铜仁文化认同、扩大铜仁文化影响提供了精当、生动的文本。

梵净山，“天下众名岳之宗”，万物皆和谐之园，观书可感，读文可见！

# 世界自然遗产地：梵净山的自然之美

《梵净山申遗报告》节选

梵净山位于贵州省（中国西南部），面积402.75平方千米，缓冲区面积372.39平方千米。在中国地势上处于第二阶梯云贵高原向湘西丘陵过渡的斜坡地带，是中国武陵山脉的主峰。其主峰凤凰顶海拔2570米，山体垂直高差大于2000米，是乌江与沅江的分水岭。它位于东方落叶林生物地理省（Udvardy）和中国中亚热带内，受印度洋季风、东南季风和西北寒流三者影响，一方面具有中国南亚热带向北亚热带气候过渡的性质，气候温和、降水丰富；另一方面是典型的山地垂直气候带，为众多孑遗、特有和濒危物种提供了庇护所和演化空间。

梵净山巍巍屹立于中国西南喀斯特峰丛高原中的一块地质年龄超过10亿年的巨大穹隆状变质岩山体上。早在元古代，梵净山岩体即已在大洋板块火山运动中形成。在之后直至三叠纪间的7亿余年中，梵净山岩体浸没在古大洋中，被厚达数千米、广达上千千米的碳酸盐沉积物包围、覆盖。三叠纪末至侏罗纪，在印度板块和欧亚板块的剧烈撞击过程中，梵净山岩体随巨厚的海底沉积层隆升出水面形成陆地。在侏罗纪至中新世期间的又一轮印度板块和欧亚板块撞击中，这块陆地隆起成喀斯特高原，随之而来的侵蚀作用逐渐将镶嵌在石灰岩层中的梵净山显露出来，并形成阶梯结构的穹隆状山体。伴随着青藏高原在更新世的快速隆起，梵净山岩体周围的喀斯特岩层受到的侵蚀作用加剧，梵净山岩体最终宛如一座巨大的孤岛从喀斯特丘陵形成的“海洋”中浮出。梵净山的地形地貌忠实记录了大规模的构造运动，这座孤岛宛如东方落叶林生物地理省中古老孑遗物种的诺亚方舟，经历第三纪、第四纪期间的地质运动和气候变化，在此过程中成为古植物庇护所，并不断接受来自东西南北各方物种，形成兼具独特性和多样性的生态系统。

梵净山处于中亚热带，属喜马拉雅和日本植物区系核心地带，植物区系热带和温带成分比例相当，具有典型的热带向温带植物区系过渡的特性。在此生态背景下，目前拥有近3000种维管束植物和超过2000种动物，是东方落叶林生物地理省中物种最丰富的热点区域之一，更是黔金丝猴、梵净山冷杉在地球上唯一的栖息地，在濒危物种就地保护方面具有不可替代的价值。梵净山是经历漫长岁月雕蚀的山体，其形态奇特的岩峰、奇石，与云雾流水、茂林奇卉、珍禽异兽一同构成了中国西南的一处胜境，不断激发出人类对自然美和精神信仰的新体验，并成了中国著名的佛教名山；是元古代以来东亚板块构造运动和第三纪、第四纪气候变化在地球表面留下的宏大且突出的印记，保留了在此过程中形成的极其丰富的生物多样性，是大量古老孑遗、珍稀濒危和特有物种的庇护所。山体、岩石、森林、水体、气象等自然景观元素及其长期演化形成的动态变化，形成了绝妙的景观之美。

梵净山突出的自然美在于比其他世界自然遗产拥有更丰富多样的景观，其景观类型有奇特的地质地貌、美丽的山川、漂亮的湿地、壮观的瀑布、突出的森林景观、壮阔的全景、非比寻常的地质自然现象和野生生物全相，这些共同构成了梵净山稀有和不同寻常的自然美。在垂直分异维度方面，梵净山山体庞大，地势起伏显著，其山底到山顶的景观变化明显。峡谷与山岭相间分布，脊状山岭发育，地势险峻，山底沟谷浓荫蔽日，山间峡谷河流密布。岭谷之间，浅变质碎屑岩的岩层形状近于水平，垂直节理发育，经长期冻融、风化、水蚀等作用形成悬崖峭壁、石峰林立的地貌景观。有的山峰基座相连，有的已尽数崩塌，唯留孤峰，高耸崔嵬。提名地水系自山顶呈放射状向四周奔涌，有“九十九溪”之称，湍急的流水展现了不同的水体特征且形成了壮观的瀑布景观。另外，提名地是重点保护野生动植物的天堂，有美丽的蝴蝶，华丽的野鸟，尤其有许多观赏植物，如杜鹃花、中国鸽子树、冷杉、中国小叶黄杨、铁杉、玉山圆柏等。

另外，瞬息万变的气流变化造就了自古闻名的突出的气象景观，尤其是云雾、彩虹、幻影与佛光等现象变幻万千，完整地呈现了山体的自然美。梵净山美景的季节变化性维度主要来自其在地形、气候条件下形成的丰富的垂直植被带。在不同海拔地带，不同类型的植物群落显现出不同的森林景观，其中的杜鹃、珙桐等形成极具观赏价值的开花植物群落。梵净山森林春季百花盛开，万紫千红；夏季植被葱茏，林莽苍苍；秋季层林尽染，彩叶斑斓；冬季白雪皑皑，银装素裹。

梵净山以其伫立于喀斯特海洋中的变质岩生态绿“岛”展现了独特的地质起源及演化历史，仍在继续抬升的山体忠实记录着这一地貌隆升与侵蚀的地质历史过程。

梵净山被认为是中国南部最早成陆且拥有最长陆生生命定居演化史的山地。作为栖息地生境显著差异的“孤岛”，其物种的发生与分布记录了复杂的物种定居、灭绝，及地方特有物种的原地演化及应对长期气候变化过程，同时反映了其仍在持续增大的孤岛效应和对现代气候变化压力的响应。目前，梵净山约有75%的植物区系发展演化呈现出孤岛效应。高山湿地中的孢粉可以追溯植物群落的演化史，同时古树的年轮树芯和村寨中的风水林共同详细“讲述”了梵净山过去上万年环境变迁的故事。总体而言，梵净山是亚热带山地森林的杰出代表和东方落叶林生物地理省的独特范例，是在数百万年地质历史变迁中隆起于喀斯特浅丘中的生态孤岛，孕育了兼具多样性和独特性的生态系统，自第四纪至今，这一生态系统仍然处在活跃的物种演化过程中。

独特的地理位置和地貌特征，有利的气候环境和极少的人为活动干扰使得梵净山的生物极其多样丰富。这里成功保留了大量古老孑遗、珍稀濒危和特有物种。梵净山不仅为230种珍稀濒危植物如台湾泡桐（CR极危）、伯乐树（EN濒危）等和115种珍稀濒危动物如大鲵（CR极危）、林麝（EN濒危）等提供了关键栖息地，而且是当地46种特有植物、4种特有脊椎动物以及245种特有无脊椎动物的唯一栖息地。梵净山有36种裸子植物和791种苔藓植物，是世界上裸子植物最为集中的分布区之一，也是东方落叶林生物地理省中苔藓植物最丰富的地区。梵净山是黔金丝猴和梵净山冷杉唯一的自然栖息地和最重要的就地保护场所。黔金丝猴在灵长类物种的进化史中处于关键地位；冷杉属暗针叶林，梵净山冷杉是亚热带4种濒危冷杉属植物之一，在IUCN物种红色名录中为濒危（EN）物种。

梵净山保留了超过156平方千米的原始水青冈林，是全球亚热带地区连续分布面积最大的水青冈林。作为全球珍贵的物种基因库的梵净山水青冈林，展现了水青冈属植物适生环境由亚热带向温带的演化，具有突出的保护价值和科研意义。

# 敕赐梵净山重建金顶序[①]

[明] 李芝彦[②]

伏以，四海名山，九州巨镇，十方净土，众姓福田！[③]故东岱、西华、南衡、北常[④]，悉帝王封禅之所；而玄寺、缁庐、青鸳、白马，皆佛子接引之区。[⑤]水上闻香，始辟漕溪法界；空中飞锡，因开潜麓化城。[⑥]山以仙名，地关人杰。[⑦]窃见梵净山壁立黔南之境，轴连楚蜀之间。[⑧]仙洞灵台，咸棋布

---

①“敕赐碑”碑文全称《敕赐梵净山重建金顶序》。此碑位于梵净山老金顶之下，碑高2.9米，碑心高1.85米，宽1.51米，碑额竖刻“敕赐”两个大字，其上祥云罩顶，下为大海涌波，两侧双龙拱卫，四周茂草春叶。碑立于明万历四十六年（1618）二月，由万历皇帝生母李太后下令，户部郎中李芝彦撰并书，僧真香、胡贵镌刻。碑文悉为楷书阴刻，计1349字，其中序文838字，附文511字。文字骈俪华美，内容翔实丰富，记录了梵净山佛教发展历史。

② 李芝彦，明万历户部郎中。

③ 伏以：叹词。四海、九州：泛指中国。巨镇：巨大的名山形胜。十方：佛教语，平面八方加上下二方为十方。净土：佛教名词，谓无五浊（劫浊、见浊、烦恼浊、人生浊、命浊）垢染的清净世界或极乐世界。福田：获得幸福的处所。

④ 北常：北岳常山，即恒山。

⑤ 玄寺、缁庐、青鸳、白马：俱泛指梵刹。其中“玄寺”即玄中寺，在山西太原郊区，唐高僧善导曾在此传扬净土宗风；“白马”即白马寺，在河南洛阳东郊，是中国最早的寺院之一，其寺中石雕弥勒佛像已被盗往美国。接引：佛教语，谓佛引导信佛的人到西天去，《观无量寿经》“以此宝手，接引众生”。

⑥ 漕溪：即曹溪，在今广东韶州。唐高僧禅宗六祖慧能（638—713）曾以“菩提本无树，明镜亦非台，本来无一物，何处惹尘埃”的偈语表示对佛的体会，深得五祖弘忍法师的赏识，遂传其禅位，授其衣钵。后来慧能在曹溪宝林寺大倡顿悟法门，宣扬见性成佛。其在此讲法30多年，影响很大，成为禅宗南宗。“水上闻香”，即有顿悟之意，亦与六祖涅槃有关。唐先天二年（713）八月初三，慧能涅槃于新州国恩寺。当时，韶州、新州各修灵塔，信徒争为其葬。故乡和传法地相持不下，两郡刺史商定焚香祷告，“香烟引处，即师之欲归焉！”“时香腾涌，直贯曹溪”。于是，慧能入归韶州灵塔，六祖道场——曹溪，更加名显佛史。法界：讲佛理的地方，即道场。锡：僧侣的手杖。相传唐元和（806—820）中，高僧隐峰游五台山，掷锡杖飞空而去。潜麓：指六祖后的怀让禅师曾潜修于岳麓山的般若寺。化城：即九华山的化城寺。隐峰和尚常飞锡于般若寺、化城寺和五台山的南禅寺。本句意：六祖慧能因为水上闻香，顿悟佛理，所以才开辟了曹溪南宗法界（或因香烟引路，直贯曹溪，才使慧能得归曹溪）；因为佛法弘扬，可以飞锡，六祖后的禅师们才得以又开辟般若、化城这样新的道场。

⑦ 本句意：山因为有神仙住锡才扬名远近千秋，地因为重要才有灵气和众多人才。

⑧ 窃：自谦词。黔南：指贵州。轴：中心或枢纽。武陵山横亘于黔湘渝鄂，湘鄂为楚，渝川为蜀，梵净山是武陵山脉的主峰，自然处在中心位置。本句意：我见梵净山矗立在贵州境内，是绵延于湖南、重庆、湖北的武陵山脉的主峰（中心）。

而胪列；奇峰古刹，俱凤翥而鸾翔。[①]天心池、金沙池、九龙池，倒泻银河，无异临海之桂鹤；太子石、青阳石、金子石，高标玉笋，不让陈仓之鸣鸡。[②]独红云顶为最奇，宜白莲社之茂建。[③]雪消六月千溪涨，洪溢江源；日转双峦万壑阴，崇（岭崔嵬）。[④]翻经台下，时看百鸟衔花；选佛场中，更有群龙荫树。[⑤]何奈羊肠荆棘，遂会虎观丘墟。[⑥]九年之璧既颓，百神之觞安寄？[⑦]宁惟游人断《白苧》之响，抑且景物负赤城之霞？[⑧]

而请曰肆今宇内提衡方岳者，佥谓两间之巨镇、所以立天地而不毁、冠古今而独隆者，无如四大名山。[⑨]而不知此黔中间之胜地有古佛道场，名

---

① 咸：皆。胪列：陈列。翥（zhù）：飞举。句意：仙洞灵台，像棋子般分布陈列；奇峰古刹，到处是凤飞鸾舞，百鸟和鸣。

② 临海：地名，在今浙江。桂鹤：应为“挂鹤”，传有挂鹤寺。陈仓：陕西有陈仓县陈仓山，山上有宝鸡鸣寺，为刘邦所建。本句意：天心池、金沙池、九龙池，倒泻银河，同挂鹤寺所在的临海水网地区差不多；太子石、青阳石、金子石，犹如高大挺拔的玉笋，与宝鸡鸣寺所在的陈仓山的风光不相上下。

③ 红云顶：梵净山金顶是在高山脊上突兀拔地而起的一座巨大石山，直径不过40米，高却近100米，常有云雾停留半山腰，在霞光之中，云呈红色，或山石折射红光，故又名“红云金顶”。白莲社：晋代高僧慧远曾在庐山虎溪的东林寺召集123人于无量寿佛前发誓专修念佛法门，往生西方净土，称净土宗。又因寺内多植白莲，又称净土宗为“白莲社”。宋代的茅子元将其发扬光大，使“白莲宗”最为兴盛。宋高宗赐匾“莲社”，封茅子元为“劝修净土莲宗导师”。茂：茂盛。建：建置。本句意：尤其是红云金顶弥勒殿、释迦殿的建置最为奇特，与白莲社（净土宗）的发展很是相宜。

④ 崇岭崔嵬：后三字根据本句意和上句格式增补。本句意：六月山上的冰雪消融，山下的千溪就要猛涨洪水；太阳在金顶这边，那边的沟壑就如同夜晚，太阳转到山头那边，这边的沟壑又如黑夜一般。此句言其山大、顶高、沟深。

⑤ 翻经台、选佛场：均为地名。句意：翻经台下，时常鲜花怒放，争奇斗艳，雀跃其间；选佛场中，随处枯藤老树，如龙似蟒，蔽日遮天。

⑥ 句意：奈何道路羊肠，荆棘丛生，致使老虎等野兽出入寺庙废墟之间。

⑦ 璧：即玉。有“和氏璧”，是很珍贵的玉。“完璧归赵”，璧为国宝。此九年之璧，言梵净山之灵山宝刹。觞（shāng）：酒具，即祭祀百神的器具，代指佛像。安：疑问词。寄：放。句意：梵净山之灵山宝刹既然已经衰败，那么供奉百神的器具又安放在什么地方呢？

⑧《白苧》：即白苎，古词牌名，指乐曲，引申为佛歌、教化之声。赤城：即成都青城山，山顶上常有彩霞。此处指富有神气的彩霞。句意：岂不是要让游人因山高听不清乐曲、听不到佛歌等教化之声！或者使这些景物辜负那极富神气的彩霞！

⑨ 曰肆：即陈述，其中肆为陈、列之意。提衡：相等、相对，《管子·重轻乙》：“是以与天提衡，争秩于诸侯”。方岳：并列的大山。佥（qiān）谓：都认为。两间：指天地间。本句意：请人们陈述今天宇内可以相提并论的大山，都认为天地间最有名的山峰，能够立天地而不毁、冠古今而独隆者，皆比不上四大名山（东岱、西华、南衡、北常）。

曰梵净山者，则又天下众名岳之宗也！[①]旧说者以弥勒、释迦二祖分管世界，用金刀劈破红云顶，于是一山分为二山。[②]是山也者，上之穹隆接天，而三十三天不为玄渺；下之厚重住地，而九土九京不为幽蟉。[③]虬螭结蟠，林木郁苍；剑气横天，仙梯接斗。[④]叠经台、炼丹台，层峦耸翠；献果山、凤凰山，飞彩流丹。[⑤]四时有不谢之花，缡缡然蓬莱三岛；八节有长生之景，炳炳兮阆苑瑶池。[⑥]霞光万道笼金鼎，普天圣真如云集；紫辉千丈罩玉门，率土明神似雨临。[⑦]至若九十九溪一溪不知之说，尤见此山之广大，宝藏兴，货财殖，囊括天地之万有以为储。[⑧]且也，崔崔巍巍以示其险，默令进香鼎礼者履险如夷；巉巉岩岩以恶其势，阴使敬重三宝者率蒙善报。[⑨]所谓大地乾坤、无边法界，极乐天宫乎！[⑩]

盖自开辟迄今，海内信奉而奔趋，不啻若云而若水；王公大人之钦谒，恒见月盛而日新。[⑪]久已灵驰于两京、倾动于十三布政、劳旌于抚按、

① 句意：而不知道此黔中胜境，还有古佛道场叫梵净山，是天下众名岳之宗。
② 句意：旧时传说由弥勒、释迦二位佛祖分管世界，用金刀劈破红云金顶，于是一座山分成两个山峰。
③ 三十三天：佛教名，即“利人天”，为释迦佛之俗母升住的天宫。玄渺：遥远。九土：指地狱，又称“九原”，即黄泉。九京：指地球的最深处。幽蟉（liú）：“蟉”，龙貌，行为貌。本句大意：这座山峰，仰望穹隆接天，高耸九霄之外；府瞰，厚重住地，直插地底深处。极言山高谷深。
④ 虬螭（qiú chī）：均指无脚龙。此处为倒装句：林木郁苍，蛇龙盘伏（或树枝如龙蛇盘绕），仙梯接斗，剑气横天。换位描写金顶。
⑤ 以下写金顶所见。叠经台、炼丹台当在老山；“献果山”疑指老金顶。
⑥ 缡（lí）：同“缅”。蓬莱三岛：即指蓬莱、方丈、瀛洲三岛，又称三神山，其山有长生之药。炳：光明，显著。阆（làng）苑：传说中神仙的住处。瑶池：传说西王母住的地方。句意：四季有不败的鲜花，若蓬莱仙岛之美丽；一年有长留之美景，似天宫仙境之辉煌。状其灵气。
⑦ 鼎：香炉。圣真：指得道之大佛。紫辉：环绕佛体之光辉。玉门：佛门。率土：即率土之滨的省略语，意为四海之内。明神：指未成佛的诸神。此句言山灵景特，佛神云集。
⑧ 本句陈述梵净山山体庞大，溪流纵横，资源丰富，物产殷实。
⑨ 三宝：指佛教的佛、法、僧。句意：梵净山虽然巍峨险峻，道路崎岖难行，但有佛祖神灵暗地保护，使进香者履险如夷，使崇拜信佛的人都得到善报。
⑩“极乐天宫”即弥勒净土之最高境界。句意：这就是所说的大地乾坤、无边法界、极乐天宫吧！
⑪ 不啻（chì）：不异于。句意：梵净山神灵名驰，自开辟以来极其兴旺，信奉朝拜的人不异于云流水涌，不仅有平民百姓，而且有王公大人。

烦顾于道府，诸侯莫不期以魂交黄帝而梦接安期。① 古来得道成真，又莫不于斯凝神、于斯蜕颖。② 他如仙迹所遗、标题所载，种种灿著，（难）以殚述。③ 既自播乱之后，传闻四方，往来朝睹人希，非复旧盛。④ 倘亦佛老运数之厄使然！⑤ 第此山之灵异，千载一日也。⑥

窃计世道之兴隆，佛神司命；而山岳之显爽，多自修培。⑦ 幸际仁明在位，泽遍八方，恩施还定，百神是依，千载奇遇。⑧ 以故天哀名山之颓，而赐以钦命僧妙玄重建金顶正殿，足为万圣临业。⑨ 蒙钦命，抚按、道府、各衙门作兴允议然。而山连四府，当与国运俱隆。⑩ 玉简金书，伫见与人文并烂。⑪

---

①“黄帝”，华夏民族的先祖；安期即“安息之期”。“莫不期以魂交黄帝而梦接安期”意为希望以后能像做梦一样结束尘世，脱离苦海，往生西方净土。另一种说法认为“安期”即安期生，“莫不……”句意为都希望在梦中接纳安期生一样的仙术，既知过去，又知未来。句意：山灵之名早已传入南京北京，令京城和各布政司、抚按、道府的达官贵人倾慕向往，或解囊捐资，或不辞辛劳前往朝拜，都希望能往生净土。

② 真：即圣真，仙人。斯：这里指梵净山。蜕颖：即脱颖。句意：自古以来得道成仙，无不于此凝神，于此脱颖。

③ 殚：竭尽。在“以”之前疑掉一“难”字。句意：其他神仙遗迹、标识题记，许多灿烂显著之所难以尽述。

④ 播乱：即播州之乱。万历二十七年至二十八年（1599—1600），播州（今遵义一带）土司杨应龙起兵与明王朝分庭抗礼，曾派其子杨朝栋带兵扼守梵净山，以为退路。明军进剿，争以梵净山寺庙为营，结果使庙宇被毁。句意：自播州之乱以后，（梵净山遭破坏的消息）传闻四方，前往朝拜进香的人逐渐稀少，再已难像以前那么兴盛了。

⑤ 运数：运气、气数。使然：导致必然结果。句意：也许是佛祖命运中本来就该遭此劫难吧！

⑥ 第：次第，权衡。句意：此山灵异，如同千载一日，十分可贵。

⑦ 句意：我以为世道的兴隆发达，全凭佛神给予的命运；而山岳的显赫爽朗，主要来自修饰和培植。

⑧ 句意：有幸碰上仁义明智之君在位，百神相依，其德泽遍及八方，恩惠施及众人，实在是千载难逢的好机遇。

⑨ 天：即皇帝，通常称之为天子。万圣：亦指皇帝。临业：即临场履职。句意：因为皇上哀怜名山的荒芜颓废，特对妙玄赐以“钦命僧”号，由他来组织重建金顶正殿，就好比圣上亲自到那里一样。

⑩ 句意：根据钦命，望各抚按、道府、衙门商议协调行动，使连接四府（铜仁、思南、石阡、思州）的梵净山与国运一起兴隆。

⑪ 玉简金书：《辞海》“玉制之简，上刻文书，以祭告名山大川之神”。伫见：立等。句意：祭告山神的文书，期待能与其他人类文明一样同放光彩。

山灵，谨序！[①]

赐进（士）第北京户部郎中李芝彦谨题[②]<br>大明万历戊午岁仲春　吉旦[③]

① 句意：因为山灵，郑重作序。
② 此句按碑文排列，此前属于“序”，而后是与重建金顶有关的各级官员、乡绅、里老、信众，相关寺庙及僧侣以及石匠等的署名。其中，“太后娘娘李”位置居上，十分突出。以后是“应天府太师常乐”，也较突出。还有太监、国子监、尚书、郎中、巡抚等 24 位官员，有进士、举人、生员、乡官、把总等 30 人，有法徒、化主、信士 46 人，有寺殿 12 处，等等。
③ 落款，明朝万历戊午年（1618）二月吉日。

# 梵净山①

崔成章

梵净山在贵州的东北，位于江口、松桃、印江三县之间，山高一千余公尺（米），半山之上，气候寒冷，交通不便，无人居住。

平时无人登山，每年旧历（农历）六月（由初一至三十）为梵净山朝拜期（进香期），凡黔东各县，均登山朝拜，此时，向无人烟之荒山，就变而为朝拜者的“圣地”了。

何以远在千里的人，都来朝拜梵净山了？据传，明朝万历年间，有李国舅者，不贪功名，辞官不做，逃往梵净山立志修行，其妹得宠于帝，立为皇后。李国舅之退居求佛，为帝所知，深为嘉许，赐宝剑一柄可斩乱臣贼子，金印一颗可上奏皇帝，铜碑一座载李国舅之往事，更赐良田两千亩，以为众僧给养。李某得到圣上的赏赐，求佛之心，更为坚决，乃辟梵净山为佛地，定每年六月为朝拜期，更于山麓四方建寺四处，靠西方者为坝梅寺，南方者为护国寺，东方者为僧佗寺，北方者为水源寺。

爬上一个山坡，看见一座古刹，那就是坝梅寺。坝梅寺的建筑并不伟大，门上没有匾，也没有坝梅寺的招牌，进门可以看到一所四合的房子，除了正殿，前面及左右是上下两层的楼房。

由坝梅寺上行三十里为狮子岩，邻近中林寺。

上山的路有几处最危险，一处是儿子岩，一处是金刀峡。金刀峡上行中林寺十里，距金顶约有二十里。两座独立的高峰，中间相距不过一尺五寸（约 0.5 米），两峰相距虽近，小路并不在两峰相连之处，而是在左面山峰的半腰，只一面靠山，另一面呢，是万丈悬崖，倘有云雾遮蔽视线，行走

---

① 本文原载于《中央日报》（贵阳版）1940 年 9 月 8 日。

尚不致两腿发抖。

经过金刀峡，是一条二十里的小路，宽处约三尺，狭处仅及一尺，无论宽狭，左右都是深远的山谷，俯首视之，有片片上升的白云，有潺潺下流的小溪，老鹰无论怎样盘旋，永在人们视线之下，那古老的森林不知已生长了几千年。

棉絮岭是一条有名的危险路，因为长二十里，费时约两个钟点，每步每分钟都有被狂风吹下山岭的可能，行岭约十里进入森林，枝叶密布，杂草丛生。

穿过森林，绕过山峰，到达承恩寺，此外尚有洗心泉、老金顶、新金顶、皇舅洞等处名胜。

皇舅洞据说是李国舅候选成佛之处，骨骸仍存洞内。洞旁有石槽两个，一大一小，据说为李国舅盛水洗面的用具，后人称为“金碗银盆”，朝拜者无不来此一观。

老金顶与金顶遥遥相对，距离约二百米，形式颇美观，系层层叠叠，渐渐积成高峰，是以老金顶有“万卷书”之称。登顶的路在峰的狭缝里，凿石阶若干级，挂铁链若干条，坡度虽然很大，两面皆山不见下空，爬山的人，并不感觉危险。顶之半有平台一处，用石板建一小庙，门口之上雕有“果然佛国”四字，再上爬数分钟达老金顶，顶上建有玉皇庙，附近有树若干株，登山朝拜者至此即为大功告成，准备下山。

老金顶之旁有围墙一处，房屋两间，因年长日久，风雨侵蚀，致柱头腐朽，门窗脱落，塑的泥像已分成几段，送香的仍在叩头跪拜。房屋左边有石洞一个，洞口虽小，内部宽大，此即皇舅洞。

# 梵净山之“净”

陈昌本[①]

你知道滋育了张家界那样的奇山异水的武陵山脉，其主峰在哪里吗？她不在湘西，不在川南，而在贵州东北铜仁地区的梵净山。这梵净山海拔2572米，是远古地球造山运动里，黄河以南最先从海底升起的山峦，距今已有10亿至14亿年的历史。这古老的高山，有冰川时期的遗迹，保存了完整的原始森林，传承了典型的远古动植物群落，被联合国列入了“人与生物圈”保护网，是我国的国家级自然保护区。

你想看古老地貌的雄浑，原始森林的博大，远古动植物的奇特，登此山是找对了去处。

这梵净山又是我国的佛教文化圣地，梵净西坡山谷，耸立着宏伟的护国寺，是宋代始建的寺院。在古代，天庆寺、天马寺、坝梅寺与护国寺统称梵净四大皇庵，吸引着湘蜀黔鄂四方香客。横空出世的梵净山险峰金顶尖端，两块巨石上屹立着释迦佛殿和弥勒佛殿，如天上宫阙，飘忽云端。人道是“梵净金顶，极乐天宫”，道出了金顶佛殿之幻、之奇、之神、之美，让人叹为观止。

你要问梵净山的特点是什么？我说，就是一个字：“净”。这个“净”字，在环境学意义上和在佛学的意义上，理解可能不同，但在梵净极顶神奇地统一起来了。

先从登梵净山来感受“净”。

登梵净山要经历艰辛的登攀历程。由山南坡的江口县上山，从山脚到金顶仅5公里，但要攀升1300多米的海拔，有号称“万步云梯”的8000级

① 陈昌本（1956—2022），山东青岛人，原国家文化部副部长、党组成员。

台阶，考验着每一个攀登者的毅力。从山西坡的印江县上山公路可通到山腰里海拔 1158 米的护国寺，步行登峰虽需走 12 公里，但山势比南坡缓，台阶自然也比南坡少，只等于攀登 3 座 100 层摩天楼的高度，一般用 4 个小时就能登到顶峰。

我们选择的是走缓坡的登山路线，从西坡上山。由印江县乘车到山腰的护国寺，再从护国寺徒步登峰。在护国寺，释佛友老方丈为我们登山念了经，许的愿是“平安登峰”，还赠了每人一个护身符。

登峰的路，实在艰难。缓坡并不缓，总是一面是高坡，一面是悬崖，攀登的人一直走在崖边的狭窄小道上。不过，你倒不必担心会坠崖，因为从山顶到山涧，全是细细麻麻的树林，有乔有灌，有竹有木。我攀登到一个陡崖边，不慎摔了一跤，滚到了崖沿，同伴们喊着：“小心落崖！”我被同伴拉起来，回头看：崖是陡崖，涧深莫测，但崖上长着密密实实的杜鹃树，你想跳出崖都跳不下去，花神保佑，怎么会落崖呢？我一下子领悟老方丈的话，他说，梵净山山路虽险，但神山护人，从来无人落崖，保你登山平安。其实，这是一路上密布路侧的原始森林的神功！

攀登到陡峭的剪刀峡，天渐渐黑下来，月光朦朦胧胧，这时，已经登攀三个多小时了，腿已痛得很难打弯，攀着这立陡的石阶，满身大汗淋漓，连头发眉毛都冒着汗珠，但是，不知为什么，身上觉得非常轻快，呼吸格外舒畅，仿佛肺活量突然加大起来，颇有飘飘欲仙之感。我在登上一个陡坡，走缓坡时，试着跑了几步，好轻捷啊，如果不是腿痛，真想继续跑下去。我深深地吸了几口气，觉得心脏跳得更有力了，浑身顿时增加了力气。我把这种舒畅感受告诉同伴，当地的苗族作家吴恩泽笑着说：这就是得了梵净山的净气了。过去登山拜佛的香客，把这种状态叫获得了仙气。

大概因为年纪大，体力不比年轻人，我攀登了四个半小时，月上中天才到达金顶峰边。坐在淡淡的月光里休息的时候，我感受到了真正的轻松的滋味：头脑轻松，脑子里的杂念连一丁点也没有了；身心轻松，呼吸是那么深，心跳是那么顺，整个身子像失去了重量，仿佛扇动两臂就可以飞起来。

如果不是两脚酸痛，我真想再向云雾缥缈的金顶佛殿攀登！

山顶之夜，浓雾弥漫，云雾从门缝、窗缝里挤进旅舍来，人像是坐着轻舟飘在云里，随时可以羽化登仙。我静下心来，细想：人的这种心境正是梵净山的“净”施展的魔力啊！梵净山峰高路险，攀登的人上山，必定出一身透汗，我们在登山路上每人都喝了三四瓶矿泉水，全变成了汗。一路上又全是原始莽林，氧气四溢，这干净空气又加快了攀登者血脉、经络新陈代谢的速度，人身上沉积已久的废物顺着汗流痛痛快快地排泄掉了，身上能不轻快吗？再就是，往日攀登西部高原的海拔极高的山峰，越爬氧气越稀薄，呼吸越急促，而这里，地处中国南方的梵净山，山高只有海拔2500多米，越到山顶森林植被越密、越厚，到山巅时，负氧离子比山下高出不知多少倍，像进了干净纯正的氧库，你说，攀登的人呼吸着这样的空气能不轻松愉快吗？攀登者的飘飘欲仙之感就是来自这海拔高度适中的原始森林制造的“净气”。这“净气”，自然生态学者称之为“氧舱效应”，能促进人的新陈代谢，使人身心舒畅，这是用自然科学领悟梵净山的“净”。这“净气”，佛学家则称之为“仙气神气”，能促使人净化身心，生羽化成仙之感，就是梵净金顶“极乐天宫”的应验，这当然是用佛学领悟梵净山的“净”。我说，这两种“净”，在梵净极顶统一起来了，就统一在梵净山能充分吸纳净气，是来自“氧舱”，还是来自“神气”，就让无神论者与有神论者慢慢争辩吧！

第二天的下山之旅，又一次证明了我的体验。

攀登者是不愿意走重复路线的，从南坡登山，一般要从西坡下山，从西坡登山，自然愿从陡峭的南坡下山了，我们决定直面陡壁的挑战，走南坡的8000级台阶的“万步云梯”出山。

人道是上山容易下山难，其实不然，至少下梵净山不然。我们下山时运气好。沿着立陡的石阶朝山下走，腿脚始终是酸痛的，也像登山时一样，汗流如雨，需随时饮水止渴，但是，身心一直是轻快的，绝无气憋心悸之忧，用不着做补气的深呼吸，总觉得气足心宽。同行的诗人邵燕祥、作家汪兆骞、龙岳洲、吴恩泽，都是60来岁的年纪了，有的已近古稀之年，但全部未坐滑竿，一步步跨下8000多级台阶出了山。下山的历程又一次证明了梵净山氧舱净气丰厚的事实。人道是，下了梵净山，在山溪里洗一洗脚，即可疲劳疼痛全无，其中道理就是攀登梵净山劳累的是腿脚，而舒展愉悦的是身心，所以，只要洗涤腿脚，腿痛减轻了，就会让你体会出“痛快”的滋味，腿脚酸痛，身心快活，这大概就是我们祖先创造“痛快”这个词的本义吧？

梵净山这“净”，只有亲自登了山，才能感受领悟，这是真切的！

再从理性角度，由梵净山的自然生态环境来感受它的“净”。

梵净山是大自然的杰作。

在梵净山顶，你可以看到奇异的千叠石“万卷经书”，绝妙的惊险叠岩“蘑菇石”，它们鬼斧神工的怪异，佛造天成的犄角，让人观之流连忘返。这是大地演变的奇功！那“万卷经书”的整齐厚实的一片片册页，那“蘑菇石”万年不坠的巨大险顶，是原封保存的14亿至10亿年前这座山从海底升起时的面貌，那一层层一叠叠的石片，是在海底经过千万年沉积的岩层，是古老的地球在时间老人的手里创造的奇迹！为什么梵净山上的远古地质面貌，会保存得如此久远，这般完整？我说，就因为梵净山的“净”。这里，古来被无边无垠的原始森林覆盖着，被高耸险峻的悬崖包围着，人对大自然的破坏很难达到这里。山上自古以来也经历了几次兵乱，但驻扎在此的多数为苗族、土家族，他们对自然生态有着传统的保护意识，所以，梵净山的许多地方保留下了十几亿年来地球发展演化的历程，如远古造陆的形态，古代冰川遗迹等珍贵的地质面目，奇妙的“万卷经书”的每一卷、每一页，都书写着地球的地质史，等待着专家们去一卷卷探讨，一页页研阅。

在梵净山郁郁葱葱的原始森林里，因为古来的植被未遭大的破坏，延续下了古代孑遗的树种群落，许多植物在世界各地已经绝种了，在梵净山却滋滋润润地生长着。像只在中国的几座高山上还零散孑遗着的第三纪古热带植物区系的珙桐，这种古树开着巨大的白花，酷似欲飞的鸽子，被欧洲人誉为“中国鸽子树”，是我国稀有的一级保护树种，被专家称作古代植被遗种的“活化石”。就是这样的珍奇树种，在梵净山却形成群落，春暖花开季节，大片的珙桐花，宛如千百只白鸽在绿海中翱翔。同样珍贵的古代孑遗树种，植物世界里的“活化石”贵州紫薇，也在梵净山茁壮地生长着。在西坡山麓看到了一棵已生长1500年的贵州紫薇，这种多为灌木的薇科植物，竟然生成了30米高、近3米腰围的巨树。听同行的苗族作家龙岳洲说，像这样世界罕见的贵州紫薇，在他的家乡梵净山东北坡的松桃县也有，山里的原始森林中就更多了。这么多种古代孑遗树种为什么能在梵净山生长？原因还是梵净山的“净”。是原始森林的神秘胸怀，保护着这些树种一代代繁衍生息，生生不灭。同时，是山上山下的苗族土家族群众敬树如神的朴素生态保护观念，守护住了这些濒临灭绝的孑遗树种不被毁灭，像西坡山麓下的那棵高大紫薇，就被周围的群众视为神树，人们像保护自己的眼珠子一样，年年岁岁守护着他！

梵净山的珍贵动物保护也得益于梵净山的“净”。在梵净山1400—1900米海拔高度的落叶阔叶森林里，生长着一种梵净山独有的黔金丝猴，这种猴灰毛、白肩、仰鼻、长尾，长相十分可爱，是从第四纪生存传遗下来的“活化石”物种。据最近调查，这种黔金丝猴仅在梵净山有750只，5个种群，在我们这个世界上生存着。这种珍稀的动物为什么能在梵净山存在呢？我讲个故事，你就明白了。20世纪80年代，专家们组成考察队到梵净山找黔金丝猴，他们在原始森林的大树上搭起了瞭望棚，观察了几十天，只看到一个黔金丝猴群落，但未拍下照片就消失了。后来，环保工作者又到莽林里寻觅了8天，又是只发现一群黔金丝猴在树梢上呼啸而过，竟又没有拍下它们的倩影。多少世纪以来，黔金丝猴真可谓“养在深闺人未识”，为什么？就因为梵净山“净”，山里的原始森林茂密，几百只猴儿藏身于林莽，像一群小鱼畅游于大海，人们连它的踪迹都找不到，自然，它的天敌兽类也很难在密林里寻到它，所以梵净山就成了黔金丝猴的栖息“天堂”。苗族、土家族群众对黔金丝猴也爱护备至，据说，从来没有人有意猎取过黔金丝猴。有一年，一只雌猴下山偷瓜，被农民夹狐獾的夹子夹了腿，人们没有伤害它，而是一面给它治伤，一面向北京报告，将它送到了北京的动物研究所。也巧，后来一群狗捕捉到一只离群的小雄猴，它也被送到了北京。这对金丝猴在人工饲养下，没有留下后代就死去了，但却留下了一张成对的黔金丝猴的珍贵的合影照片。现在，人们到山里寻找黔金丝猴，还是很难见到它的“庐山真面目”，但总归可以欣赏活的黔金丝猴的倩姿美态了，这得益于近年人工饲养黔金丝猴的成功。我们这次到梵净山，看到的是人工饲养的活泼可爱的黔金丝猴。

梵净山能保持它的“净”，能保持大片原始森林的自然生态，归功于周围的苗族土家族群众保护自然环境的环保意识，他们把破坏山林环境的人视为匪徒，一概反抗之；也归功于地方政府和寺庙善僧保护风水神山的努力。我们在梵净山看到的两块禁伐山林的石碑，是清道光年间由贵州巡抚和按察使谕立的，碑文曰：“铜仁府属梵净山，层峦耸翠，古刹庄严，为大小两江发源，实［思］铜数郡保障（谓思南、铜仁郡），粮田民命，风水攸关。自应培护……护院访得该处有外来炭商，勾串本地刁劣绅民及坝梅寺僧私卖山树，掘窑烧炭，只图牟利，不顾损伤风脉。……为此，示仰军民僧俗人等知悉：嗣后毋许将该山树株，私行售卖，亦不容留外来奸商掘窑烧炭。如敢故违，一经查获，或被告发，定即从重究办。倘差役、乡保违规包庇及借端滋扰，一并严惩，各宜禀遵勿违。特示。”地方官府能有这么明确的保护山林风光、养护两江水源、关注农田民命的思想，能提出严禁伐木烧炭的封山令，实在难能可贵。可见中国历史上官民的环境保护意识是明确的。我们实在应该向祖先学习如此鲜明严厉的保护环境的思想！在中国几千年的开发垦拓中，能保留下像梵净山这样的一片又一片原始森林，不能不感谢祖祖辈辈的先人守护山林净土、风水环境的努力！

在新世纪，梵净山要发达兴旺，就得承继先人保护山林净土、风水环境的事业，守护与弘扬梵净山的“净”。失去了这个“净”字，也就失去了梵净山的生命力。永远保护梵净山的净林、净水、净风、净气，这仙山的神气将名扬天下，令四海遥望，五洲仰慕！

# 过梵净山

刘兆林[1]

以前不知道，黔东的铜仁，还有这么美的一片山。从红军长征出发地走下来，一路看过许多山，让我动了情的，却独独是这没听说过的梵净山。

我们中国作家采风团，是从赣南的瑞金、于都、兴国、井冈山等地，沿红军长征路来到梵净山的。此山在贵州省北部，在靠近黔、川、湘、鄂交接“四角”处的江口县和印江县境内。当年主力红军长征并没翻越此山，只是红二、红六方面军会师北上时，从山下路过。而我们的重访长征路，是坐着汽车访的，一路唯一没坐车翻越的一座山，就是这梵净山。这唯一没坐车翻越的梵净山，又被我们采风团的团长陈忠实，这位中国当代文学最厚重的名著《白鹿原》的作者，绕开了。而我们的另一位团长张健——此行官位最高，多年有机会翻这座山却总躲过，没翻的中国作协领导，却特意和我们一同翻了这座山。这便是我独独记死了梵净山的原因之一。

头一天我们还把这座山等闲视之，待到爬了一截，才明白，这既是国家级保护的绿色之山，也是历史久远的佛教之山，又是红军黔东独立师浴血奋战牺牲过几百人的红色之山。山色真是美绝了，遮天蔽日的古树，掩映着7896阶的石级小路直上高陡的山顶。路两边，野火样燃烧的红杜鹃，披了雪般的白杜鹃，黄的，粉的，紫的各种山花吐着野性而又高雅的清香，撞你的眼，扑你的脸，钻你的鼻。大雨刚刚过后，溪瀑满山撒欢，潺潺水声和清脆的鸟鸣以及金丝猴的啼叫弹你耳鼓，让你只顾在天然氧吧里尽情深吸不花钱的湿漉漉的鲜氧，一时把红军长征的事忘在了脑后。但梵净山实在是太陡了，爬一会儿胸就开始发堵，腿也变本加厉地发沉。当地政府事先安排好的

① 刘兆林（1949—），黑龙江巴彦人，当代作家，辽宁省作家协会原主席、党组书记。

滑竿抬夫，及时雨般依次站到我们身边。我们每人都被编了号，负责抬我的两个青年瘦汉，身穿半截裤，赤裸着红铜般的胸膛和膀子，其中一个后腰还贴着半条毛巾大小的白胶布，显然是防腰扭伤的。两位瘦瘦的抬夫，蹲到我面前，诚心实意的样子不亚于跪着让我上轿。山那么陡，我们只身尚且胸堵棉团腿穿铅靴似的，他们肩着竹竿和竹椅就已够呛了，再抬上我们这些重于他们的家伙，这不活脱脱叫作压迫吗？前一天，当地领导已向我们作过思想动员了，说我们坐滑竿是对当地经济发展和旅游事业的促进，也是对当地老百姓的关爱，因这会给他们带来收入。因此，坐才是高尚的，不坐，反而是只图自己好名声，不管他人疾苦，是自私的。张健团长曾在黔东工作过，他也站在当地领导立场这样说服大家。他还说，当年在贵州工作时，之所以躲着不爬梵净山，一是躲拜佛，二就是躲坐滑竿。一旦来了，佛拜不拜是好躲的，滑竿坐不坐可是不好躲的。坐吧，就是活生生一幅当官做老爷的自画像，不坐吧，一百七八十斤的身砣又爬不过去。而这次，他是一号团长，率的人虽不多，却是一帮有名气的男女作家，两个团长都躲了怎么行，且陈忠实团长先于他表示不爬山的理由充分得很，即六十多岁了，就算甘于被抬，恐高症也不允许。其实我揣摩，他理由固然充足，但主要还是不好意思"压迫"老百姓。这在沈从文先生家乡凤凰大街上，我就亲耳听他骂过那些故意摆谱，趾高气扬坐抬椅的款爷富婆们。我曾当众把这揣摩调侃给大家听，他矢口否认，说不是图名声，以前在黄山已坐过一回滑竿了。他不来坐，却安慰我们只管坐去。尽管两位团长都把该坐的理由说透了，事到临头还是很难为情，几乎每人都推辞不坐。但毕竟是些文人，不久便腿沉胸堵张嘴大喘了。一喘，抬夫便拽着说，快坐吧，政府已经付了钱，你们不坐我们该受批评了！我们说，就算你们一直抬着是了，反正钱也不是我们付的。他们还是坚持不肯，说不管谁付的钱，不劳而获不对！

一来二去的，我们便半推半就羞羞答答地先后坐了上去。抬夫忽地起竿时，我心也忽悠地一颤，颤得翻江倒海。这是活了大半辈子的"处女坐"啊，怎能平静得了！而我的对于类同轿子的滑竿的"处女坐"，是太累时半推半就坐上去的，有些违心，又有些无奈。想当年青春年少，两次爬那奇险的黄山，半步滑竿也没坐的，反而血气方刚地鄙视与嘲笑那些坐者，并在文章中热血沸腾地宣称，美是有力量的，审美也是需要力量的。黄山是青春之山，平等之山，谁没了青春活力，谁也就别妄想欣赏黄山之美了。然而今天，自己已无力再那样宣言了，便做贼了似的，心虚着偷瞧抬夫全身因抬我而疙疙瘩瘩隆起的肌肉。我双腿在滑竿上一悠一颤的倒是不灌铅了，可胸口的棉花还是堵着，不敢瞅抬夫被竹竿死死压着的肩膀。那就瞅路边的杜鹃花吧！杜鹃花野火似的怒放着，烤人，我的脸一定被烤红了，很热。那就看雪似的白杜鹃吧！看着看着就看成了白狗子。白狗子胡汉三坐在轿上，摇着扇子骂跟红军跑的乡亲们，他来秋后算账了！我赶紧把坐轿子的胡汉三赶跑，再转而想为穷人翻身闹革命的红军。红军的理想就是穷人不受压迫，红军都是钢铁汉，长征红军则是钢铁汉中的精英。慢慢地，我座下的滑竿变成长征路上的担架了。担架上躺着的是即将临产的女红军，还有受了重伤的男红军，而自己这个重访长征路当过解放军没病没灾的男人，也混进了担架的队伍。

担架上又多了毛泽东主席，他躺在上面看书，一阵风将他一缕污脏的长头发吹到额前。担架上的毛主席比此时的我小十多岁呢！我心情刚一轻松，毛主席忽然又剧烈地咳嗽起来，憋出了一脸汗珠。毛主席在发疟疾呢……而我只是多年缺乏体力劳动，懒得体育锻炼，出门儿就坐车，上楼乘电梯，冷不丁爬如此陡峭的大山，能不腿转筋脚灌铅吗？于是我坚决叫停了抬夫。我必须自己走！

走不多时，听下面传上来轻轻的哼唱，是女声，哼唱的是《闪闪的红星》电影主题歌：小小竹排江中游，巍巍青山两岸走，雄鹰展翅飞，哪怕风雨骤……

我回头往脚下看去，是山西女作家葛水平步行着上来了！这个会写诗的小说家，她早就下来走了呢，还是一直没坐滑竿？她可真了不起，不仅走，还轻松地唱着红军歌儿。我想到她的一些作品名字，《喊山》啊，《地气》啊，《狗狗狗》啊，她是山里长大的作家，她进城也有些年了，却仍能翻山如履平地！再往下看，她脚下是坐滑竿的几个男士。我不由得怀着敬意朝她按动了一下手中相机。

不一会儿，她和后面坐滑竿的几位都赶到我前面去了。我又独自走了一程，身上的汗已被吹干，抬夫看我已被落远，再次把我拉上滑竿。

再后来，可能是身体都属于140斤以下轻量级的一伙吧，三走两走的，刘醒龙、张品成、葛水平、高伟、付小悦等，我们几人就暂时走成一组了，走在重量级那一伙的前头。中午吃饭时，听几个轻量级闲聊，知道葛水平没坐多少滑竿，反而给了抬夫每人五十元钱外加一盒好烟。我们几个都心下惭愧，觉得比葛水平压迫人狠，却没拿钱赎赎罪，便也去买了烟，饮料及小费送给各自的抬夫。刘醒龙的抬夫接钱时葛水平一再叮嘱说，你们千万别拿这钱赌博啊，留着给孩子买笔，买本，交学费！

受她触动，我把干粮与抬我的两人一同吃完，还觉心上有亏欠，便提议我们都反过来也抬一抬他们。我踉踉跄跄地只抬几步，人家就连说算了算了，有人还为我抢拍了张照片。这照片若是传出去，外界也许会说高尚什么的，其实除了葛水平，我们高尚个六哇，不过求得心理平衡做个样子而已。所以与抬竿师傅分手时，我又和袒胸赤臂的他们在滑竿前合了个影。我还记下了抬我那两位师傅的名字，一个叫吴双发，是三个儿子的父亲，另一个叫任宏发，是两个儿子的父亲。记名字时我还想，不让孩子像葛水平嘱咐那样读书成才，他们怎么可能双发，又怎么可能宏发呀？吴双发和任宏发以为，我记名字是准备给他们寄照片，便连连说我们丑得很，丑得很，不要寄了。其实我也不是想给他们寄照片，就是觉得，这是此生我唯一坐于他们头顶上的两个人，我应该记住他们。至于这个记住有什么意义，我当时没想，过后也没想清楚。

下山时，由于大家的要求，那些滑竿都被打发走了，只留下一副，以关照年大或体重者。我属轻量级的，自信下山不会有问题了，所以中途冒风雨和几位年轻人爬上了陡得几乎七八十度角的金顶岩。我是经过一番内心斗争后撵上去的。我想，虽然徐贵祥、高凯、杨骏他们年轻，但他们属重量级的，他们等于比我多扛了三四十斤东西呢！我下定决心时，他们大概已爬到山顶了，所以孤身一人爬到极险处，身边风雨交加，脚下深渊万丈，乱云飞渡，着实有些害怕了。但是，退不得了，退比进更危险，只好用毛巾包了头，硬着头皮往上爬去。真该感谢那些翻滚飞渡的乱云，是它们使我看不清深渊有多深，悬崖有多悬。我平时需靠药物维持的血压，在这风雨的悬崖上，一定在迅速增高，但那感觉要比坐滑竿好得多。下险顶时，因是和年轻人一个挨着一个的，没有了一点紧张和恐惧，所以愉快而平安着陆。

我岁数毕竟名列前茅了，又跟年轻人爬了险顶，所以缓坡下山的路程，留下那一副滑竿便被张健团长嘱咐不时来跟着我。这时天也晴了，风也停了，各色花儿又在阳光下燃烧和吐香了。云也跟着要替你擦汗似的，大树小草长藤短枝都在雨后散放着诗意给你做伴，一个人慢慢走来何等好啊。可那副滑竿，一会儿从前边等下来，说一定得抬我，被我花言巧语打发到后面之后，不一会儿又被后面打发上来，说我不坐他们就要挨批评。看来我真的被年轻人看成是“老师”了。这老师二字，重音不在师字上。同行这些年轻人，哪个不正在春风得意的势头上啊，正是需我引以为师的时候。重音在那个老字，我已被滑竿认定为老者了。但由于梵净山和葛水平一伙的感染，我就犟着坚决不坐了。可其他人都比我小，都比我更有理由不坐，我只好被同情和怜悯着，象征性又坐了一小会儿。

一坐到人头上，心情真的就坏了。当年红军黔东独立师在梵净山被困，深夜到土豪家抢粮，一人扛几十斤谷子爬山，回到师部所在地护国寺清点人数，一夜牺牲了十八人！十八个肩扛谷袋子倒在山坡的红军啊，你们是不是倒在我们走的这条路上？和谷袋子一同倒下的烈士模模糊糊在眼前晃动。不一会儿，梵净山的路变成了“文革”中我自己当红卫兵时的长征路。我们十几个红卫兵自发组成的长征队，背着行囊和油印机，从老家黑龙江日夜兼程往北京奔，去赶毛主席第八次接见红卫兵。那时候的红卫兵，对红军真是奉若神明了，住下来学红军的样子印发传单和毛主席语录，帮房东挑水扫院子，损坏了东西赔钱。每顿饭都交钱，走到后来，钱用完了，学红军的样子打欠条，返校后都一一寄还了。那时若听说谁当年是没病被人抬着长征的，肯定要挂黑牌子斗他走资派的。那时真幼稚，但也幼稚得真可爱。想着那时可爱的幼稚，便不由得又翻身下了滑竿，并暗自指责自己：你成熟的心态就一点也幼稚不起来了吗？一路坐车不用自己买票，吃饭不用自己花钱，爬个山再让人抬着，甘当压迫别人的“老师”，太成熟了吧？年轻时爬黄山说过的话重又想起来了：“美是有力量的，审美也是需要力量的！”如今没了青春力量的自己，可以通过锻炼来补充和加强，真的补充加强不了时，就该像陈忠实老大哥那样，别叫人家抬着来审美了。那样的审美，换个视角，似乎可以被人当丑审的。于是我便不容分说，独自一人拔脚走开了，前不见轻量级者，后不见重量级们，不亦快哉！

风和日丽中独自一人，就从容多了，又想这梵净山是武陵山主峰，还是佛教之山呢。佛教之山竟然和革命之山集于一身！红军黔东独立师师部就设在我们路过的护国寺。我因走在后面，没来得及进去看。进去看过并捐了钱的葛水平，将寺上赠的小电子念佛器转施给我了。记得每到一地有求留言者，她写的多是“上善若水”啊，“真水无香”啊，“惜缘，念缘”之类带佛心禅意的话。她把个电子念佛器转施给我，不会不懂己所不欲，勿施于人吧？我是口袋装着那个电子念佛器，爬上梵净山最高的金顶古佛道场的。金顶岩上有两座殿，一座为释迦殿，一座为弥勒殿，既让弥勒与释迦并列，又要拜过释迦佛后才可跨越天桥去拜弥勒佛，意在突出弥勒的最高佛位，实乃佛祖的净土之地。

我不懂佛，也无从谈起信与不信。当我顺手又触及电子念佛器时，发现，上有“普赠各界，广结善缘，不需此机时，请转送别人，不可售卖”字样。看来，行善，助人，是佛最喜欢做的事。所以，当我走到终点，看见分别了一天，正站在山下迎接我们的陈忠实时，不禁一声善意的调侃：“呜呼，全团只你是没压迫人的人啦！哪个愿意出把力，和我抬团长在梵净山脚走一圈儿！”

竟然是葛水平站出来。我们把陈忠实推上滑竿，当众抬他走了一大圈。然后我又高声调侃说："呜呼，全团没一个好人了，都压迫过人啦！"于是大家同声呜呼啊呜呼了一阵子。

这个呜呼，不同于一般意义的呜呼，它是我根据陈忠实一激动时便发出的一声陕西味儿十足的"哎呀"二字翻译而来。他每次受了深重的感动，开口时便先发出哎呀二字，其中感情蕴含的丰富，只有古汉语的呜呼二字能够代替，便被我一路调侃使用开来，进而成为全团遇到某种共鸣时公用的口号。此时，张健团长领头，带动一路陪同我们的叶明瑞书记，也在梵净山下参与了作家们集体的呜呼啊呜呼！

# 梵净山，一个人心中的光

吴恩泽[①]

在许多个月明风清的深夜，我常常冥思苦索，在那一个夕阳西下的时候，为什么我会像一滴雨水，潇洒地、自如地、情不自禁地降落在她的宛如一道道褶皱的山谷溪流，开始了又一种形式的生命？看似云遮雾盖的事物，其实中间自有着只有上苍才能知悉的历史与血缘的牵连。是谁在几千年的岁月里，不绝如缕地一再呼唤着我那因战争、因瘟疫、因天灾、因欲望……而流离失所的先民？就是她。是她从右臂腋下流出的乳汁一般的两条河，一条人们把它称为酉水，一条人们把它称为辰河。这两条河在武陵山脉的崇山峻岭间穿越，汇成一流沅江，最后注入烟波浩渺的八百里洞庭。

难以数计的失败的个体、家族以至部落，都义无反顾地向她靠近，祈求她的收留与荫佑，很大程度上是一个名叫屈原的亡国诗人导引的，是他的流亡诗歌那无与伦比的想象与风华绝代的文辞，让疲于奔命的人们看到了无极的寥廓洪荒与绵延不绝的岸芷汀兰，甚至貌可倾国的山鬼与神通广大的云中君……于是溯着辰河，溯着酉水，他们或在蓼花盛开的皋地，或在枫叶飘红的沃土，落下了他们像浮萍一样的双脚，获取到了他们的一衣一饭。他们便平直地尊她为饭甑山。

于是我想到了陶渊明。说来惭愧，少年时代因为众所周知的阶级分类，我求学的机会不多，知道陶渊明的名字还是因为一篇小说，小说的标题叫《陶渊明唱挽歌》，发表于20世纪60年代的《人民文学》上。那时的我自然不明白这个放着好好的官不做而自愿去当一个老知青的人，为什么要唱挽歌，后来，拜读了他的《桃花源诗》并《记》后，总算多少明白了一些《挽

① 吴恩泽（1944—），贵州松桃人，贵州省作家协会原副主席、铜仁市作家协会原主席。

歌》冰山下面的题旨。

陶渊明说“桃花源”之奇幻故事，目的之一在于否定乱世暴政，目的之二在于通过桃花源世界的描写，表现自由自在的社会理想。原来我的先民在她的怀里就是寻找这样的生活，战争带来的痛苦记忆，已经令他们身体内部的DNA都噤若寒蝉了。

也许正是屈原与陶渊明两位大师的生花妙笔，使辰、酉二水成为中国土地上最受人们关注的河流之一。不过，她还在等待，等待另一个文学大师的青春邂逅。

20世纪20年代的一个日子，流浪在辰水上的少年沈从文正在湘黔边境无所事事的时候，一只从上游驶来的船竟叫他的眼睛突然一亮，他深情地写道：“铜仁船……在形式上可谓秀雅绝伦。”

“秀雅绝伦”，是少年沈从文由衷献给她的一句赞词，他在《湘行散记》中的一篇文章说，他的草鞋曾经在辰、酉二水之源践起过几朵浪花。他说，翻过辰、酉二水源头的门槛是一座叫作棉花的大山，这座大山消耗了他一天一夜的时间和年轻人那强健的精力。彼时彼刻的沈先生已失去了许多的少年浪漫，但沿途那别具一格的民居建筑却留给他深刻的印象，“沿河多油坊、祠堂，房子多用砖砌成立体方形或长方形，与峻拔不群的枫杉相衬，另是一种格局，有江浙风景的清秀，同时兼北方风景的厚重”。

明白了，正是文学大师们这种草蛇灰线的风声雨迹，让包括我在内的无数飘飞天涯不肯轻易相许的灵魂，都溯水而上在她的怀里呱呱坠地。

如果这也可以称作谋面的话，我与她瞬间的一瞥，应是12岁的时候。那一日，我作为一个刚跨入初中的新生，正跟着老师在乌江边一个偏僻的山村里学农。寥廓的秋空下，一群少不更事的少男少女像蚂蚁一样在一座由她绵亘而下的大山上疲于奔命，从蔓生的野草中择出成熟的豆荚。与天等高的山顶便是我们的终点。随着骄阳一点点地西斜，我听到了头上惊异的声音：快看，梵净山！

我知道梵净山就是她最新的名字，说是最新，也有几百年历史了，是她金顶上弥勒道场最鼎盛时万历皇帝朱翊钧的敕封。其实除了梵净山之外，在她众多的名字中我比较喜欢的就是“九龙山”，因为这名字是千年前像徐霞客那样的旅游者对她的形象概括。你看，在高耸云天的上面，是红云、月镜、凤凰三鼎肩比，然后朝四面八方绵亘而下九支山脉，翻云覆雨，气吞万里。不过，比我想象的更浪漫的还是那些晨钟暮鼓的女性佛徒们，把她视为天造地设举世无双的九瓣金莲，弥勒菩萨就打坐在这朵九瓣金莲之上。

此时，我忘记了一切，随着激动的人群拼命地往山顶攀登。但是，当我置身在周围一片欢呼声中时，眼前除了一浪高过一浪的不绝山岭之外，什么也没能看到。对于我无奈的茫然，周围的老师和同学都十分着急地导引，急切的语言描绘对我依然无济于事，清晰在人们眼中的图像于我却好似遥不可及。就在大家惋叹她就要隐于一片云彩之后的一刻，我突然感觉到了一团奇异的光焰在极目处升起，彻照了自己的五脏六腑。这种透明的欢悦令我疯狂地大叫了一声：我——看——见——了——！

在我的心中，她原来就是那一团洞明天宇的光芒。

我终于在宿命的忧伤中长成了一个青年，并且命运的潮水将无助的我搁浅在了她一支骨脉下的一个乡村小学求食。我于苦难早已麻木，那种异常的早春枯萎唯有在无眠的寒夜里偶现遥远的少年奇光，方可感觉几滴雨露满口生香。

在我青春的记忆里，人们对她锲而不舍地砍伐、烧荒，以及斩草除根地围捕、毒杀……

在那些心碎胆裂的日子里，对她那仅有的一点少年的玄妙之光似乎荡然无存了，就像倾盆大雨下的一点星火。我认定自己这一生与她是无缘了。在好些日落的黄昏，我常常守着从山之纵深流出来的一湾与日俱减的溪流泪流满面。

我踏上朝觐她的山路时是十月。我们取北路上山，夜宿天庆寺院。说是寺院，其实只是一幢简陋的木屋，天宇琳宫早毁于历年人祸。有一个老尼住持。这个老尼听说我们要去面觐她的真身，神色间显得十分感动。她为我们寻来一个自愿带路的山民，还连夜为我们准备了爬山的米糕。

是夜不能入睡，原因是远近的山民像从地下冒涌出来一般，在漫长的秋夜里突然都会聚到这座孤苦伶仃的寺庙里来了。他们在残存的菩萨面前祭烧起香纸，又在旷坪上燃起篝火，架上铁鼎熬煮苦丁茶水。然后有人拖长了声音大声朗诵开了经文，也有人向着旷夜吼开了佛歌，间隙处便是擂响铜锣木鼓……热闹像火光一样辐射着杳不可测的四野。这样的情景竟让我们生起了一种莫名的恐慌。老尼像知道我们的心事似的，三番五次向我们解释这只是山民们守秋的一种农事传统。她还将我们带到寺外，指着满山等待收割的苞谷、黄豆和红苕说，你们仔细听听。黑夜的那边各类野兽似乎正在欢庆它们的丰收节日。锣鼓震耳欲聋的一刻，它们也有片时的收敛。山民们有的是对付野兽的方法，怎么却舍弃不用呢？对于我们的惶惑老尼没有回答，然后就把我们送回厢楼就寝。当她为我们燃起香草驱散蚊虫时，还是温馨地对我们说了一句，佛山上生命都是平等的。这句话在这样一个陌生的秋夜里，就像一星光亮划过暗夜，好似我儿时幻见过的灵光。

记得我们从天庆寺出发的时候正是秋阳高照，一到薄刀岭则立转交加雷雨。我们终于登上山顶的时候，近在咫尺的她的金顶却用无边的云海将我们拒于千里之外。眼前除了澎湃汹涌的瀑布云雾、撼天动地的平地风雷外，一如梦幻泡影。

那一夜我们找寻到了一个不知是何代高僧修炼的山洞权且栖身。一夜的风声、雨声、野兽嚎叫声令我们辗转反侧，迷离时刻石壁上竟溢出了木鱼的金石音响，我若有所悟——她就端坐在尘世之上，花开花谢，云舒云卷。

在她亘古的年轮交响乐中，遭遇的地震、火山、冰川、洪水还有战争等灾难已经不可胜数，面对这些天灾与人祸，她包容、善待、教化着迷失了方向的所有生命，并且等待人类中的一个个“大觉者”出现。她相信他们会出现的，“大觉者”们会与她融为一体，化为一身，山即佛，佛即山；山即道，道即山；山即巫，巫即山；山即圣经，圣经即山。

她的世界人类很难渗透，而她对人类世界却了如指掌。她的每一道山梁，她的每一条河谷，都记录着人类的悲欢离合、生老病死，一页一页，无穷无尽。

我非常渴望能够将发生在她身边的故事诉诸笔端，以奉献在世人的面前。我自然知道自己的叙述微不足道，因为她的历史是那么悠久繁复，她的人文是那么多元异端，她的风姿是那么婀娜不凡……我能拥有的就是长存在心间的一束时明时灭的圣光。这样也许就够了，那么就让我祈盼能在她无边的原始洪荒中，捕捉她无处不在的智能与灵感吧！

# 人间最短的河

叶辛[1]

人间最短的河，在传闻中又独特又神奇，却不容易到达。

当地老乡又叫它世上最短的河，从河的发源处到河的消失处，一眼看到尽头，老乡为它取名神龙河。

神龙河坐落在贵州和湖南相交的梵净山脚下。说它不易到达，是我的切身感受。梵净山是佛教名山，40 多年前去贵州插队落户时，就听说了梵净山的盛名。说这山上有一种花，世上少见，盛开的时候就像白鸽子展翅欲飞；说这山上有一块石头，有人叫它千页书，有人说它是万卷书，总而言之，就像千本万本书堆在一起耸立起来，永远不会倾覆。只是，它在金顶上，10 次爬上去，9 次看不到它的真面目。一旦让你撞见，看到了一次，你的好运就来了。

那个时候坐火车路过湖南的新晃和贵州的玉屏，车上总有旅客说，从这里下车，再赶半天车，就能到达梵净山。可是只听见人说，从来没见人真下车去玩过梵净山。

后来我由知青变成了作家，在省城贵阳工作，走遍了全省的山山水水，唯独没有到过梵净山，只因那年头，从贵阳到梵净山所在的铜仁地区，要坐两天长途客车，中间得在山乡的小旅店里住上一晚，一来一回就得 4 天。到了山脚下，攀登梵净山，上山一天半，下山一天半，来回又是 3 天。一辈子难得到一次铜仁，总不能只爬一座山，城区要看一看，其他景观要转一转，还要和文联、作协的朋友见个面，谈一点工作，不准备上 10 天时间，是脱不了身的。而我那时候，在省城里还兼着一些职务，不可能丢下工

---

① 叶辛（1949—），上海人，中国当代著名作家、编剧。

作，跑出去整整10天时间。故而虽在贵州生活、工作了21年，我始终未曾到过梵净山。那坐落在梵净山下，世上最短的神龙河，自然是听人说得神乎其神，却没有亲眼看见。

现在好了，从贵阳到铜仁，大部分修通了高速，5个多小时的车程，就能到达梵净山。

下了决心，腾出3天时间，攀上梵净山观赏了峰巅上的万卷书，看见了千山净谷里白鸽般的珙桐花，终于走到了人间最短的河——神龙河畔。

不走到河跟前，难以想象，世上真会有这么短的河。当地土家族老乡告诉我，这条河头连搭尾，不过一里半长。拉着绳子细测过，就是750—800米，不到一公里。世上还有比它更短的河流吗？

这地方叫云舍，在土家语里，就是“猴子喝水的地方”。放眼望去，神龙河畔坐落着一个土家村寨，正是黄昏，夕阳把清澈的河水映照出无数金斑银点，土家妇女相互说笑着在河水引出的小堰塘里洗涮碧绿的蔬菜；源头那边，一个小伙子正在俯身提水。土家寨子上，炊烟袅袅，鸡犬相闻；村寨外头，田畴阡陌，郁郁葱葱的树木铺展到水银坡上，真是一派好风光。

土家族老乡说，这条人间最短的河，还有两个奇妙之处。一是河水深不可测，农闲时节，曾有30多个青壮小伙，每人拿出一箩筐绳索，将其连接成一条长绳，绳头绑上一块大石头，沉入潭中，想测出神龙河源头的深度。可是长绳放完了，石头都没沉到底。二是神龙河还有个怪现象，天气久晴无雨，神龙河水必涨，涨到快要溢出河沿了，天就会下雨；天气久雨不晴，神龙河水必会落潮，河水越退越少、越落越低，落到快要见到河底了，天就会清朗放晴。更难得的是，无论是涨水还是落潮，神龙河的流水始终淙淙潺潺，清澈见底，挑回家去饮用，甘甜可口。自古以来就是云舍土家人的生命之源。

我沿着神龙河畔的石阶信步走去，走到寨子边临近800米处，只见河水流入一条貌似沟渠的缝隙，奇了，河水流失不见了！

它究竟淌到哪里去了呢？

哦，人间最短的河，真是一条神奇的河。

# 云舍记

冉正万[1]

梵净山东麓有一条南北向的狭长的坝子，坝子里不但有清澈见底的河流，还有美得令人咋舌的村寨。走进其中任何一个，都引人流连驻足。村寨之间只相隔几公里，民族成分却完全不同，有侗寨、苗寨、仡佬甚至羌人村寨、土家族村庄。离主干道近的村寨商业氛围浓厚，离得远的则以农耕为主，因旅游越来越发达，才逐渐有了买卖。不过，所谓商业，多是住宿和餐饮，本地土特产交易量极小，与南贩北贾不可相提并论。村寨仍以独特的风景和人文为基本面貌。寨沙侗寨有高大挺拔的水黄杨，有千年金丝楠木，有风雨桥，有鼓楼；梭家苗寨有大型溶洞，有石瀑；黄岩古寨依山而建，溪流环绕，田园风光秀丽可人。如果你是游客，可以选择一个村寨住上一周；如果你是艺术家，可以在这里住上半年；如果你准备修道，应该在这里住上一辈子。不过，修道不能住在寨子里，要住阿兰若，要去听不到牛叫的地方。

在一众个性鲜明的村寨中，云舍以古老、安静、平和独具特色，又以江南水乡和交通便利拥抱最先走进梵净山环线的客人。

云舍是土家语，指猴子喝水的地方。还有一个比较接地气的说法：这是一个土地肥沃的山间坝子，原本是神仙居所，神仙被勤劳善良的土家人感动，就把这个地方让给了他们。云舍即白云下面的房子。白云旁边的房子住着村民，白云之上住着神仙。土家族和苗族一样，说话在汉人看来多是倒装句。窃以为，云舍即舍云。云舍西边的山高大雄伟，站在高山上，村舍和她旁边的白云在同一个水平面上，而不是在白云下面。站得高不仅看得远，还看得淡、看得模糊，有时，平淡和模糊不仅是一种美，还是一种真相。

---

① 冉正万（1967—），贵州余庆人，当代作家，《南风》杂志主编。

云舍开发时间不长。10 年前，从梵净大道进入云舍，汽车得从堤坝上开过去，水翻过堤坝，10 余厘米深，小车横切过去，像犁开一面镜子。开车的人不能看平平展展的水，更不能看翻下堤坝的湍急的水，必须盯住前方，稳住方向慢慢开。干净的水从车脖子下面穿过去，既洗去了尘，也洗掉了喧嚣；既有波浪宽阔的惊心动魄，也有从未体验过的兴奋。村子里当时有小小的农家乐，生意清淡，却也有小小的骄傲：爱吃不吃，随便。

我来过 4 次，这里变化有些大，令我有些不适应，好在已基本定型，不可能再有大变化。有些变化，即使不搞旅游开发也挡不住，比如桶子屋，多数人去屋空。作为文物，保护与旅游开发同时进行，以我拙见，没有比这更好的办法。瑕疵当然有，同一座桶子屋左右两块宣介牌，一块叫“筒子屋”，一块叫“桶子屋”。不知道是见惯不惊，还是自相矛盾地有趣。

云舍是这个村的核心部分，只有几十户人家，合六七百人，如果以行政村计，面积大得多，有五百多户，合六七千人，不但有土家族人，还有仡佬族人和汉族人。人们谈论的云舍，都是指太平河边这个小小的村落。

60 年前，云舍几十户人家全都姓杨，没有一户杂姓。土家族的习俗不允许有杂姓。后来因为时代推进，也因家庭具体情况，于是入赘有了龙姓、向姓和周姓。入赘为婿，不是妹夫姐夫就是姑父，某种意义上还是一家人。

“你们的祖上来自哪里？”问当过村委主任的杨兴。

“江西。”

“江西哪里？”

他不太确定地回答：“槐荫。”

槐荫在山东济南，是济南市的一个行政区。叫槐荫的村庄倒也不少，江苏、山东、安徽、湖南、四川、山西、甘肃都有，恰恰江西没有。而淮阴，在江苏中部。也许是口误。从江西迁到铜仁的杨姓不少，并且迁徙不止一次。

他比较确定的是，云舍始祖是胜簪公。

在此兼任支书的杨凤刚，微信名“热情似火”，他的确是一个热情又热心的人，甫一认识就把《杨氏族谱》图片发给我。他并非云舍人，是太平镇的干部，下派到云舍任职。图片非常清晰，但《杨氏族谱》是一本封面残破、字迹模糊的老书。这其实是半部《杨氏族谱》，第一至八世无记载，主要内容是第二十世胜簪公和胜箕公。封面是《杨氏族谱》，中间某些书脊却又出现“杨氏宗谱”字样。这或许不是一本书，是被拆分后重新装订在一起的资料，可信度因此大大降低。宗谱是同祖完全谱牒，包含了一个宗族的后裔。族谱是某宗下新开辟的族体，二者编纂方式和结构都不相同。

胜簪和胜箕是两兄弟。族谱记载：胜簪公分住云舍，昌懋公次子，配周氏，生二子，秀绩、秀纶；胜箕公分住云舍忙闷，昌懋公三子，配周氏，生五子，灵宽、如意、秀彪、如绣、如缨。采访和查阅都找不到忙闷这个地名。云舍东北方向有个相邻的村子叫岑忙，也是土家族村庄，村子在四面悬崖之上，易守难攻。如果岑忙就是忙闷，那么当年昌懋公的安排可谓别有深意。云舍平整，土地肥沃，是两兄弟的粮仓；而岑忙则是堡垒，遇战火纷飞，可退守到悬崖之上，依势而动。悬村之上土地面积不大，但精心耕作，足以养活上千人。至今日，岑忙军事用途不复存在，是一个休闲的好去处。白云在低处缭绕，触手可及，道险且阻反而是一种优势，仿佛世外桃源。

事情并未到此结束，再次走访，我发现“忙闷”这个地名并未消失，它是云舍大寨里的一个小地名，只是因为从面积到影响力都太小而被淹没。不过，我仍然坚持上面的看法。即便胜箕公当时住在云舍忙闷，为了家族，他的后人亦有可能驻守具有军事价值的岑忙。

据《酉阳直隶州总志》之《土官志二》，铜仁杨氏入黔已有 800 多年。南宋淳熙八年（1181）以平贵州铜仁大小两江、省溪、宙逻及川东安彝诸处，功授宣慰使司之职，世官于黔。

至元朝初年，杨再思八世孙向西率其子开辟省溪、宙逻等地，建省溪司军民蛮夷长官司，自任土司府知府，以民族自治施政，至光绪九年才结束，长达 700 余年。省溪土司城背靠云景山，面向太平河，多数地段墙基清晰可见。沈从文的作品中常见有“峒”字，峒是氏族政权，并非山洞。杨氏与所建各峒保持密切关系，上、下土司之间以夷治夷，和平共处长达数百年。可见土司制度在当时不但合理，还非常有效。落后是因为到了后来跟不上时代变化，曾经的优势反成桎梏。

胜簪公和胜箕公正是由省溪司分住云舍，成为云舍始祖，至今已有四百多年。从杨再思到杨向西，可知这一支杨姓字辈是 7 个字，与族谱所示“再政通光昌胜秀”吻合。

由此推算，云舍垦荒当在明末清初，在此之前，这里确实是猴子喝水的地方，有可能是熊猴、猕猴，也有可能是金丝猴。如果是神仙，那也是修道成仙的神猴。不是它们把肥沃的土地让给勤劳的人耕种，是人来了，它们不得不离开。

杨姓在全国是大姓，总人数排名第六，在黔东、湘西亦是大姓，杨姓民族有苗族、土家族、侗族、仡佬族，大部分是与当地民族融合的结果。从对视、交流、依傍到融合再到各成族群，看上去漫长，而于历史不过一瞬。抢先一步到这里的人，据记载是公元前两百年左右逆流而上的巴人。《后汉书》记载，巴人的后裔多是土家族。“土家”一说始于宋末元初，是聚居于湘鄂渝黔毗邻山区的“西南蛮”的统称。

历史已经远去，今人亦将成为未来的祖先。今人平凡的生活，恰也构成未来的历史。

杨兴对地理星象颇有研究，曾向五位师父学习。他的师父遍及黔东、湘西，只要他觉得对方真有道行就甘拜为师。其中一位师父给了他三条告诫：有仇不能记，见财不起意，不搞小名堂；就算昨天结仇，人家今天有事相求，也必须立即放下仇恨上前帮忙；财富不管多少，只要不是自己的，都不能起心动念，贪心一定遭报应；自己是手艺人，不是什么先生，不能因为人家给的钱少就偷工减料，必须按部就班，做完学到手的程序。

“这不是做人最基本的法则吗？”

“是的，不过，师父的告诫和我自己想到的不一样，我必须样样遵守，否则损的不是别人，是各人家喽。”“各人家”即自家、自己。

也是，做人没那么复杂，但又有几个人能完全做到？

地理星象是否科学在此不讨论，杨兴可以见证的是，他的一家老小在云舍颇有声望。老大在河坎上开农家乐，经营得当，别人萧条苦撑时，他也没受多少影响；闺女在市区上班，自食其力，家庭和睦；还有一个儿子在广东，辞去公职后开公司。提及在广东发展的儿子，杨兴特别自豪。“他高考后填的是华南农大，他的分数超过北大、清华，怕考不起，不敢填。”当年填报志愿和现在不同，录取分数公布之前先填志愿，如同开盲盒。杨兴说：“没啥子，只要现在过得好就行。”支书杨凤刚感慨，云舍有什么需要，给广东的杨总说一声，他从没迟疑过，总是第一时间资助。全家对云舍公益事业和培养下一代特别热心，以杨兴的话说，“这是我各人家的事情”。

“各人家”不是自己家，是云舍所有人，这是他对地理星象和命运的理解，朴素、纯粹。村头有块“积德榜”，问他对积德怎么看。他讲了一个故事。云舍有九栋桶子屋，而他家是寨子里第一栋。有一年黔东、湘西一带大旱，很多人不得不外出务工或者讨饭。云舍因为有神龙潭，耕种损失不大。这天，一位秀山石匠来到云舍，带了个 9 岁的孩子。他对杨兴的太婆说，他不要工钱，只要给他一口饭吃就行，他会建桶子屋。太婆说，桶子屋不是耗费一点钱粮就能建好的，我家没这个能力。石匠说，求你救我和娃娃一命，我家其他人都饿死了，房子我慢慢修，总有一天可以修好。太婆留下了父子俩。石匠每天上山采石，干了 3 个月，太婆发现他神情落寞，问他有什么事，他说什么事也没有。石匠上山后，太婆问孩子，家里到底什么情况。孩子告诉太婆，他有母亲，有弟弟妹妹，全都在老家。太婆忙安排人挑谷子到碾坊碾米，碾好后叫石匠挑回去。石匠以为不要他干活了，扑通一声跪下，问太婆自己哪里做得不对。太婆告诉他，快把米挑回去再来，以后过年过节你都回去，桶子屋什么时候修好不要紧，家里人平平安安才要紧。

“祖上积德，自己也要积德才行，祖上积的德早晚会用完的嘛。自己不往仓库里头放粮食，饿了没地方打米来煮。”

杨兴说的太婆不是他曾祖母，是祖上某位女性。其他人见太婆的桶子屋不错，也跟着修，一时间秀山石匠来了几十个，不但帮助了石匠，也成就了桶子屋。桶子屋整体呈正方形，转角有直角也有圆角，大部分坐北朝南，也有的坐西朝东，砖木结构，北高南低或西高东低，以北屋或西屋为正屋，正屋有堂屋和左右厢房，下首为子楼，子楼为转角楼，与其他楼连接，中间空出，形成四角天井。桶子屋的“桶”以青石条码砌，两三尺高，后砌青砖，院子和阶檐坎以青石板铺设。侧面看上去，一级比一级高，大概有节节高的寓意。青瓦经风吹日晒后变黑，飞檐翘角像展翅欲飞的大鸟。辅壁上绘了兰花、仙鹤和梅花鹿，或有勤耕苦读含义的雕刻。“破四旧”时，很多人家壁画被破坏，杨兴家提前糊石灰浆躲过一劫。

“能不能铲掉石灰让它露出来呢？”

“没有这个必要。”

确实没有这个必要。这不是壁画的问题，是整体，只突出曾经的某个点并不能显示当初桶子屋的形象。

阶沿石和柱础也有精美浮雕，多为虫鱼鸟兽。门窗上的雕刻有“生、老、病、死、苦、福、禄、寿”寓意。杨兴家桶子屋曾住过六十多人，叔伯弟兄和第三代第四代。从嫌挤分家另住，到20世纪末年轻一代或求学或务工远走他乡，住在桶子屋里的人越来越少，似乎印证盛极而衰。桶子屋有大门，除非有大事，大门才打开，平时紧闭，须从侧面出入。杨兴说，忌讳从正门出入是避免冲撞神龛，正面冲撞对祖宗和神灵不敬。大门开得太大，还有可能破财。从迁徙到开垦定居，没有一件事容易，不得不小心翼翼。杨兴家桶子屋正对面的山像一匹肥壮的跃跃欲试准备奔跑的骏马，现在已被新修的房子挡住，要站在屋顶上才能看见。土家人的图腾是白虎，杨兴暗中把这匹骏马当图腾。

“挡不住的。”他笑着说。

桶子屋又叫封火桶子屋，是为了防火防盗而设计建造的。最大的桶子屋占地两亩，虽已全部列为文物保护单位，但似乎不如继续使用更有效。有的桶子屋改成了民宿，不时有人居住才有人气，人气即阳气，有阳气的老屋子不易朽坏。

有些东西可拯救，有些东西将永远消失。

云舍曾有五六十家造纸作坊，这是他们财富的主要来源，云舍用毛竹所造火纸远销铜仁、印江、石阡、秀山。自20世纪90年代开始衰落，到前几年消失殆尽。这里重新建造了一个作为非遗展示。这种展示相当于文物的一种表演，不再与生活相关，与生活无关的事物终将被时代和时间淹没。这是不得已而为之。杨兴对此感到忧伤。有位老人的儿子在广东做律师，老人去世后儿子烧掉的是印制冥币，极多。老人在世时喜欢打牌，一位牌友梦见他，叫他快来打牌，他说没钱，儿子给他的钱是假的，没法兑换。他儿子知道后重新买传统纸钱烧掉，牌友再次做梦，逝者笑着说，打就打，哪个怕哪个，我有的是钱。这是活着的人的担忧，小镇上，冥帛的销量逐年增长。很难说再过许多年，连冥币也不用，直接献花。没有永远不变的风俗，只有宜时宜事的生活。梵净山养活了一代又一代人，但现代社会不再以资源取胜，离开故土凭学识活得风生水起的人越来越多，他们必须习惯他乡习俗，习惯另一种仪式。

消失的还有服饰。杨兴十岁以前见到的成年人是长衫束带，头上包青布帕子。长衫和帕子逐渐被新式服装代替，旧衣旧帽只有节日才能看见，并且大多不是自己制作，是配合旅游活动特意穿上的。生活习惯的改变是全方位的，穿长衫时，手机都没地方放。杨兴今年七十岁，他不常用微信，但他的手机里安装了他喜欢的App，说到朝向、方位、天干地支，拿出来一打开就知道，比罗盘方便得多。

当然也有几百年来没有改变的东西，比如神龛。“天地君亲师位”几个字讲究人不顶天，地不离土，君不开口，亲不闭目，师不并肩，人不离位。简体字不好解释，看繁体字，一看就懂，不需要解释。

云舍让人流连忘返，除了桶子屋还有神龙潭。从秩序上讲，应该是先有神龙潭，后有云舍村寨。云舍代表的是人类活动的历史，神龙潭代表的是地球演进的历史，一个看似漫长其实不到一千年，一个看似变化不大却已有上亿年。胜簪公选择在这里安家，一定是因为神龙潭。泉水不但可以用来灌溉和饮用，还可以借其力碾压毛竹和稻谷，为生活提供方便。

多数深潭的水源由溪流或泉水补给，神龙潭的水自地下冒出，流量达到每秒四立方米。一秒四吨水，一分钟二百四十吨，因此能形成河流。这条河叫神龙河。

潭水有多深，老人说无底。曾有人将石磨丢下去，石磨不知去向。央视做节目时，让人将秤砣吊在绳子上沉下去，测量深度为十七米。云舍搞旅游开发时，请潜水员下潜测量，人能到达最深处为二十米。潜水员见到的是一个上大下小的洞腔，看不到水从哪里来。2019 年，用水下无人机测量，无人机下潜深度达到二十七米。神龙潭到底有多深，到现在也没定论，它的由来，有可能是因某条地下河有出口，也有可能是来自地层内部的承压水。承压水与大气圈和地表水联系较弱，参与水文循环不如潜水积极，动态比较稳定，不容易受污染。神龙潭的水因此可直接饮用。

神龙潭不仅是云舍神龙河的主要源头，还是云舍人观测气象的窗口。水特别清亮，将是晴天；水浑浊，将要下雨；潭水像大锅烧开水似的冒泡，一串串水泡在水面爆裂，这说明将要发洪水。村里人最不愿意看到的现象是泉水倒流，看见流进神龙河的水倒吸进去，天将大旱。这并非传说，2022 年就发生过泉水倒流，百天大旱，三个月没下一滴雨。

神龙河或许是世间最短的一条河，从神龙潭流进太平河仅八百米长。太平河自梵净山脚下黑湾河流来，经过江口县城后进入锦江，锦江流进湖南是辰水。辰水流进沅江，然后去了洞庭湖，然后去了长江、去了大海。遥远的大海与神龙潭遥相呼应，远方并不遥远。

在云舍吃住非常方便，有民宿有农家乐。食材出自本地，清淡可口。梵净山竹笋，或炖或炒，都有竹子的清香。本地产的猫猫豆，看上去黑不溜秋，其实味道不错，肉质肥厚耐嚼。邀三五好友，坐在树荫下，望着云雾缭绕的梵净山，陶然忘怀，无宾主之分，把忧愁丢进神龙河，把身心彻底放空。忙碌了一年的事记不住，放空这几天，反倒有可能永生难忘。

# 感官五重奏

鲁敏[1]

出游，总是对感官的慰藉与犒劳——为了功利俗务或所谓理想，在持续的追求中，我们的触觉、嗅觉、视觉、味觉、听觉等，疲乏、单调，它们渴求一次放空与补偿，去往一个陌生的地方，结交陌生的人，品尝陌生的饭食。便是在这样的背景下，春末夏初，我去往了贵州梵净山。

## 嗅觉：从满到空

去往梵净山是一个缓慢靠近、带有仪式感的过程——先坐三小时飞机到贵阳，再坐四小时汽车到印江县，到永义乡，到团龙村，到黑湾河，好像台阶一样，一级一级地走。这过程当中，景色与风情、气氛与节奏的变化自不用说，这里光说嗅觉一项。我一向对嗅觉十分看重，小说里也多次写过这样“有着敏感鼻翼、像蜂鸟一样张开”的人物。

贵阳，其实还是像大多数城市一样，空气里拥挤着仓促的、浑浊的现代都市之气。渐之，往东北的铜仁方向去，山水迢递，浑浊与拥挤就开始稀释了，从满到浅到空，大自然的恩泽开始显现，静默地，如温柔的手掌抚过舒展的大地，呼吸之间，新鲜地陌生地细腻地涌动而来，像羞怯的对视，像萌芽中的告白。我们好像连说话声也变细小了、秀气了，以便与这样的空气配合。

稍晚，在永义，又碰上了微雨，空中增加了更多的湿甜与清凉，通往心肺的深处。我有一个朋友，是肺科专家，她给我讲过许多关于肺部的细节，比如，像筛子，又有些像空调上的过滤网，孔洞里布满灰尘与积垢。永义的微雨中，想起这么个比喻，我连忙跺跺脚，清清嗓子，大声呼吸、用力

---

① 鲁敏（1973—），江苏东台人，中国作家协会会员，江苏省作家协会副主席。

呼吸——一边一厢情愿地想着，但愿那筛子或过滤网可以为之稍清吧。

最美妙的则是次日清晨。我与同伴，当然还有我的小说人物，那位嗅觉灵敏的朋友，我们一起在山脚下散步。远观山顶，云雾茫茫，近看诸物，晶莹剔透，连树杈间的蜘蛛网上都有露珠滚动。这时的空气，是最为上等最为纯净的了，以至于我们根本无法觉察其存在，再怎么鼓动鼻翼，也是一片既令人满足又令人惆怅的空白，这就像最深沉的爱恋，最虔诚的修行，到某一个程度，是失去存在感与具象感的。

我们在沉默中走了很远，用心品味这样奢侈的呼吸，奢侈的不仅是呼吸，还有一种散淡感、去功利感，似有茫然，又有顿悟。空的呼吸，空的境地，空的释然。这样的滋养，不独于污浊的肺，更于疲惫的心、于整个奔波的生命。

这短短半个时辰，也许我会记得半辈子。

## 视觉：古旧与天真

视觉不需要任何特异功能，一双妙目即可。梵净山处处可圈可点，青山绿林，涧水流石，云雾仙境，皆可入画，尤其是云雾之美，从缆车之上极目观望，比记忆中的黄山云雾更为浩渺，更为浓厚，这样的云雾，就是当真走出几位仙人、几位童子来，似乎也是毫不奇怪的。

山上之景，想来早已获得众人夸赞，但山下之景，亦是大有看头，如果习惯性地做一个概括的话，我愿意选这两个词：古旧、天真。

通常意义上的“古旧”二字，或许是贬义，但在旅游资源中讲，便是值得稀罕的气质。中国现在盛行乡村游，这股风气之下，乡村的气质开始发生了表演性包装性的变化，过分的整齐，刻意的梳妆打扮、讨好的周到体贴，到处都是一副开门待客、赚取银两的样子。幸之，梵净山周边的村落，还留有古旧与天真。

梵净山下，有永义、合水、新业、团龙等村镇，如棋子星散，眼光所见，总是木头、石板、瓦片、茅草、溪水、廊桥、水车、灶台、土豆与玉米地、杜鹃树、黑狗、篱笆……十分原生态。更可爱的是满墙的乡村标语与宣传画，既带有20世纪的语感，又兼具时下的时政要义，画风拙朴、心直口快、朗朗上口，惹得大家喜不自禁拍个不停。这种乡野特色，无法简单地用好或不好来形容，它就是一种坦荡的真实，像村姑脸上两坨风吹雨打的腮红，朴素、美好又令人感慨。

这里有许多老屋，有的年久失修，显出残败，有的却生机盎然，使用至今。我们一行人，冒失地跑到一户人家的堂屋去拍照，只因这家壁上有一处历史久远的木刻，朱红色的一枚“福”字，有两百多年。家中的三两个妇女，有的在廊下拣菜，有的在灶间烧火，其中一位老妇人，搬了几张条凳，操着有些难懂的方言邀我们坐下歇歇，她再接着去忙她的，非常自在、旁若无人一般，听凭我们来来去去——这种古朴散淡的山人风度，殊为可爱。

再举一例为证。在合水镇，我们观看有名的蔡氏古法造纸，其中一个步骤，是借山溪流水牵动大水车，转化成动力，用以捣打构树树皮。我们去的时辰巧，正碰上一位中年男人在河边的茅草棚里进行这一古老劳作，一群人立即兴奋地扑上去，各自举起相机手机，高高低低远远近近好一阵子猛拍，同时啧啧赞叹议论纷纷。而这位劳作的老兄，白衫黑裤，置身溪水一畔，头顶半片茅房，清风徐来之中，愣是从头到尾一言不发、动作一丝不苟，连头都没有抬半下，简直如正在修行的世外散人一般。

这样的旅行观感，其实已经越来越少了，尤其在沿海省份的乡村，大部分情况下，游客还没有靠近呢，诱说表演宣讲之态已跃跃欲试，叫卖拉拢劝说之辞更是四处响起，简直叫人无法招架，似乎不买点儿什么便是罪过。两相比较，更觉这里古风陶然，令人敬畏。

## 味觉：掉进糯米缸

因湿气较重之故，此地饮食偏酸辣，人们善制各类熏肉，又善产优质糯米与各类豆制品。上述种种，只讲一样——我天生馋爱糯食，到了这里，真等于是小老鼠掉进了米缸，还是糯米缸呢！

在村落里吃饭，主人热情，拿出接待远客贵客的热忱，除了桌上的大盘大碗，诸如金豆腐、绿壳蛋、土山鸡、野菌子，以及名字都叫不出的各种树皮菜、地野菜之外，更连主食上也翻新花样。端上来的，可不是普通的米饭，而是糯米饭，也不是普通的糯米饭，里面还有料！前后几日，我共吃过三种，一是与土豆同煮，土豆之香与米谷之香，你中有我，我中有你，喷香无比，尤其是靠近铁锅边缘的微焦部分，土豆的糖分有所渗出，凝为黑黄，饭粒也随之结为锅巴，二者融合，又脆又糯，实为至味！我与另一朋友，二人同怀鬼胎，为了找这样的土豆锅巴饭，把盛饭的器皿给翻了几个个儿。第二种是与猪肉同煮，讲实话，这真是太豪气的做法，猪肉乃精选之品，肥瘦得当，已十足入味，肉油与酱汁的浸泡与长时间焖煮使得糯米饭团粒粒晶莹油亮，肥厚富足，筋道带汁，香得几乎舍不得嚼碎，齿间流连，一吃三叹！说句不怕见笑的话，这样的饭，一根菜心都不要，绝对可以白吃三大碗。第三种是与熏肉同煮，贵州山地的熏肉是吊在火塘之上，长日烟熏而成，形与色偏暗，有些土土的原始面目，切成小粒与糯米同煮之后，又增添了一种五香的口感，其中肥肉的部分更近乎透明，融入白米粒，滋味混杂，兼有柴火气与日月气，好像吃的不是这一顿餐食，而是无数个雨落黄昏、烟升火塘、心事沉沉的漫长年月。

除了掉进糯米缸，还得补记一笔猪头肉。永义乡有一处树龄1300多年的紫薇王，当地人奉为神灵，常去拜谒求佑。我们在时，恰逢一家老小在此祷祝，供奉之物为两只披红着绿、黑黑壮壮的大猪头。我们只管看热闹拍照，主家拜谒完备，竟然即刻开始割食供物，并热情邀请我们同食：说是分食的人越多，祷祝会越灵验。一干人全都赤手空拳，主家只凭一把薄刀，在猪头上切切拉拉，在场几十号人便人手一块，毫不客气地开心大嚼。那面目粗犷的猪头在完成了供奉使命之后，只十来分钟就变成了一副头骨架，完成了它的第二个使命：舍身一饱众人口腹！高天深山之中，面对千年紫薇王，赤手大啖热乎乎的猪头肉，这实在难以预料的经历！那种原始的香气，豪放的吃法，众人同乐的场景，实在不负天地之灵。

## 触觉：小木屋之夜

印江山区多木，许多寨子便是因地取材、因地制宜，搭成各种木屋，也许生活上并不特别便利，但对游客而言，这样的投宿经历总是有趣和别致的。在石板寨和黑湾河，当地的酒店都是院落群集式的小木屋，便于游客集散，可独住，也可团队包下一楼，也可二三好友共室。

木屋有几个特点，一是有森林质感。久居都市的人，对自然总有饥渴，进入山脚下的小木屋，推窗见山，出院入山，有种住进大森林般的心理暗示，更有格林童话般的神奇与穿越感，此种放松与愉悦，恐怕抵得上一百个心理医生或一百篇心灵鸡汤。二是有木头香气。这个自不待言，床、地板、墙壁、门板、扶栏、楼梯，包括卫生间，通通为木头，木香纯粹，淡淡入鼻，以手抚摸，亲切温润，真有说不出的感动。三有吱吱木响。哈哈，小木屋完全不隔音，某人打呼噜，某人打手机说情话，某人酒醉敲墙，某人深夜谈人生，统统整幢楼清晰可闻，就连你半夜起身看山头的月亮，那吱吱吱的脚步声也会响彻整个院子。有趣不？

深夜寒气渐重，小木屋旅舍的大堂里，老板娘生起一堆火来，火上“嘟嘟嘟”烧着一大罐子泉水，大家拱手团团相坐，泡上本地茶叶，长夜闲聊，那真是天下头一等快事。炉火热烘烘的，烤着膝盖，人们的脸庞开始发红出汗，看着外面黑乎乎的夜色，奔腾的时间似乎就此停留了，脑中的万般欲念也就此停留了。一位本地的老奶奶，八十多岁了，也挤在我们中间，低着头打盹。遥想千里之外，大屏幕股市滚动，十字路车轮滚动，点钞机上钞票滚动，人们还在万丈红尘中争名夺利，此处与彼处，那个我与这个我，到底哪一边更为真实、更为贴近内心、更能亘久地存活于这样的人世间？

## 听觉：侗歌弹唱手

梵净山周边的山民都有一把好嗓子，采茶他们唱，走山路他们唱，谈情他们唱，祷祝他们唱，嫁娶喜庆也唱。当地人唱歌，态度明朗，双目含情，直爽而又温柔，就连腰身滚圆、皱纹横生的老大妈老大爷也都中气十足，更在歌声中显出一种特别的妩媚。包括陪同我们行走的一位村中书记，也是歌唱好手，几位采茶老大妈对着他连续叫板，他稍稍走远一点，亮开嗓子便对，惹得我们大为赞叹。

在梵净山下的那一晚，我们更有机会听到一群年轻山民弹唱侗歌。是晚上七八点钟的光景，在游客中心大广场的露天火塘处，围坐了一群本地居民，也有我们这样的游客散坐其间。一位面色黧黑、五官分明的瘦高个男子手捧一样类似吉他的乐器正弹得欢快，一打听，这叫侗琵琶，音色铮然，生动活泼。他周围是五六位男歌手，他们对面则是七八位女歌手，说是歌手，也不恰当，其实都是村民，穿着随意，白天可能有各自的活计与营生，晚间则聚到一处，唱这些流传下来的、略有改良的侗歌。一半为自娱，一半为娱客。我们一直盯着这位男歌手看，歌唱与弹奏似乎使他获得了某种特别的魅力，他调音、他试谱，他放声歌唱，他皱眉不满，每一个动作都很自信、迷人。这般单纯的情感、直白简捷的表达，在都市男女的情感游戏中是早已流逝不可追了。

他们当晚所唱的歌子叫作《久不见郎心发慌》，两个声部彼此应和，男声低回温柔，女声则带着自信的挑衅；男声热烈大胆，女声则又婉转深情。我们虽听不懂歌词，却一样感到心有触动、惆怅含情。也可能跟这样的夜色有关：火塘的火光发红，红中带橙，附近的高塔也轮流变幻出蓝色紫色黄色的照明，为每一个歌者的面庞不断调色，加上忽浓忽淡明灭摇晃的烟雾，使得我们面前的这一幅侗歌弹唱图，有了一种魔幻主义的后现代色泽。

# 梵净山时光

沈念[1]

对一座山的认识不仅仅是需要时间。有的人一辈子也走不出山的环绕，而有机缘的外来者能一瞬间洞察山的秘密，触摸到山的脉搏。

比如眼前，梵净山，有一个素雅的名字，似乎能安抚所有浮躁的心灵。当我们这群漫游者，谈笑风生地从各地于此相遇、走近她的时候，内心的震惊，一下掉进了失语的深阱。我也曾想象，那些在时光深处存在过、如同我一样的人，都在这里完成一次未谋面的相遇，呼吸过梵净山的空气，畅饮过梵净山的山泉。或者，被纷繁复杂的世俗生活所搁浅的人们，记忆在这里打上马赛克，成为生命之中的盲区。

## 1

凌晨五点左右的雷雨，把我从酣睡中唤醒。外面天色模糊阴暗，所居住的客栈，是一座四合大院，院子里有一人工水潭，名为养生池，它很巧妙地告诉我们，到了佛教圣地，一切言语都会有神灵的向导。按照规划建制的木质结构房子，屋顶是石质砖板垒叠，从屋檐垂落的水声格外响亮。不隔音的楼板，传来同行者的辗转与轻叹。

晨光在雨声中绽裂。客栈内的人陆续起床，雨不依不饶，无休止的雨，真会成为阻挡我们完成一个仪式的羁绊吗？近在咫尺的梵净山，要以怎样的理由拒绝我们的朝拜？心迹不一的我们，都翘首以待一个神奇的诞生。

① 沈念（1979—），中国作家协会会员，国家一级作家，著有《时间里的事物》《鱼乐少年远足记》等。

## 2

对这座佛教名山的景仰，来自它顶着“天下众名岳之宗”的光环，还有梵刹庙宇云集，诞生“四大皇庵四十八脚庵”的记载。发轫于唐宋，兴旺于明清，天南海北的万千善男信女接踵而至，梵净山在时光深处走出一道庞大的背影。

这道背影被光照出诸多褶皱，褶皱里藏着无数惊喜。几天来，我们就跟随着梵净山绵延的身躯，在山脚下盘桓。从印江的朗溪、合水、永义、新业、团龙到黑湾河，这些陌生的地名，马不停蹄地行走，帮我们完成了仪式之前的情感积蓄，又在夜深人静的时刻开始在心灵的底片上显影——沿着青石板路，土司遗址上所剩无几的建筑，在嚼食人间烟火中依然保存着那份古朴。历百年风雨的兴隆桥，经年不息地听着细水长流的喜怒哀乐。蔡氏古法造纸的72道繁琐工序，把时间包装进一沓沓轻薄的纸张之中。还有梵净山西麓孤独守望了1380年的紫薇树，树冠荫蔽，筋骨嶙峋，只开花，不结籽，不繁衍，中国仅存和34米的高度让人万分感慨……

更让人感到一种神秘力量潜伏的是，抵达山脚下这片旅游村寨时的那份宁静，旷远，沁凉，由远而近，将我紧紧裹住。黑湾河的水清澈冰凉，拐弯抹角地从山的深处出来，撒开千万只脚丫子在凹凸不平的石滩上跑，奔赴远方的聚会。视线无法企及的远方，只能在脑海中浮现。抬头可见的是山上的绿，层层叠叠，颜色参差，仿佛是无数支油彩笔长年累月地在梵净山这块画布上均匀地涂抹，又似变幻的时光在这里完成的最纯粹的一次剥离与积聚，绿色的聚变。

而这一切，都只是朝拜梵净山的前奏。

## 3

客栈老板一个电话，帮我们打探到“山上天气晴好”。一下子扫去蒙在心头的阴霾，刺激我们内心的始初愿望。冒雨出发，披云戴雾，去登临那山巅之上的金顶。

时间的紧凑，让我们选择了25分钟的缆车车程。山上雨停的时间不久，雨珠还悬挂在透明的车窗上。一颗雨珠折射出一个不同的梵净山。窗外像影片一般地变换着不同的景色，同行的本地朋友拉拉杂杂地谈论着梵净山的乳名、轶事，絮叨着山上金顶周围分布的万卷经书、蘑菇石等奇特岩石景观，还有云海的壮美、佛光的神秘。

山上天气并未完全晴好，云雾大军压阵，拥挤在山谷，又缭绕到山腰之上。视域里的茫茫林海，时而清晰可见时而隐藏模糊，摇荡成一片片厚薄不同的绿色。缆车在某一时刻仿佛静止在高悬的空中。当景色被山雾遮挡，就焦急缆车的缓慢，而到云开见日，云海翻腾的壮美远离时，又叹息行进得太快。

迫不及待地下缆车，站在观景台上定睛瞻望，缠绕远处山腰的无际白云，如朵朵妖娆绽裂的棉花，被云幕深处的阳光穿越，光亮而灿美。飘浮近处山脚的云雾，像清溪中的薄洗轻纱，伸手即可捞起一缕芬芳。偶尔有尖尖的山峦，耐不住寂寞，挣跳出云海，露出一角峥嵘。

没有人说得清这座山到底收藏了多少时光的秘密。栈道两旁的宣传牌，向人们揭示更多的信息。庞大的山体，2600余种生物，在这“一山有四季，上下不同天”的地方共生共死。珙桐、鹅掌楸、冷杉、香果，这些濒临灭绝的树种，混生在成片的杜鹃树之中，与那些隐没于大山之中的动物昆虫声息相闻。有“世界独生子”之称的黔金丝猴，全球只剩750只左右，也仅生活在这里……还有太多不该忽略的生命个体，时光在它们的身体里储存，也被它们消费。在这生命的大舞台上，腐烂与新生，繁荣与枯谢，大自然的鬼斧神工、妙手天成，让人类的一切艺术创作都黯然失色。

“隐藏一片树叶的最好地点是树林。”博尔赫斯的告诫，在梵净山无须验证。如果不是那一条条被无数双手脚开辟出来的栈道，一个外来者都极其容易迷失在这片丛林之中。

## 4

一路向上，前方是声名显赫的金顶。我们互相鼓动着开始上行，尽管前两天的劳顿为前进的脚步增添了几许沉重，但金顶散发出的魅力，足够让我们不轻言放弃。弯曲的人工栈道，有的是木塑板铺就，有的是依山就势凿成的石道。山上的冷风，把雾团吹过来，缠到我们的发梢上，挂成一行行湿珠，手指轻轻触碰，它就落地碎裂。

时间不起波澜，仿佛已经凝固，我们的脚步走在它的前面。几经踅转，先到达的是蘑菇石景点。天气陡然变阴，只看得到灰蒙蒙的石影，坚强地矗立在那里。我们小心翼翼地走近，留下一张张灰蒙蒙的影像。雾气越来越浓，同行者中有人打起了退堂鼓。那些缥缈的雾气缠住了脚步，额头、前胸、后背、手臂，每一寸肌肤都像春天受潮的墙角，渗出细密的水液。体能的下降，对攀登者是一次考验。“不到长城非好汉”的气概横亘心中，一小队坚持者继续前往最后的高地。

90 余米高的金顶，却是在海拔 2493 米之上。这两个数字，看似那么不对称，但它们被大自然神奇地叠加到了一起。

上行的栈道越来越窄，越来越陡。在岩石丛中弯绕，一不小心抬头，就会碰着前面一个人的脚跟，或者犄角似的石头。雨雾垂挂在岩石缘边上，饱满地砸落在我们头顶、脖弯。不规则的石阶呈现出不同形状，有的窄处仅鞋尖借力方可踮过。这真是一次没有退路的攀爬。防护的铁链，此时变成了攀爬者的攀绳。铁链上的水珠与人的手掌摩擦，散发出浓烈的铁锈味。也就是这不到百米的高度，我们格外谨慎，仿佛走了很久。

当前行者站在金刀峡朝我们呼喊时，他的声音从峡缝中跟着石头上的水珠一道散落。金顶就在头顶，我们加快脚步穿过那条逼仄的峡道。金刀峡一劈而就，金顶从此一分为二。始建于明朝的释迦殿、弥勒殿左右侍立，而横跨连通两殿的天桥，以及殿后的两块巨石——晒经台和说法台，组成了梵净山绝顶之上的独特风景。

## 5

面积拘谨的金顶之上，云雾迷蒙，风驰呼啸，湿漉漉的空气滋润肺腑。环顾两大宝“殿”，空间摆设很小且简单，一尊像、一神龛、一香烛、一功德箱、一僧人。这样的简陋，让人生发出一种难以言述的心情。与我曾走过的另外一些佛教名山、寺院相比，因为散布的广袤和地势的艰难，梵净山的香火显然有些偏于清冷。清冷带来的远离，不能不说是一种保护。再转念一想，朝拜的香火烧到了云天之上，历经云雨变幻的攀升，“会当凌绝顶”不是神祇对朝拜者的另一种点化吗？

殿后各倚靠着一块巨石，石壁石缝上开凿出千疮百孔的“时光花朵”，风霜雨雪、登者肌肤的触碰、摩挲，让它变得更加坚硬和沧桑。凝眸长久，仿佛从沉睡在岩石之上的时光中，看得到历史光影深处前赴后继的跋涉者。从何而来，为何而来，千言万语的叙述，都抵不过石头的片刻沉默。

风紧一阵慢一阵地刮过来，一同上来的当地朋友手指划着圆圈描述，夏秋时节，雨后天晴，若是有缘人，能看到佛光。我们缘浅，只能想象佛光的模样，金光灿耀，光芒万丈，梵净山绵延的山峰和广袤的层林，都能在那一刻被照得通体透彻。幡然之间，我顿悟到，对每一位佛门内外的人来说，千辛万苦的跋涉朝拜，不都是对心中佛祖真容的追觅。金色肌肤，仪容整齐，目光清静，浑身散发祥和的气息，而观瞻佛祖真容远比观照内心要容易得多。对外表的执著不仅令普通人烦恼，也同样烦恼着那些想要从红尘中解脱出来的修行者。

在时光的千万种方式里，每个人都是唯一。

## 6

下山已是午后。景区出口，有一个正在展出的国际摄影展。那些为完成一幅作品而苦苦守望的摄影家们，以各种色态的光和影向人们展示出梵净山不同季节、时间、地域的样貌。其中一幅影像摄于清晨：朝阳从山那边喷薄欲升，远景的梵净山呈现出三座弥勒像并列的景象：老金顶是弥勒坐像，新金顶是金猴朝拜弥勒像，三大主峰相连则是长达万米的大肚弥勒卧像。讶异再一次奔袭而来。

山即是一尊佛，佛即是一座山。

佛的存在是和谐，是万物共生，我想，梵净山存在的意义就蕴藏其中。对一座山的认识在这一刻清晰呈现。

体力透支后的饥辘，在回眸之际，被山谷涌来的风吹散。梵净山以另一种方式向我们告别——太阳刺破云海，晴空一碧万顷，它在我们眼前进行庞大的摇摆。我告诉自己，那不仅是一个朝拜者在路上行走时的摇摆，更是时光的摇摆。

属于梵净山的时光摇摆，呼吸凝滞，又瞬息万变。它日复一日地向那些跋涉者，如此般敞开内心深处从未改变过的秘密。

# 西上梵净山

邱华栋[1]

前往印江的路途多少显得有些艰难：从贵阳出发，沿着400公里弯弯曲曲的盘山路，一路向东北方向而行，乘坐汽车要走七八个小时。我们早晨出发，傍晚的时候才抵达。一路上，绿色的山川连绵不断，中途，我们在乌江江畔停了下来，吃了一顿美味的乌江鱼。这乌江鱼应该是鲇鱼，黑色，无鳞，有胡子，味道十分鲜美。乌江鱼的做法以鲜辣火锅为主，而蒸腾的火锅中，贵州的辣椒确实是名不虚传，直辣得我口舌麻木，大汗淋漓。远眺乌江，这里的水势已经不大了，似乎很难想象当年红军强渡乌江天险的情景，只是江两岸的山势却十分陡峭险峻，还看得出来这里曾是一个要害地方。

继续进发，路边的景色似乎显得有些单调，但是仍旧有很多变化，各种茶树、烟草等经济作物开始出现。越往东北部走，山越来越高大，弯路也特别多，终于，绕过了一个山包，向下俯瞰，一座被一条河环绕的美丽县城出现了。

这个在山坳中盘踞的城市，就是印江县。印江县隶属于铜仁地区管辖，是一个土家族、苗族自治县，这里百分之七十的人口都由这两个民族组成。从这里继续往东走，就是湖南的湘西地区，距离湖南的怀化很近。印江的地理位置虽然在贵州不算是最为偏僻的，但是交通仍旧是一个大问题，不过，现在公路、铁路和航空都可以抵达：印江距离铜仁机场170公里，还有一条从泉州到昆明的战备高速公路正准备修建，而这条高速公路一旦建成，可以缩短从贵阳来印江的行程一半的时间，只需要3个小时左右，就可以抵达印江了。而一条铁路在距离印江几十公里的地方穿越，那里有一个火

---

① 邱华栋（1969—），河南西峡人，中国作家协会党组成员、书记处书记、副主席。

车站。前往印江以这三种交通方式都可以。

几天的印江周游下来，我获得了一个印江的大印象。这个地方的文化名片和文化符号确实有不少。我们来的第二天，就赶上了印江的一个大庙会。在这个庙会上，我先是看到了这里的土家族长号和唢呐队，他们手里的长号十分巨大，吹动起来声音浑厚绵长，历史的幽深感和沧桑感立即涌现。一般土家族遇到了结婚、乔迁、丧葬、拜寿等生活大事，都要请长号唢呐队前来伴奏。而且，在街头一些地方，我可以看到很多长号唢呐乐队的小广告，可见这种乐器和人们日常生活的紧密程度。

我还看了舞龙表演和土家族摆手舞等。这个土家族的摆手舞是很有特点的。摆手舞是由土家族妇女在长期的田间劳动之后创造出来的，表达了妇女对丰收的期待和热爱，是对农业劳动的具体动作形象化、艺术化、舞蹈化，播种、收割、耕田、纺线，都通过一双灵巧的双手和美好的身形表现出来。

这里还有傩戏。这个傩戏，可是西南地区一种很原始的民间戏剧，有着巨大的文化价值，傩戏，简单地说，就是由土家族老师戴上面具，扮演各种神仙，边说边舞边唱，驱逐鬼怪和疫病。傩戏到底流传了有多久，一直是学术界有争论的问题，但是，它的古老和源远流长却是毋庸置疑的。

晚上的时候，我们在一座古香古色的祠堂里看了一出傩戏。这出傩戏演了四十分钟，由民间的土家族师傅出演，要是没有专门的翻译，一般很难听明白唱词，看明白剧情。这出戏十分复杂，请神、驱鬼和皆大欢喜，推演的过程缓慢而有趣。傩戏可以说是戏剧和宗教巫术结合的活化石，而由傩戏延伸开来的傩舞、面具、道具和唱词，如今是研究西南地区少数民族的民俗、宗教信仰和生活范式的重要材料。

印江如今还保存有独特的白皮纸手工造纸技术，据说，当年蔡伦发明的造纸技术，现在在印江的一个蔡姓的村子里仍旧完全地保留着。我们抵达了这个以蔡姓为主的村子，村子不大，依山傍水，风景秀丽。一些看上去十分简陋的茅草窝棚，就是造纸的作坊，如今，这个村子里的人依旧以手工造纸作为主要的经济来源。我们进入窝棚，观看了工艺既简单又复杂的造纸过程。造纸的原料，是当地生产的一种特殊的灌木的皮。现在，这里的手工造纸十分畅销，很多地方都要提前订货，才能够买到这里生产量很有限的白皮纸。而一些现代和当代的国画家、书法家，很喜欢用这种罕见的纸张作画、写字。

在距离县城几十公里开外，还有一座佛教名山梵净山。这个梵净山，是国家级的自然保护区，可以说是印江最为主要的自然和文化景观，如今也正在变成国内重要的一座佛教名山。梵净山上在宋代就兴建了很多佛教禅寺。在明朝，这里的寺庙曾经多达数百座，后来因为战乱和历史的惊变，大部分佛寺都被焚毁了。如今，山上有一个佛寺——护国禅寺，刚刚落成大部分建筑，这是从辽宁来的高僧释佛友历经多年努力，在原来的寺庙旧址上兴建起来的。

前往梵净山的路途不算遥远，一路上，从大山深处流淌出来的一条发亮的小河一直伴随着我们的视线，山峦叠翠，十分清新。盘山路渐渐地进入云的深处，眼前，大地山川的景象十分开阔，云海之下，黑色的山峦绵延而去，护国寺就隐身在里面。寺庙的三进大殿十分巍峨，隐现于云雾当中。我们在傍晚的时候进入寺庙，刚好赶上了暮时课诵，于是站在了居士的队列里，体验了那个时刻的神秘无言。

晚上，住在山上的宾馆里，可以听见窗户外面蛙声阵阵，十分热烈，而窗户外面的空气十分的清新。我乘兴写下汉语俳句多首：

## 梵净山俳句

### 护国禅寺

护国禅寺外，蛙鸣阵阵

清晨结为露水

**看山**

风吹山静云不动

人走如风

**山麓**

盘山路，径入深林

路旁青蕨微微颤动

**下山**

一只蟾蜍跳入黑夜

汽车急转弯，疾行走远

**定魂草**

野生天麻是定魂草

大风吹，叶不动

**山天**

梵净山端云雾缭绕

一阵云雨一阵彩虹

卧佛无言无语

**国画**

山林被石与树浸染成宣纸

流水不腐，是氤氲的墨汁

**河流**

两颗鹅卵石一模一样

宛如两个兄弟

第二天，乘车继续上行，到了梵净山上一处开阔的山麓上，这里是汽车行驶的终点，但是又是登山者步行的起点，而远处，梵净山的最高峰金顶已经被白色的云雾所缭绕，十分的神秘。有些山峰的形状，在云雾缭绕中看上去很像是卧佛的侧影，而且竟然远近重叠有三个层面，这些自然奇观，给梵净山带来了很多美妙的传说。总之这里确实是一个佛家的清净和灵秀之地。

我们沿着登山的台阶开始爬山，据说，抵达金顶之上，可以看到无限的风光，全程来回需要 4 个小时。登山的路途一开始十分的轻松，道路都被树林掩映，有很多怒放的粉红色杜鹃花就开在近处，各种花草也十分茂盛。走上一段的距离，就会来到山脊上的一个制高点，从这样的制高点的观景台上四下瞭望，可以看见梵净山起伏有致，大气磅礴，被云海的汹涌波涛所笼罩。此时，带有禅意的山风从耳旁掠过，使人忘乎所以。

继续前进，两腿越来越不听使唤，我走了一个半小时之后还是打退堂鼓了。下了山，内心不免有些遗憾。不过，仍有同行的人继续前行，最后抵达了金顶。他们回来之后，描述了金顶之上无限的风光，也给我看了很多照片，确实，梵净山山峰突兀奇崛，云雾诡异，远处的一些飞瀑悬空如同一匹匹白练，挂在了绿色缎子为背景的山体上，那崇山峻岭处处显现了奇秀美好和神秘庄严。

印江的大印象大概如此，梵净山下，印江小城被清澈的河水所环绕，群山高处的梵净山，又一个充满了人气和灵气的地方。

# 梵净山诗篇

雷平阳[1]

## 我去雾里小住几天

去梵净山，我没什么特别的目的
听说那儿一峰独立
天天都是大雾笼罩
我去雾里小住几天
如果你们上山来找我
请对着大雾喊我的名字

## 荐我

你看，我又与人结伴进入山中
而又独自云游
把自己推荐给泉水
推荐给晚谢的杜鹃，推荐给
庙门外的竹椅，推荐给
槭树横空的石头小径
推荐给头顶上的飞鸟或飞鸟的翅膀……
一次以征服为目的的行动
还是被我找出了个体空间
没有理由叛逃的娑婆世界的俗务
因为我的背离闪现出了

---

① 雷平阳（1969—），云南昭通人，中国当代诗人、散文家、书法家。

一缕人性之光。但我还是没有
把自己推荐给菩萨
也没有退一步，把自己推荐给
山梁上打坐的和尚。我对身边的行人
仍然心存善意，对容纳我肉身的
忍土，依旧怀有不灭之恩
你看，我只是迷上了鸡零狗碎的
天国的小玩意，小花边，小趣味
真实的自己，仍然在对立的两极之间
拉一根钢丝，表演着空中杂技

## 在木黄镇

今天晚上，在木黄镇
我收回了立在广场上的刀山，收回了
土家族人攀登刀山时虚拟的热情
我还收回了夜路之上我们
一再谈论的黑幕后面的萤火虫
收回了一个个战争继承人
内心藏匿的枪炮……
我是如此地胆怯、敏感、无辜
借虎狼之心为自己壮胆，还是不能承受
扬声器里人们漠然地介绍
寺庙的倒塌，并公然美化飞来的子弹
我得收回天庆寺里新塑的唐僧师徒
收回兴隆桥上死在自己网里的
那只蜘蛛，收回一具具红棺之内

搬运骨灰的蚂蚁群
——谁也阻碍不了我自成渊薮
当我收回了我主动献出的头颅
我就让它永远低垂
决不用它置换星空或白云

## 中午之诗

现在是中午，我已失去了
早晨的钟声、露水、残梦里的
祷告。一棵栎树和一棵青冈
从几面绝壁间探出身子
在前往燃灯殿的畏途上，主动
作为我的去路与归路
深渊里，映山红开得落后于
时间，用滴血之红自救
倒挂的香樟撕裂了主干，靠皮筋
提携着躯体的形状与重量……
我岂能失去它们？这些我的器官
或乐器，这些我以铸鼎之功
补塑的词语。遇上的松鼠
均是重逢，弃我而去的和尚坟
均是立在紫藤中间的旧书桌
但我现在并无困扰
坐在棉絮岭上眺望远山
大雾没有升起，所有失去的
它们正以清白之躯俯首于自我

## 行吟

沅江的水，又一次
向上高出两米，收受
旧国新增的污秽，披发行吟的人
不曾断绝香火，但没有列入
非物质文化遗产保护项目
一个，抑或三五成群
在岸上踟蹰，苟且乎？
沉流乎？令人叹息的仍然是
经年无解的死结：与屈子相比
屈子投江了，他们仍然活着
只是频频做出沉流之姿
状若眺望大海的雕塑

## 山中

一个人走在梵净山中
听到不止一种鸟儿，在密林间
自己喊着自己的名字
路经一片开得正好的乔木杜鹃丛
我也大叫了一声自己的名字
确定四周无人
又才压低嗓门，回答："我在这儿呢！"

## 灯盏

将自己像鹰的白骨
埋入土里。将自己像蜜糖

融化在水源处。此刻，我来到了
红云金顶，燃灯殿旁边的杜鹃
像雾海里升起的红蜡烛
开给内心灯火熄灭的人
开给天，开给释迦牟尼……
——承蒙佛光照亮，醍醐灌顶
我从自己的鬼魅之躯洞见
善与信仰的存在。祈盼自己
也是杜鹃花里的一朵
未能赶上春日，在盛夏，如一场个案
迟缓、孤立、沉静，打开肉身的天窗
向着群山与人世，白日里
也高举着光焰如豆的灯盏

## 心花怒放

流水上写诗，流水
会将诗歌
交给大海或刻进顽石
暴风里写，暴风现出本相
诗歌就落入了丧乱
在白云上写，白云会消散
还会把诗歌交给霹雳……
今夜，我在梵净山下的木黄镇
繁星空悬，萤虫低飞
林泉之间有鹤影救急
却一闪而逝

只能把诗歌写在密封的心脏
——只要这心脏
没有被掏出，你们就不会知道
我写在肉里的，都是血红的
心花怒放的诗句

# 坐看云涌金顶

末未[①]

事实正在证明，水穷处生长白云
也生长凸起的孤峰

千里之外，有人摸着夜色匆匆赶来
想在日落之前攀上崖壁，再攀上一朵白云

他一把一把借着金顶道上铁索的力
再一步一步借着八面好风的威

然而他用尽一生在天路上摸到的全是雾
后来他用了三生也没摸着一朵白云

现在他干脆坐在那里一动不动
一会儿看山，一会儿看云

① 末未（1968—），本名王晓旭，贵州印江人，中国作家协会会员，铜仁学院教师，贵州省诗歌学会副会长。

# 梵净山记[①]

[清] 徐訚[②]

铜郡上游省溪司，距城百里。司治西偏六十里，有梵净山，高千余仞，危岩屹立，孤峭崇隆[③]。远视如玉笋插天，近观形如玉屏。自顶至麓[④]，劈分两歧，双峰崛起，石肤如铁色。峡中宽丈许，后人设梯登之。旧传二佛以金刀劈分道场，事虽无据而形势宛然。山四面十余里，孤绝无匹，左右稍远，始突耸高峰，蜿蜒数十里，亦纯石无土，与外山特异。

山孕奇于鸿濛[⑤]太初，显名于万历间。登谒者从山麓上，至峡处名金刀峡，高数百丈。仰面升梯，如蹈空而行，连度三桥，乃至顶。每梯皆攀铁絙上之，始有凭依。至双顶，左右以桥接。近代虽踵事增华。一切桥石殿瓦，皆朝山善众，背负登顶非可易得。初登者身立万仞[⑥]，举目旷观，空阔无际，心神惝恍，鲜有不魂惊骨栗者。神定入殿，左礼瞿昙（释迦号），右谒慈氏（弥勒号）。二殿孤峙极顶，风声陡峭，不可瓦，皆冶铁覆之。殿后各有天生石屏倚障，即名“说法台”。两殿前有焚香化钱石穴，右火穴，左风穴，皆于焚化时验之。供香只用檀。每朝山旦暮，香风飘渺，散满下界里许。殿前深壑，石峰林立。巍然秀拔者为“太子岩”，磊落串珠者为“供养岩”“献果岩”；顶平展布者为“拜佛台”；层叠若琅函[⑦]绣轴者为“藏经崖”；有似钟虡石鼓者，有似猛兽狮象者，或如鹦鹉净瓶者，各高千余丈，皆从绝壑中拔地矗

① 本文选自道光《铜仁府志》。
② 徐訚（1656—1732），字小骞，号澹园，铜仁碧江区人，清代文学家，著有《澹园纪年诗钞》。
③ 崇隆：高，高起。
④ 麓：山脚。
⑤ 鸿濛：泛指称远古时代。
⑥ 万仞：古代八尺为仞，万仞，形容山极高。
⑦ 琅函：书匣的美称，此处指道书。

空，无所依附。种种灵奇谲怪[1]，应接不暇，似经匠心所设施者。人迹罕到，诚天造佛地也。尤有异者，上峡，至三天桥下，石壁小坎，有“定心池”，水容一勺，只供朝山人依次一喝，旋啜旋生，莫测所出，饮讫[2]，升梯登桥，畏心始定。此天之效灵于佛，佛之灵应，以待远迩[3]皈依者。但峰高气肃，每岁寒气最早，自八月历冬，经春过四月，方除寒布暖，陟者必五六七三月，始可登山进香。山面铜仁而背思南、石阡。三郡朝谒者，岁如蚁聚，即邻省西蜀、湖南，亦络绎不绝，有祷辄应神验不爽。礼佛出殿，千里风烟，一览而尽。瞩望须臾，即下梯出峡，不可久停，一畏风起难避，一惧秽唾污山。心诚身洁者，甫下山，仰见峰顶空际，佛光发现，五彩光中，佛影端坐，彼众心生钦仰，跪拜嵩呼，以验诚应，如响也。假有一身心不洁者，下山时，风雨骤至，谓之“洗山”，以示儆[4]也。且峡中升梯拽缆，上下往来，梯板腐烂，绝不致有失足。佥云：“佛力主持”，得非明验乎！环视四山辽阔，延袤[5]崒嵂[6]，起伏绣错，觉群峰卑如蚁垤[7]。仅山左之月镜山，山右之凤凰岭为斯山辅佐，相去十余里，亦如五岳非孤立者然。二山垂手而下，绵亘数百里，或结为佛地，结为司治，钟灵名墓。远且大者，结为郡邑，特结者为铜郡祖龙，发源两水俱自梵净山分水岭。一支出大江、省溪司、江口达于城；一支出小江、平头司、瓮济洞达于城。两江汇于城南铜岩下，合流而东注之。

揆溯有明，迄今数百余年，朝谒者呼声振天，靡有止息，境土安谧。近山居民，一遇凶岁，仰叩佛山，霖雨即沛，虫蝗消阻，何莫非佛之感昭不爽欤？矧地无远近，每当青天日朗，升高而望，梵净山孤秀插空，爽人眉宇，行旅延伫不舍去，亦名岳画图也。余年盛时，几欲随朝山骥尾，登峰览

① 谲怪：奇异怪诞。
② 讫：完。
③ 迩：近。
④ 示儆：显示儆戒。
⑤ 延袤：绵延伸展。
⑥ 崒嵂（zú lǜ）：高峻。
⑦ 蚁垤（dié）：蚂蚁洞口的小土堆。

胜，缘以尘撄未断，志不果遂。思欲披图作记，倏焉搦管[①]中止，兹以督宪观风试士，令赋斯山，动余夙怀，因思山之突兀云表，灵宅奥区，久为仙佛神人游息之所，巍然伯仲于南衡东岱，间其泽被黔南，名著天壤，乃知造化之生物不测，亦犹其生才不偶，显晦以时，有同然也，是不可无记，故记。

按：梵净山在乌罗司境，乌罗归厅辖，则山亦归厅，故采录此记，以登于志云。

① 搦（nuò）管：执笔为文。

# 登梵净山

[明] 喻政[①]

回溯昆仑是本根，辟支复起小昆仑；
但看上界三垣近，肯信中华五岳尊。
古殿灯燃长白昼，危楼钟动欲黄昏；
到来却悟无生旨，贝叶何须细讨论。

# 登梵净山

[清] 岑毓英[②]

拾级遥临万仞山，挥毫到处起云烟。
晨星几点点连点，明月一圈圈半圈。
曲直梯登程九万，纵横界破阵三千。
班超已遂封侯愿，安用毛锥插戍边。

① 喻政（1558—1654），字正之，明代铜仁（今碧江区）人，进士出身，曾任南京兵部郎中，福州知府、巡道。著有《茶书全集》。
② 岑毓英（1829—1889），字彦卿，号匡国，清代广西西林人，光绪五年（1879）任贵州巡抚。

# 游梵净山

[清]杨芳①

一峰高插翠云间，胜地名山万古传。
武纬文经光宇宙，掀天揭地耀山川。
皇都得意惊人梦，玉玺随心遂我缘。
少壮男儿当自警，为何犹豫不争先。

# 重登梵净山迭韵

[清]廖云鹏②

古木纵横气象森，无边光景任追寻。
临波对照人添影，隔岸招呼石有音。
冷露沾衣圆转活，晴岚染袖浅还深。
黄金采得成仙药，指日飞腾入上林。

---

① 杨芳（1770—1846），字通逵，号诚村（寨），贵州松桃厅（今松桃苗族自治县）人，晚清名将，清代贵州封侯第一人。杨芳虽戎马五十春秋，亦擅文墨，工诗对，善书画，与当时的著名文学家诗人龚自珍、魏源、张琦、徐松等结为好友，互赠诗联。著有《果勇侯年谱》《平平录》《征西笔记》等。
② 廖云鹏（1811—1876），字凌霄，清代贵州印江人，诗人。著有《花山投戈集》。

# 考察梵净山

吴征镒[①]

一路蝉声唱，三朝意已迷。
八桥无水阻，千步有云梯。
公害销将尽，天然信可期。
却看寰宇内，林绿冠中西。

# 梵净山尊

启功[②]

梵呗传三界，潮音净六根；
众山眼底小，南国此峰尊。

---

① 吴征镒（1916—2013），江苏扬州人，植物学家，中国科学院院士，曾获国家最高科学技术奖。曾带队赴梵净山科学考察。
② 启功（1912—2005），字元白，九三学社社员，北京师范大学教授。中国当代书画家、古典文献学家、文物鉴定家、教育家。

# 梵净山承恩寺

杨德淮[①]

择山凌绝顶，
牖户对长空。
院静僧房远，
云闲石径通。
香烟弥佛殿，
日色染幡风。
人界连天界，
原来一步中。

# 登梵净山

晓光[②]

黔东梵净山，佛国在云端。
溪水三春暖，金顶五更寒。
密林生云梦，禅音育先贤。
游客八方来，登天做神仙。

① 杨德淮（1940—），贵州玉屏人，侗族，铜仁文化名人，铜仁广播电视大学原副校长。
② 晓光（1948—），原名陈晓光，河北景县人，诗人、歌词作家。曾任中国文学艺术界联合会副主席、文化部副部长、十一届全国政协教科文卫体委会副主任、中央文史研究馆馆员。

# 梵净山禁树碑记[①]

[清]敬文[②]

梵净山何为禁树也？余守石阡郡，即知其地为仙佛胜境，说法、拜佛之有台，定心、九龙之有池，前人之述备矣。洎守铜仁之明年，观城南双江会流[③]处，询之邦人士，曰：“斯二水发源于梵净山之分水岭下，一支出大江、省溪司、江口达于城；一支出小江、平头司、瓮济洞达于城。”余喟然叹曰：“尝观吕氏祖谦释《禹贡》随山之义，谓随山脉络，相其水势，以浚其川。是知水源所自，即山脉所发。斯山固铜郡祖山也，不亦杰哉！”且余重有念焉者，初余莅郡，谒诸大吏，询公事毕，即曰：“铜仁梵净山惟黔中胜地，名山大川，职斯土者所有事，子往兹土，曷加意焉？”余至郡届岁暮，冰雪极，识山灵。今春于役[④]松桃，曾于车中望见，写诗以纪。亟思公暇登临，所谓千里风烟，一览而尽者，俾得骋壮怀而舒远眸，且因以省吾民焉。亦守土事也。适邦人以无知民某某，近于斯山积薪烧炭，具状来白。余止之曰：“十年之计树木，况兹崇山茂林，岂可以岁月计，宜止焉。”戒勿伐，弗若焉未可也。嗟呼！草木者，山川之精华。山川者，一郡之气脉。自兹以往，峨峨而巘巘者，其山也；郁郁而葱葱者，其树也。《尔雅》曰：“梁山，晋望也。”梵净山为郡治祖山，不当作如是观乎？后之君子以为何如？因书与邦人，勒诸石，永以为禁。

---

① 本文选自道光《铜仁府志》。

② 敬文，字廉阶，满洲镶白旗人，善诗，自称长白山人，曾任石阡府知府，道光三年（1823）冬署铜仁府事，次年七月离任。主修道光《铜仁府志》，有诗见《铜江唱和草》。

③ 双江会流：铜仁大、小江均发源于梵净山，至铜仁城南汇合，称锦江。

④ 于役：行役。谓因兵役、劳役或公务奔走在外。

# 灵山重地，严禁伐木掘窑，以培风水

[清]麟庆[1]

照得铜仁府属梵净山，层峦耸翠，古刹庄严，为大小两江发源，实[思]铜数郡保障。粮田民命，风水攸关。自应培护，俾山川秀丽、幽静无伤。斯居其地者，咸享平安之福。

护院访得该处有外来炭商，勾串本地刁劣绅民及坝梅寺僧私卖山树，掘窑烧炭，只图牟利，不顾损伤风脉。屡经士庶呈控，地方官府虽已查禁，而奸徒阳奉阴违，至今积弊未除。除扎饬铜仁府案往查封勘禁、妥议具详外，合行出示严禁！

为此，示仰军民僧俗人等知悉：嗣后毋许将该山树株私行售卖，亦不容留外来奸商掘窑烧炭。如敢故违，一经查获，或被告发，定即从重究办。倘差役、乡保违规包庇及借端滋扰，一并严惩！

各宜禀遵勿违。特示

右谕知悉

大清道光十二年（1832）十二月初十日示

① 麟庆（1791—1846），全名完颜麟庆，清嘉庆十四年（1809）进士，曾任贵州布政使、护理巡抚。

# 梵净山下茶殿碑

[清]张鸿翎[1]

尝谓天下有非常之事，必出天下非常之人；然天下出非常之人，必树天下非常之功。岂易得哉！我黔省之有梵净山者，为五属毗连之区，实群峰发脉之处。崔嵬不减五岳，灵异足播千秋。仰观有象，如登天之三十三；俯瞰无涯，但数溪之九十九。以彼之天桥荡荡，金顶巍巍，白云入怀，青霭可掬。偶然霁出岚收，初开混沌，不觉烟消雾散，别有地天。夫以山形宽阔，不可量度，第其大略，可得而言焉。若乃周围七百，穿心三八，螺髻排列，羊肠九回。遥望崖壑千寻，层峦耸翠；只见药苗万簇，叠嶂垂青。则有石名太子，山号凤凰，顶开天门，峡破金刀。九龙池、万卷书，人迹罕到；懒板凳，回香坪，猿声时闻。三角庄前，一片祥光拥护；九皇洞外，几重瑞气回环。此皆黔中名胜，无非宇宙大观。时在明季万历年间，李皇后修行于此，肉身成圣，白日飞升，因之创修庙宇，满塑佛像，建立四大脚庵，凿开五方道路。敕赐镇山印号为古茶殿，而梵净山之名传焉。数百年进香男妇，时往时来，若城市然。咸丰五年，赵逆作乱，据山以叛，竟将诸寺烧毁，遂至片瓦无存，从此香灯冷落，人烟寂寞。同治九年，我地初平。有非常僧人隆参，早岁出家，先灵是效，削发晃州福兴庵，住坐铜仁东山寺，参禅悟道，来开此山。果然一心皈依，何辞十方募化。由是道剪荆棘，路开蚕丛。复修回香坪、报恩寺。朝谒往来，虽不及从前之多，而渐推渐广。不料，光绪元年夏六月，正值朝拜间，有马鞍山贼首刘跛子，率领余匪数十人，身穿号衣，手执洋枪，假扮官军，伪称兵练，窜入此山，将进香男妇，偕事僧徒，概用佛帐，尽被捆绑，又以绳索系僧于钟钮，一一刺杀。将杀至僧，一阵狂风遍

① 张鸿翎，铜仁江口太平镇凯文村人，清乾隆间拔贡，现其家乡还有当年竖的旗杆。

起，四面暴雨骤至，忽然绳索碎断，幸而逃脱下山。殆有天意使然，并非人力所至。当即集团安埋被害诸人，立刻禀告地方文武各官。匪徒日渐猖獗，人心愈以惊惶。数年来周围扰害，到处劫杀。兵来贼去，兵去贼来，虽有官兵以及团练，不得交战，终难济事。可怜环山居民，遭此劫数，杀绝者不下七百余户，杀毙者何止四千余命。僧视民如伤，嫉贼若仇，不辞劳苦，遂奔古州，具禀道宪吴、易，历委罗、邓、刘、曾各军攻击，未得殄灭，猖獗如故。僧又不惮跋涉，远赴省垣，具禀抚宪黎、臬宪林，又委向、任、夏、刘各军搜剿，亦未殄灭，猖獗仍如故。僧为此贼，寝不安席，食不知味，叠次请兵，无计可施，再三筹划，有志竟成。五年五月内，闻岑宫保巡抚贵州，僧星夜奔至洪江，禀明此贼情形，各军计谋。蒙委卸任松桃厅主刘，统带五属团勇五百名。僧不避艰险，自愿带团勇五十名充当向导。八月十五日成军，日则环山搜寻，夜则扼要拒捕。九月初九，搜贼于大岩棚，力破贼巢七处，抢回民妇三人。十月初一，贼至罗坳，掳去妇女四人。十五，追至锯子山，将被掳妇女四人抢回，夺得洋枪二杆，枪伤贼首刘跛子，均皆计功在案。此刻，贼匪无处容身，昼伏夜动，不敢出现。十二月内。刘主丁艰卸事，复委统领安义镇何接办，改团勇为松桃协练军。僧仍带松桃协左营练军四十名，驻扎茶殿，作为沿山游队。六年三月二十七，贼至黄柏塘出现，枪毙匪徒二命。四月初七，生擒活贼六名。时值宫保亲临剿洗，面呈解送究办。岂知天心厌乱，人心思治，匪徒从此逃散，地方始报肃清，百姓方得乐业。僧又禀请环山要隘，安设八汛，分布练兵，用垂久远。前后出力官练，大小因功保奖。僧自思终身修行，不受一线皇恩之宠，保奏五属都纲，特开千古未有之奇。于是，重新募化，依旧修造，创修镇国、水源、明珠等寺，复修回香坪、明镜山各庵，新开老金顶，重整新金顶、九皇洞各殿。斯时，庙宇辉煌，神像皎洁，较从前尤甚；信善男妇，朝拜士民，比上年更多。不但此也，十一年，僧又开斋放戒，众僧公举方丈。每念环山居民，一旦惨遭大劫，诚恐杀毙者不能脱化，历年朝谒名山，以为受害者几番超度。此所谓有非常之人，树非常之功者也。此皆翊所亲见其事，而未尝虚赞一词者也。

呜呼！若无此君之善策，我地何以乐乎升平，此山何以得之重整也哉？迄今回首当年，神人共仰；追思往事，存殁均沾。爰集同人，歌功颂德，相约五属，勒石刊碑，以志千古不朽云。是为序。

大清光绪二十二年季夏月吉

清浪拔贡张鸿翮谨序并书

# 念奴娇·题梵净山穹苍图

赵西林[1]

奇峰搜尽，写图稿，染就黔东山色。云海雾流三万顷，梵净锷锋雄赫。珍树珙桐，古楸鹅掌，莽莽苍苍叠。顽猴嬉戏，结群来作嘉客。

放眼金顶仙乡，宝光幻影，万变难承接。银瀑悬飞龙洞外，大鲵悠然闻瑟。崖褶书山，桥悬云渡，鬼斧凿真切。无穷奥秘，待君临境深测。

① 赵西林（1930—2016），贵州贵阳人，贵阳市原副市长、市人大常委会原副主任，中华诗词学会常务理事、贵州省诗词学会会长。著名诗人、书法家。

# 第二章

# 两江挹翠

# 导言

若说山是铜仁的根，那么水则是铜仁的魂。举市之内，“县县有穿城秀水，乡乡有青山绿水，村村有田园山水”。在这里，长 10 千米，流域面积在 20 平方千米及以上的河流，就有 22 条之多。以梵净山为源，东边的溪流汇入沅江的支流锦江，西边的溪流则汇入长江上游南岸最大的支流乌江。乌江盐油古道，锦江千户之城，历经千百年商贸往来的积淀，不断创新创造发展着铜仁文化，滋润着这方山环水绕的桃源福地。

千里乌江不仅孕育出独特的峡谷奇观，也促进贵州融入长江经济带。十里锦江托起近 20 座桥梁，延伸着城市发展的脉络。从远古至今，世居铜仁的汉、苗、侗、土家、仡佬等民族，崇尚自然、勤劳善良、同舟共济、和睦共处，在通往未来的路上，共同拔节成长。一块富饶之地，一座仁义之城，容纳了铜仁各民族的生活轨迹，成就了铜仁各民族的岁月荣光。

到两江之滨的区县走一走，你可以看到层叠的梯田，绵延的沟渠，还有岁月悠长的马头墙、吊脚楼、石板街、风雨桥……你可以听到高亢的山歌，婉转的小调，还有古朴有致的傩堂戏、花灯调……你可以品到清新的茶韵，馥郁的酒香，还有风味独特的绿豆粉、糯米包子……你可以感受扒龙船的热烈，炸龙灯的火爆，还有力与美兼具的肉莲花、四面鼓……

古往今来，铜仁以开放与包容的心态，努力与外界接轨：旷古神秘的夜郎、悠远中正的两汉，在这里碰撞；广纳百家的中原、闲适从容的巴蜀，在这里融汇；瑰奇浪漫的湘楚、人文荟萃的豫章，在这里同辉。土著的民，往来的客，在这里追古抚今，或以亲历，或以想象，或以寄望，记录铜仁的缤纷与神秘，共同塑造了繁丽多姿的风韵风情。这些丰厚富足的文化素材，成为文人墨客笔底流淌着的不竭甘泉。

《锦江半边摇》《淇滩：江面上打捞的记忆》……唤醒那些字里行间的记忆，串联起人们回溯历史的珍贵线索，摸着它们，那些先辈的创业史、宗族的迁移史、村寨的文化史、城镇的发展史……都在时光中一一展现，被文人雅士用深情的笔墨，描绘成图画般的，让人望得见山，看得见水，记得住乡愁……阅读这些故事逸闻，就是走在了一条通联时空的路上。路的前方，芳草地里，万花丛中，是铜仁地方文化史在百转千回中舒展的一抹笑颜……

本章收录的文章，将历史、典故与民间故事相结合。“高低起伏”的文字，尽显铜仁厚德载物、仁爱包容、自强不息的文化底色。将铜仁故事向读者娓娓道来，带读者感悟深思，深化读者对铜仁生态文明、文化历史的认知。

# 说铜仁

贾平凹[①]

城在山窝子里的多，但江从城中穿过的少，竟然三江穿过，城分为四，十三桥卧波的只有铜仁。凡到各地，差不多的都自撰有八景，最不牵强附会，其景雄沉阔达，能销魂摄魄，又全绕着城廓的，也只是铜仁。铜仁之所以为黔中独美，美在有梵净山的蕴蓄，美在有锦江水的茂润，“活该”是桃源的深处。

世上有美丽富饶一词，却往往是美丽者不富饶，富饶者不美丽，铜仁可以说占得四字。古人讲，纵是山城，不少读书之族，虽非泽国，犹为鱼米之乡。而今舟楫依旧，公路通达，集散繁忙，市容光鲜，人皆儒雅，一派太和。再是登东山，观文笔，云过瘦竹，肥泉呜咽，探铜岩，读摩崖，天风吹下数声钟，水珠燃烧成紫烟。真是精神有所托，现象有空间，山水经典，一城神仙。

铜仁是一边城，正因为偏僻闭塞，先世避秦于此，以暹避清于此。避秦有了中国人理想中的乐土，避清的茶园山庄还在，青史上就长存了不同流合污的典范。当今社会转型，各地纷纷改变，虽然经济指标上涨，不免规划相近，风俗无异，资源耗失，环境污染。铜仁要发展，谋发展，但矿藏不如北方，商贸难及东南，若急功近利，那将是古人所言：金性虽质，处剑即凶，水德虽平，经风即险。充天长地久量，养先忧后生心，用己之长对他人之短，不开放而为大开发，极力保护自己山水，看似持之非强，实则来之无穷。那么，自然的、生态的、人文的铜仁卓然于世，游人怎不闻名将至，财富怎不趁势而入呢？

① 贾平凹（1952—），陕西商洛人，中国当代作家，陕西省作家协会主席。

# 岁月沧桑中南门

文斌[①]

## 一

“水运兴盛的年代，中南门是铜仁最为繁华的所在。”

铜仁市地方史志研究专家刘新华谈起中南门的悠悠往事，思绪也随着眼前这绵延不绝的锦江，在历史的长河中渐行渐远。

明嘉靖二十二年（1543），铜仁知府李资坤增筑新城时，开了七个城门，南面的三个城门，依锦江从上而下依次叫作正南门、中南门和下南门。早在宋代，锦江水系已通达洞庭湖，湘、川、赣客商运送日用百货、食盐、陶器来到铜仁，换取当地土布、桐油、花生、五倍子、土碱、牛皮等土特产。明、清时期，铜仁府的码头上已是“商贾帆樯、络绎不绝”，铜仁最大的渡口有下南门、中南门、西门码头，昼夜有船舶过河。从湖南上来的高吨位“大帮船”，在纤夫的牵引下到达铜仁府城中南门。

中南门码头河宽水深，“大帮船”停靠这里卸货，顺路搭载客商下船，然后逆水进入最后一座码头小江西门码头。从大、小两江用小船运来的桐油、花生、水银、朱砂、药材等地方土特产，早已囤货于货栈、商号，“大帮船”装好货后，驶出码头停泊于杨家河坝，等候小船又去中南门运回日用百货。《黔游纪略》记载：“铜仁滨河……船舶往来，日凡数百十号，商务不衰。外商在铜开设洋行五六家”，城内有大中商户400余家，成为黔东和川东一带各种土特产和省外常德、汉口等地工业品的集散中心和销售市场，年销桐油350余吨，牛皮、五倍子、生漆、土碱、吴茱萸约100万公斤，百合粉、洋芋粉2300多担，水银27.5万多公斤，朱砂2.5万多公斤。

① 文斌（1965—），湖南桃源人，常德日报社驻常德经开区记者站站长。

清末民初，铜仁府城商号老板几乎都居住在中南门一带，名声比较大的有“余兴和”“义友海”“孙盛记”“谢衡长”“余德和”“刘义泰”等老“八大号”商家，逐步形成“商贾云集，云贵、两湖、豫章、粤广之民络绎趋赴、货物充牣，阛阓整齐，实边疆一巨镇”的格局。

如今的我们，面对中南门这座历经千年沧桑的古码头，虽已不见昔日的繁华，但是沿河而上的一步步青石阶梯，仍是昔日辉煌的见证。

## 二

自古以来贸易繁盛的中南门，就是商号、民居集中之地。走进至今依然保存完好的中南门古城区，令人产生时空倒转的错觉。

中南门古城区中的建筑多系明、清传统的砖木结构的四合院，从南到北有 13 条小巷，从东到西有 6 条小巷。其中较具规模的有徐家巷、陈家巷、万家巷、张家巷、飞山庙等建筑群。这些建筑群依山沿河，青砖灰瓦，鳞次栉比，前后相连，左右相通，既珠联璧合，又自成门户，既有做生意的临街店铺，也有居家的深宅大院。古城区占地总面积 3 万多平方米，古民居建筑总面积 2 万多平方米，现存木结构建筑 167 栋，砖木、砖房 61 栋，保存完好的四合大院 35 个。

中南门古民居的建筑，内为木结构，高不过两层，由正房、厢房组成，中有天井，四面封上防火墙，一旦某院失火，即使扑救不及，也不会殃及其余房屋。防火墙上翘角飞檐，次第错落，不仅防火防盗，也为古城增添了美感。

古民居临街为铺面，后面则作居家和库房之用。院内多有天井院坝，一些人家在院中偶植几竿修竹，几棵绿树，风中雨中有声，日中月中有影，别是一番风味。天井内基本上都放置有太平缸，缸内安置石山，养上鱼草，平时为家中赏心悦目的小景，供主人修心养性，而一旦遇到火灾，其缸中之水又能解燃眉之急。这些古民居的房屋、道路建设及排水系统设计科学合理，不得不让人叹服古人建设设计的高超水平。

铜仁市文化局（现铜仁市文体广电旅游局）一位负责人向我们介绍，古城区内的民居大多已有两三百年的历史，有的虽经维修，但房屋的梁架都是明清时期留下的，不少民国时期的民居在铜仁其他地方已见不到了，这一完整的历史文化街区保留了铜仁城市发展过程中的历史信息，留下了原来的风貌。各族民居建筑、宗教建筑、商业建筑格式在这里巧妙结合，黔东文化、中原文化、徽商文化在这里交汇融合，直观地反映了城市发展的历史写照，是明清至民国铜仁经济社会发展的缩影和真实写照，构成了铜仁城独有的地方历史文化景观。

## 三

年过七旬的杨宾莲老人退休前是一位中学校长。民国时期，他的父母在常德的大河街开有商号，和我们谈起常德，老人话语饱含深情。

“父亲在大河街买了一栋窨子屋作为商铺，商船从中南门码头启航，运输桐油、水银、朱砂到常德交易。他曾跟我讲起，屋里存放的桐油桶、水银罐堆成小山，光是放光洋（银圆）的钱柜就有七八个。”

当年的大河街也叫作“贵州码头”，说起它的来历，还有一段有趣的历史掌故。

贵州以前在常德是没有码头的。常德的码头为当地的封建把头所据有，外地来此停泊的船只如要在码头上卸货装货，就得向他们交纳一定的停泊费。停泊的时间越长，交纳的费用就越多。所以，铜仁的船只在码头上完成卸货装货后，就会急急忙忙地离开，不敢在此多作停留。

据说在清代被道光皇帝封为果勇侯的杨芳，有一年从北京回松桃省亲，路过常德时，派随从去码头边雇一条回铜仁的船。那随从在码头上找了很久，也找不到回铜仁的船只，后来还是在知情人的指点下，才在远离码头的一条小河边找到铜仁的船。杨芳寻思要为贵州人做一件好事，向常德府的官员讨一块地盘开辟码头。

杨芳雇了一顶轿子，来到常德府衙，向常德知府讨要地盘营建铜仁码头。古人为官，文不过拜相，武不过封侯。常德知府见来的是一位戴着双眼孔雀翎的侯爷，哪敢怠慢，忙问要多大的地盘。杨芳说：感谢府台美意，自己也不敢贪多，一箭之地足矣！

常德知府不知这位杨侯爷的神力，当下便满口应允，谁知杨芳来到沙湾河边，张弓把箭，奋力一射，竟在常德的沙湾河边射出了三个码头的地盘。

从此，铜仁便在常德的沙湾有了三个固定的码头，时称“铜仁码头”。因沿锦江至沅江水道的铜仁船只在常德眼中都是贵州人，所以便把这个码头称为“贵州码头”。

杨宾莲老人从父辈口中听到过当年大河街的繁华景象：沅江停靠的商船桅杆如森林般密集，各类商铺栉比鳞次，街上还不时可以见到往来贸易的洋人。

“我以前从没到过常德，能够到常德的大河街去看一看，是我多年的心愿。”

老人的话让记者内心五味杂陈，一方面热情邀请他来常德做客，一方面担心老人来了常德会大失所望——昔日的大河街已经荡然无存，就连窨子屋也被拆得片瓦不留。他一生心愿，会不会化作无尽的感伤？

# 原生的乌江[①]

徐迟[②]

去年 11 月中旬，受中外航道考察团邀请，我随同 9 个中国人、2 个法国人、3 个意大利人作贵州之行，考察乌江、赤水两条河流，顺路到息烽考察了一个开阳磷矿厂。此行收获甚多，感触也深，欣慰之情，非篇把短文所能说尽的。

贵州有俗谚“天无三日晴”，这句话看似存心说贵州的坏话，实际上恰恰相反，这是一句赞美诗。晴晴阴阴正好是地球上的最佳气候哪！在赤水（今赤水市）县城，听说了近旁有一座原始森林。它不仅是“千瀑之乡”，其中有我国知名的大瀑布，宽 80 米，与黄果树瀑布等同，而落差却有 76.2 米，高于黄果树瀑布 10 余米，还有飞流直下 394 米的大白岩瀑布与其他各种各样的瀑布；而在全国 10 个年产 100 万竿竹子的林区中，赤水的楠竹年产 150 万竿，被称为“楠竹林海”。它还有个“桫椤王国”的美名呢！桫椤树（Cyathea Spinulosa）是中生代时期的珍稀孑遗植物，与该时期的大型爬行动物恐龙同生共荣。恐龙最爱吃它，赖以为生。如今恐龙已经灭绝，桫椤树却有幸成为地球上为数不多的树状蕨类植物的代表种，被国家列为一级重点保护野生植物。它茂郁地生长在赤水县金沙自然保护区，形如巨伞，状如华盖，苍劲挺拔，碧绿粉黛，玉立亭亭，姿态潇洒，个体植枝高大，群落结构复杂。然则，没有这晴晴阴阴的好天气，怎能滋养出这等好的原始森林来？

我问同行之人：“这原始森林坐落在北纬多少度上？”这一问，难倒了座上的航运专家和长官。我说，怕是在北纬 28 度吧。他们说不知道，要

---

① 标题为编者所加。

② 徐迟（1914—1996），浙江吴兴（今湖州）人，中国现代著名散文家、评论家。

查一查，便命令专人去查。一忽儿查来了，果然正好在北纬28度27分2秒至28度45分58秒上。我说明一下，那年周总理在西双版纳林中，曾问过植物学家蔡希陶：为什么在北纬28度线上，这么多国家的森林现都已砍伐殆尽，唯独西双版纳亚热带雨林还是长得这么好？蔡希陶从植物学角度作了回答，总理听了十分满意。这是多少年前的事情了。这些年西双版纳年年放火烧山，实行刀耕火种，只是为了种一点糯米。西双版纳雨林近年来已百孔千疮，所剩无几了。

如今，北纬28度线上，仅仅存下了赤水河畔这一座原始森林。它至今还是圣洁的处女林，下一步就该轮到它了！我不仅这样想，而且这样说了。话一出口，副县长立刻反驳：绝对不会！绝对不会！如今，已经过国内外专家指导，做好一切布置，组织了护林队伍，谁也不许砍伐原始森林中的一棵树！好极了，但愿如此！

“天无三日晴”的好处，看来我也说得差不多了。

这俗谚的下一句是“地无三尺平”，这也是一句赞美诗，因其中有着无限量的丰富宝藏也。不是说“地无三尺平”一定就有宝，是说这起伏不平的贵州高原上有着无穷的珍贵宝藏。什么宝藏？煤、磷、铝、电和水，这是大宗，此外还有许多矿产资源，说不清有多少种。一位县长一口气给我们说出二三十种没有听过的化学名词，弄得大家面面相觑。然而最重要的是煤，而煤就是电，又不只是电。贵州还有水资源，林一山老人有句名诗：“万里长江滚滚流，流的都是煤和油。”也就是说，水是煤，水是油，也是电。但他的诗却没有提及航运这了不得的功能。不过贵州的电可水火相济，双绝兼美。贵州的煤居江南第一位，比邻近九省的煤加起来还要多，且不仅产量之大，质量还佳，有烟煤、无烟煤都是第一流的产品。过去我们总听人说“江南无煤”，还提倡什么“北煤南运”，其实江南有煤，更多好煤，都出于贵州。贵州煤矿多是露天矿，开采方便，如不开采，煤反而会自燃。不过，贵州煤炭运输有点困难，运不出去，还是白开采。在贵州产煤之地，几元钱就可买一吨煤。此煤运到贵阳，就值四五十元一吨；运到南京、上海，更值100多元一吨；如运到国外，售价更高了。在贵州的一个小镇上，家家户户门前都堆放着大堆的好煤，看得外国朋友瞪眼，我也不胜羡慕。又听说攀枝花大钢厂就是就近用了贵州煤来炼焦的，更感欣慰。

此外是磷。贵州有全国少有的优质磷矿，储量居全国第二位。我看到开阳磷矿的息烽分厂，一大筒一大筒的成品的黄磷（脱水的纯磷）已是中国和世界最受欢迎的高级产品。不过现今黄磷不准出口，自家用还不够呢。同行的意大利人马可先生对一种重钙和一种五氧化二磷很感兴趣，问了许多问题。我不知它们是什么，大约是比黄磷更高级的产品吧。

再就是铝，储量居全国第三位。因此次考察与铝及其他矿产无关，所以无可奉告。

再就是水电。既然“地无三尺平”，又处在云贵高原东部，可用于发电的水能自然多。还有航运，目前已上升为关键性的问题。这留到后面再说。再有森林资源问题，前面已说起，后面也还会说及。此处要辩明的是，都以为贵州是最穷的省，哪知它竟是一个拥有丰富资源的富贵省！

俗谚的第三句说，贵州人“腰无三两银”。此话大错特错了。现在大家都已经知道，贵州人根本不应该“捧着金饭碗讨饭”。就算他们腰里并未揣着三两银子，他们足踏的也是金山银川。一旦航运畅通，有利于输出输入，贵州省便有一个富埒王侯的前景，那时的繁荣，恐怕是现今难以想象的了。

可是俗谚的最后一句话，很有点利害。所谓“人无三分情”，此番旅行我也吃到了它的苦头。有个似乎不一定要他如此热心此行的人热心起来了，而一个应该热心此行的人却不怎么热心了。怎么回事？我问一位夫人，她轻松地回答，现在没有法子，但回到省里立刻可以解决。后来果然如此。这要分析一下。边远省区的人际关系，特别是见到外省、外国来的客人的热情接待，无三分情也有两分情，当然是不能算在这句俗谚里的。而世俗的关系就不好说了，倾轧之猛烈，醉心于攘夺，是因为十分贫困——这不幸的根源就有了这更不幸的后果。因吃不好而人心不痛快，面无笑容，冷若冰霜，又岂止贵州人呢？他们不过是“无三分情”而已。只要“腰缠三两银”，便会有“三分情”。甚至不止此三分，而是五分，八分，十分。

以上是批驳俗谚的，已经批驳完毕，下面言归正传。

如今行路难呵！武汉到贵阳的航班因生意清淡而取消了。这次出门坐了火车。车票紧俏之极，幸而购到一张，上车时间是凌晨四点，三点就得起床。没有料到车到贵阳，又是凌晨四点。有位彬彬有礼的先生前来接车。接到站外，又有一位身披轻裘的外国朋友——我的半个世纪以来的老朋友在车中等我。驱车到了旅馆，只稍事休息，闻说长官命令：八时早餐，九时开车。我马不停蹄，坐上考察团两辆日本中型巴士中的一辆。车子飞也似地开到息烽。我们不觉已走上了开阳磷矿息烽分厂的一个沸腾的工地。

多年来，尤其是近五年来，我这位老朋友——法籍华裔的贵州人，心爱家乡，为开发贵州奔走不息，特别是对开发磷矿，热情迸发。而门路很难打通，没有关系又欠缺功夫，她吃尽了苦头，碰了不知多少钉子，受到了不止“三分”的无情打击。但她的决心毫不动摇，热情不衰，令人感动。她给一个省里的大磷矿企业引进了法国磷业界巨头，使其前来投资开发。事情成功了，磷厂开工生产了，她却被一脚踢在一旁了。莫看她是女儿之躯，她不生气，黔人失弓，黔人得之，算不了什么。你不留情，奴家便另起炉灶，比赛比赛。她又引进巨头，开辟另一个磷矿。现在开阳已建成了一座花园一般的磷矿新城。而息烽的分厂工地上，钢架入云，吊车旋臂，莽苍苍的山上开满了电焊火花。我不禁为这位老朋友叫好了。她本是音乐家，后成为美术家，很有名气。她已决定，今年5月将于巴黎美术大师比埃尔·卡坦的大厅中举办一个展览会，但到此时还没有准备就绪。她并不担心，艺高胆也大。因热爱自己的家乡，目前，她正全心全意地投身于工业财贸的行当之中。而这两年，中国都开始认识到河流航运的重要性了，各省各市也都把注意力集中到水运上来了。通向富贵的贵州之门，除了铁路和公路之外，更要紧的是必须改善内河运输。河运成了贵州省致富的必由之门。既是音乐家又是油画家的我那位老朋友不知不觉地，并大出我意料地成了磷肥专家和河运工程专家。

贵州有两大水系，以苗岭山脉为界，分属长江和珠江。岭北的乌江、赤水等五条河流由长江入海；岭南的南北盘江、红水河，入珠江而通到外洋。科学院一位专家在火车上跟我说到运价，水运一元的货物，火车运要五元，公路运要十元，空运要得更多。偏偏我们江河虽多，而水运最不受重视，因而最落后。我国将大把大把财力都放在铁路上去了。修水库也是光注意发电和灌溉，而几乎不怎么想到航运。几多河流为了发电而断了航。河流最似人身的血脉，血脉不通，命也难保，又怎么能发福呢？考察团是由贵州省江海轮船贸易联合总公司经理主持的，外方是由那美术家和她引入的法国中旭曦托先生和总工程师柯蒂卡先生，以及法国隆纳河谷开发公司副经理等人组成的。值得一提的是威尼斯商人马可和波罗兄弟。马可热爱中国，并且因拥有如此美妙的名字而十分自豪，一心一意要为中国服务。他们知道宣传很重要而邀请了我，要我写文章。

考察团第一天驱车 159 公里到遵义，公路很好。晚上本该听有关情况介绍，但取消了。次日乘车驰 266 公里去沿河县，公路稍差。一位熟悉乌江的小说家告诉过我，乌江以这个地方为最苦。但到那儿一看，觉得也不尽然。它是否还是几千年来一般小县城的样儿呢？不是了，没有那样了！它已很有新兴县城的气势了。有大桥跨乌江，而桥下流过碧绿碧绿的江水，两岸坡上均有新型建筑。入夜，灯火闪耀，颇似小重庆的风光。我们总觉得自己不如人家，比不上四小龙、新四小龙。现在确还有点不如它们，但是我来到了一个最穷最苦的县城，突然发现我 70 多年来熟悉的古老县城的模样儿竟然不见了。我问：沿河是哪一年开始变的？回答是 1958 年。我为之愕然。

又闻一道命令下来：六时早餐，七时开船。并不能在沿河多留，翌日我们就上船考察乌江。一条一百吨的小轮船载人，另一条载车，从中游直趋下游而去。只见船已进入了荔枝峡，两岸峭壁都是未经坍塌的完整的石灰岩，岩脚一直插入水中，特别漂亮。这些崖石上雕刻着千千万万条水线的秀痕，更是好看。似乎大三峡、小三峡、阳朔已略输文采，稍逊风骚，不如乌江峡谷近于天然。在船上看过风景，听了些有关情况的介绍，一整天就在佳丽的景色和怡悦的商谈中度过，不觉已入四川省境内，傍晚停泊在涪陵。按原定的日程，明天八时早餐，九时开车去重庆。去重庆是为了看一看贵州设在那儿的猫儿沱码头。

忽听说不看码头了，原定日程是从重庆坐汽车到泸州，再从泸州经 115 公里水路及 60 公里公路回到贵州赤水。现在又不住泸州了，要一天由重庆赶路到赤水。行车 259 公里到重庆后，不知怎的没有接待的安排，要临时找饭店吃晚饭，再找旅馆住宿。在重庆下的命令是六时起床，七时早餐，八时开车，在泸州吃午饭，一天直到赤水。这可是将近 400 公里的路程，而且是在公路上颠簸前驱，坏到不能再坏了。

长话短说，还没有到赤水，我这把老骨头已经散架，还好没有粉身碎骨。到了赤水，一切复归于正常。参观了船厂、码头，听了赤水河航运综合利用开发的初步要点报告。报告都是文件。我们很喜欢你也有文件在手，他也有文件在手。自然有人会念文件给你看着听，或听着看。这次却例外地没有事先把文件译成法文和意大利文，于是要经过两道翻译。先将中文译成法文，再由法文译成意大利文；或反之。考察团配备了一位第一次当翻译的翻译，这件事就很不好办了。幸有女强人一位在座。当翻译先生遇到困难时，女强人就挺身而出。她舌灿莲花，一点拨，翻译就接上去了。翻译先生实在接不上去时，她就像计算机的电源那样自动接上去，因此翻译工作畅通无阻。使我吃惊的是，这位音乐家、美术家竟然懂得那么多工程技术术语和财经贸易的知识。后来，她坐在贵州省的地图面前，全省的河流在她面前奔流。虽然她只是一个中间人，一个引针穿线的“红娘”，但中、法、意三方人士却都围着她，问答都靠她一张嘴。对话涉及多方面的内容，从河道的渠化通航，以航运为主的水电综合利用，干支流的梯级开发，到进行全流域的整治以建立区域性的经济体系；还谈到装机、船闸、千吨机动驳船的船队、船舶的制造，特别是轻型山水、浅水、急流船舶的制造。细到引擎每马力的五公斤的要求、物资的组织、投资的方案，都在她的熟练传递中润滑地转动着，一项一项得到解决。而全体的情绪始终是稳定的、高涨的、愉快的，简直像在演出拉辛的诗剧那样动人。我一向苦恼的是提倡现代化工业这多年，我们的文艺界却较为冷淡。我很寂寞。这个女强人是真正的实干家，于科技工程懂得比我还多，我只好自叹弗如。

这时，一位副县长忽然把我拉到一旁，给我一套资料和一巨册精美的贴照簿，将我的注意点拉向锦绣河山。原来贵州省环境保护局（现贵州省生态环境厅）、中国科学院西南国土资源考察队、国务院旅游资源考察组都到过赤水，他们肯定了千瀑河、楠竹河和桫椤河等旅游资源。连法国的生态保护部副部长也率领法国的自然保护考察团来过了，全是赞不绝口的。而我却忧心忡忡起来，这未必是一件好事呢。当然我想到了有7000年历史的湖北神农架原始森林，据说其中有野人居住。湖北省省长于1962年发出伟大号召：我们要开发神农架！这博得了我们热烈的掌声。修路10年，到1972年宣布，我们要向神农架进军！这更得到了我们的欢呼声。1982年，我陪同诗人严辰、蔡其矫前去游览，亲自从天门垭看到号称华中第一峰的神农架及其连绵延伸的一派山头，它们全部被剃了光头。那时，树还有，但只留下了唯一的一棵五人合抱的大树了。现在又过去了10年，据最近从那里回来的人说，沿途不见森林，只有一块小小的保护林。

最多我可以做出一个让步：赤水可以开放一个十丈洞瀑布。它“雄观伟壮，景胜群芳，高76米，宽80米，如珠帘状，水势汹涌。飞流直下，水声如雷，帘状水花，千姿百态。清凉山风，扑面而来。数百米内，云雾腾翻。下有深潭，200平方米。潭中美鱼，昼伏夜出。旁侧有穴，巨石嵯峨。浪声涛音，故名浪琴。立其顶端，观景最佳。离潭不远，有佛光石。有福之人，可能目击：长虹飞渡，七彩佛光；光如色环，人各一个；人动环移，亦步亦趋……”其余景物，一概不准闯入。桫椤王国，尤其严禁觊觎，违者课以重重的罚款，付不出的就拘禁几天。谓我保守，我也不怕。不听我言，一旦开放，不出10年，这北纬28度线上的最后一座原始森林，肯定也要被破坏无遗，我们也就成了周总理所说的“历史的罪人”了。

是否永远不开放呢？也不是。我想恐怕得四五十年之后，到2020年左右，那时贵州已是富贵省，真正财力雄厚了，有能力采用各种科学方法来有效地保护胜境，到了那时，还是可以开放更多风景点的。

从赤水驱车回遵义，又驱车回到贵阳，我病了，勉强参加了几个会，想听结果，没有听到，就回武汉，承联合公司马经理、中旭公司马可先生和老友谢景兰先生，还有张渝楠先生到车站送行。回到武汉，才知道我已患上肺炎，只好住院治疗。病中，在《人民日报》上读到："贵阳12月10日电，记者潘帝都报道：除一项开发利用乌江、赤水河及长江航运，共同组建船队的项目已达成协议外，法国中旭公司还与开阳磷矿矿务局就合资建设20万吨重钙厂项目达成协议。"

我透露一下，此外，还签订了两项报上没有报道的关于筑坝、水闸及水路整理的意向书，投资数额达数亿元。我的病见到报纸就好了一半。我心中想的是，贵州本是富贵省，既是以富贵命名的省，缘何今日还如此穷困？现在总算已经找到钥匙了，就是过去没有提倡航运、水运，现在就等这一把钥匙来"芝麻开花节节高"地打开富贵之省的大门了。

# 千里乌江百块碑

刘学洙[①]

一块块散在乌江沿岸的古碑，犹如一道道穿越时空隧道的亮光，折射出乌江儿女世世代代筚路蓝缕开发黔疆的拓荒精神，诉说乌江的历史沧桑与希望，展示乌江特有的坚毅、沉厚、雄奇的文化性格。

## 一

触眼一通通碑文，突出有关津渡的内容特多。兴义渡，修道路，架桥梁，整河道，管船运，记水文等。这些碑刻朴素无华，记的似乎是些细微琐事，不像那些历代纪功碑灿烂辉煌。它却具体地反映出乌江流域人民千辛万苦开拓原始交通的情景。

津渡，是江河水流较平缓处形成的两岸交通衔接口，对沟通两岸人民往来，把流域连成整体有重要作用，古代尤然。明万历《贵州通志》记载，贵州全省渡口共 56 处。乌江是贵州第一大河，《乌江流域考察记》收录的乌江津渡纪事碑最多。处于遵义市播州区与开阳县交界处的茶山关渡口不同年代不同内容的 10 块碑刻，是完整而系统地记述古乌江交通状况的典型。

最早的一块名《茶山渡碑记》，是明崇祯二年（1629）坐镇茶山的提督、参将、守备所立。碑记云："茶山渡历黔蜀而属也，天堑边陲要塞""予也奉调血战大方，继通滇路……坐镇洪边新土一带，辟草连营万里"，看来当年修这个渡口带有军事需要性质。这个渡口兴建后，"商贸踊行出际，设税助饷"，政府在这渡口设卡收税，商贸也渐渐热闹起来。从一块小小的石碑，可看出明代朝廷军事经济力量深入乌江流域穷乡僻壤的真实情形。

---

① 刘学洙（1929—2022），福建福州人，贵州文史研究馆馆员，原贵州日报社总编辑、社长。

有了渡口，便要修路。《茶山渡口修路碑》记述了这件事。茶山关处于黔蜀要道，极其险阻难行。碑文写道：“兹处之悬岩险阻，下临深渊，行旅戾止，靡不艰难。”这块修路碑立于清嘉庆十年（1805），距前面那块崇祯二年（1629）茶山渡碑已176年。从开茶山渡到修路通渡口，经历明崇祯，清顺治、康熙、雍正、乾隆、嘉庆多个时期，可见贵州古代交通发展之极端缓慢。

道光四年（1824）又立了一道《严禁渡夫勒索往来行人碑记》。为了管理好茶山渡，道光年间遵义（今遵义市）与开阳两县士民倡议“劝捐公买渡田”，以渡田收入专供船夫生活和修船费用。因此立了这块严禁勒索往来行人碑，同时配套立了《公议管理茶山渡条款碑记》。“条款”共12条，对船夫要求很严，甚至规定：“水手更换，必须凭官具结，始可充当。”船夫还得官家“委任”，真是闻所未闻。可见船夫地位虽然低微，而在古代交通不便的情况下，还是很要紧的岗位。

这10块碑刻，勾勒出一幅古代乌江行旅图。人云蜀道难，其实黔道尤难。茶山渡碑记中，有道光年间贵州文人题咏的长诗，描写茶山关：“险矣乌江渡，茶山尤险绝。长江一线穿，峨崖千仞削”，“过客初经此，隔岸疑咫尺。勒马及峰头，目眩魂飞越。下临不测渊，上峙悬崖壁。回顾几无路，一陡极石辟。嗟彼路行人，到此长叹息”；然后歌颂“幸哉义渡开”“慈航时普济”，区区一个渡口，竟上升到“慈航普济”众生的高度，不禁令人感慨。

在这里特别值得写一笔的是，这个茶山关渡口，正是1935年红三军团渡江之处，因红军飞渡乌江天险，闻名于世。

## 二

乌江碑刻群，彰显出的古代治黔官员的心态与经验，颇发人深思。

有块《修安化县治碑记》，很有意思。安化县即今思南县。万历三十九年（1611），来了一个“以谗迁吾邑”的朱姓县令。他曾在湖北做过州县官。

从长江边下放到乌江边思南小城，看到那“卑下湫陋，宫室草创，规制未备”的县城，想找个地方另建县治。但他毕竟有政治经验，受谗被贬，更懂得“茹苦食澹”“节爱真心”。所以，他建县治是“以己俸给诸费”，并劝募一些士绅捐助，据称没有收里甲的钱，也没有“扰丁夫”。碑记赞他做到“贻新品万祀之安，增黔（疆）千时之胜”，这话恐怕有点夸大了。但碑文中涉及的施政方针则甚有见地。他说：“若曰治岩邑，若烹鲜然，安之为丞。若曰抚疲民，若理绳然，化之为丞。”他懂得老子无为而治的思想，认为治国或治理一个地方，如烹小鲜。理绳也一样，性急了越扯越解不开。这位朱君从富地方来到思南，主张“宁民集事”，不可扰民。安化县，“顾邑名而思义”，要安宁，要化解。这些是古人一种治理经验的总结。

《永禁私派陋弊碑》是康熙四十九年（1710）思南府所立的，至今仍嵌在思南县政府临街大门内北墙上。上面的话写得不错，不妨录几句：

“黔居极边，土瘠民贫，全赖地方有司特意爱民。本部院莅任以来，屡将各属私派弊端条示禁止，严檄各属，并于接见之时，谆谆告诫，至再至三矣。近闻各属尚有不肖奸吏，仍踵陋习，或派民馈送上司帮费，□□□柴炭食物，派民供应；或因公往来行走，勒抉夫价。……似此横征滥派，厉民实甚。”“一切私派陋弊，永远革除。倘敢阳奉阴违，或经访问，或经告发，官则飞章请处，役则立毙杖责。”

这类情况在一些去思碑、丁粮收取碑、市场管理碑等碑刻中也有记载。古时贵州是穷省，又是周边数省驿道所经之地，驿道所需夫马、铺陈、膳食等供应，成为贵州财政一大负担。所以许多碑刻都提到严禁随便派夫派款等等。另《贵州通史》载：明代外省在贵州任职的官员，其俸禄大部分在原籍支领。这实在是奇闻。明嘉靖《贵州通志·职官序》云：“守令以下，授之官而不赴省，十七八也。”派到贵州当官的，十之七八不肯赴任。乌江碑刻记载的这方面许多的史实细节，不像官修正史，经王朝层层审查把关砍掉违碍文字，所以较多保存一些历史真相，弥觉可信。

## 三

细读14篇明清时期兴学碑记，令人仿佛感觉到乌江流域古代文化播火的闪光。

《修思南府学碑记》是明万历七年（1579）李渭撰。李渭，是明代当过大官的思南人，碑刻落款是“中宪大夫参知滇事、南京工部尚书郎、守韶卓异宴赐依钞三品服俸、郡人李渭撰”，一大串官衔和荣誉，做广东韶州知府政绩卓异，得过皇上“宴赐”。“郡人李渭”不是徒有虚名之辈。他是理学家，死后朝廷赐联称他是“南国躬行君子，中朝理学名儒”，这个评价是很高的。这篇碑记追述思南教育发展历史，特别强调孔学思想，说“孔学，学仁也”，“孔子之仁，即树根柢也”，“以孔子遗书比偶为文词，是枝叶耳”，不能舍本逐末。这与明代建立后把“移风善俗，礼为之本，敷训导民，教为之先”定为“安边”国策是一脉相承的。在现存思南10多块兴学碑中有充分体现。如《安化言是堂碑记》云：“夫学何事也？学为忠，学为孝，学为仁义士人，斯所谓学耳。若日有课，月有程，而只从事于制举中，斯犹浅之乎？”认为离开政治光学文化是浅薄的。《修安化学碑记》特别讲到少数民族教育的政治意义，让少数民族子弟“服先王之教，而循圣朝之典，人知礼仪之为尊，而诗书之可悦，彬彬郁郁……得与中土士子伍”，明确地提示了教育、王化与巩固大一统国家的关系。

在这批碑刻中，涉及修府学、建文庙、拓试院、修考棚、置学田等教育硬件建设颇详，却没有一篇提到财政对教育的投资情况。相反，却频频记载地方官员掏自己腰包，捐俸支持办学的事。在14通碑刻中，有名有姓有官衔的捐资者就有20多人。碑刻中多见某公、某郡守“捐清俸以为之倡”“诸绅士咸出资相助”等字样，还开列了一串捐资人的名单。

历史翻到“戊戌变法”一页，从《思南学堂公款碑记》，欣喜地窥见清末中国社会进步潮流波及乌江流域小小县城的端倪。思南学堂是光绪三十三年（1907）兴办的，时间紧接光绪三十二年（1906）清廷宣布废科举之后，思南建立高等和初等小学两所，经过扩建，形成相当规模。碑文详列学生寝室、监学室、讲堂、堂长教员室、藏书室、自习室、食堂、盥洗室、厨役室等房屋间数，蔚然可观。民国《贵州通志》统计，自光绪二十八年（1902）至宣统二年（1910），前后8年中，贵州全省共办各类学堂683所。思南正是这次办学新潮的一个缩影。此碑反映出财税支持教育的改革尝试：从思南府城运销盐巴，全年共得银一千三四百两，以之用于“补助办学费用”。这也许是我省近代开征教育附加税之最早一例。对贵州产生了广泛影响。

# 青山不碍白云飞

付秀莹[1]

都市待久了，再恬淡的人，也不免染上些许的戾气。倘若叫作剑气，便是称赞的意思了。戾气抑或剑气，都难免有或多或少的兵气。兵气销为日月光。这是诗人的心愿。想来也是凡夫俗妇的心愿。都市米贵，居之不易，更何况，世俗的流矢纷纷落落，怕是只有志在林泉之间的隐士，才有可能得大自在吧！有时候，一面在滚滚红尘里苟且偷生，一面不免生出几分不着边际的幻想。什么样的人生值得一过？什么时候，才能够真正按照自己的内心生活？

不期然地，这个五月，在贵州，梵净山麓，仿佛一个隐喻，把我对生活的幻想忽然唤醒了。这世上，竟还有这样一个地方。好山好水，教人直想把名缰利锁，把万丈红尘，都随手抛了，在这山水里一生游荡，直至终老。

从贵阳到印江，一路上，惊呼，赞叹，后来，渐渐地，便只有沉默了。面对着这样的山水，我们还能说什么呢？似乎，任何语言，都是无味的，虚空的，缺少丰富而准确的所指。在这里，语言失去了修辞的作用，成为情感的赘物。除了沉默，还是沉默。在这长久的沉默中，对于生命的回顾和自省，对于内心的询问和打量，都化作审美的思索的碎片，在山水间自由游弋，随意洒落。

汽车在山间行驶。青峰壁立，山路如一条饱蘸了魔法之水的绳子，从不可知的远方垂落下来，蜿蜒，曲折，是吸引，也是诱惑。车窗外，随意一瞥，便是一幅绝美的山水大画。信手拈来，便是唐诗宋词里的经典段落。五月的山，是绿色的。这是大西南的绿色。没有北方的苍莽，也不似江南的清隽。

---

① 付秀莹（1976—），河北无极人，中国作家协会会员，《中国作家》副主编。

这一种绿，柔软，鲜美，是绿的烟云，绿的雾霭，在黔东大地上，绿成缠绕的润泽的画意。

这么多年了，难得见到真正的雾。在北京，多的是霾。雾，早已经成为童年时代的乡村记忆，在所有路的尽头，在乡愁的最深处，聚了，又散了。那些清新的早晨，刚从梦中醒来的懵懂的村庄，晨曦中静静延展的河堤，大河套里饱满绚烂的果园，在透明的雾中渐渐浮现。青草，庄稼地，鸟鸣，露水，炊烟，它们是雾中的美好事物，是乡村的注脚，是故园的题词。这一个五月，在黔东大地，这些温暖而又忧伤的往事，像雾一样，慢慢浮上心头，笼罩了我的心绪。仿佛，时空在瞬间发生转换，而眼前的满山烟云，在五月的葳蕤的绿中，宛若一桩缥缈的心事。说也说不得。

不知什么时候，天上飘起了细雨。丝丝缕缕，融入这无边的绿的烟霭中。山上的绿意更见清明了。幽幽的，润润的，仿佛只要伸出手去，轻轻一掬，便把这五月握在掌心了。山是绿的，水是绿的，雨丝也是绿的。衣衫飘曳，一不小心，便被染绿了。这纷飞的雨丝，落在山水之间，落在人的心里，把凡俗的铅华慢慢洗净，把世间的灰尘慢慢清理。这么多年了，在尘世间踉踉跄跄地行走，究竟有多少飞尘，蒙住了我们天真的初心？窗外，有民居一掠而过，粉墙黑瓦，素朴的，家常的，散落在山水之间，那么的妥帖，安定。教人不免想起，与山水晨昏相对的，妥帖的安定的生活。偶尔，有山民负着背篓走过，一脸的淡然笃定。世事如烟。永世中绵长的日常，日常中片刻的永恒，便是如此吧。

在印江，早晨起来，到江边散步。江水清澈，缓缓地流淌。两岸的树木和房屋，在水中投下颤巍巍的倒影。小木桥上，有早起的人走动。新的一天自然降临，人们并不感觉诧异。坦然，自在，悠闲，从容，是慢生活的典型样式。这个时候，一朵正在静静开放的花，一张缀满露水的蛛网，一片被风吹落的依然青翠的叶子，一根鸟飞行时偶尔遗落的羽毛，都在这慢生活中慢慢凸显，呈现出它们原初的真实的面目。是不是，只有慢下来，才能够更真切地凝视，更体贴地触摸，才能够把感觉的触须，更深入地探入事物的内部，看见原来没有看见的，听见原来没有听见的。这个时候，心是澄澈的，可以看见世界的倒影。世间的万事万物，都在念中，亦都不在念中。

那一晚，我们宿在山下的小木楼上。名字叫作杜鹃园，却不见杜鹃。当地的朋友说，杜鹃开花的季节过去了。要在四月间，满山杜鹃花开，那是一种轰轰烈烈的美。那样的美，不是柔软，不是诗意，不是哀愁，不是忧伤，而是一种怒放的傲然，一种燃烧的恣意，那一种壮阔的苍莽的美，不是教人怦然心动，而是教人惊异和震撼。我们无缘亲眼看见杜鹃花开，但可以想象，漫山遍野的杜鹃绽放，独享天地之间，该是怎样一种磅礴气象。而夜晚的小木楼则是温柔的。红灯笼斜斜悬在廊檐下，柔暖的光，把山野的雨夜点亮。黄的木楼，红的灯笼，大山苍茫，夜雨潇潇，在廊下闲坐，喝茶，听雨，想前尘，忆往事。这真是难得的光阴。

在茶园，正遇上茶农采茶。远远地，有歌声迤逦而来。歌词不甚清楚，大约是当地的民歌。歌声在天空和茶园之间，回环往复，隐隐有缭绕的回声。见有人拍照，也不躲闪。歌声依旧，劳作依旧。大约此刻，歌声便是他们的语言。劳作的欢乐和艰辛，他们用歌声来诠释和表达。绿茫茫的茶园里，鲜艳的民族服装时隐时现，歌声仿佛鸟儿，在山峦间起落，跌宕，萦绕。背后的山上，可以看见墓地。一座一座，高高地坟起。也有新墓，飘摇着白的纸幡。这淳朴达观的山民，在这深山里，默默劳作，度完一生。生于泥土，最后归于泥土。群山静寂，大地无边。或许只有他们，才有可能真正领略生活的真义。

在山下的村子里，喝到了罐罐茶。这是当地山民自己熬制的茶。粗朴的茶具，醇厚的茶香，带着草根的滋味和泥土的气息。被咖啡和甜饮宠坏了的舌尖，或许不习惯这般的苦涩粗粝，然而细细品味，竟不由为这大山里的罐罐茶惊艳了。苦，厚，涩，香，醇，有丝丝的回甘。这罐罐茶的滋味，竟仿佛一部短篇小说，丰富复杂，一言难以道尽。坐在长廊上，清风过耳，满目碧水青山，歌声与茶味一起缭绕，在耳边，在舌尖，在内心深处，在生活的褶皱里。

打糍粑，却简直是一种舞蹈了。把蒸熟的糯米放在石槽里，用石锤不停地捣，直到成泥。看着村人娴熟的动作，不禁手痒，而真正学着他们的样子，笨拙地尝试的时候，却总是不成。这民间的智慧，果然厉害。雪白的糍粑，滚上炒豆面和白糖，又甜又糯。那滋味，仿佛春日的黄昏，17 岁的姣好女子，在秋千架上，蓦然之间回眸一笑。大人们忙着打糍粑，孩子们跑来跑去。是节日的气息，世俗的，欢腾的，有着细细的红尘的影子。糍粑，这民间的小吃，有多么的美味可口，就包含了多少代山民对生活的祝愿和祈盼。朋友无意间递来一块熟糯米，竟是另一种意外的味道，纯粹的干净的米的清香，教人想到阳光下的稻田，饱满的稻穗，在风中的自由舞蹈。

据说，这村庄有一棵千年的古茶树，早年是历代的贡品。这里是真正的茶乡。在茶乡，怎么能喝不到好茶呢。随便走到哪一家，总有上好的茶水享用。碧绿的茶叶，遇到水便活过来了。在杯子里旋转，起落，一叶一叶地玉立着，看上去，仿佛是葱茏的热带雨林。是不是，茶树的叶子的精魂，重又被清水唤醒，在小小的杯子里，在人们的唇齿之间，以最初的形色容颜，重新活过？遥想当年，深宫里，庙堂上，朱门绣户开阖之间，氤氲的茶香茶韵，随风飘了千里万里，在某一个黄昏，或者清晨，辗转飘回这深山里的村庄，回到这棵千年不死的茶树。金风玉露，魂兮归来。这是古茶树的千年一梦吧！当地朋友提醒我们，在贵州，宾馆房间里的茶最好不要丢下。哪怕是再简陋的小旅馆，只要是当地的茶，都是好的。我们不禁后悔起来。

有千年古茶树，还有千年紫薇王。在印江自治县永义乡，这株紫薇王高达 38 米，冠径达 15 米，经专家测算，已经有 1300 多岁了。据说，如此高大古老的紫薇，世上仅有这一棵。因为属于第三纪残遗植物，堪称典型的活化石。这株紫薇王枝繁叶茂，每年脱皮一次，开花三次，花色红白相间，明艳不可方物。紫微王只开花，不结籽，不繁衍，树枝树叶均可入药，被当地人奉为神树。村民们时时来这里上香祈祷，请神树佑护这一方土地风调雨顺，百姓安宁吉祥。香烟缭绕，供品芬芳。人们往来不绝，而古树沉默。沉默了千年，伫立了千年。历经了千年的风风雨雨，古树看到了什么，听到了什么？立在古树前仰望，斑驳的日影从枝叶间坠落，风声，鸟鸣，一朵云彩悠悠飞过。生年不过百岁。时光倏忽，人不过天地间一过客。千载之下，风烟俱净，而千年的紫薇花开花落。树犹如此，人何以堪！一念及此，生命中所谓的得失，荣枯，穷达，都不足论了。

来梵净山之前，只是隐约听过这个名字。梵净山是武陵山脉的主峰，中国五大佛教名山之一。梵天净土，大约得名于此。到贵州的第一天，便暗暗怀着一种期盼。觉得，梵净山，或许会是这次贵州之行最浓重的一笔，也是黔东大地最华彩的章节。登梵净山，是日程的最后一天了。头一天晚上，下起了雨。夜阑雨浓，声声入梦。原本好雨的人，竟隐隐地不安了。早上起来，雨还在下着。大家都不免有些担忧，难道同梵净山的缘分，竟是如此的浅吗？在廊下看雨，也是忧虑的神情。后来，看小雨淅沥不断，没有停歇的意思，到底是冒雨登山了。

山脚下，远远地看那索道，在蒙蒙细雨中，仿佛一痕一痕的水墨的线条，细细的，淡淡的，映着灰蓝的天空，越来越远，时而，像是要融化在邈远的天际，时而，又在峰峦叠嶂之间若隐若现了。待到真正坐上去的时候，随着索道的缓缓升起，一颗心也慢慢地提起来，提起来，一直提到嗓子眼。看着群峰如奔马，在下面起起伏伏，汹涌不止，紧闭着嘴唇，不敢张开，生怕怦怦乱跳的心会不小心蹦出来。窗外，白的云雾缭绕着青的群山，瞬息之间，有万千变幻。光与影的交错，雨和露的交融，在风中明暗不定，神秘，缥缈，如同一则远古的神话。烟云满山，天边似有隐隐的笙箫，飞扬的衣袂，仿佛到了天宫仙境。天上依然下着细雨。或许是湿气蒸腾的缘故，随着索道的逐渐升高，云，雾，霭，以及水光，以及山色，彼此之间慢慢地交织，渗透，云海茫茫，峰峦苍翠，二者相互掩映，缠绕，遮蔽，呈现。仿佛一个巨大的谜语，等待人们去慢慢揭开。又仿佛一个幽深的隐喻，相互形容，相互修辞，相互佐证。好像是转瞬之间，云雾流荡，浩浩荡荡，不知道这是不是著名的瀑布云。瀑布云，有云的轻盈和缥缈，也有瀑布的磅礴与气势，从远处某一个峰顶飞流直下，倾泻千尺万尺，直把人看得呆了。此时此刻，语言失去了功能。无力表达，无力修辞，甚至，无力在斯情斯景来临之际，有只言片语的描述。我们只有惊呼。惊呼之外，还有默然。能说什么呢？面对着这样的奇景，任何语言都是多余的。在大自然的神奇造化面前，唯有静默，震颤，以及审美，以及领悟。

出了索道，我们徒步爬山。雨依然在下着。越往上爬，雨衣似乎更一变而为御寒的工具。山中有四季，确实如此。奇藤，异草，怪石，清流，触目皆是。爬山的过程，或许亦是修行的过程吧。据说，倘若心诚，会在金顶看到佛光。大家兴致正浓，比着要上金顶。梵净山有两个金顶，一个是新金顶，一个是老金顶。新金顶又叫红云金顶，因常年有红云缭绕而得名，宛若一根巨大的擎天柱，直插云际，是梵净山重要的山标。仰望着白云深处时隐时现的峰顶，不免有些胆怯。雨天路滑，这样险峻的山路，实在是对人的体力和意志力的挑战。迟疑了一时，到底想试一试。

然而，还是低估了梵净山，低估了新金顶的难度。几乎是垂直九十度，直上直下，陡峭得惊人。山道逼仄狭窄，仅容一人通过。没有迂回，没有余地，没有退路。怪石嶙峋，铁索冰凉。冷的雨水不断落下来，和脸上的汗水淌成一片。周身僵硬，如同一张紧绷的弓弦。不敢往下面看。倘若是晴天，那一种清晰的高度，审美的眩晕，定会令人在分神的瞬间失足跌落。好在是雨天。云雾遮山，千峰茫茫。看不见万丈深渊的深，也看不见千仞孤崖的险。然而，还有想象力。人的想象力是多么的可怕。想象力的疯狂，竟然同体力极限的临近一样，不可遏止。云飞雾卷，风雷骤至。我们穿着雨衣，沿石级而上，恍若登上天梯。深峡中向上仰视，一线天光垂照，恍惚间似有飞桥相连，在雾中若隐若现。那大约便是“天上”风光了吧。

总算是登上了金顶。极目远眺，梵天净土，八百里风云，尽在怀中。

雨依然在下着。山顶上，风更大了。细雨乱飞。雨衣被吹起来，飒飒的碎响。这便是梵净山的最高峰了。来时的种种，惊险，困厄，忧惧，彷徨，此时都不算了。只是在日后的笑谈中，才被不经意地提及。然而，铁索，岩石，雨水，青苔，深峡，峭壁，它们的温度和凉度，硬度和湿度，于我们，不仅仅是肌肉记忆上最深的刻痕，更是精神记忆上最深的烙印。无论如何，尽力过，经历过，有过。哪里是开始？哪里是结束？或许，我们在哪里，哪里便是世界的中心。

“会当凌绝顶，一览众山小。”这样的气概竟不曾有过。在这梵净山著名的金顶，看着云海中静默的群峰，竟只有满怀苍茫。在自然面前，人是多么的微不足道。金刀峡，天仙桥，定心水，那些美丽的传说，或许不过是世人的虚构罢了。而这沉默的苍莽的梵净山，本身便是一个沉默的苍莽的传说。转眼风云相会处，凭空移步做神仙。小心翼翼地从孤桥上走过，看满山风云涌动，竟真的有羽化的幻觉了。

下山便容易得多了。雨已经停歇了。从另一条小道，慢慢下山。清风满怀，抚慰着一颗归心。

贵州，黔东大地，梵净山。青山不碍白云飞。

# 鸟的江湖

完班代摆[1]

当我徘徊于鸟的江湖的时候，我为自己的想象深深地感动了。这种感动，就像一个对爱情失去了信心的人突然获得了爱情，也像一个梦想家突然获得了梦想中的金子。在鸟的江湖，牵着鸟的手，这种自豪感是不言而喻的。绅士的风度和一颗感恩的心都跃然于人和鸟紧握的手上，这是怎样的一种和谐与美好。

这是尧上人给予我们的珍贵礼物。

在尧上，这个只有几十户人家的仡佬村庄，我开始了与鸟的爱情牵手。但我的手是颤抖的，是那种心有孽缘的颤抖，是那种愧疚与悔悟的颤抖。我知道我曾经伤害过鸟，因为它的美丽，也因为它的鲜香。在我十几岁的时候，我曾经把它们置于大火之上烧烤。那时候，我一次又一次被天真和欲望包围着、激励着，我并不知道什么叫冒犯。事实上，我已经冒犯了神灵，冒犯了值得我们信赖的朋友。

在尧上，我义无反顾地伸出了我的手，我要向鸟类表达我的歉意和悔恨。牵着鸟的手，这样的激动让我久久难以忘怀，让我对尧上充满了向往和依恋。鸟的手纤柔温暖而且透彻着感召的力量。牵着鸟的手，我似乎找到了一种依靠，一种慰藉，像堆积在冬日田野里的草垛，让人产生燃烧的欲望。

农历二月初一，在尧上，我幸福地牵着鸟的手，漫步在田间小路上，恰似一对久违的恋人，在夕阳下笑逐颜开，对生活充满了希望和幻想。在夕阳徐徐降落的寂静里，我清楚地听见了一阵妙曼的歌声在天际中飘扬，那一定是鸟类与包溪河最深情的歌唱。

---

① 完班代摆（1964—），本名龙志敏，苗族，贵州松桃人，中国作家协会会员，贵州省作家协会理事，铜仁市作家协会副主席。

这是尧上人的“敬雀节”赐予我的短暂的幸福时光，它让我产生了一种恋爱般的感觉，也让我深深地感觉到了人与鸟的和谐相处是多么地诗意与激情，是多么地庄严与高贵。

在尧上，在仡佬人的屋檐下和火坑旁，这样的诗意与激情，这样的庄严与高贵，就像清新的空气一样弥漫着，让人荡气回肠，让人灵魂震撼。因为在我们未踏入尧上这片偏远土地之前，我们对鸟类是不屑一顾的。很多时候，我们始终把飞禽和走兽联系在一起，把它们视为人类共同的敌人。记得“文革”期间，曾经作为一项光荣而艰巨的政治任务，两个县之间开展了一场声势浩大的歼灭麻雀的行动。当一只侥幸逃脱的麻雀从东南方飞向西南方之后，位于西南方向的县城首脑机关突然接到了歼灭麻雀的紧急援助电话，东南方请求西南方火力支援，全力以赴把最后一只麻雀歼灭在祖国的上空。那只侥幸逃脱的麻雀最后是否被歼，我不得而知。我试图从历史的档案中找到那只麻雀的最后去向，但档案中记载的只是一些对麻雀作战的人员名单和歼灭了多少麻雀的庞大数字，以及授予某某歼灭能手光荣称号的红头文件。在庆功论赏的日子里，那只逃脱的麻雀已经无足轻重，它就像一粒尘埃，被封存在历史的册页里。它的命运正暗合着莎士比亚的一声天问：是生存还是毁灭？

这场人与麻雀的大战，最终的结果是将庄严化为对庄严的戏弄，它在一定程度上弄破了革命之为“神话”。面对这场荒唐的战争，我不相信人们在与麻雀战斗的时候会有明晰的理念和目标。在人们看来，与麻雀的战斗，首先是一种生存形式，是生命借以自我肯定的形式。在当时激情高涨、万紫千红的情况下，人们乐于体验有限个人与某种“广大”相融会的感觉。那种唯爱欲可比拟的对生命的诗意感受。但事实证明，当麻雀被彻底消灭之后，人们为此而遭遇了残酷与血腥。经历了噬鸟与被噬，这是自然规律对人类的惩罚。而人与麻雀的战斗只不过将上述种种，以夸张的形式重演罢了。在我看来，这是对生命的亵渎，是对自然生命的轻薄，同时是对人类自己的蔑视和践踏。

今天，我之所以要翻动那段人与麻雀大战的历史，是因为尧上人的“敬雀节”给了我救赎鸟类的智慧和力量，同时使我对鸟类有了一个全新的认识和感知。在尧上的仡佬人看来，“敬雀”能使人与自然和谐相处，能使家业兴旺，五谷丰登。农历二月初一“敬雀”的这一天，尧上人都要身着节日的盛装，吹长号、吹唢呐、舞木偶、跳傩戏，还要在宗族祠堂设祭坛。两张八仙桌置于堂中，桌上铺着红、黄、青、兰、黑五色彩布和仡佬族男女服装各一套，用糍粑制作的 12 只彩凤置放于五色彩布之上。正堂东西南北中 5 个主位各插一面彩旗，彩旗之下摆放着糍粑、酒肴等祭品。6 位法师身着法服，8 位仡佬男女代表站在堂中，3 声牛角号响，敲锣击鼓，献上猪、牛、羊、鱼。法师开始念诵经文，脚踩法步，滔滔不绝地陈述主人虔诚心愿，以保佑家家户户吉祥平安。

在这样的庄严肃穆中，在这样热烈的气氛里，这样歇斯底里的祈求，让我深刻地感觉到了鸟类的力量。这种力量是侵蚀般的渗透与扩展，是默默的承受与坚持，像阳光雨露对土地和庄稼的无声滋润与呵护。这样的力量无边无际。

基于这样的认识，我相信那只逃脱的麻雀并没有被歼，而是历经千辛万苦，躲过了无数的枪林弹雨，最后抵达了尧上这片人与鸟和谐相处的盛世天堂。这是我的假设，更是我的愿望。这样的愿望强烈地指引着我走近那些有着美丽羽毛和甜美歌喉的鸟类，我希望在众多的鸟类中找到那只麻雀的后裔。我相信我会找到它们的，并且还会牵着它们的手，因为我们有缘。缘让我在十几岁的时候就在东南方的天空下有幸欣赏到了那只麻雀机敏而优美的飞翔姿势。我相信缘的力量。

在尧上，这座偏僻的遥远村寨，在仡佬人的“敬雀节”揭开它神秘的面纱之后，我终于能够在缘的引领下牵着鸟的手，走在冬日的暖阳里。我已经不在乎它们谁是那只麻雀的后裔，这对我已经不重要了。重要的是，它们能够在这里幸福地生活，安静地与人相处，不需要设防，也不需要伤害，在这片干净的土地上过着悠闲自在的日子。

从这个认识层面上，我以为，“敬雀节”不仅仅是一个民族、一个地域的简单习俗，它已经超越了习俗本身，而成了人类共同的财富。同样地，它越了历史时空，而暗合了当今社会提倡与自然和谐相处的生命主题。由此可见，尧上仡佬人的“敬雀节”有着无可比拟的预见性与亲和力。

尽管“敬雀节”的起因众说纷纭。

关于“敬雀节”，尧上人的民间歌谣是这样唱的：

二月初一开山花，林中雀儿叫喳喳，
大雀为着育小雀，飞到地里害庄稼。
地里无苗粮减产，无米下锅饿大家，
仡家想出好办法，家家户户打糍粑。
糍粑搭在树丫杈，雀儿飞来叼糍粑，
糍粑贴着雀嘴巴，就此不再害庄稼。
地里苗齐粮丰产，喜得仡家乐哈哈。

这是对鸟的敬畏，包含了太多的敌意和怨恨。面对鸟类的强大攻势，尧上人感到无可奈何，甚至恐惧。怎样才能瓦解鸟类的强大攻势？这是尧上人必须面对的问题。他们从祭祀神灵的活动中得到了启示。于是，他们将鸟类和神灵一起供奉起来，乞求神灵和鸟类的护佑。“敬雀节”因而衍生出来，成为尧上人每年必须举行的盛大仪式。

但是，从尧上仡佬人的图腾崇拜中，我们又感知到了尧上人对鸟的敬爱。这种敬爱融入了尧上人的生命和血液，是对鸟类刻骨铭心的大爱。

在尧上人的民间传说中，每年农历二月初一，尧上人都要打糍粑，杀三牲纪念曾拯救他们于危难之中的神鹰和彩凤。许多年以前，仡佬人居住在黄河边上一个物产丰富、环境优美的地方，一场突如其来的洪水淹没了仡佬人的家园，只有一对老夫妇被洪水冲到一个孤岛上幸存下来。但是这对老夫妇已无生育能力，不能延续后代。老夫妇整日以泪洗面，仰天长叹，日趋衰老。这事被玉皇大帝知晓，于是托梦给夫妇俩，可将指甲放进葫芦之中，待半年后便可了却心愿。夫妇俩遵梦所嘱，剪下手指甲和脚指甲置于葫芦中，期待新生的降临。不料附近一水魔知道了，他原本就对仡佬人没有进贡一事怀恨在心，便趁机落井下石，在二月初一这天搅起洪水，将葫芦卷走了。在葫芦即将被冲进大海的那刻，突然一只神鹰俯冲进巨浪，抓起葫芦飞向高空。经过九天九夜，神鹰战胜了水魔，自己却累得筋疲力尽。当它来到佛顶山牛王峰时，就再也驮不动葫芦了。临死之前，它唤来12只彩凤，叮嘱它们要日夜守护着葫芦。不几天葫芦迸裂，一对年青男女从葫芦里走了出来。可水魔誓死要置仡佬人于死地，便追踪到龙川河，等待下手的时机。12只彩凤决定主动出击，制服水魔。它们与水魔鏖战了49天，终于战胜了水魔。为防止水魔再次出来作乱，危害人间，一只重伤的彩凤将自己化成了一座高山，即现在的佛顶山凤凰峰，镇压住了水魔。水魔悔恨莫及，流下了两行泪水，成了现在的包溪河和洞塘河。其余的彩凤为保护葫芦夫妻就留在了凤凰峰，并陪伴着夫妻俩的子子孙孙。从那以后，葫芦、鹰和彩凤就成了仡佬人的寄托与依靠。

从这则民间传说，我们清楚地看到了尧上人对鸟类的大爱。这似乎与民间歌谣的内容有些相悖。但我们正是从这种悖论中感觉到了尧上人的两难处境。这有点像希腊神话中的塞壬的歌声，一方面甜美地诱惑着人们，使人们触礁沉没，使人们跌落沦陷；另一方面又使人们在沉没与沦陷中看到霓虹四射，看到希望犹存。这正是人类必须直面的两难问题。但不论是歌谣唱的那样还是传说说的那样，不论是敬畏还是敬爱，有一点是肯定的，那就是人类渴望与鸟类和谐相处，共生共荣。当我在尧上一块明清石刻的墓碑上看见一只柔弱的鸟依偎在一个人的怀里时，我似乎被这样的场景深深地震撼了。一个死去了的人，他依然没有忘记对鸟的呵护与敬爱。他似乎在用行动告诉我们，只有与鸟类和谐相处，我们的世界才会趋于完美，我们的生命才会有所依靠。

在尧上，当我亲切而又友好地牵着鸟的手走在阳光下的时候，我真实地被感动了。我相信这是生者对死者的感动，也是生者对死者的崇高缅怀。我希望这种感动能够恒久地持续下去，能够影响更多的人，让更多的人都能主动地牵着鸟的手，并能与鸟亲切地交谈。倾听鸟类深情地歌唱。在尧上，这样声情并茂的歌唱此起彼伏。我从未听到过如此绝妙的歌唱：宽广、细腻、忧伤。雄壮得让人崩溃，温柔得让人心碎。那些激昂的咏叹仿佛来自天籁之音，没有经历任何物质的消殒，从真空跌入山谷，直逼我们的心灵深处。我相信，凡是被这种歌声拥抱过的生命都会在一瞬间复苏，一瞬间升华。

在尧上，人竟然能够与鸟离得这么近，这么亲密。鸟的歌声轻柔地抚摩着我，就像河水轻轻地拍打着岸上返青的草。在清寒的月光下，我看见鸟们惊心动魄地恋爱，像空灵的山谷，绵长而持久。这是一个干净的世界，没有忧郁，也没有痛苦，没有陷阱，也没有设防。我知道，在我牵着鸟的手的时候，我已经身不由己地融化在了这个深不见底的清澈的世界里。

在这清澈的世界里，有着无数的鸟在飞翔，那是一颗颗给人以寄托，给人以信心，给人以希望的繁星，清冽而晶莹。那忽闪、那迸射的银辉照耀在大地上，一切就都变得透明起来。那应该是生命永恒的闪耀。

在尧上，我久久地凝望着那些飞翔的鸟，那些璀璨的星光，我相信，那是智慧神灵发出的光芒。我将在这种光芒的朗照下，牵着鸟的手，回到我的故乡。

就这样，我怀着一种神圣的皈依感，离开了尧上，离开了那些淳朴而又善良的仡佬人。现在，我牵着鸟的手正走在故乡的小路上。我希望一幅人与鸟和谐相处的挂图能够永远镌刻在故乡的土地上。我希望“敬雀节”能够成为我们共同的节日。

# 感受乌江

罗福强[①]

少时对乌江印象并不深，感情也就淡漠。虽然离家不过七八里路，不算遥远，三年初中也在江边的文家店读过，而且冒死学会了凫水，但那时实在太懵懂，浩浩荡荡千里奔流的气势虽曾终朝目睹，却始终没有什么深刻的感受。

后来外出求学，间或从文家店坐船下思南，或逆流回返，立身船头，看它烟波浩渺、汪洋恣肆，上下茫茫无际无涯，方才觉得乌江是不凡的。这百余里江流上，也有所谓“三峡”，其间两岸连山，嵯峨崔嵬雄峻峭拔，陡直如削如斫，航船其中，岸崖有如撞来一般，担心要将你逼夹上天去，让人紧张至极，胸口“咚咚”急跳不住……不时会见到岸脚有一张满风的帆，正逆流缓缓而上。定睛看去，半崖上还有一行人，身子正绷如一张弓，不停地吼着号子：“嗨哟——嗬！”“嗨哟——嗬！”竟盖过了轮船的轰鸣和江水的咆哮，直震得江面也似在颤，峡谷上空幽幽的回响，犹自绵绵不绝。我们的船转眼就抛开了他们，可那号子声却在心头响个不停；回首望去，那一行人，那一张帆，早已不见了……

渐渐就受了乌江的诱惑。读大学四年级时，抑不住一时激动，邀了两个朋友，说要去磅礴的乌蒙找找江水的源头，然后徒步顺流而下，对乌江作一番细致的考察，以为总要染濡一些灵秀之气。各种所需一应准备俱全，不料突生变故，致未成行；愿望却一直藏在心底，强烈至今未减稍许。待得毕业有了工作，羁绊多了，对乌江更是梦魂萦系。凡是有关于它的文字，都找来读，希望从中能够间接地有所感悟，却颇失望。江左有两位作家，以写乌

① 罗福强（1967—），笔名罗漠，贵州思南人。铜仁市融媒体中心高级编辑，中国作家协会会员。

江系列小说而一时名噪，也许是我太过苛刻，总没发现他们笔下的乌江有何特别，离我的想象确乎太远。故事或者也凄惋悲切，也慷慨沉雄，感人也就在文字入眼时，释卷也就淡然了，不曾觉到心灵的深深震颤。于是感慨良多：激流滚滚，阔浪滔滔的乌江，竟没有一种独特的性格和奇崛的禀赋么？

其实不然，乌江也自有它博大恢宏雄浑深沉的境界。乌蒙发源，细流涓涓，蜿蜒东往，沿途纳接百川，终成汹涌之势，狂奔不止。两岸民性，便多粗犷豪迈，桀骜难羁，犹如这江水浩漫激扬。民国时期，航船只及思南，运输不便，货物进出却也多靠水路。而其时江面怪滩连连，江流激湍，水路险恶，更有民谣曰：“乌江滩连滩，十船九打翻。”逾文家店上游一带，当时森林茂密，沿岸只见一片荫浓，古木森森，奇山怪岭竟被装饰得宁静平和，木材贩运便成为那时一些船民及临近家破人亡者的谋生、求生手段。作为垂临乌江的边陲小乡场，文家店曾是一个堪夸其源不绝的木材集运点，颇是热闹喧嚣，盛极一时。每年的秋冬时节，江水枯涸，落潮几丈，滩头礁屿突出，以至船行不便，船民便多弃船登岸，另图生计。其中就有十来人许，及那近岸末路穷途之人，或赎或买一座山头，将一山成林的树木伐砍，搬运至江边码头，一时间右江一岸木垛成林，钉扎筏子的“叮叮”声，来往人众的吆喝声，上下数里可闻，极是热火。及至来年春三四月，江水暴涨，河道陡然宽顺，人们就将自己用绳索紧紧系在筏上，砍掉缆绳，那叠架高耸的木筏便顺了激流扬波击澜而去……

其时有祈福禳祸保佑平安，焚香化纸念祝祷文的仪式自不必说。那筏子已远得被两岸耸峙的峡谷吞没了，沿江的一排排摆满三牲祭品烟雾迷蒙的香案前还站满着人，泪眼凄凄，唏嘘成泣，久久不散——此去凶多吉少呢。

平常的木船，失事就颇多，何况有如房舍高宽的木筏子呢？任是木匠巧手，纯钢为钉，也终难禁恶浪冲击汹波碰撞，更兼百千里江流上滩礁无数，航道曲折，筏翻人亡乃是常事。提起放筏，老一辈子至今谈起来犹要脸色遽变，胆战心惊。当然，那是一种以生命作赌注的搏击，生还者毕竟寥寥，非得有高绝的船技和顽强的意志不行；待吟起那“荔枝峡，潮砥湾，手握红椿放险滩”的激昂慷慨歌谣，又豪情顿生，双目炯炯溢出照人光华，仿佛还操篙立身在那猛浪扑击不住飘摇的木筏上……

——说起来，这便是用生命在换取生命罢。文家店，偏僻辽远，自来穷聊，加上那时盗匪猖獗，剪径作恶，横行乡左，露尸于野，遗骨陈路，屡见不鲜。而放筏，虽难保生还，鱼腹为葬尚不能全身，却也胜于坐以待毙。侥幸一回，“搞头”极大。顺利飘至涪陵，更远入长江达武汉，木材卖价就高到了极致，除去买山钱及一路宿食所需，所剩足够余生消受。但要侥幸，实在太难，十堪有一而已。多半止于思南、德江、沿河者，也算得上吉星高照……然后买了盐巴、煤油、肥皂、洋火之类日用什物，再由水路返回。水路比陆路直捷，花销便小，又少“棒老二”拦截，不致钱财被劫，但须帮着拉纤。那时纤道少经修凿，多毛糙，逼仄突兀，失足摔死的纤夫不少。平平安安回到家来，虽则苦累得变了形，却也让得合家狂喜，几至涕泪滂沱。偶有失算，折本而回，但求无恙，家人亦无所责怨，反呼老天有眼了……

但不管何种情形，因无别的生路，或别的生路不如放筏得失痛快，便照例想着要到乌江上闯运气去……

很多年以后，乌江险滩一个个被炸掉了，文家店通航了轮船，公路也成了它连通外界的重要线路。只是山林被毫无节制地砍伐，只余下来两岸一片莽莽苍苍溟溟漠漠光溜溜的山脊，放筏飙滩便成了乌江的历史。但木船却未绝迹，或者方兴未艾，沿岸的纤道依然日日有号子声喊得人心悸……

乌江自西而东北斜贯北黔，为境内第一大江，亦是长江一重要支流。从高原之巅奔突而下，横冲直撞，切断了无数峻岭雄山，冲出了无数深沟幽壑，也激发了无数雄浑壮烈哀婉凄绝的悲喜故事！

乌江，是那般地充满野性和狂放不羁，它用其激荡千里百折不回的精神滋养铸就的乌江人，更是非凡的顽勇和不屈！

# 锦江半边摇

岩夫[1]

山是铜仁的体，水是铜仁的魂。黔东铜仁，因梵净山之奇和锦江水之秀，总是让人流连忘返。“多情最是锦江水，依依一步一回头。”锦江水发源于梵净山，是雾气所化，是泉流相聚，有滩，但不陡，激起的浪花，总是那样雪白与清亮。不大不小的河湾，则是那样蓝绿而碧透。石滩上，可以徒手抓鱼、震鱼，也可以安箪、刷滩；在回塘里，则可以垂钓和撒网，还可以放鱼鹰和进行钩耪。这些都少不了船，有舢板，有偏舟，有半边摇。撒网的半边摇，比偏舟稍大，通常在船腰或后部有供渔夫休息的棚子。棚子多为黑色，故有些人称为“乌棚船”。其实，半边摇与江南水乡的乌篷船相差很大：那里的水为江湾、湖泊，水是不流动的，或者流速非常慢，因而摇橹就可以快速前行，也利于其在芦苇丛中穿梭。锦江水是不同的，不仅有滩，疲塘里的水也是有速度的，摇橹根本不能让其前行，必须用桨。不过，这流速比起乌江来，则是小巫见大巫，所以用一支桨就够了。这支桨，不仅是前进的动力，也还要作控制方向的舵。一支桨，既是桨，也是舵，这就是半边摇的最大特色。锦江上的渔夫，一只手摇桨，一只手还要放网，这也是他们的特殊本领。桨是桨，还作舵，一般人是无法操控的。也因此，有的船在尾侧会竖置一块木板在船梆边的水里，它可以为船的迅速转向增加阻力。技术好的船夫是不需要这个木板的，那样才会更加转向自如，更加轻巧方便。如果加上个舵，会增加船的长度，在不算大的锦江中，有时会转不动，受阻太多，就没有那么灵活了。

我认识渔梁滩的杜伯和刘伯。杜伯当年80多岁，就住在江边。年岁大了，一个人有点孤独，他常常独自坐在阶梯上发呆。有时过河要等船，我就蹲下

① 岩夫（1954—），原名赵幼立，贵州沿河人，原政协铜仁地区工委秘书长。

来同他扯白。有人同他讲话，他很高兴。他什么都讲，比如，他不会打船，但对船知道的不少，打船最好用椿木之类。椿木硬度适中，不怕撞，不怕踩，不怕刮，也经烂。特别是红椿木，是上等的打船木料，一般的杉木是比不上的。杉木轻，浮力好，就是不经撞。“半边摇”这个名字，也是听他说的。说起半边摇的优势，他如数家珍。他还说水晶阁有上庵下庵之分。水晶阁的树，之所以能长这么大，是因为庵里有个住持和尚会武功，没有人敢上半岛去砍柴砍树。刘伯是水晶阁上渡的船工，有时我一天要同他打上好几次交道。由于长年累月都在船上，他的脸被晒得黝黑黝黑的。他话不多，但很和蔼，凡是过河的人，无论男女老少，都会叫他“刘伯”。党校有一个同志，曾直呼他“船工”，他就有点愤愤不平。他大半辈子与过河船为伴，是大集体时，队上安排他拔渡船的。他说，半边摇，就是打鱼船，比舢板和偏舟大、稳，偏舟一般不加棚（篷）。因为有了棚，打鱼、撒网，晚上可以在船上过夜。他以前开过大一点的船，去溆头、锦和、麻阳和常德，那是帮船，可以拉人、装货，经常是人货混装。拔船去常德，来回要十天半月，因为上水船很慢，急一点的滩，船工还要下水去推，或者到岸上去拉。自从芦家洞电站筑坝后，渔梁滩就没有滩了，全是平水，半边摇一下子就多了起来。不少村民家里，还有几条船。去镜湖岛种菜或者去天地人种庄稼，用大梆船装肥料，一次可以装几十挑，省了很多劳力。他最喜欢的是半边摇，轻巧方便，还安全。特别是十几只船出行，在较宽的江面拉围网，每一次都不会打空手。如是夏天，住在船上，江风吹拂，爽朗得很。每每看着月亮星星，听着鱼儿跳起弹水的声音，完全把自己融入自然，那才舒心！他们年轻时，有时还三五成群拔着半边摇比赛，不准放“舵”，还要桨桨出水，那才刺激。他讲到激动时，还会发出“嘿嘿”的笑声。他一笑，那口较齐的牙，在黑皮肤的映衬下，就显得更加白了。

我在党校工作时，在水晶阁住了 13 个年头。因为有江水相隔，有时在街上看电影回去晚了，就没了渡船，只好“偷”了半边摇过河。不过，船桨被主人带回家了，只能用手划水。到了对岸，要把人家的船拴牢，或者将锚钉深深地扎进土里。鱼梁滩的村民心善，他们知道是党校的人，就很少过问。我开始住在半岛上的平房，每晚听着渔民敲梆赶鱼的“梆梆”声，起初还不习惯，不能入睡，时间长了，那声音就成了催眠曲。后来搬去了江边的楼房，每每清晨，听到赶鱼的“梆梆”声就少不了去凉台上欣赏那特别的江景。

薄雾先在江面形成，淡淡的，然后逐渐变浓，远处的渐渐抬升，向桂林似的山峰染去，或沉于山脚，或缠于山腰，青峰白雾，对比鲜明。六七支间或十几支半边摇，朦胧中在静静地往江里放网。等他们围成了圈，也就放完了网，大家一齐敲响木梆，并向中间缩小围圈。快缩拢时，大家才开始收网。此时，晨曦已从山的那边逐步亮了起来，半边摇的影子在江里越来越明显。也正是此时，浅浅的雾还没停止它的升腾，江蒸霞蔚，就是一幅“渔舟迎晓”的生动画景。其美、其妙、其绝，不是我等所能描绘出来的。薄雾散去，村民们就会快速收网。返程的半边摇很快，船头横杆上的渔网前后摇荡着，小小的船身像飞起来一样，一会儿就转过了半岛伸出的牙峰，只留下那长长的逐渐扩展的三角形浪尾。他们要把渔获带到街上，去赶个快意的早市。

有一次晨跑，东方才开始泛白，就遇到蹲在路边黄连树脚的周伯。他握着相机告诉我，这棵两人合抱的古树，在离地面三四尺高处，竟然长出一株嫩红的新芽。他要以这新芽为近景，拍一张晨曦中的半边摇。是一张什么样的图片，还要如此用心地蹲守？“噗噗”，鸟儿飞起的声音打断了我的遐想。眼前被什么东西晃了一下，抓过来一看，是一张渐红的枫叶。突然脑中冒出四句话：“曦露镜湖白，鸟腾红叶飘；梆敲春梦断，雾薄半边摇。”事后一看，倒也算一首合律的五绝。

一年一度的端阳节龙舟赛，组委会都会组织数十艘半边摇来到江上，让渔工们穿上鲜艳的民族服饰，再请许多青春美女身着旗袍、打着鲜透的纸伞站在船头，以此为大赛壮色。观赛之人，此时也会把目光转向半边摇，连摄影的人们也都会掉转镜头，聚焦这令人神魂颠倒的美景……

我曾遐想，要是在锦江上搞一场半边摇旗袍秀，或者半边摇比赛，且不是很有看头……

# 最美不过锦江水

向笔群[①]

我作为一个外地人，到铜仁工作就是因为一条河，也就是穿越与守护铜仁的母亲河——锦江。

2007年秋天，我访学路过铜仁，见到穿过铜仁城绿莹莹的河流，就有一种莫名其妙的亲切感，冥冥之中产生了一种缘分。我就问陪我的一位铜仁文友，铜仁的这条河叫什么？锦江。我就此记住了这条朴素自然的河流名字。

当时，网络上正流行着“还有一条河流可以游泳吗？”当我看到锦江河里还有不少人在游泳，我就暗暗地想，铜仁的河流很干净，锦江还没有被污染。于是，我就被这样的一条河流感染，放弃到海南工作的机会，只身来到铜仁，后来又把自己妻儿迁到铜仁，开始一个作为真正普通新铜仁人生活。

河流是一个地方的成长命脉，世界上多数文明就产生在大河流域。河流与人类的文明相辅相成。有河流的地方才会最早出现文明。如果一个城市没有河流，就少灵气，没有灵气的城市，不仅是城市的缺陷，也是城市难以掩饰的内在硬伤。

我从小就喜欢河流。从小生活在乌江流域，与河流结下了不解之缘。少年时期，我望着乌江产生很多幼稚而天真的幻想，我的思想随着河流去了远方，也就是诗和远方。长大之后，我看着乌江滔滔不绝的河水，感慨万千。有时，还坐在乌江河边的沙滩上，望着源源不断流动的河水，想象2000多年前，孔子在河边的感慨“逝者如斯乎！”的千古名言。感慨祖先对于河流与人生的注解。对于河流，不同人有不同诠释，当人们看到长江、黄河浩浩荡荡的场景，不免要感慨一番：黄河或是长江是我的母亲河！然后在河边拍

---

① 向笔群（1965—），重庆酉阳人，中国作家协会会员，铜仁学院教授。

几张照片放在朋友圈，供大家观赏与点赞。而我对河流的理解，更是崇拜河流的内在动力，一种不屈不挠勇往向前的气概与精神。四年前，我到宁夏出席中国宁夏第二届黄河金岸诗歌奖颁奖仪式时，不少文友站在宁夏的黄河岸边无限感怀，纷纷以母亲河称赞它，我看到的却是黄河是中国母亲昏黄的泪痕。当今河流泛黄，与几千年前黄河上游河水清清大相径庭。这应该是作为中国人最为深切的思考。如果我们对于自己母亲只是一味地索取，而不是饱含敬畏之心。那么，河流将成为一种灾难。历史上，黄河历次决堤给了我们多少教训。当我们的国家已经感到河流需要保护的时候，在中国每一条大江小河设置河长制的新时代，我深深感到一个国家的河流忧患意识在觉醒。铜仁已经开始大力打造“水文化”，把河流文化作为一种长远发展自然资源，加以保护与利用，一种新时代生态观与河流观正在日趋形成。这是一种史无前例的进步与畅想。“水文化”承载着铜仁历代人们的精神，是一种文化命脉的延续。我作为一个新铜仁人，倍感骄傲与自豪。人们破坏河流的时期已经彻底结束，铜仁一个新的时代已经开始。

我一直在想，每一条河流都有她特有的姿势，并滋润着自己流域内的子民。黄河、长江固然具有她们的大气与一往无前，有她悠久的历史。而锦江却有她的温柔，她像一个称职的母亲，看护着婴儿。同时，她具有自己的波浪起伏的壮阔历程，因为一条河流，能滋养一座城市。铜仁的历史因为锦江而起。铜仁原名铜人，相传元朝时有渔人在铜岩处潜入江底，得铜人三尊。锦江里的三个铜人，后来被阐释为“儒”“释”“道”的化身。由此可见，铜仁的兴起，与锦江密切关联。也就可以看到铜仁是一个包容的城市，三种不同文化的交融，构成了铜仁文化的底色。

关于锦江，我问当地老人，逐渐知道了锦江的构成与来源。梵净山九十九条溪水汇集千回百转形成的大小两条江，两江穿山越谷，交汇于铜仁城的铜岩，称为锦江。锦江经湖南，流入沅水，进洞庭，注长江，最后归于大海。锦江有一种自强不息的精神，冲出大山层层阻扰，进入长江。锦江与乌江同是长江的儿女，属于长江的沅江水系，它们的归途最终是长江。锦江就是铜仁的精神象征，勇往直前、百折不挠。

锦江大多数时候是温顺的，像一条绿色飘带环绕着欣欣向荣的铜仁，给这个美丽的黔东城市增添了一种自然精神分量。不只是我因为这条优美的锦江，来到铜仁就不想离开。就是一些外国友人来到铜仁，看到锦江，也伸出拇指：OK，OK！不停地夸赞。晚上，当我看到人们沿着锦江河岸休闲步道散步时候，我就读懂一个城市的休闲与温馨。雨天，渔船在烟波里飘荡，犹如飘在仙境。让人们想起了农耕时代铜仁人的生活，一条河给人们恩赐。一条河流逐渐地喂养着这一个城市慢慢成长，滋养河流两岸人们日益繁衍昌盛。

也有些狂风暴雨的时候，锦江像一条发疯的巨蟒，在铜仁城市中心咆哮，看到这个场景，我就想到也许是人们得罪了自然，河流就会毫不客气地给人们惩罚。或许以前锦江有些地方，生态失衡，河流就用它特有的姿态警示人们而维护自己的尊严。

在以前经济自然的时代，人们交往主要依赖河流，以前铜仁船只可以直达湖南的洞庭湖，将铜仁土特产运往其他地方，又通过锦江将其他的产品运回铜仁。水文化滋养了铜仁的历史与文明。试想，在交通不发达的农耕时代，如果一个地方没有河流，那里的经济显然会有发展的瓶颈。如果一个地方有河流，经济就有自己运行的动脉，文化就有了自己的起源。而明正统三年（1438），铜仁府城就在锦江岸边。不妨这样说，一条河流成就了一座城市，一座城市养育了一条河流。

每个人心头都有一条河流。我心头最美的河流就是我朝夕共处的铜仁母亲河锦江。我心头常常由衷赞叹：最美不过锦江水！

# 淇滩：江面上打捞的记忆

冉茂福[①]

在一个冬日的午后，我们来到了淇滩古镇，昔日喧嚣繁荣的景象，已逐渐被衰败和冷清取代。穿行在古镇就像穿行在时光的隧道，让我们见证了一个时代的变迁，我们的思绪随着历史的经络而逐渐清晰起来。

在乌江的右侧有一片开阔的状如戈壁的石滩，把乌江挤压成一条线，使乌江河道陡且窄，江水翻滚，与空旷的石滩形成了强烈的视觉冲击。相传远古时候，曾有一仙人骑马越过此滩，故名骑滩，后人因以滩从水为由，更名为淇滩。古镇因此而得名。

在数百年前，淇滩古镇就散发着她特有的魅力。在陆路交通闭塞而主要依靠乌江运载货物的过去，淇滩是沿河南部片区通往德江、思南、秀山等县的水陆交通咽喉，上下船只的货物必须在这里装卸盘滩，从滩上的木鱼洞到滩下的彭家渡口，等待装卸的木船绵延江面。在日落黄昏，盘滩的码头人头攒动，熙来攘往，纤夫的号子声、背老二的吆喝声、渔家姑娘的笑声充斥着江面，与咆哮的江涛构成了古镇的繁荣景象。

正是因为南来北往的客商集聚在这里，造就了一个古时的江南，客栈茶馆、饭店酒楼、盐仓商店、吊脚楼、封火统子慢慢地多了起来。古镇清一色的明清建筑——飞檐翘角的“四合天井”设计精美，青石板铺成的街面，使小镇具有浓郁的民族风情，饱含了丰富的文化底蕴。人行其中，不仅让我们享受到了强烈的视觉盛宴，还体会到了古镇的宁静恬适。

在采访中，70多岁的蔡老师告诉我们，淇滩逢一、六赶集，主要销售日常用品和农具，有犁铧、手工精制的竹篮、背篼、祭祀用的大香大烛。但

① 冉茂福（1972—），贵州沿河人，中国作家协会会员。

解放前的淇滩集市主要是以货易盐，那时候，江中船来船往，桅杆林立，岸上背老二或挑夫们挥洒汗水进货出货，川流不息。肖家、王家、杨家、张家四大统子里长年驻扎着湖南、湖北等地的客商。市集上摆放着印江质地优良的土布、镇远富丽的丝绸以及沿河的巴盐等琳琅满目的商品。每逢赶集，街上游荡着临时杂耍的、提篮串卖的、卜卦算命的，还有游方僧侠各色人等，而且镇上是灯火辉煌，昼夜不灭，非常热闹。从蔡老师的叙述中，我们体味到了昔日古镇的辉煌。

镇上最具特色的是肖、王、杨、张四大家的封火统子。封火统子就是在四合院四边的房屋交界的墙上再修建一堵“封火墙”，整个封火墙为坚硬的青砖砌成，墙体为空心，厚约30厘米，墙顶距屋面一米左右。封火墙不仅能在发生火灾时阻断火势的蔓延，避免火烧连营，同时有美化的艺术功能，使简单的悬山顶人字屋面变得曲折流畅，错落有致，极大地丰富了建筑艺术。封火墙的形式多样，可以说是变化多端，其造型有梯形、曲线形、人字形、一字形等，在封火墙上还能根据个人的爱好和文化修养绘制各种图案，有的还采用飞檐翘角、飞虫走兽、灰浆泥瓦装饰屋脊，从而使整个墙体具有较高的文化品位和审美价值。整个四合院，体现了儒家“礼”制的尊卑秩序，江南水乡的闲适雅趣，又有着道家的超凡脱俗、淡然空灵的境界。

有资料记载，四合院是北方民族的建筑风格，主要分布在江南水乡一带，而封火墙则是典型的徽派建筑风格，主要分布在长江流域，东达海岸，西至四川盆地、云贵高原。皖南就是封火墙的诞生地，并由此向东南西北辐射。淇滩的封火墙就是当年在此经营巴盐的徽商所建，而两者的有机结合则造就了淇滩建筑的艺术特色，为我们留下了一笔宝贵的艺术财富。

告别了蔡老师，我们顶着冬日的阳光在街面行走，光滑可鉴的石板路泛着青幽幽的光芒。鹅卵石堆砌的堡坎，圆润细腻的台阶以及那古旧斑驳的板壁和那些灰色的瓦片，在袅袅的炊烟中诉说着往日的旧梦。

在路人的指点下，我们来到了杨家统子。杨家统子为标准的四合院，中间是天井，左右两边是厢房，门厅宽敞。据说杨家统子的主人杨伯涛系江西吉水人氏，清咸丰时期全家逃荒到淇滩。为了谋生他帮人打零工，再苦再累的活都干。有一年，杨伯涛借了些银两准备到彭水买一些盐来淇滩出售。就在他登上彭水码头时，有一个人在他的身边昏倒了，他二话没说就把病人背到了药铺，用做生意的钱医好了病人。杨伯涛回到淇滩后，已是身无分文，生意没有做成倒欠了一身的债。无奈之下，他只有帮人打工还清债务。半年之后的一天下午，有人叫杨伯涛去下盐，说他拉的盐到了。杨伯涛感到莫名其妙，传话之人告诉他，说是你给那个病人所花的钱，人家用盐来抵的，快去下货吧。杨伯涛到了码头上拿了一袋盐就走，船老板告诉他："这一船的盐都是你的，快找人来下吧。"这一船的盐少说也有十多吨，杨伯涛惊呆了。原来杨伯涛所救的人是石达开手下的一员副将，当年太平军攻打涪陵失败后，这名副将因病与部队走散流落到了彭水。副将病好后，向石达开说起了此事，石达开听后非常感动，为了还这个恩情，石达开把没收官府的钱购买了一船盐，叫人拉到淇滩转交给了杨伯涛。从此，杨伯涛凭着这船盐作资本，生意越做越大，修建了杨家统子。

在王家统子，我们见到了现在的房主人王佐武。该主人秉承了淇滩土家人的热情，极力邀我们入座。在攀谈中得知，王家统子的主人叫王永涛。民国十五年（1926）王永涛曾任沿河县四区（淇滩）的区长，后来他厌倦了官场，毅然退下来开始经商。王永涛把从德江、印江和周边乡镇收购来的桐油用大木船装好后运到涪陵，然后运回巴盐搞批发。那时候的巴盐一斤就卖一块大洋，一块大洋可以买一百斤大米。由于生意兴隆，不几年王永涛就成了淇滩的富商。王永涛在修建王家统子时，对修建房屋的材料非常挑剔，铺地和做房屋地基的石头都是从涪陵用船拉来，并精心打磨。王家封火统子，我们看到外墙为火砖，里面为木料，地面住室和楼面是木板，路大部分及中堂为精工石板铺砌。走进大门是骑楼，往里是略低一级石梯的天井坝，天井坝全是用大块的经过打磨的石板铺就。坝内左角有石板做成的太平缸，用于积水防火。天井坝的两边是耳房，一边用作客房，一边用作厨房。走过天井往里是三间正房，中间是堂屋，用于祭祖、会客、宴会，两边八椅四靠，堂上设置神龛香火，整个布局豪华典雅大方。王永涛是个对建筑有研究的商人，民国时期，沿河城内的富户修建房屋，都要请他参与设计和监工。在修建王家统子时，除选材讲究外，房屋的整体布局都是经过他精心设计的，所以至今王家统子没有丝毫开裂、塌陷。王家统子的特点就是飞檐翘角独到好处，具有很强的装饰感和动态感，使生活在院内的人没有压抑和窘迫的感觉，相反还很舒适、安心与自足。王家统子的设计有着超前的理念，注重“家”的感觉，提升了审美情趣。

房主人领着我们穿过堂屋的侧门，摸黑往下走了 10 多级石梯，来到了一间地下仓库，这是当年王永涛用来装盐的盐仓。顺盐仓的后门往外走，就是王家统子的后院，房主人告诉我们，在后院现在用作栏圈的地方，原来是王永才修建的吊脚楼，楼上是书房。吊脚楼的四周翠竹环绕，鲜花遍地，在这样清幽的环境中高声朗读诗文，别有一番情趣。在后院，原来还修有一座朝门，通过朝门有一段石阶直达乌江。如果说正屋的封火统子体现出来的是商人图利的心理特征，那后院的石阶盘绕，充满诗画意境的干栏式的吊脚楼，则让人心若止水，隐居其中，自然会生出玄妙的意趣，会有一种参禅悟道的感觉。这其实也是我们今天还没有发现和挖掘的淇滩古镇真正包含的文化价值之所在。王永才当年就是占了地利之便，生意才越做越大，财源滚滚。

王家统子是现今保存最完整的封火统子。沙沱电站没有建设之前，王家统子就有人开价 240 万元购买，光是统子内的 5 个石门枋就有人出价 18 万元。只因为是文物的关系才保留至今。

肖家统子，坐北朝南，牌楼式的大门十分讲究，但其室内的建筑布局基本与其他几大统子差不多。肖家统子的主人肖士勋是通过贩卖桐油和巴盐起家的。采访中，没有人说得清他的底细，就连现在的屋主人也说不清楚，只知道他的后人是在土改时被处理的。据说当年贺龙率领的红三军进入沿河时就在该统子里住宿和办公，如今在正门的上部用石灰书写的“中国工农红军沿河县第四区革命委员会”的字迹依然清晰，这多少也为肖家统子增添了一份荣耀。

张家统子是民国时期任四区区长的张炳庆所建。张家统子原是淇滩最豪华的住宅，统子的门前有一个院坝，院坝两边有一对石狮子，在两门石枋的半山腰有一对小狮子，可见当年的豪华气派。当我们前去探寻时，屋主人不在，只留着一把锁紧扣着大门，从门缝往里看，满院堆砌着烂砖残瓦，一片狼藉。威武的石狮子也没有了踪迹。

实际上，淇滩古镇除以上 4 家统子外，还有曾家统子，只是在建筑的气势上不如杨、王、肖、张 4 家，但却因光绪皇帝于 1892 年御书贞节匾额“雪操霜筠”悬于大门，而使曾家显赫一时。原来，在黔东白号军起义的时候，思南府武禀生曾传道战死，其妻从 22 岁为他守节，一个人将儿子养大，府郡为此向朝廷旌表而赐此匾。这只是我们在采访的过程中，不经意得来的故事。

淇滩古镇的老人讲，当年每逢过节，四大统子的人相互攀比，常常把用于喜庆的鞭炮作为摆排场的对象，比哪家的鞭炮持续时间最长，往往一放就是一天，从而为古镇增添了几许节日的气氛。

静静矗立的四大统子似乎在向我们述说着一个梦一般迷蒙的故事，诉说着主人们曲折而丰富的人生经历，诉说着淇滩古镇从繁荣走向衰落的历程。

由于得乌江之便，富起来的四大统子也带动了整个淇滩的繁荣和辉煌。餐饮、客栈、劳务、茶馆、典当、货运、娱乐、店铺摊位之类，租赁、中介、医疗、加工等都随之兴盛起来。集镇右边花花桥下面的河坝，原是一片草地，这是牲畜行，四面八方的牛、羊、猪贩子在树荫下或站或蹲，讨价还价、吆喝声，牛、羊、猪的叫声混成一片，一片繁忙的景象。集镇左边从木鱼洞上岸，直到场口，有一条盐市沟，从涪陵上来的巴盐就从这里进入市场。上岸顺沟而上，依次是煤炭市堡（兼为柴市、木炭市、毛铁市，左斜上是油榨房）、石灰行、豆子行等，还有鸡市、肉行。从牲畜行踏上石梯，就是赵家弹花房，在夜深人静的时候弹花房传出的弹弓声与乌江的流水声组合成了一支乐章，在夜空中久久地回荡，使淇滩古镇更显得幽静神秘。赵家弹花房的对面就是观音堂，木鱼的敲击声和经文的诵读声常常纠结在一起，在闹市之中寻求心灵的安静，在出世和入世之间轮回，这需要一种超脱的心境，这是常人无法达到的境界。与观音堂紧贴的就是万寿宫，是清代陕西人修的陕西会馆，全封闭、纯砖墙、山墙的翘角和边缘黑白文饰极其庞大，内有两个天井坝，耳房也很宽敞，中堂柱头大可合抱，整个布局凝重而显富贵。随着场镇的繁荣，后兼作公益用的戏楼，成为当地居民节日文娱、喜庆接待亲友举办演出活动、外地戏班演出的场所。万寿宫碑刻记载，至少在400年前，淇滩就已繁华辉煌，是连通黔、渝、湘、鄂等地货物的集散地。从思南、德江、印江购来的桐油、菜油等，都在这里发货装船，发往涪陵或经长江销往渝、湘、鄂、沪等更远的地区。

淇滩古镇南来北往的客商较多，市井繁荣，但社会治安很好。淇滩人在张家统子的外侧立了一块“化行俗美”碑，对人们的行为进行了规范，如果违反了规定，轻者批评教育，重者送官治罪。为了切实有效地执行该规定，还成立了“天旗社”和“巨幅社”等民间组织实施监督，社长由镇里德高望重的人担任。此举使淇滩古镇的民风淳正，一段时间内保证了淇滩的繁荣。

沿街而行，镶嵌的一块块青石板已经被达官显贵和走卒贩夫的行程抹去了粗糙和尖锐，被匆匆的岁月打磨得平整光滑，在这古朴宁静的氛围里，一切都和谐。

其实，以盐起家的淇滩商人并不重商轻文，这从王家统子后院设有书楼就可窥见他们并不目光短浅，只看到金钱的价值。民国初年，张炳庆、肖士勋等在淇滩兴办儒学，共同集资修建了兴儒庙。据说兴儒庙由正殿和楼阁组成。正殿高朗，庄重肃穆，庙的正中供奉“大成至圣孔子先师位”石刻神碑，左供关圣帝君，右供文昌帝君神像。楼阁四楼一底，楼盘为10米高，80厘米宽方形石柱作衬，木结构，木兰花窗，是登楼揽胜、抒发豪情的好去处。这座兴儒庙是淇滩商人崇尚文化的标志和象征，它是孩子们读书的学堂。兴儒庙在我们今天来看，可以说是淇滩商人尊重文化和重视知识传播的证明，并为我们树立了一座文化的丰碑。

从兴儒庙拾级而下，来到乌江边一块荒凉的石滩，由于乌江水常年的冲击，石滩上看不到一丝杂草和泥土，就像老人脸上的皱纹尽显孤独和沧桑。这里曾是淇滩冶炼厂的旧址。据说冶炼厂是由张炳庆与王永涛共同出资开办的，但淇滩本地不出铁矿，只有谯家产矿，于是他们便从谯家买矿来冶炼。张炳庆、王永涛将冶炼好的铁板、铁条，除少部分生铁、毛坯等供给周围的铁匠铺铸成铧口、锅、炉子等铁器卖给本地的客户外，大部分材料都是通过乌江销往涪陵、重庆。当时冶炼厂的规模已拥有六七个高炉，1000多名工匠。如今的淇滩古镇还保留和传承着几家铁匠铺。当我们去寻访时，铁匠铺的主人不在家，只是在铁匠铺的周围还散落一些铁屑，似在向我们述说淇滩久远的故事。

冶炼厂破产倒闭后，这里就成了淇滩古镇的牛市场。据老人讲，淇滩的牛肉出奇地鲜嫩可口，是重庆、湖南牛肉的主要供应地。每逢赶集，空旷的石滩上挤满了上千头牛，煞是壮观。

淇滩古镇因乌江而繁荣也因乌江而衰落，随着社会的发展，时代的变迁，乌江航运的萎缩，淇滩古镇逐步退出了历史的帷幕，昔日的光彩成了雾中之花，我们只能把它写进历史的书稿，让后人去品评、回味。

# 题贵州紫薇王

王者香[①]

奇峰天植自洪荒，梵净钟灵毓秀长。
莽莽千柯浓荫碧，昂昂十丈劲凌苍。
花开红白年三复，皮蜕新陈岁一常。
应许中华为国宝，何甘屈作贵州王！

# 锦江

廖经天[②]

四面青山楼外楼，新装巧扮最风流，
多情最是锦江水，一步依依一回头。

---

① 王者香（1924—2018），字兰卿，笔名戈风，湖南湘潭人。曾任铜仁地区中级人民法院法官、西南大学教授。对黔东历史、铜仁徐氏诗文有研究。
② 廖经天（1913—1998），原名廖兆祥，字经天，广东梅县人。1926 年投身革命，先后创办了《嫩芽》《摩登》《热中报》等刊物。新中国成立前后，参与筹建《新湖南报》。《人民日报》原副总编辑。

# 松桃腊尔山红石林

孙克攀[1]

石林晓霁千峰秀，云白草萋枫叶红，
几度梦疑仙境里，频惊心逐画图中。
昔时古海映明月，今夕丹霞驭惠风，
左右龙潭浮玉镜，寥天阔地一泓融。

① 孙克攀，当代艺术评论家，中国民主同盟盟员，中国楹联学会、中国诗词学会会员。现任《中国国风网》主编。

# 跨鳌亭赋

龙丽红[①]

月照东山，辉映鳌亭。武陵胜地，桃源铜仁。二水逶迤，承梵净山之灵气；一脉向北，汇洞庭湖之万千。奇石屹双江合流之处，砥柱镇波涛涌浪之间。元时渔人，水下寻珍；见岩足如鼎，获铜范三尊。儒释道合一，乃域名之肇始；仁义礼城郭，见文风之初兴。[②]成祖改革，华夏设十三行省；[③]贵州布政，铜仁居八府之先。垒台设垛，有九门三街六巷；因栅成城，建码头商铺天井。历任知府，勉力维新：创府学以兴化，立文庙而布仁；修府志以留史，赈老幼而亲民……土流并治，护家国平稳；导民善俗，迎教化新篇。

时有挂榜之洲，隐现铜岩之滨；一地庠序之生，祈祝金榜题名。感邑人向学之雅愿，期此地文运之盛兴，参议蔡潮[④]，擘画此岩。建崔巍之高阁，浮飞甍于太清。登台睹麟游济济；临轩听百鸟和鸣。三江沉碧，铜岩映龙渊之色；众生寄望，仁德沐跨鳌之亭。田秋[⑤]通达，上疏奏开科以宏文教；朝廷度势，贵州设乡试以揽群贤。风气日开，陈珊[⑥]四世蝉联科甲；人文益盛，黔地百载直追中原。励学登亭，“酌旨酒以盈卮”；宾兴大典，“于斯亭以宠践”[⑦]。佼佼者，兼济天下，史载而碑铭；主政者，学儒尊孔，民富而邦兴。更有贵州总兵移驻，美誉“千户之城”。

---

① 龙丽红（1974—），贵州沿河人，中共铜仁市委党校教师。

② 相传元代有渔人于铜岩处潜入江底，获铜人三尊。元至元二十年（1283），设“铜人大小江等处蛮夷军长官司”，明洪武年间更名为“铜仁长官司”。

③ 明成祖永乐十一年二月初二（1413 年 3 月 3 日），铜仁设府，率先改土归流，并促成贵州建省。

④ 蔡潮：明正德十年（1515），任贵州右参议。正德十一年，蔡潮于铜岩上首筑跨鳌亭。

⑤ 田秋：思南人。嘉靖九年，田秋上疏奏请在贵州开科应举，嘉靖十六年（1537）贵州首次开科。

⑥ 陈珊于嘉靖三十二年（1553）中举，是明代铜仁府的第一个进士，官授行人。

⑦ 宾兴大典：是一种演变而来的科举典礼，明代宾兴礼往往出现在地方官为各类考生送行的场合。过去铜仁读书人少，宾兴大典便在铜岩上的跨鳌亭里举行。

春秋代序，斗转有年。惜数世名亭，毁于烽火[①]；喜庚寅秋高，市政重建[②]。铜瓦铜柱之新阁，花窗裁江碧，藻井绘文渊；三看三应[③]之敬亭，梁枋悬挂落，楹联迎嘉宾。高士荟萃，锦江聚鳞龙之美；奇才济济，仁城汇梧凤之英。文旅兴市，复古邑风物之形胜；教育助力，融南北文化之和声。引骚人雅士，颂华章之高义；又丹青妙手，书泼墨之趣真。浮光漫拾，怀文意之悠悠；明月叩问，感文脉之流衍。忆名亭旧事，先贤文风今犹在；赏桃源盛景，两朝府城尽新颜。薪火相传，弘传统之优秀文化；励志聚力，筑铜仁之美好家园。

噫嘻！泽仁化于域内，尽善治于梵天。跨鳌亭宾兴长在，三江水奔腾致远。仁义之城，鹏翼正举；黔东门户，前程无限。而今兴会逢盛世，疾马奋蹄再扬鞭！

---

① 民国时期，跨鳌亭坍圮。

② 2010 年 9 月，贵州省文化厅、贵州省文物局对口支持铜仁，重修铜岩阁、跨鳌亭。

③ 三看三应：指现今跨鳌亭为三柱小亭，分别与大江、小江、锦江对应。

# 桃源铜仁赋

廖延林[1]

武陵深处，桃源铜仁。东邻三湘，南望八桂；西睦播州，北接巴渝。乌江汤汤，锦水绵绵；梵净崔嵬，佛顶嵯峨。黔中要津，五溪佳境。

陶令骋怀：屋舍俨然，桑竹美池。孟郊游目：天下山泉，黔中青鸣。包融醉情：武陵川径入幽遐，中有鸡犬秦人家。先时见者为谁耶？源水今流桃复花。徐訚喟然：洞口桃花几度寻，人间哪得武陵深。梵净奇迹传汝水，桃源深处在铜仁。

若夫东山楼阁，两江叠嶂迷濛；西岭归樵，荒径黄鹂啭空。舞水清洌，书崖玉虹饮涧；温泉漱玉，城南涤虑洗心。三星拜月，弥勒光照梵净；白鹭矜鸣，晓月晚映德江。彩凤流丹，云霞蒸蔚枫溪；玉屏晓雪，美人抚琴圣墩。壑谷幽幽，万山霞帔夜郎谷；天灵小憩，云落耸翠苗王城。六洞岚光，九龙旋柱，十里锦江如彩练；白鹤舞门，石牌峭峻，百里山峡似画屏。把酒采菊，东篱吟黄昏；撒网鳌亭，渔舟唱晚晴。武陵处处竹翠，桃源片片花红。

至若赶坳场上，情歌连伉俪；酒寨歌乡，浓情醉豪杰。风雨桥上，洞箫真情传；吊脚楼里，火塘故事多。傩堂舞鬼魅，祭祀毛古斯。上刀山，下火海，天地惊，鬼神泣。花鼓阵阵，神龙起婆娑；唢呐声声，花灯弄翩跹。川主宫中，文琴唱和垂钓；泰洪班里，傀儡演绎敬雀。龙川河边，情姐下河洗衣；乌江航道，渔歌号子盈天。团龙茶香，楼上酒醇。彭家豆腐嫩，李家牛肉香。纸伞点红街市，斗篷美画田畴。桑柘影斜春社散，家家扶得醉人归。过赶年，桃源人家尽团圆；竞龙舟，千江齐唱丰收曲。武陵郡，处处山清水秀；桃花源，年年物阜民丰。

---

① 廖延林（1963—），贵州石阡人，贵州文史研究馆馆员，铜仁学院国学院原院长、武陵民族文化研究中心主任。

于是钟灵毓秀，桃源育英。田秋奏疏，黔省始有春闱秋试；李渭心悟，门徒方知格物致知。逢元醍醐，参透他山之石；杨芳冲冠，平抑西疆之乱。徐公如澍，总校四库之要；李公绿园，点亮歧路之灯；严公寅亮，豪书颐和之园。陈氏八英，科甲挺秀；田家六世，杏坛驰名。石阡三才，同科题榜，令嘉庆啧啧；号军三杰，山林呼啸，使清廷惶惶。

且夫华夏旌旗飘飘，黔东星火燎燎。正铭辛亥举旗，贺龙北伐誓师，逸群南昌聚义，继勋蓬溪建军，为天下景仰；二六军团入黔，甘溪木黄转战，播撒革命种子，谱写英雄传奇，成千古绝唱。

噫吁嚱，立梵净之岳，慧眼遥观，豪杰俊才今犹在；伫护国之寺，晨钟暮鼓，击醒忠良古来多。

美哉，桃源！美哉，铜仁！

# 第三章

# 武陵炊烟

# 导言

在铜仁这块1.8万平方千米的土地上，那些山岭，那些江河，那些依山傍水的村寨，那些摩肩接踵的街巷，那些出类拔萃的人物，那些曲折迷离的故事，那些久远悠扬的吟唱……愈走近，愈发现，梵天之下，净土之上，蕴藏着铜仁之城几多的乡土文化宝藏。

作为一个多元文化的汇聚交融之地，铜仁孕育了积极的进取精神，守土有责的爱国情结，敢于尝试的创新意识，学习中原的开放气度……自古而今，众多铜仁本土名士与外来名士，在历史舞台上，共同构筑了鲜明亮丽的铜仁人文，谱写了可歌可泣的铜仁篇章。如《思州田氏土司形成始末》《一肩春雪过桥来——“发现”清代贵州第一女诗人许韵兰》《我从土家山寨走来》……

随着时代的发展和社会的不断进步，铜仁乡土文化的内涵更是得到了丰富的呈现。不必说纯朴的民风、多彩的艺术、独特的习俗，单是眼力不同、角度不同、认知不同的人们，在各个时期为这片土地留下的多彩印记，以及将散发出浓郁文化韵味的山林、水泽、石径、纤道、城墙、村落……一句句，一行行，一页页，一册册，一一纳入每位读者的眼底，直观地展现了“文化铜仁”。

人间烟火气，最抚凡人心。《鸾塘：贵州最早的书院》，残垣昭古，书声犹存；《文化铜仁》，永远有鲜活的市井，永远有悲喜的人生；德江傩戏、沿河山歌、思南花烛、万山朱砂、印江哭嫁、玉屏箫笛……都得以在文字里表现。文字与铜仁的关系，对立而又统一。铜仁属实，重物质；文字尚虚，重精神。而这虚实之间，有一条贯穿二者发展始终的纽带，那就是人。当人们用文字记下自己的所见所闻，所思所感，处在武陵深处、两江之滨的铜仁，它的烟火气就在文字中得到了生动绝妙的体现。

本单元收录的文章，有人物自传，有历史考证，有时光追忆，有艺术介绍……每段文字的背后，都潜藏着一段难以磨灭的岁月痕迹。下笔如神的作者们，在市井喧声里捕捉人文风貌，在生活场景中感受人性华光，以文学的灵感淬炼人生的精神，以诗意的表达诠释人生的力量，那些生活经验、生命体验、人性本真，那些故事情节、叙事路径、人物形象等，便由此共同构成了召唤读者去感悟、去品味铜仁烟火气的引子。

文化是一个地方的气质和灵魂。所有镌刻着广阔、复杂、丰富、生动的铜仁印记的文字，最后都将成为流金岁月里独特而珍贵的铜仁乡土文化遗产。它们不仅是乡土历史的别样记录，传递着丰富的文化形式与意蕴内涵，更是教育和传承的积极方式，培养着一方水土的文化共识与情感认同。相信通过我们的编撰与汇集，“武陵炊烟”这个单元会成为一条走向铜仁乡土文化的通道，让越来越多的人在游览此地奇绝瑰丽的自然景色时，也能感受到质朴、祥和的乡村风情和文明风尚。

武陵之都，仁义铜仁，袅袅炊烟里的一部乡土奇书，等你来读。

# 我从土家山寨走来[①]

戴秉国[②]

1941年3月，我出生在万重山中的贵州省印江县对马村杉木山这个小山村里。这里离佛教名山梵净山不远，天朗气清的时候可以看到梵净山的金顶。梵净山被500多平方公里的原始森林所覆盖，是地球同纬度上的一块难得的绿宝石。

印江属革命老区，有光荣的革命传统，还是闻名遐迩的书法之乡，历史上出过几位大书法家。北京“颐和园”三个字是印江书法家严寅亮的杰作。县城中耸立着有数百年历史的“文昌阁”。

印江县地处偏远，但这一带曾是重要的国际商道，中国生产的茶叶、丝绸和瓷器由此运往东南亚诸国。

我童年生活比较艰辛。初中毕业时，父亲将家养的一头猪卖了，继续供我读书。他说过：“娃儿，只要你肯吃苦，能读书，爹千方百计都会供你；但如果你自己不能读，就不要怪我了。”要不是当年父亲这么坚持，我恐怕也读不成高中了。父亲个性刚强，在我印象中，他只流过一次泪，大概是在外面受了点什么委屈吧！

父亲在学业上、劳动上对我们的要求非常严格。通常是在晚饭后，他叫我们背书，如果背不出来会扇我们的耳光，甚至把我们推出家门外。5岁时父亲就开始让我下地干农活。第一次我是光着屁股同大人一起在大田里插秧。农忙时节，有时天还没亮，他就把我和哥哥从床上拉起来，跟着他去种地，父子三人要披星戴月干一两个小时的农活，天才见亮。夏天要在稻田里弯腰

① 本文摘自《战略对话——戴秉国回忆录》，戴秉国著，人民出版社2016年版。标题为编者所加。
② 戴秉国（1941—），贵州印江人，曾为国务委员、中央外事工作领导小组办公室主任、中央国家安全工作领导小组办公室主任、中央对外联络部部长、外交部副部长。

锄草，背上往往要被晒得脱一层皮。秋冬季节，我和哥哥要为全家拾柴火。这些乡村生活的艰辛经历培养了我吃苦耐劳的品质。

父亲喜欢在赶集时喝点儿酒，喝完酒回家有时要发脾气。我参加工作后有一次回家，劝他少喝点酒，他不爱听，火气一下子蹿上来说："老子就要喝，你管得着！"他虽然有时冲我们发脾气，但在生活上非常关心我们。我小时候身体不太好，他经常天刚蒙蒙亮就起床为我熬药，他那忙碌的身形在微曦天光中的剪影，成为我童年记忆里最深的印迹。

我母亲名叫刘承香，是一个织布能手，我上学穿的衣服全是母亲亲手织染缝制的。父母同岁，两家相隔六七华里（一华里等于 500 米）。外公那边家境比戴家略强一些。据母亲回忆，她结婚那一年，红军长征路过印江县，在我们家乡一带驻扎了一段时间，路过家门口时还说：老乡，你们不要害怕！印江是红二军团与红六军团会师地。1979 年印江县人民政府修建了红军会师纪念碑。

母亲非常勤快，爱干净，做的饭很好吃，舌尖上的童年如亲情般浓郁。母亲长得很秀气，裹的小脚，性情温和，就是不识字，没啥文化。我的容貌和性格更像母亲，哥哥更像父亲。在我童年印象中，父母总是从早到晚忙个不停。我们晚上上床睡觉了，母亲还在织布，父亲还在院子里铡猪草。而早上我们醒来，他们早起床干活了。记得我的母亲在织布机前摆弄梭子时，经常困得睁不开眼睛，头也控制不住往下落，像鸡啄米一样。我经常在织机的"叽嘎"声中迷迷糊糊进入梦乡。我也清楚地记得，我上小学六年级每周回家时，妈妈都要在夜里帮我捉掉衣服上的虱子，用开水烫洗并在烘笼上烘干后再让我穿回学校。

我有一个哥哥、两个弟弟和两个妹妹。我家男孩多，小时候差点把我过继给同村的婶婶家了。父亲虽然同意过继，但我死活不干。现在，弟弟妹妹们都先后去世了，只剩哥哥和我。小弟弟一直在老家务农，村里失火，火势蔓延，把全村的老屋都烧光了，我家也没保住。老屋烧掉后，弟弟四处找别人家不要的旧砖，再一块一块搬回来，想重新建屋。他可能是太劳累，又喝当地村民自酿的土烧酒，烧坏了胃，得了癌症。我接他到北京治病，还找单位借钱想为他做手术，但大夫说已经晚了，无力回天，我只好含泪把他送回去。他回老家后，疼痛难忍，悄悄投水自尽了，死的时候只有 40 岁。后来他的妻子改嫁了，留下的几个孩子由哥哥、妹妹和我帮助抚养成人。

大弟弟中学毕业后留在乡下当民办教师，教书好，人缘也好。他后来得了肺炎，没等痊愈就上班，结果病情恶化转成肺结核。父亲非常着急，带他到处看病，最后还是没救过来。这个弟弟去世后，来了好几百人为他送葬，都说他是一个难得的好人。

大妹妹没念书，大概是重男轻女的缘故吧。困难时期，粮食很紧张，大妹妹非常孝顺父母，总把省下来的一点好东西都留给父母吃，后来患了肝炎，不久转成肝硬化，去世时才刚过 30 岁。我当时已在北京工作，回老家时专门来到妹妹坟前，自己一个人大哭了一场。父母还健在，但一个妹妹和两个弟弟都去世了，白发人送黑发人啊！

小妹妹好一点，是最近因癌症去世的，去世时 58 岁。离世前她在县医院做护理工作。

哥哥比我年长三岁。新中国成立后，印江县首次开设初中班，他是首批学生。他本来叫戴秉华，老师给他改名为戴杰，那时比较时兴取单名。哥哥初中毕业先是在离家十几里的一个村子教书，后参加县里的水利工作队，那时才 15 岁。后来考进贵阳水利学校。水利学校毕业后，他也想考大学，但当时我也要上大学，家里供不起两个大学生，他只好考了一个专科。退休前一直在水电系统做技术工作。

小时候家里别说电灯，连煤油灯也没有。晚上念书就点一盏桐油灯，拿灯草剥皮后，挑出松软的草芯，再浸入一个桐油小碗，然后点上火，真正是灯光如豆啊。说来也怪，虽然光线昏暗，我的眼睛却没有近视，直到上大学以后，我的视力才直线下降，可能也有营养不良的原因吧！我读大学时国家正处于三年自然灾害时期。

我和哥哥念书后不能帮父母干农活了，但他们从不抱怨。后来我们工作了，他们生病也尽量不告诉我们，怕给我们添麻烦。有一次，父亲患了一场重病，差点儿去世，他也硬是忍着没讲，怕干扰我的公事。自 1959 年离家求学，我就很少回家探望父母，1974 年、1989 年分别回去过一次，中间长达 15 年，我都没回过家。起初因为没钱回家，后来又因为工作太忙没时间回去。好在父母非常开明，非常理解我们的工作性质。父母于 1990 年、1991 年相继离世，我都没能赶回家为他们送终，非常遗憾。父亲去世的消息传到驻匈牙利使馆后，我的夫人整整瞒了我一个星期。我总觉得她有事没告诉我，在我追问之下，她说出了真情。我痛哭一场之后即带着微笑去参加一场外事活动。外交工作十分特殊，我有很多同事都有类似的情况，忠孝不能两全，也是一件很无奈的事情。

最后一次探亲，见到父母苍老的样子，我非常吃惊，也想在家多陪陪他们。我在家住了四天，父亲要带我去看看他为自己选好的墓地。我心里想以后还有机会，就没去。父母相继去世后，他们葬在一起。那块墓地高踞在一个山岬之上，驻足四望，视野非常开阔。我们小的时候就知道那块地方很神奇，即使严冬那里也不会积雪，说不清是什么原因。父亲看中那个地方，可能是怕冷清，觉得躺在那里会暖和一些吧！

1952 年秋天，我进入离家 15 里的板溪完小（完全小学）读书。那时，小学五年级以上叫高小，四年级以下叫初小；小学设立有五六年级的叫完小，没有五六年级的叫初小。在我们村里，只有 3 个人上了三年学，算是初小水平。我记得，当时到完小报名时，我说要上五年级，可那个学校那一年恰好不开五年级的课，就是没有五年级，只有六年级。如果要上六年级的话，必须通过考试才行。结果我们一共 3 个人参加考试，只考取了两个，我是其中之一。

现在回想起来，我能直接进入完小上六年级，同我较早读书认字有很大关系。前些时候，我收拾旧东西时偶然翻到了自己小时候念私塾时用过的课本。这些书在“文革”时都被列为“四旧”，要不是我父亲冒着风险把它们珍藏起来，早被“造反派”一把火烧了。父亲抢救下来的私塾课本大概有五六本，包括《大学》《中庸》《论语》《孟子》等，都是线装本，扉页现在都变黑了。

看到这些书，不由得想起自己进私塾读书时的情景。我有一个隔房的叔公以教书为业，他没有孙子，很喜欢我们兄弟几个。有一天，叔公要我去上学，我又哭又闹，就是不愿意去。他硬是揪着我的耳朵，把我硬生生地扯进了课堂。

读私塾时我年龄还小，先生并不给我讲解书中的内容，只要求我死记硬背。我读过的那些书本上有红色的圈圈点点，书本的末尾还用朱笔写明是哪一年哪一月“戴秉国询通本”。“询通本”大概就是全背下来的意思吧。在父亲收藏的我读过的四书里还夹着我大概 9 岁时写的一首小诗：“白云一点在空中，一走西来一走东。雾云已散斜光照，日起青山满目融。”也幸亏因为接受了私塾的早期教育，有了一点旧学底子，否则我根本不可能考上高小。

从上小学起，我接受的教育都是比较正统的。那时候，也非常重视少年儿童的政治思想和品德教育。假期，我们每周都要回校过“少先队队日”。我还订阅了一本《红领巾》杂志，经常翻阅。我读的第一本书是《刘胡兰》，还读过《三千里江山》《董存瑞》《黄继光》等。现已 90 高龄的我小学六年级的班主任老师回忆起一件小事，说当年我曾经把拾到的三角钱交到了学校。

那时，虽然我们贵州山区的小学和苏联没什么直接联系，但我生活的那个时代被深深地打上了苏联的烙印。可以说，我们整整一代人都是在中苏友好的大环境中成长起来的，从小就受到中苏友好的教育和熏陶。9 岁到 18 岁是一个人世界观、人生观形成的重要时期，从小到大接受的教育以及感受到的中苏友好的社会氛围对我们这一代人的成长产生了重要而深远的影响。

上初小时，老师频繁地组织我们同学到集市上去宣传，内容大致是：现在解放了，建立新中国了。苏联是我们的老大哥，苏联的今天就是我们的明天。将来，我们中国也会有拖拉机，而且会开到我们乡下来。我们每家每户都会过上好日子，楼上楼下，电灯电话，一口酒、一口饭、一口肉……总之，无限美好。我还清楚地记得，进入高小的那年冬天，下着大雪，学校组织我们高年级同学到山村各家各户宣传中苏友好。雪很大，山路很滑，我们打着赤脚，翻山越岭，却一点也没觉得苦。后来，我还成了学校中苏友好协会的会员，领取了会员证，胸前别上了中苏友好纪念章，心里美滋滋的。上初中时，我还写过一篇歌颂斯大林的习作，好像是一首诗，句子是排成阶梯式的，是马雅科夫斯基的风格。可以想象得到，当时苏联和苏联人在中国是多么受尊敬！中苏关系有多火！

1953 年 3 月 5 日是斯大林逝世的日子。当时，我正在镇上姑姑家拉二胡，正拉得起劲的时候，突然闯进来一个区政府的干部。他非常严肃地训斥我："都什么时候了，你还敢拉二胡！知道吗，斯大林同志逝世了！"那个年代，苏联和苏联领导人在中国社会备受尊崇，斯大林在中国人眼里几乎和神一样，在斯大林逝世的日子里摆弄乐器是"极不严肃的事、很严重的事"。

那时，在我的记忆中美国是什么呢？就是端着枪穿着高统靴子的美国大兵和穿着条格背带裤的大腹便便的华尔街大老板。

上完小时我 11 岁，生活要靠自理。上了初中，生活依然比较艰苦。当时，学校要求每个学生都必须交伙食费，每月 4 元钱，如果不交就停伙。特别困难的时候，学校也会补助一两块钱，但不是全补。有一次，学校突然给我停了伙食，我只好饿着肚子走了四五十里山路回家，一见到母亲，我就抱紧她的腿哭了起来。母亲赶紧找人借钱，给我交上了伙食费。

初中快毕业时，我面临读高中还是读师范的选择。我从没做过长大了要搞外交的梦，就是想当个老师。我的想法是考师范。那时候读师范不需要花钱，而且上完师范就可以分配工作，早点赚钱养家了。为此，我父亲还专门找到班主任。可是，我的班主任死活不同意，认为我的年纪太小，他悄悄给我报了高中。后来我顺利地考入高中，但不是在本县读。当时，贵州省铜仁地区下辖 9 个县，全地区只有 3 所高中。我们印江县没有高中，一部分考生要集中到松桃县城的中学去读，而松桃县离我们家足足有 300 多华里远。

要到离家很远的地方去读高中是非常艰苦的。我那时候一个学期只能回一次家。解放初期家乡有好多地方都没有官道，更没通汽车。从学校回家全靠步行，而且多半是打着光脚板走路。每一次回家都要走三天多，晚上就在路边找一家店子歇脚。

我们那里是云贵高原，山高林深，好多地方都人迹罕至。山路曲曲弯弯，净是一些羊肠小道，路旁长着很深的蒿草。一个人在路上走，很长时间都看不到人。那时候回一趟家真是跋山涉水，非常不容易。前不久，我坐汽车回了趟老家，特地从我们村到松桃县城跑了一趟，光路上就花了 3 个多小时。现在是公路了还要花这么多时间，那时候可连像样的路都没有啊！我坐在车里凝视着窗外的景象，默默地想，就是这条路，当年到松桃读高中历经 3 个寒暑、6 个学期，一共走了 6 个来回，加起来将近 4000 华里！有一次在放假回家的路上，我突然脸色发白，一身虚汗，同行的几个同学轮流着背我走了几十里山路。个中艰辛和挑战，现今的孩子想也不敢想。由于从小就打赤脚，走山路又很多，至今脚趾都还是变了形的。

从高中起，课程设置中就有外语，那时就是俄语。不过，当时的俄语教学实在太不规范了，教出的俄语非常蹩脚。我们的俄语老师听说是从新疆回来的，只是学了一点俄语的皮毛。上课的时候，他经常东拉西扯，讲些和俄语无关的东西，很不正规。直到高二的后半学期，学校才调来一位刚从贵阳师范学院毕业的女老师，叫陈婷华，成都人。从那时起，我们的俄语教学才算走上正轨。

高中毕业时要填报大学志愿，选专业。我稀里糊涂地就填报了四川大学外语系俄罗斯语言文学专业。记得这好像是我的第三志愿。当时填志愿，根本就没什么人会帮我们拿主意，父母也不在身边。而且他们是农民，即使在身边也不可能给我做主。

高考完了以后，我并不觉得自己能够考上大学，所以刚一考完，我就离开学校回家干活了。其间，我还因为在地里锄草时非常口渴，喝了山泉，结果患上了痢疾。繁重的田间劳动再加上痢疾，把我折腾惨了，几乎忘记了自己还有考大学这回事。

有一天，我在地里干活，直起腰来歇口气，突然想起高考招生可能要出结果了，就对弟弟说："你去镇上赶集的时候，顺便帮我看一看有没有大学的录取通知书。"那时候，乡场上的一切公共服务设施都相当简陋，乡邮政所根本不负责投送书信和报纸，谁家如果有信来，就都放进乡邮政所门外一个敞开的木架子里面，任由大家随便捡取。弟弟到镇上去，一眼就看到了我的录取通知书。这也足见当时家乡的民风淳朴，录取通知书一直都完好无损地摆在那儿，不知有多少天了！

我收到了四川大学的录取通知书，当然很兴奋。事后才知道，我是1959年松桃中学唯一一个考到外省去读大学的学生。那时，四川大学是全国少数重点大学之一。但是，难事也随之而来。要到成都去读大学，总归要花些钱，大概算了算需要40多块钱，但我们家肯定拿不出这笔钱来。

收到录取通知书的当夜，我就跑出去四处借钱。家里人七拼八凑，也只凑了12块钱。姑父在镇上的供销社工作，多少有点收入，给了我几斤粮票、几块钱，但这些远远不够。我又跑到区政府去求助，得到的答复是："谁叫你考那么远？"

于是，我决定回母校去想想办法。那时候，我也就十七八岁，个子不高，胆子也比较小，要一个人赶300多华里的山路回母校，其实挺害怕的。而且，当时我还得了痢疾，身体也相当虚弱。走在路上，只觉得背上的铺盖卷越背越重。即使这样，我第一天还是坚持赤脚步行了120华里，真不知当时是从哪里来的力气。有一天半夜起来，跟随着交公粮的农民还赶了好几十华里的夜路。抬头看天上的月亮，人在走，月亮也在走，一切那么真实，也那么渺远。

可没想到步行三天多赶到学校，校教导主任也是一句话："为什么要考到那么远的地方去？"我一听眼泪"唰"地涌了出来，什么也没说，转身就走了。其实学校那时也穷啊！40多块钱，对学校来说也不是一笔小钱。

我后来赶到铜仁专员公署文教局去求助。当时，从松桃到铜仁已通汽车，但我舍不得花车费，继续光着脚步行，来回又走了300多华里。幸运的是，这一趟没有白跑，专员公署文教局补助了我15块钱。我如获至宝，但数一数仍然不够，就给家里发电报，请家里无论如何要再弄点儿钱。不知父亲和哥哥想了什么办法，也给我汇来了些钱。后来，陈婷华老师从同学们那里听说了我在四处奔走筹集学费的事，就托人带了20块钱给我，当时她也刚工作不久，每月工资也就三十几块钱，这笔钱对她来说不是小数目。这件事我一直记在心上。陈老师说后来我把钱寄还给了她。还钱的事我不记得了。陈老师调到了成都工作后，还经常叫我去家里吃饭，这份难得的师生情谊，我一直十分珍惜。

四处筹钱耗去我好多时间。等钱基本凑够以后，四川大学已经开学了，于是赶紧往成都赶。那时要从贵州的大山走出来很不容易，需要先坐一段汽车，经过秀山到黔江、彭水，再搭乘在乌江上航行的木船。当时江上跑着两种船，一种是由老百姓划桨的普通木船，是敞座儿的，行走得很慢，还有一种俗称“汽划子”，是蒸汽船，跑得比较快。我赶到码头的时候很不巧，汽划子刚刚开走，而等下一趟的话需要5到10天，就只好坐木船了。顺江而下，坐了足足两天半的船才到涪陵。乌江从这里汇入长江，从涪陵登上民生公司的大轮船，溯江而上，开往重庆。那时，自己也就是一个在贵州大山里长大的山伢子，从没有走过这么远的路，外面世界的一切对我来说都是那么新鲜。现在闭目一想，“民生号”轮船在万里长江上鸣笛前行的情景就在脑海里清晰地浮现出来。

船一到重庆朝天门码头，我就跑到菜园坝车站去买重庆到成都的火车票。成渝铁路是当时我们西南地区唯一的一条铁路，当时通车还不到十年。买票要排队，没想到正好轮到我时，售票员要关窗口。我急了，赶紧伸手拦住，央求她行个方便，可她理也不理。我只好又在候车室里呆坐了一夜，第二天才到成都。这时，四川大学已经开学9天了，老师和同学们都以为戴秉国不去了。不管怎么说，虽然一路上曲折艰辛，入学也迟到了，毕竟我走出了大山，“走”进了自己未曾梦想过的四川大学的校园，我的人生由此也开启了另一扇门扉。

# 一肩春雪过桥来

## ——“发现”清代贵州第一女诗人许韵兰

王进[①]

2019年初，我暂离省城贵阳，前往梵净之麓、武陵深处、锦江之畔的铜仁市碧江区工作。或许是因为我来自文化教育部门，所以当地的同志们不断向我介绍文物古迹、传统村落等与文化有关的地方，其中多次说到茶园山村。在感谢他们的好意之时，因为各种原因，我迟迟没有前往，但是有一天，我却突然高度关注这个村庄及其背后的故事了。

那一天，我因为工作路过这个村庄，触目之间即被其规模有序、古色古香的村落建筑所吸引，当即下车做了一番“浏览”，但因为时间关系未能深入细致地考察。离去之时，回望这个村庄，我对自己说，要专门找个时间，郑重、认真地考察一次。

后来，在广泛阅读铜仁的方志等地方文献时，我又不断地上茶园山村。这一来，就“发现”了许韵兰。对这个年轻的姑娘、诗人产生了浓厚的兴趣。

### 一

贵州文教之始虽然可以追溯到东汉的尹珍，蔚为大观却远在明清时期。在此时期，不仅有六千举人，七百进士之科举盛况，而且产生了声誉卓著、影响广大的黔北“沙滩文化”，其代表为郑珍、莫友芝、黎庶昌等杰出学者。国学大师钱仲联曾说，“清诗三百年，王气在夜郎”，说的就是郑珍的诗，认为远绍“诗圣”杜甫，堪为清代诗歌之冠冕。

① 王进（1974—），贵州师范大学历史与政治学院教授，时任碧江区人民政府副区长（挂职）。

铜仁偏处黔东北一隅，深藏武陵山深处，远离省会贵阳，但让孤陋寡闻如我者颇感“意外”的是——清代贵州最有名的女诗人却出自这里。

《黔诗纪略后编》为有清一代贵州诗歌之总集，由黔北遵义莫庭芝、黎汝谦采诗，贵阳陈田选诗并传证。该书专辟“女士”一卷（卷二十九），收纳女性诗人作品共55首，许韵兰一人独占12首，为收纳作品最多之人。就此而论，许韵兰或可谓为“清代贵州第一女诗人”。

沙滩诸贤不仅长于诗歌之创作，而且成就颇高，莫庭芝与黎汝谦均为沙滩之后人，却收录许韵兰诗作最多，不仅可见莫、黎二贤不受门户、地域所限之宽广胸怀，也可看出许韵兰诗作成就于二贤心中之崇高地位。

民国缩印本《铜仁府志》承续道光、光绪版《铜仁府志》，对许韵兰有着介绍：

> 国学生徐椠妻许氏：氏名韵兰，字香卿，钱塘人，明经许述卓女。许为浙中大族，科名鼎盛，甲于乡里。氏幼在闺中，即熟典籍，工吟咏。二十岁时适椠为室。

许韵兰（1797—1827），字香卿，浙江海宁人，出身于科名鼎盛、甲于乡里的浙江许氏大家族。许家是浙江的名门望族，族中许多人考中科举，为当地著名的科名鼎盛之家。许韵兰后来回忆家庭和小时的生活时也说：“余家自大宗伯时庵公，以翰墨起家，商川归安雨公继起，藏书甚富。”（许韵兰《〈听春楼〉自序》）许韵兰祖父为礼部尚书许汝霖、父亲为明经许述卓。出生于这样的诗书之家，许韵兰稍有空闲，即“博览古今诗集，并取而揣摩之”。天资聪颖加上后天的勤奋，再辅之以家庭的耳濡目染、潜移默化，许韵兰少时即熟读典籍，擅长作诗。

20岁时，许韵兰与徐椠成婚。徐椠也出生于一个文化大家族，不同于许韵兰的是，这个家族位于崇山峻岭、武陵深处的贵州铜仁，与钱塘浙江相距千里。

古语说“千里姻缘一线牵”，是何种原因牵就了这一跨越千里的姻缘呢？如果说“一线”，那我们或许可以说，是对文学的共同爱好，是对风雅的共同追求。但又是什么样的原因使这“一线”跨越了千里之遥，从东海的浪涛到梵净的云海，从钱塘的大潮到锦江的秀水？我不得而知，只知道许韵兰在20岁离家北上京师，而此行的目的就是与徐槼完婚。此时徐槼正陪同在京做官的父亲徐如澍居住北京，所以，许韵兰是北上京师而不是西向贵州与之完婚。

怀着对家乡的离情别绪，怀着对未来生活的迷茫憧憬，许韵兰沿大运河北上京师。她未来的丈夫此时正在北京等候她的到来。

## 二

民国缩印本《铜仁府志》以文学的笔触生动地记载了许韵兰与徐槼的初次相识与新婚生活。略需说明的是，这一记载出自民国缩印本《铜仁府志》，该志虽然出自民国，但承自道光、光绪本《铜仁府志》。有趣的是，道光本又为徐槼的父亲徐如澍主笔。念及此，该记载可信之时也别有风味。

徐槼是清代贵州著名的学者、诗人，除大量的诗歌创作之外，还编撰了贵州第一部清代诗歌总集《全黔诗萃》。遗憾的是，莫庭芝、黎汝谦在采集清代贵州诗歌，编撰《黔诗纪略后编》时，未能看到此书。后来贵阳陈田在莫、黎二贤的基础上继续编撰《黔诗纪略后编》，才得以看到徐槼的《全黔诗萃》，一见之下，即“为之狂喜”。由此我们不但可以说，徐槼对于清代贵州诗歌收集整理有着开创之功，而且莫、黎二贤在未见《全黔诗萃》的情况下，还能收录许韵兰作品最多，这更加说明许韵兰诗作之重要价值。

徐槼的父亲徐如澍不仅是诗人，也是学者，曾任武英殿四库馆分校、编修等文职。“槼为徐雨芃子，少以才名自负。”“自负”的徐槼将如何面对她即将到来的妻子呢？

及氏来归，橥掩帷相对。奁侧置笔砚花笺，得句索和，争捷斗敏，恒不相下，时艳称之。

许韵兰到了北京徐橥家中。徐橥躲在帷幕之后悄悄打量着她。可能是为了测试她的才情，所以在许韵兰的梳妆台旁放置了笔墨纸笺，随时写诗，谁知道许韵兰“毫不示弱”，与徐橥随时唱和，双方“争捷斗敏，恒不相下”。这样的夫妻见面一时传为美谈。自此，两个年轻诗人开始了他们幸福而短暂的夫妻生活。

许韵兰出生于诗书之家，自小受到良好的教育，聪敏灵慧，与丈夫徐橥的结合，进一步促进了她的才华。他们之间，不仅是夫妻，也是师友。许韵兰在生命的晚年曾经对夫妻生活做出这样的回顾：

丁丑仲秋，余归徐蔗塘夫子。催妆却扇，得句而时与推敲；月夕花晨，赏心儿互相唱和，由是诗境觉大有进益。（许韵兰《〈听春楼〉自序》）

许韵兰的回顾，不仅展现了他们夫妻之间的诗意生活，而且也说明了徐橥对她诗歌创作的提升帮助。徐橥没有辜负许韵兰，许韵兰也没有辜负徐橥。从许韵兰和徐橥所存留的诗作来看，这样的人生宁静、优雅而幸福。许韵兰的诗集中有许多“赠外”——写给徐橥的诗——等唱和诗，使我们不仅得以全面而细致地了解这样的生活，而且也可以想见他们夫妻之相得。

某一年中秋，恰逢徐橥外出乡试，家中的许韵兰写了一首诗表达对丈夫的想念：“街头柝响又三更，斜卷珠帘对月明。今夜倚阑谁共赏，怀人千里不胜情。”（《中秋对月忆外（时赴省乡试）》）心有灵犀一点通，不承想到，明月千里共相思，在外的丈夫徐橥也想念在家的妻子，情难自抑，也写了一首诗寄给家中的妻子：“客逢佳节倍思亲，萧鼓欢声动四邻。今夜倚阑明月下，可曾话及未归人。”（《中秋望月思归寄内》）

在北京居住 3 年后，许韵兰与丈夫回到贵州铜仁。7 年后，许韵兰去世，年仅 30 岁。

疾病之中的许韵兰自感将不久于人世，所以在去世以前，徐棨和她即开始编订许韵兰诗集《听春楼（诗稿）》。许韵兰自己做了序言，并且还写有感谢丈夫徐棨选定之劳的诗《谢外选订〈听春楼诗稿〉》：

一经妙笔点重重，浅淡妆成却自浓。
消受诗人做夫婿，胜他五色紫封泥。

徐棨也写了长篇序言——《〈听春楼诗稿〉序》，不仅记叙了许韵兰的生平，而且也对许韵兰的诗歌成就做了客观评价。字里行间所透露出的伉俪深情，读之让人泪目，可称悼亡之佳什。

尤其感人的是，徐棨自述：

妻生前阅高文公诗集，至悼亡百首谓余曰“我百年之后，（如）得君诗百首，以叙生平足矣”，余漫应之，以为一时戏言，不料遂成谶言。

许韵兰生前读清代大学者高士奇的诗集，在读到 100 首悼亡诗时，曾开玩笑地对徐棨说，如果我死以后，你也能写 100 首怀念我的诗，那我也足慰平生了。面对这样谁也不当真的戏言，徐棨也笑着答应了。不料一语成谶，许韵兰真的很早就离他而去。徐棨不负当初的承诺，果真写了 100 首怀念许韵兰的诗，今尚存 66 首。徐棨在不负承诺，完成百首诗作之后，尚感歉疚：

忆自红丝一线牵，相亲相近更相怜。
十年情分言难尽，百首诗成尚歉然。

“花开花落使人愁，偕老何曾到白头。风雨潇潇眠不得，伤春莫上听春楼。”（徐棨《悼亡百咏》）许韵兰去世后，徐棨悲痛不已。幸运的是，他们联袂收集整理的《听春楼诗稿》得以保存——今藏天津社会科学院图书馆。感谢徐槃故里铜仁学院的学者们付出辛劳点校整理，使我们今天得以展阅恭读。

许韵兰的诗受到广泛的关注，近代著名学者、诗人俞陛云（著名学者俞樾之孙、俞平伯之父）在《清代闺秀诗话》中也专门提及：

> 许韵兰字香卿，有《听春楼诗》六卷。《与其夫徐槃唱和》有句云："玉板朝临帖，金荃夜和诗。"想见闺中雅韵。《送春曲》云："春去春来花自好，年年看花人易老。镜中人莫悲青春，枝头尚有斜阳照。"颇有"人间重晚晴"诗意。

不仅国人关注许韵兰，连海外汉学家也多有重视。一位熟习法文的北京友人告诉我，1884 年，北京法文图书馆出版了英国汉学家倭纳编选的一本中国古诗选集《西畴山庄》一书，凡 50 首。该书封面、封底内页均有光绪皇帝御笔题词。该书介绍说，书名《西畴山庄》即取自许韵兰的一组七绝诗名——《庚午春日西畴山庄杂咏》。

## 三

许韵兰"幼而颖异"，具有卓越的诗才。吾虽喜好读诗，却不能评诗，不敢也不能对其诗艺有所置喙，但每次读她的诗，都被背后的深情所感动。许韵兰对山川、对自然，对亲友、对人文，一往情深。情深几许，或者只有读她的诗才能感受得到。或许，正是这样的深情成就了她的诗才，其诗也因此深情而别有风致。中国人历来重"情"，古典诗文中有大量的关于"情"的记载。"情之所钟，正在我辈""情不知所起，一往而深"等即是我们耳熟能详的语句……我常想，许韵兰的深情来自何处？

许韵兰 4 岁时失去父亲，12 岁时在祖母去世后，随二姑母生活。姑母抚之如女，视为己出，许韵兰也视之为亲生之母。想不到在她结婚后，又因为庸医而失去一个孩子。这样的遭遇在一般人看来堪称悲苦，但是许韵兰并不由此而悲观甚而心生怨恨，而是依然对世界充满深情。

面对抚养她的二姑母，许韵兰多次写诗怀念。在北京时，新婚中幸福的许韵兰写作《京居寄怀二姑母》：

怕将旧事忆孩提，出入携持仗有姑。
衣服每烦亲手著，眠餐时把乳名呼。
追随真个如娘在，怜惜何曾爱女殊。
一自离家劳梦想，归心日日过南湖。

在沉疴之中，即将离开人世的许韵兰再次想起了她的二姑母：

红颜催老软红尘，过眼烟云记未真。
忽忽韶光浑似梦，恹恹小病不禁春。
三男绕膝命非薄，一自离家夫独亲。
遥望故乡无可恋，难忘唯有白头人。

——《病中怀父母暨二姑母》

许韵兰为翰林院庶吉士施惺渠养女。多年以后，居住在铜仁的许韵兰面对养父的图画，睹物思人，写作《题施惺渠太史风雨读书图》：

西畴话旧紫荆堂，一别音容两渺茫。
闻说闭门风雨夜，著书人老鬓毛苍。

许韵兰的深情不仅及于养育她的长辈，而且对于“卑微”的婢女也多有关注。许韵兰从浙江出嫁时，婢女瑞琴（浙江上虞人）随同，后来也一同到了铜仁。临终之际，面对眼前长期追随自己远离故乡的婢女，许韵兰也黯然伤怀：

离家不觉十年春，田园犹忆记未真。

万里相随唯有尔，眼前谁是故乡人。

——《示小婢瑞琴》

许韵兰的深情或许乃天性使然，与生俱来；另一方面，其风雨游历的人生历程，触目可见的山川风物进一步深化了这一原初的深情。许韵兰出生于大户人家，自小深闺袖手，与徐棨的千里姻缘婚姻却使她得以走出深闺，进而得以饱览万里河山、千里风光：

自念生吴越文献之邦，长而涉江淮，逾海岱而北游日下，继而过河梁，历荆楚而西入黔中。风烟城阙之雄，雨雪山川之助，从此拈毫落纸，不复似深闉袖手时也。

在许韵兰看来，自己以前的诗作大多是深闺之诗，大江南北的游历生涯使她的诗境得以进一步深化，“风烟城阙之雄，雨雪山川之助，从此拈毫落纸，不复似深闉袖手时也”。诚然，“风烟城阙，雨雪山川”深化了许韵兰的诗境，但何尝又不是徐韵兰的诗人深情的折射反映。无此诗人之深情，风雨山川也不过是自然之物而已。清代著名词人况周颐说：“吾观风雨，吾览江山，常觉风雨江山之外，有万不得已者在。此万不得已者，词心也。”徐棨曾说许韵兰“因游历渐广，题咏遂多”。许韵兰几乎是凡所游历处，皆有诗作，所以如此，盖因许韵兰有着“万不得已”之诗心、词心也。“登山则情满于山，观海则意溢于海”，山川激发了许韵兰的深情，而许韵兰的深情也灌注了山川，从而使山川也有了一种温情和辉光。

从许韵兰大量的游历诗作之中，我们不但可以大致看出她的人生轨迹，而且也可以具体感受她的深情。

众所周知，贵州的水系分为长江和珠江两大水系。铜仁又分为乌江和锦江两个水系。发源于梵净山的锦江注入沅江，最后在洞庭湖汇入长江。许韵兰北上京师与徐檠成婚，其路径乃沿京杭大运河北上，进入贵州则是从长江入洞庭，再入沅江，最后沿锦江溯源而上到达锦江源头处的铜仁。在所乘坐的船由辰溪入沅江再转入铜仁河（今锦江—辰水）时。我猜想，此时的徐檠一定在指着河水说，沿着这水上溯，就到了我们的家。许韵兰随即赋诗一首《舟至辰溪入铜仁河赠外》：

扁舟过辰溪，溪澄秋见底。
一棹溯溪源，都是婿乡水。

面对奔涌而来的江水，许韵兰凝眸深情地说，这水来自我夫婿的家乡……

在船过铜仁城边沈家渔梁诸滩，第一次远远地看见铜仁古城时，许韵兰也作诗一首：

一棹天涯返，千山画里行。
沙光团雁影，蒿响碎滩声。
石出秋江浅，林疏夕照明。
炊烟开乍合，遥见故乡城。

——《过沈家渔梁诸滩望铜仁城作》

此诗不仅描绘了铜仁秀丽优美的风光，而且也让她想起了遥远的故乡。

中国人自古有“乡关何处”的追问，也有“此心安处是吾乡”的豁达。回顾许韵兰短暂一生中的铜仁岁月，或许可以说，铜仁正是她心安的“故乡”！

## 四

铜仁山川秀丽，历史悠久，人杰地灵，文化底蕴深厚。元朝时期，铜仁名为“铜人大小江等处蛮夷长官司”。明初，变“铜人”之“人”为儒家核心概念之“仁”，自此以后，“铜仁”一名相沿至今。一字之异，其义深矣，其中可见前人对铜仁文教昌盛、社会文明之美好愿望。明永乐十一年(1413)，置贵州等处承宣布政使司，为贵州建省之始。建省之初，首设八府，铜仁即为其一。地处贵州东部的优越位置和直达潇湘洞庭的便利交通，使铜仁不仅成为“舟楫往来，商贾云集”的繁华商埠，更使之成为贵州接受中原先进文化之桥头堡，其时社会“力本友文，士多向学”，风俗也为之丕变。秀美山川与灿烂人文，交相辉映，使铜仁成为贵州文教发达、风俗良好的先进地区。

许韵兰到铜仁时已近清朝道光年间，贵州的文教已经较为发达。良好的文化环境与优美的自然风光，进一步滋养了许韵兰。铜仁的山川不负许韵兰，许韵兰也不负铜仁的山川。许韵兰的诗歌与深情，也使铜仁的山川更多了人文辉光，“石韫玉而山辉，水怀珠而川媚”，由此，山川不复再是自然之山川，而是人文之山川。

茶园山原名察院山，顾名思义，乃因先祖徐以暹，曾任南明广西按察副使，其伯父徐穆，又曾任云南按察使，徐氏后人为了纪念先祖，所以取名“察院山”，后来又根据谐音改为“茶园山”。茶园山距离城区10多里，山势高耸，可以俯瞰整个铜仁古城。

第一次上山，我就被其陡峻所撼动。驾驶员师傅是个退伍军人，上山时也多有小心。每次上山，我都在想，200年前，柔弱的许韵兰是如何上山的？面对沿途的风景和山上的风光，许韵兰何思何想？不过我相信，许韵兰一定会喜欢这个地方。以后每到空闲，自己都爱上山，哪怕只是在竹林里听听风、在屋檐下看看雨……

踏足许韵兰曾经履足之地，凝望许韵兰曾经凝眸之处，心旷神怡、思绪飞扬……花开花谢、春花秋月。“桥边红药，年年知为谁生？”我想，茶园山的花一定记得曾经深情凝视它们的许韵兰……

徐桀曾说，“妻生平多咏花之作”。许韵兰的一生，在徐桀看来，也是与花相伴的“茶味花香”的一生。在年少之时，许韵兰曾作诗一首《初春雪中寻梅至前步桥》：

冲寒未见绮窗梅，前步溪头报早开。
我为寻花忘路远，一肩春雪过桥来。

许韵兰为寻花而忘记路途的遥远。或许，这也可看作她一生的写照。少女时候的许韵兰喜欢花，为了看花而不惜路的远近，这是追求美好的天性使然。长大后的许韵兰或许没想到，“旧住吴江海越边，新来黔蜀乱山巅”的她，这一“路”就从东海之滨到了西南一隅。大江南北，横贯东西，尽管满身尘仆，但留给我们印象的依然是那个“一肩春雪过桥来”的青春、多才而深情的许韵兰。尽管她只活了短短的 30 年，但诚如徐桀所言，“但留诗卷传千古，三十年还胜百年”，她将一肩风雪所曾跨过的桥，留在了身后，但她自己的诗和深情却成了一座连接文化先进与后起之区、通向美好文雅的文化之桥……

两年的时间转瞬而过，我也将回到省城。在离开铜仁前夕，我与一位忘年交专程前往茶园山。其时正值深冬的一个夜晚，落叶遍地，茶园山的老屋在梧桐细雨中静默伫立……徐桀悼念许韵兰的一首诗浮现出来：

空余环珮梦魂来，一任尘封玉镜苔。
最是无情桃李树，惜花人去为谁开。

# 鸾塘：贵州最早的书院

安元奎[①]

翻过大山，一条青碧的小河便梦幻般浮现于脚下。它深藏浅露，首尾都隐没在大山腹部，只低调地现出一湾碧水，温润如玉带。河岸散布着三五处坝子，参差几百户人家，良田美池，竹树丰茂，感觉就是一个现实版的世外桃源。

这里的山和水以缠绕姿势相依在一起，有点悱恻缠绵，有点含情脉脉的缱绻。山色似画，有富春山居图的韵味；水流如歌，近于《诗经》国风篇某些意境。这本是大自然无心插柳的结果，却暗合了人类的审美规范。或许人类的美学，本来就是对大自然的模仿。

河名白泥河。仲秋时节的河洲之上，蒹葭苍苍。

站在河畔渡口眺望，对岸最近处是一个三面环水的细长半岛。弯弯的河水潺潺而来，绕过半岛又悠悠而去。卵石历历的沙洲，碧波荡漾的河水，水阴山阳，绕成一幅天然的太极图。自近而远，半岛与后面层层叠叠的群山脉象相连，是故曾有当地的阴阳先生，将此地形称为渴龙饮水。那最远处的群峰，是典型的喀斯特峰林，如同天造地设的金字塔，被灰蓝的秋雾淡染为薄薄的远景，状如飞鸟的巨大羽尾，整个山势形成一只振翅欲飞的凤凰。那所谓渴龙饮水的细长半岛，更像修长的凤头。古时《说文解字》里的鸾，乃赤神灵之精；民间所称的青鸾，即 5 种凤凰之一。刹那间我若有所悟，疑似浅浅触碰到了地名蕴含的深意：鸾塘。

渡口，光滑的石壁上簇生着大片灌木，恍眼看简直就是插在石壁上的立体画。它们是本地的原生树种，俗名水丝丫，如今已成国家二级保护植物，

① 安元奎（1963—），贵州思南人，中国作家协会会员，铜仁幼儿师范高等专科学校教授，铜仁市作家协会原主席。

学名中华蚊母。树根嵌进仅有的一丝裂缝，从此生生不灭，不惧水火。露出的树根最大者仅如手臂，高不过一两米，但叶子在秋日里依然郁郁葱葱，充满生机。问其树龄，船上村民皆答不知。几十年？那不止呢。百把年？也不止。两三百年？那恐怕有呢。村民淡淡地说，反正年纪最大的老人，小时见到就有这么大。少年时代的古龙川，也曾有许多的水丝丫，后来电站蓄水后就基本绝迹了。如今在异乡邂逅，如遇失散多年的故人，好是亲切。

船靠对岸沙洲，我的目光却被洲上的卵石吸引住了。这些卵石色呈五彩，形态图案也很丰富。它们应属乌江石系，或因赏石者足迹罕至，才依然保持着原生态，没被粗暴地破坏。稍加留意，便发现不少赏心悦目的卵石。心中忽起贪念，假若趁人未识之先，将此沙洲之石全部据为己有，岂不奇货可居富甲一方？

一念未灭，一念又起。不远处的奇花异卉美艳脱俗，撩人心弦，喜而趋之。那是大片野生的木芙蓉，浅淡的艳红，天生丽质。人工培植的花圃里，同类花朵往往因营养过剩而显得肥硕，或者免不了某种俗艳，绝对缺乏这种天然去雕饰的野性美感。美到让人又生一念，是不是该变一只蝴蝶。

红蓼也在开花。还有一种无名植物，开出的花朵上红下白，状如燃烧的蜡烛。大簇大簇的花丛，组成一盏盏华美的枝形吊灯。身处蓼屿荻花洲，想起张升的怀古之句，几多人生情怀与况味，一时有几分怅然。已是秋天了，花朵上还有几只蜜蜂在劳作，一只蝴蝶在流连。它们似乎忘记了季节，忘记了生命的周期。我也有些恍惚了，那只蝴蝶是从庄周梦里飞来，还是一直停泊在这里。是它们滞留在时间深处，还是我穿越时空，溯洄到了前朝？时空似乎有点扭曲，恍惚似梦。

沿沙洲而上，就是鸾塘村寨了。环岛的外围，耸立着十几棵大古树，树身有几人合抱粗，枝丫还算茂盛，但树皮很是沧桑，枯槁皲裂，树根也盘曲如青筋，尽显苍老之态，肉眼判断树龄有几百上千年。树名水麻柳，有的说是乌杨。这些古树绕着小岛等距排列，村寨人家都在古树怀抱之中，显然是鸾塘古人着意培植的风水树。

村寨前面是大片开阔的菜地，靠山处二十来户人家，或砖楼或木房，有些杂乱地挤在一起。多数房屋关门闭户，寨子晃荡的只有几个人影，或老或少。并没有多少炊烟袅袅，也不闻鸡鸣犬吠。有些静谧、沉寂，甚至萧索。比起寨子外的自然山水，这里显然缺乏人文的诗意，甚至起码的生机。当然这样的空巢乡村而今比比皆是，并不让人意外。

鸾塘是个古寨。南宋时，贵州的第一所书院就曾诞生在这里。清道光年间编撰的《思南府续志》说："鸾塘胜院在沿河司，宋绍兴间建，今已废。"寥寥数语，再无多言。鸾塘胜院或称鸾塘书院，据此可知其始建于南宋绍兴年间，废止于清道光以前。绍兴是宋高宗赵构在位时使用的第二个也是最后一个年号，宋孝宗即位一年后废止，时间为1131年至1162年；道光是清宣宗爱新觉罗·旻宁在位时的年号，时间为1821年至1851年。从南宋至清道光，相距700年左右，时间相距久远，加上资料缺失，府志记述得简略可以理解。但鸾塘胜院，一个业已陌生的名词，就这样被永远载入史册。那时贵州尚未建省，鸾塘所在的古思州属于田氏土司的势力范围，乌江两岸还是一片化外之地。是哪位先贤率先来此拓荒启蒙，在偏远之地首开贵州书院教育之先河？我的心中，满怀景仰。

据说那时的鸾塘人烟稠密，繁华如街市。寨外围墙深锁，寨内亭台楼阁。遥想书院当年，风水树中传出丝竹之音，山水间荡漾着琅琅书声。峨冠博带的先生，垂髫稚音的童子，唐风宋韵，其乐也陶陶。

但时过境迁，盛景不再。据说寨子所在位置，就是鸾塘胜院的遗址所在。怀着朝圣的虔诚，我们一行踏上这向往已久的圣迹。带路的是姓黎的寨中村民，此前长年在外打工，现在小有所成，打算回乡做点故地的保护与开发。为了感受历史的气息，他带着我们选择一条原有的小路进入寨子，但这条小路荒废多年，杂草齐膝。一大块冲积平地土壤肥沃，却被人家以碎石为界，分割成一些支离破碎的菜地。几块一米多高的耳状石碑倒伏在草丛中，没有文字，难辨年代，村民猜想可能是古时朝门石柱两边的附属物。据说还有一些质地坚硬的古青砖，我没有亲见。至于具体的书院遗址位置，带路人也有些茫然，说不上来。绕寨而过的河水当然知道，那些古老的风水树也可能知道，但它们都选择了沉默。历史，在这里隐藏了寻找的线索。

我们在一户人家的院坝小坐，主人端来茶水，言辞木讷，目光却极诚恳。木房有些老旧，房中一个古老的火铺，上面是砂锅鼎罐，做午饭的残火还没熄灭。火铺是乡村炭火盆的扩大版，四四方方，离地约 30 厘米高，每边两米多长。面上四周是宽厚的木枋，中间堆积着柴灰，还在用鼎罐砂锅煮饭。古老的饮食起居方式，依然在这里延续。

寨中多是旧木房。几幢近年修建的砖房，颜色鲜艳得有些刺眼，夹杂在旧房中。那些木房历史并不很久远，大多未上百年。村人解释说，这里原来是个大寨子，但白泥河曾发过大水，河里来条龙，像棵大树干，大浪几下就把全部老房子冲走了。现在所见都是后来重修的，人家也比原来少了许多。

鸾塘如今的定居者是黎氏家族。他们认为鸾塘书院遗址就在此处，创办书院的应是他们的祖先。黎氏族谱中记载的先祖是北宋著名经学家黎錞。四川广安黎家坝的黎氏祠堂石碑记载，黎氏是书香巨族，明末天下大乱，黎錞后裔遭难，有的留守四川，更多的人远逃贵州等地。如此看来，鸾塘黎氏对其祖先的记载，当属可信。但从其使用的家族字辈看，在鸾塘定居不过七八辈人，时间只有两百年左右。鸾塘书院远在南宋，创办者显然另有其人。

鸾塘对岸有个寨子名官坝，定居的是朱氏家族。两寨隔河相对，却老死不相往来，结怨颇深。古时甚至有这样墨守的规矩：两寨人在河里打鱼，只能用网，不准放钓，因为不能越界，其中一个重要原因是书院遗址之争。朱姓家族认为鸾塘胜院的遗址应在官坝而不是对岸的鸾塘，并将其写进族谱。于是，我们从鸾塘来到官坝。

官坝与鸾塘仅仅一河之隔，岸边大片水麻柳，林后一片大坝，人家依山而居，如今比鸾塘的人烟更为稠密。迎候我们的有两三人，都是官坝的朱氏村民，其中一位是退休老师。

走上层层梯田，首先来到一处小山堡，居高临下的地势显得有点特别。朱老师说，这里叫学堂堡，就是原来的鸾塘书院。从开阔的地势和相沿已久的地名看，这里曾经肯定存在过一个书院。同行的另一位村民捧上他们新修的族谱。其中引用了前些年编撰的《沿河县志》两处文字：“鸾塘胜院，院址在官坝，前临河畔，即朱可熹、孝廉读书处，今房楹倒塌，旧址犹存。”“朱可熹，进士，清康熙癸酉（1693）科中式十名；朱可颐，岁贡。”

族谱的引据似乎言之凿凿。因为皇族血统，又高于本土居民的文化素养，朱氏家族完全具备创办书院的条件。后来朱老师还带我们察看了其祖父从学堂堡搬到寨中的几个石雕磉墩。种种迹象表明，学堂堡的确创办过书院。

但问题是，官坝学堂堡的书院就是鸾塘胜院吗？

朱氏族谱又载，官坝朱氏原本是朱元璋后裔，因为宫廷内斗而远走避祸，辗转来到此地后从李氏家族手中购得田产，从此定居。这时已是明清时期，而鸾塘胜院的始建时间远在南宋。有史可查的朱氏兄弟乃清康熙年间人，与南宋绍兴年间相距 500 年之久。也就是说，鸾塘书院建立几百年后，朱氏家族才迁徙而来。因此，从时间上推算，此书院非彼书院，朱氏家族也不是鸾塘书院的主人。

当然也有一种可能，即明清时期的官坝书院，是在鸾塘书院的旧址上修建的。但明清时期的官坝书院，就一定是南宋时期的鸾塘书院吗？显然缺乏更有说服力的证据支撑。至于朱氏家族所说，官坝古称鸾塘，后来因为朱氏家族中吃官家饭的人多了，于是对朱家进行了册封，更名为官坝。但册封之事并不见于正史，应为民间约定俗成的叫法，也仅是一家之言。再者，鸾塘与官坝一河之隔，地名应该是共享的，而非某个家族所私有。

由此断定，朱、黎二姓都是后来者，创办鸾塘书院的另有其人。究竟是何方神圣？不免令人神往，做些没有根据的猜想。朱氏族谱记载，朱姓所购田地曾经的主人是李姓。能拥有如此众多的田产，说明当时的李姓是个大姓望族，而且定居时间较长，只是后来渐渐衰落。他们来自何时，又来自何方？是否为唐朝大姓，会不会是在唐宋改朝换代之际避乱来此？创办鸾塘胜院的会是他们吗？

比起官坝，对岸鸾塘有人类居住的历史可能更早。据传，鸾塘曾意外发现一座古墓，外表为普通土葬，墓中的遗骨多已风化，但内有一支金簪，一个银质面具。金簪或比较普遍，但银质面具葬却很特别，在贵州也发现不多。

面具用于丧葬是一种世界性的古老文化现象。古人认为人的灵魂常以骨骸或头颅为藏身之处，遮住死者面孔，才能防止亡灵出逃，骚扰人间，于是从西周到三国时期的贵族有了面具葬。西周时称为瞑目，汉代叫作覆面，后称面具或面罩。先秦时期，随葬面具多用漆、木、陶、丝等，最好的是玉；汉代发展到金、银、铜等，但后来盗墓严重，亡灵不宁，三国后就废止了。宋元时代，只有契丹等北方少数民族还有面具葬的习俗。因此，鸾塘发现的面具葬，年代久远，耐人寻味。

那么，在鸾塘这样一个偏远的地方，究竟是何朝何代，又是哪一位王公贵胄，竟然隐姓埋名藏身于此，是他或他的家族创办了贵州历史上第一个书院吗？历史在这里变成了谜语。明明就在曾经的“现场”，距离谜底的揭开一步之遥，但真相却似乎越来越远了。

尽管未能如愿找到遗址，但鸾塘的隐秘让人难以忘怀。这里文脉悠悠，相承千载，一如缭绕在大山深处的白泥河，宁静、悠远。山水间似乎依然散逸着书香，萦绕着一种难以言说的古老气息，甚至有点神秘。

伫立在山环水绕的沙洲上，爽风撩人。四围的山水，似乎还有书院读书声的回响。好想让时光停下来，甚至溯洄到曾经的岁月，听一回书院的钟声，或者学子的吟唱。

在沙洲捡到一块卵石，白纹青底，光滑如玉。一只白凤仪态雍容，羽翼丰满。凤头回望，深情款款；与之呼应的是，凤背上有只刚刚出壳的雏凤，嗷嗷待哺，令人动容，遂自命名为玉鸾反哺图。同行人说，若鸾塘未来搞旅游开发，这块卵石图案可做景区标志。我虽隐隐有些掠人之美的惴惴不安，最后还是将其带走了。

还邂逅了一位隐者。他信步于河洲，鹤发童颜，气韵高古，只是识者无多。其淡忘前世于江湖，已化身为鹭。

# 文化铜仁

侯长林[1]

我到过许多城市，尽管每一座城市都有它独有的气质和风韵，但于我而言，就像匆匆过客看窗前的云舒云卷一样，只是欣赏，只是旁观。然而铜仁城之于我，就大不一样，它的呼吸，它的冷暖，它的变化，都和我的心连在一起，因为我的生命，早已和这座城市融在一起了。几十年的休戚与共，几十年的风雨同舟，让我生命的每一条血脉都与这座城市紧紧相连。每次出差归来，尤其是傍晚或夜幕降临之后，在石灰坡鸟瞰铜仁城斑斓的灯火，心里都有一种异样的亲切之感，就像滴水回归大海，游子拥抱故乡。但是，当要想写写铜仁城，却不知从何处落笔。也许，这就是“不识庐山真面目，只缘身在此山中”的缘故吧。不过，毕竟在这座城市生活了几十年，几十年的风雨不可能在我的心里没有印记，只不过这种印记已经融入了我的生命，难以清楚地分辨。

我的老家在铜仁城北上20余里的一个叫火麻坨寨的小地方。那里虽然很小，但它是我生命的原点。我从我生命的原点下到铜仁城，最早是哪一年哪一天，我已经没有印象了。后来听母亲说那是我很小的时候，我和奶奶住在铜仁城东渔梁滩的姑姑家。姑姑家的房子就建在公路边上，我和我的小表哥们就常常坐在阶沿上玩跳子，或者，陪奶奶坐在阶沿上呆呆地看偶尔路过的汽车。那时的汽车，多是老式的解放牌，路过的声音特别大，还有些刺耳。早晚有时也跟着小表哥们跑到渔梁滩江边去玩，看一叶扁舟在碧波荡漾的河面上轻盈地滑行，看渔夫站在小舟上用力撒开大网，看江对面苍翠的岛及岛上绿树掩映的红墙蓝瓦的楼房。这些对一个乡下孩子来说肯定都是异常的新

---

① 侯长林（1962—），贵州铜仁人，铜仁学院原院长、教授，贵州省作家协会会员，贵州省文艺理论家协会会员。

奇，尤其是那银白色的鹭鸶亮着翅膀，贴着水面自由飞翔的样子，勾起了我无限的遐想。时至今日，我仍然依稀记得自己站在沙滩上痴痴地看鹭鸶飞翔的情景。我现在喜欢沉思，也许这沉思的源头就在于此，在于斯。尽管如此，铜仁城留给我的最初的印象，依旧是朦胧的，如山岚如水雾，在我记忆的深处游离，若隐若现地存在着。

铜仁城坐落在三江汇合处，其江宽水阔，每年夏天下河洗澡游泳的人很多。当时，为了庆祝毛主席畅游长江，每年的7月7日都热闹非凡。西门桥上的彩球，突兀于水中央的坚挺的铜岩上的彩旗，以及沿江两岸攒动的人头，是这一天所特有的场景，至于那此起彼伏的划龙舟的号子声、鼓点声和一排排戴着小红帽所组成的长长的游泳队，当然是这一天的主场景。不知是从哪一年开始，我的父母都会在这一天给我换上新衣服，让我去看热闹。而我去到铜仁城的真正目的，倒不是看什么游泳，而是去吃铜仁城好吃的东西——冰棍和包子。那年月，两分钱的冰棍和一角钱的包子，简直就是天堂里的美食，一年下一次城就是为了那两根冰棍和一个包子。这就是一个农村孩子一年的等待和期盼。其实，铜仁城好吃的东西并不是冰棍和包子，只不过，在一个农村孩子的眼里，乡下没有这些，也就觉得这些是铜仁城最好吃的东西。后来，在铜仁城生活时间长了，也就知道铜仁城好吃的东西到底是什么了。比如铜仁的社饭，是自古以来的传统，光绪《铜仁府志》载：“三月清明前后数日，剪白纸挂于祖墓上，谓之挂青；若服未阕者，先于社日扫墓，以野菜和饭祀之，谓之社饭。”社饭的原料主要有糯米、大米、腊肉、青蒿、野葱等。由于青蒿、野葱有特殊的清香，气味渗透其中，社饭入口就馨香四溢，再加上腊肉浓郁的香味，脂光的泽润，糯米、大米混合，整个社饭色泽晶莹透明，油而不腻。社饭原本只是在春社扫墓时才吃，以此缅怀古人，但是由于喜欢吃的人很多，渐渐就演变成了铜仁城饭桌上的一道美食。铜仁城的锅巴粉，也是一绝，用大米、绿豆和野菜磨成浓浆，倒适当数量于抹上了熟菜油的平底锅中，用木瓢或铁勺使之均匀地摊平在锅底，然后用木质锅盖盖上，少顷即熟。出锅的锅巴粉呈圆形，底面微焦，整体色泽翠绿，犹如锅巴，切成条，宽如手指，于是名为锅巴粉。这样制成的锅巴粉再像其他米粉、面粉一样，佐以配料，便十分软滑绵香，爽口惬意。我的一个出生在铜仁现在到外地工作的朋友，每次回到铜仁要做的第一件事就是先到小摊上去吃两碗锅巴粉，如果说这是铜仁情结的话，那么，我的两个在贵阳出生贵阳长大又在贵阳工作的朋友，每次到铜仁，都要我带他们去吃锅巴粉，对铜仁的锅巴粉情有独钟，这可能就不是铜仁情结，而是铜仁锅巴粉情结了。而我呢？每天早上吃的基本上也是锅巴粉。吃锅巴粉已经成为我的内在的需求，成了一种习惯。当吃锅巴粉成为某种习惯的时候，就不仅仅是饮食而成为饮食文化了。当然，铜仁城好吃的东西还很多，比如铜仁的马泡、煎包、酸辣面、粉蒸肉等都很有名。

那时的小十字街是整个铜仁城最繁华的地段，北面是一条两侧由低矮的厢房式的一栋接一栋的门面楼组成的窄窄的街道，而且两侧的厢房式的门面楼均为朱红色，路面呈灰黑色，偶尔还有被踩踏得泛出亮光的青石板夹在其中，隐隐约约透出这条街道年代的久远与过去日子的辉煌。我每次到铜仁城就是从北门进入这条街道，然后，看着两边的厢房，一步步走到小十字的，所以，对这条街道的记忆特别清晰。有时甚至想，要是那时的厢房能够保留，岂不是铜仁城别样的风景？现在的铜仁城确实比过去繁华，比过去更加现代，更加时尚，但是历史的沧桑感少了，铜仁城文化的根好像也很难找到了。可铜仁城并不是没有历史文化根底的城市啊？《铜仁府志》载，远在新石器时代，铜仁这块土地上就已经有人类在此繁衍生息。不是么？铜仁杜家园等处新石器古文化遗址出土的红陶、灰陶及石器残片，正在无声地讲述着数千年前人类祖先定居在这青山绿水之间的遥远的历史。周时铜仁虽为荆州西部、梁州南部边地，但春秋时就属楚之重地，秦时属黔中郡，汉时属武陵郡，唐宋明清更是历史脉络清晰可见。在“桃源铜仁”的讨论中，我还从开发情况、历史事实、地理方位、水系分布、自然生态、文化传承、社会生活图景、语系分布等8个方面进行考证，认为陶渊明的《桃花源记》的创作原型可能就在铜仁，得出“桃源在武陵，深处是铜仁”的结论。当然，这些都还有待于进一步研究和考证，不过，桃源文化的因子已经弥漫在铜仁文化的天空之中，成了铜仁文化的有机组成部分。总之，铜仁的历史是厚重的。这一长串厚重的历史怎么可能没有在这座城市留下明显的记忆的痕迹？难道都是被历史的烟尘自然吞噬了吗？不，不是，更多的是毁于战火，毁于人祸。远古的历史只能在文献中捡拾记忆，但铜仁城万家祠堂的消失却发生在我们这一代人的眼前。淹没在小十字西南面那一片城市中的万家祠堂，是铜仁城历史文化的象征，从古朴典雅的建筑风格可以想见其昔日的辉煌，但就是这样的古建筑却在一夜之间被夷为平地，被没有任何特色的现代建筑所取代。现在许多老铜仁人谈起那片古建筑都唏嘘不已。我曾经不知因为什么走进过万家祠堂，里面的朱甍丽瓦至今在我的记忆里时常浮现。每一次浮现都让我的心里隐隐作痛。因为我知道，这些都是铜仁城历史文化血脉的延续。把铜仁城的历史文化血脉割断，作为铜仁人怎么心里不难过？不过，铜仁城东山脚下的那片暗灰色的四合院式的古建筑终于成为国家级文物保护单位，被比较好地保留了下来。这是铜仁城的幸事，这是铜仁人的幸事！所以，作为铜仁人站在东山上俯视那片古建筑，看伏在古围墙上的轻纱般的薄雾，看水鸟从左侧贴着水面起飞然后再贴着那片古围墙缓缓地飞，款款地飞，一圈又一圈，由雾、鸟与古围墙组合成的场景与画面，仍然能够让人感到这座城市历史的厚重，让人能够产生对这座城市的过去的敬畏，仍然能够让人感到这座城市生命的灵动，让人能够产生对这座城市的未来的遐想。还让人感到欣慰的是，近几年新建的具有铜仁民族建筑风格的古香古色的铜仁民族风情园，位于铜仁城北端的清水塘处，里面的民族广场占地近30000平方米，有能够容纳2万人的大看台，舞台上有代表梵净山品牌标志的“蘑菇石”、苗族原始的“四面鼓”“风雨桥”、仡佬族的“仡佬蹦蹦鼓”、玉屏的“箫笛文化”及雕刻精细的图腾柱。这是铜仁城新建的最有文化味的地方。现正在建的处于锦江河畔的大明边城，也在一定程度上凸显了铜仁城的历史文化。因此，我始终相信一座城市就像一个人，既是历史、现实与未来的，也是有鲜活的生命的，并且其鲜活的生命就存在于历史、现实与未来之中，其城市的建筑、街道、河流、桥梁、行人等，都是其生命的表征。而古建筑古遗迹就是一座城市最好的历史生命的再现，其文化元素中所透露出的城市生命的信息可以穿越时空，从过去响彻到未来。所以，前几年，当我听说铜岩旁边的川蜀宫被一把火烧掉，顿时就觉得铜仁城的天空暗淡了许多，当晚夜幕降临，我一个人就曾悄悄地来到被火烧掉的川蜀宫遗址面前，看着那被火烧焦的断垣墙壁，心如剜肉般的疼痛。我在那儿静静地凭吊了很久，在我离开的时候，竟然还有几个人如我一般静穆地站在那儿。我知道我的心灵的痛楚，也是所有铜仁人的痛楚！我的悲悯，也是所有铜仁人的悲悯！后来听说政府花钱修复了川蜀宫，而且修复得很好，但是我至今还未走进去过，我怕我走进去会想起过去的川蜀宫，怕心底的痛楚会重新浮上心头，因为修复毕竟只是修复的，我心目中的川蜀宫已经永远地成为过去，成为历史，成为如烟云般缥缥缈缈的记忆。

历史发展到20世纪80年代初，我以一名学生的身份走进了铜仁城，也因此成为一名真正的铜仁城市人，其后虽然有两年时间被分配在铜仁市的乡下工作，但1984年我又回到了铜仁城，从此就一直生活在铜仁城里。转眼间，几十年的光阴就在匆忙的日子中过去了，但是铜仁城也就在这些日子中渐渐地融入了我的生命。我到过国内的许多城市，也到过英国、美国、俄罗斯、瑞士、新加坡、马来西亚、印度、老挝、柬埔寨等国家的部分城市，但是我最喜欢的还是铜仁城。

由于铜仁城处于文笔峰、天乙峰、架梁山、七姊妹山、九拐坡等高山的环抱之中，呈盆地状，气候温和，且湿度较大，非常适合女孩子生活，所以，铜仁城的姑娘大多水灵灵的，即使是皮肤粗糙的外地姑娘来铜仁城生活一段时间之后，皮肤也会渐渐地变得润泽起来。这种湿度较大的良好的空气，还缘于大江、小江河在铜仁城的铜岩处汇合，然后成为锦江河，过渔梁滩，下九龙洞，到湖南汇入沅江，流入洞庭湖，进长江。大江、小江河都起源于梵净山。大江由梵净山麓的黑湾河、太平河奔涌而来，水流湍急；小江河则起源于地势平坦的小江口和和平镇，因而水流平缓，温文尔雅。我的家和小江河有缘，无论是在铜仁师专（现铜仁学院）时期的家，还是到铜仁职院（铜仁职业技术学院）工作的家，都在小江河的边上。师专时期所住的楼房比较矮小，只有4层，我家就住在靠河边单元的第4楼。房间面积比较窄，只有60余平方米，但是我在那里居住了10余年的时间，感觉还很不错，当要离开的时候，还有些依依不舍，为此，我还写了《即将辞去的旧楼》一文来表达当时的心情。而住在那套房子里，感觉不错的一个重要原因，就是站在阳台上，就能够看到小江河，而且小江河就近在咫尺——大约10米远，感觉伸手就能摸到江水，甚至我曾经想过，如果制作一根特殊的钓具，就可以站在我家的阳台上把鱼饵抛进江里，一边静静地看书一边悠闲地钓鱼，那该是怎样一种至趣与至乐？到铜仁职院工作后，也仍然住在小江河的边上，并且也仍然住在靠小江河的单元，也是4楼，只不过这边地势较高，与江面的实际距离还要略远一些，但是透过我的书房的窗户就能看到小江河宽阔的江面。小江河由于发源地和上游流经的地方植被比较好，除了下大雨江水泛黄外，全年大多数时候，江水都碧如玉带。早上薄雾覆盖水面，水鸭在上面悠闲地游动，划出一条条水纹，一条打鱼船在雾气中悄然出现，立在船头的渔夫把手中的渔网用力一抛，渔网呈圆形状展开落入水中。这是我早上起来站在书房的窗前常常看到的水墨画。窗前的这幅水墨画不仅浓淡相宜，而且意境深远，以致我常常一个人在窗前呆呆地一站就是许久，用心细细地品味和欣赏。有时当我起床立在窗前时，还会听到隐约的歌声或丝丝的琴声从江的那边飘上来，时断时续，幽幽扬扬。面对此情此景，我又感到自己好像并不是生活在小江河边上而是生活在一个美妙的音乐的世界里。夜幕降临，小江河两岸的团团灯火渐渐亮起来，倒影印在水中，岸上的景物和水中的景物融为一体，更是如诗如画。夏天尤其是雨后的蛙声成片地从江面传来，也给人一种特别的感受。这些情景和感受，也许就是我生命中注定的与小江河的缘分，也许就是铜仁城给我的生命的特别的关照。当然，久居在小江、大江和锦江河两岸的铜仁人可能都有我的类似的经历和感受，说不定还更加特别更加强烈。如此这般，就不仅仅是命运对我个人的恩赐与眷顾，而是大自然给整个铜仁人带来的福气，是整个铜仁人的骄傲和自豪。

有江必然有桥。铜仁城的桥特别多，因此有人说“满城春花半城桥”，更有甚者建议干脆把铜仁城叫“桥城”。虽然我不赞成把铜仁城叫“桥城”，因为“桥城”这名字太俗，不能代表和概括铜仁城的精神和文化，但是，铜仁城横卧在江面上的桥确实很多，小江河上就有清水桥、金滩桥、瓦窑河桥、坝上桥、西门桥、兴市桥，大江河上有鹭丝岩大桥、大江坪桥，大江、小江河汇合后的锦江河上有锦江大桥、下南门吊桥、东门桥。这些大大小小、造型各异的桥横卧江面，把河的两岸连在一起，构成了桥、水、城浑然一体的画面，而且铜仁城处处都是这样的画面。因此，虽然不能说这是铜仁城所独有的风景，但是又不能不说这是铜仁城的一道风景。铜仁城由于大江、小江河及锦江河的水质很好，鱼也很多，鲭、鲨、鲈、鲤，历来享有盛名。据记载，明万历年间有一喜爱钓鱼者将自己钓到的锦江河里的鱼向铜仁总兵府进贡，还得到过奖赏；1998 年，铜仁市民曾钓得一鲤鱼有 1 米多长、23.5 公斤之重，刷新了我国杆钓的纪录。铜仁人喜欢钓鱼的很多，凡在铜仁城生活的男性市民几乎没有不钓鱼的。所以，铜仁城又有“钓城”的美誉。铜仁人钓鱼的方式很多，有岸钓、船钓、桥钓等。岸钓者，即坐在岸边的草墩、石墩或自带的木墩上戴着遮阳帽或插着遮阳伞，把钓竿在同一个水平线上呈伞状打开，然后静静地守候；船钓者，即划着船找一僻静处泊在水面上撒下钓线，然后悠然地坐在船头等待；桥钓者，即在桥的人行道两边插上钓竿，钓线往下撒，然后伏在桥栏上专注地看着下面。岸钓和船钓自古有之，其他地方也有，只不过铜仁城较多而已。桥钓就不一样，是这 10 余年才大量出现的，据不完全统计，铜仁城长期参与桥钓的有 4000 多人。现在铜仁城的桥上大都能够看到成排的垂钓者，他们那么专注，那么旁若无人，不管桥的车道上奔跑着怎样的大车、小车，也不管他们身后的人行道上有多少人行色匆匆，他们只关心自己的钓线和下面流动的水面，因此，渐渐地桥钓就成了铜仁城独有的风景。小时候，我随爷爷钓过鱼，大多在溪沟的堰塘里钓，也偶尔下到铜仁城北面小江河清水塘前面的白花浪处钓鲨，进城后在铜仁师专工作期间曾下到我家居住的楼房下不远处的小江河岸边钓鱼，用的是简易的竹竿钓，结果钓了几只小鲫鱼，看着其他人钓得几斤大的鲤鱼心里不服气，后来又悄悄地去过几次，也仍然只钓到几只小鱼，不过，随我的弟弟侯长青到水晶阁下面的锦江河里曾经钓到过一条一斤多的鲢鱼，至今我还能够记得鲢鱼上钩后用力拉钓竿的那一瞬间的感觉。这种感觉确实很特别，特别得让我能够理解为什么有那么多的人喜欢钓鱼，而且那么投入，那么痴迷？让我能够理解为什么喜欢钓鱼的人常常不吃鱼而把鱼送给别人？我由于工作太忙，后来再没有时间去钓鱼，但钓鱼的情景时常在我的内心深处涌动，以致偶尔步行从桥上路过，会不自觉地在桥钓者的身后站一会，离开了大桥还会不自觉地转过头去看桥上垂钓者组成的风景。我知道，作为垂钓风景中的钓鱼者的心境和作为垂钓风景之外的看钓鱼的人的心境是不一样的，就像演戏和看戏一样，演戏的人更加投入，也更能体会戏剧中所包含的深意，所以，我就曾产生这样的想法，等退休了，也到桥上去放下一排钓线，如果从桥上放下到水面十几二十米的钓线能够拉起一条鱼，如果大到一斤、两斤，那该是怎样美妙的感觉？不过从更大范围来看，比如从整个铜仁城看，钓鱼者和看钓鱼的人其实都是铜仁城风景中的人，也就是说，我们整个铜仁都会因垂钓而成为风景。难道垂钓仅仅是风景吗？我的心底又禁不住生出这样的疑问。我知道，垂钓是一种生活方式，是一种寄托，是一种梦想，也是一种精神的体现。试想哪一个钓鱼者纷乱的思绪不是随着钓线和鱼饵的抛出而逐渐趋于平静？哪一个钓鱼者不是抱着要钓一条大鱼的梦想而去的？哪一个钓鱼者身上没有一种吃苦耐劳的精神而能够长时间地坚守？因而垂钓也是铜仁人生命中不可或缺的元素，是铜仁城特殊的地理环境在历史的风雨中开出的灿烂的花朵，是铜仁文化在垂钓者身上的点滴体现。

也许正因为有水，铜仁城比较干净，尤其是当铜仁城的街道拓宽，并且白改黑后，整个铜仁城见不到多余的纸屑，也见不到汽车跑过扬起的尘埃。由于铜仁城的空气比较润泽，每天早上起来，整个城市就像刚刚用水冲洗过一样，到处湿淋淋的，街道两旁花坛里的绿叶和花朵还挂着水晶般透亮的水珠。铜仁城本来树就多，近几年在街道两旁新栽的桂花树，一簇簇的，长得很茂盛，桂子花开时，满城都是桂子花香。再加上铜仁城的天空大多数时日都是湛蓝的，让我感到铜仁城确实是一个非常适宜居住的好地方。每当我外出归来，想到有的城市那灰扑扑的情景，想到有的城市街道两旁堆满的垃圾和散发出的霉烂的气味，更加让我想起铜仁城的好处来。

不过呢，铜仁城的夏天却是火一样的热。如果逢天旱年成，大江、小江和锦江河里的水一下就瘦了，瘦得露出了沙洲。烈日当空，铜仁城简直就是一个火炉，站在树荫下是热的，躲在瓦檐下是热的，只有把身子泡在河里才能感到丝丝凉意。晚上，同样很热。记得刚到铜仁城生活那段时间，特别怕过夏天的夜晚。那时没有空调，只有风扇。我们一家人就用席子铺在客厅里睡。由于有小孩，风扇不敢整晚上吹，其实就是风扇吹出的风也是热的。只要一躺下，身上的汗水就往席子上流，不一会，席子就被汗水打湿，热烘烘的让人很难受，于是干脆翻身往旁边水泥地面上滚，身子刚刚接触水泥地面时确有一丝凉意袭上心头，但过一会儿又是同样的热。实在热得受不了，就爬起来往洗手间走，用水哗哗地冲一会，缓口气，才又回到客厅的席子上躺下。夏天的夜晚，就是这么熬过来的。不过，随着空调逐渐进入铜仁城的百姓家，铜仁城的夏天也就并不那么热了，而且好像铜仁城的夏天也变得短了。空调在铜仁城的进入，似乎是在不经意间完成的，其实，那是铜仁人几千年漫长的等待。铜仁人祖祖辈辈的夏天都是在热浪滚滚中度过的，只是我们生活在今天这样好的时代，才有铜仁人生命中凉爽的夏天。

这些林林总总的记忆和印象，只是过去在铜仁城居住生活的点滴再现而不是全部生活的本身。全部的生活，是一部大书，有哲学的、历史的、文化的，像铜仁城一样厚重，像锦江水一样丰润，像文笔峰一样坚挺。铜仁城就像人一样还在不断成长，老城在改造，新城在拓展，以铜仁职院率先发展的教育园区，已经成为有铜仁学院、铜仁幼专等先后加入的大学城，一派欣欣向荣的景象，但是散落在铜仁城里的星星点点的历史古迹是否会得到应有的尊重？能不能让铜仁城历史的文化血脉永远顺畅地汩汩地流淌？铜仁世代积淀的精神是否会丢失？我作为一个铜仁人还是有些隐隐的担忧。不过，我相信铜仁人在未来岁月的洗礼中会更加平和更加理性，也相信铜仁城市发展的步伐会更加平稳更加坚实。不是么？铜仁最近几届领导对铜仁历史文化前所未有的重视，让我看到了一个文化铜仁的未来与希望。日子仍在不快不慢地流逝，我们都在各自的生活里忙碌并享受着生活。

其实，生活本身就是文化。梁漱暝先生说“文化是生活的样法”，就是对生活是文化的诠释。因此，生活还在进行，我对铜仁城的文化体验也还在进行。风在轻轻地拍打我的窗户，我回过头，见一缕阳光正从窗外香樟树的枝叶间投射过来，映在窗台上，留下了斑驳的光影。

# 茶园山：诗韵五百年[①]

周政文[②]

危峰高矗立，俯瞰白云流。
雾重晴疑雨，山寒夏亦秋。
松篁兼石吼，猿鹤逐人游。
转忆逃秦日，萧萧木叶愁。

这首诗是一位只活了27岁的天才诗人徐奭在300年前面对茶园山清幽险峻的自然景色，回忆其祖父徐以暹开辟茶园山庄而写下的作品。

茶园山位于贵州省铜仁市海拔1074米的六龙山腹地，是黔东著名的文化古村。可以这样认为，茶园山文化是明代中期江南文化植根于黔东，并与当地文化发生融会后，经过明末清初的发展，又不断吸收外来文化，而生发出的一朵“奇葩”，是贵州历史文化上的精粹，是中国文化史上家族文化的独特典范，也是人类家族文化史上家族诗化、诗意地栖居的经典样式。它不仅在人类学、历史学和民族生态学上，衔接我国传统文化的过去，更以一种唯我独有的家族诗化的文化形态体现了人类家族文化的发展高度，体现了家族文化存在的魅力。

明嘉靖元年（1522）徐福后裔徐宰六，自江西临川草坪迁来铜仁，至第4代徐以暹，为南明抗清重臣，明亡回归铜仁。因康熙十二年（1673）癸丑，吴三桂起兵，云贵悉为所控，而考虑到其家族在清兵入关后，所遭屠戮的教训，在吴三桂兵败前，为避清之扰而避居于茶园山。茶园山位于贵州省

① 本文摘自《黔东茶园山文化解读》，周政文著，学苑出版社2010年版。标题为编者所加。
② 周政文（1962—），贵州石阡人，贵州省书法家协会书法教育委员会副主任，贵州省中国画学会创会常务理事。

东北部，离铜仁城区 20 余里，其山庄坐东北朝西南，如今仍是徐氏家族主要聚居的村落，有 200 来人居住。从徐宰六迁居到铜仁，后徐以暹移居茶园山，再到第 8 代徐镇及子孙分居铜仁，徐氏家族繁衍生息至今（2010 年），历时 488 年，现主要居住在茶园山和铜仁城，此外，仍有散居国内各地及国外的茶园山徐氏后裔，其总人口约 300 人。

徐以暹移居茶园山后的 100 多年里，随着清朝步入康乾盛世发展至鼎盛时期，他开创的茶园山徐氏家族文化初步奠定了其精神品格。在这 100 年里，徐氏家族经过第 5 代徐懋德、第 6 代徐訚、第 7 代徐世坦、徐世垓等耕读积淀和诗教传承，在诗文上不仅有徐訚、徐奭双峰并峙，更主要的是把徐宰六开启的耕读诗教之风推向极致，从而孕育了一个诗化家族。这一时代以第 8 代徐镇、徐钧，第 9 代徐如澍、徐如浩等 16 人，第 10 代徐桼等 32 人的人文蔚起时代，从第 1 代至第 13 代人 90% 以上工于诗，95% 的都是读书人。从第 9 代至第 11 代的 3 代人中有近百人能诗，且工于诗者近 50 人，创造了人类家族文化史上空前而绝后的家族诗化的时代，成为中国家族文化史上乃至人类家族文化史上的一个奇迹。

从徐宰六迁居铜仁，繁衍至今已 17 代人，前 14 代人，皆以习文为主，几乎人人能诗善文，诗词格律工整，且文学造诣极深，多精于书画。作为贵州的边远小村，在 400 多年里，有进士 2 人，举人 10 人，有优贡、拔贡、恩贡、岁贡生 16 人，有太学生 13 人，有府学廪生、庠生 148 人，清末民初大学生（包括留学）近 20 人，有近 180 人能诗，并产生了 86 位诗人和 35 位书画艺术家。其中 27 人出有诗集，4 人有文集，有 16 位女诗人并有 4 部诗集，其中许韵兰（1797—1827）是贵州历史上最早的有诗集刊行于世的女诗人。清徐世昌编《晚晴簃诗汇》收有徐訚、徐奭、徐如澍等人的诗作外，更多的诗载于王公瓒《清诗正音》《黔南十三家诗钞》《全黔诗萃》《黔诗纪略》《黔诗纪略补》《铜仁府志》和《铜仁徐氏先世事略》等诗集、文献之中。其中徐桼选编的《全黔诗萃》《黔南十三家诗钞》等书成书时间均在道光中期，比莫友芝选辑的《黔诗纪略》同治（1873）刊本早半个多世纪。茶园山人创作诗作 3 万余首，开创了人类文化史上的家族诗化的时代。

近 500 年时间，茶园山徐氏家族孕育和培养了一大批在黔东乃至贵州甚至在中国都有影响的诗人、书法家、画家和诗学理论家，徐宰六、徐鹤年、徐穆、徐以暹、徐懋德、徐懋芬、徐訚、徐奭、徐世坦、徐世垓、徐铣、徐镇、徐钧、徐如澍、徐如洙、徐如淳、徐如涵、徐如湛、徐如鸿、徐棨、许韵兰、舒芳芷、徐柋、甘德廷、徐枚、徐植、徐权、徐楫、徐林、徐棻、徐元熊、申辑瑛、徐元熙、徐元煜、徐元焘、徐敬增、徐肇基、徐本坤、徐承锦、徐钟藩、徐承镕……一代代的诗人犹如熠熠群星，照亮了黔东文化史的天空，他们用生命为黔东的文化发展以及文化教育创造了一个又一个的高峰。可谓沐人文荟萃之风，得山水灵秀之气；创家族诗化之最，蕴桃源诗意之神。

关于“茶园山文化”的界定，时间上是指包括徐宰六于明嘉靖元年（1522）壬午，从江西迁居铜仁，至第 4 代徐以暹于康熙十八年（1679）己未移居茶园山至今（2010 年），共 488 年。地域上是指包括徐宰六至徐以暹所居的铜仁府城，徐以暹移居的茶园山及至第 8 代徐铠所分居的黄坪，徐镇及子孙所分居的铜仁府城，徐钧所居茶园山，以及清末民初之后，散居世界各地的茶园山迁出的徐氏子孙。将在这一时期和地域内徐氏家族所创造的文化名为“茶园山文化”，是因为徐氏家族的文化从铜仁到茶园山，一直绵延发展，而茶园山时期是家族文化发展承前启后、兴灭继绝的关键时期，同时是家族文化发展的高峰时期，所以把徐氏家族在铜仁及茶园山时期近 500 年所创造的文化，称为“茶园山文化”。由于茶园山文化对明清时期的铜仁及贵州的历史、政治、经济、文化、艺术、教育等方面产生持久、广泛而深刻的影响，这种文化影响，我们称为“茶园山文化现象”。

茶园山文化以耕读为本，以诗礼传家，以耕读诗教合一的诗化家族为特征。它所涵泳的是人格的宽厚、对生命追求的真诚、人性的坦荡；是对儒家、道家、墨家思想的融化和熔铸；是对即将远逝的三代文明的继承、发展、超越与回归；是对陶渊明等古代文人所憧憬的社会理想范式的真实践履，并不断地演绎着桃园诗化的家族生活的牧歌。

茶园山文化能持续发展绵延近500年的现象，归根结底在于其实现了地域性、民族性和普世性的有机和谐与统一。茶园山文化的主体性的确立和自身的绵延与拓展，在于通过文化自身的内在反思和凝聚家族传统中可持续发展的生命动力，促使其内在的生命精神动态地取得一致与平衡。同时，茶园山文化保持如此深入持久的生命力，在于不断发展和积极吸收传统文化中符合人性和促进人类共同繁荣的价值观，并关注宽容、和平、友善、尊重、理解、合作等人类繁荣所必须的基本价值观，以促进相互依存的人生取向、价值寻求，使人生诗化和生命精神不断趋向并融入家族诗化过程，从而使家族处于诗意地栖居的和谐的生存状态。可以说和谐是茶园山文化的表征，其形成与生发在向内自省和向外敞开这两个向度存在着多个层次的努力，这既是我国传统文化融通的客观要求，更是茶园山文化自身发展的内在逻辑必然。

在茶园山徐氏家族的发展历程中，始终交叠着两条明晰的文化脉络：一条是不断汲取儒家思想，强调家族内在的和谐，强调人格完善，以耕读为本，重视诗教的传承；一条是秉承道家思想，出处随意，以诗文寄予人生，实现与天地精神相往还的超脱之境。同时对墨、佛等各种思想汲纳与兼容。创造了有利于家族诗教传承与发展的人文环境，逐步实现了儒道互包，并行不悖，耕读相济，仕隐皆然的家族诗化的文化模式。这也成为茶园山文化最为重要的传统和特征，创造了中国家族文化史上的重要篇章。

# 在万山想象

乔叶[1]

这是我第二次来万山。那次是晴日朗朗，此次却是烟雨蒙蒙——这个“却”用的，似乎烟雨蒙蒙不好似的，其实不然。所谓的意外所得，都在这转折之处呢。

烟雨蒙蒙中，一路车行。也许是烟雨的缘故，到了每个地方，都有浓浓淡淡的童话之感。移民新居如是，仁山公园如是，国际风筝城亦如是。偌大的城虽然没有风筝，有风筝这个词做引线，便可见风筝满天的盛况。烟雨里的彩虹水上乐园空空荡荡，如一个巨大的城堡，让我有一种想去独自探险的冲动。安静秀美的木杉河湿地公园，氤氲着难以言说的神秘。而在九丰农业博览园，那六七百斤的大南瓜，高吊在枝上的圣女果，可不都有些传奇故事的意思？

待进了万山国家矿山公园，童话的氛围更为浓重。比如眼前这栋小楼，黑瓦青砖，长窗粉墙，老得足可以拍年代剧，可它的欧式风格在这里又显得格外跳脱。后来我们才知道，作为中国最早的县级特区，20 世纪 50 年代便进驻了苏联专家，此楼就是当时的专家楼。怪不得呢。

以朱砂矿为主题的“时光隧道”，简直就可以称之为童话世界。不，比童话更甚，趋近于幻觉。其入口名曰岩鹰窝——有多少岩鹰在这里展翅飞翔？据说，这里面的矿道加起来有 970 公里。970 公里，我以为自己听错了，再三核实，就是这个数字，甚至更多。

被这数字震住，我走得小心翼翼。这朱砂面世的第一现场着实宏大，废弃的矿洞纵横交错，几乎每个拐弯处都有更幽微更深暗的分岔路口，不知

---

① 乔叶（1972—），本名李巧艳，河南焦作人，北京老舍文学院专业作家，北京市作家协会驻会副主席。

道会通向到哪里去——其实也清楚得很，这些路，无论通向哪里，那些醒目的炮眼、刻槽和梯道都指向一个词，一个红彤彤艳灼灼的词：朱砂。若说这山体是一个巨人，那么朱砂的矿脉便如血液一样延伸到了巨人肢体的每一部分，甚至每一处神经末梢。

对于万山而言，朱砂岂止是血液，它是细胞，甚或DNA！上溯求源，它自然也决定着万山的历史。万山之名，就来自朱砂。最通用的释义版本是，西周时巴方有一个梵氏奇女子来到了这里，教领民众沿着丹脉敲凿，将获取的丹砂献给了武王，武王服用之后，觉得像是吃了什么特效药似的，身体倍儿棒，吃嘛嘛香，总之是感觉各种好，便做了一个“硬广”，敕封此出丹之地为“大万寿山”，到了民国，简称为“万山”。

走着走着，被甬道两边的设置所吸引，便不时驻足。陈设柜里简明扼要地介绍着各种矿石，稍微大一些的空地上展示着仿真采矿场景，洞壁上挂着非仿真的粗粝原始的采矿工具……随着时间的流逝，现代感的轨道和矿车也渐次出现，锈迹斑斑。如今，它们都闲了下来，闲下来的事物总是有一种特殊的美感，只是这美感过于沉重了一些。

出了隧道，蓦然飘逸。悬空在离地几百米的栈道上，烟雨渺渺又如轻纱，能不飘逸么？就如进入了素净的幻觉。这幻觉在玻璃栈道，抵达了高潮。有人尖叫，畏怯着不敢迈步。我还好，只管往前去。我向来不大恐高。坐飞机，遇到很强的气流，同行的人吓得不行，我也相对淡定。被人评说胆子大，我说反正在飞机上逃不掉，害怕有什么用呢？既然没用，那就别害怕了吧。同理，既然这玻璃栈道是一定要过的，那也就假装从容地过吧。都说过玻璃栈道是最惊险的，我觉得这也只是一种说辞而已。诸如蹦极、溜索、过山车、跳楼机都自称是最惊险的游戏，但凡是游戏，又怎么可能真正惊险呢？在那么严密的安保下，又能惊险到哪里去呢？不过是伪冒险，假疯狂。所谓胆大人的游戏，不过是胆小人的游戏。当然，这游戏也还是有意义的。它能够让人处在一个临界点上，稍微真切地体验一下什么是极致。

——此时，玻璃栈道上的极致，就是一片茫茫。能见度很低，最多也就

10来米吧！偶尔清晰一下，能看到远一些的地方。更多的时候，一切皆白。有长尾巴的鸟飞过，满山静寂。山和山之间，是虚白的空，空旷、空茫、空灵。

什么都看不见，也正好什么都可以想象。雨果有言："科学到了最后阶段，便遇上了想象。"好吧，就让我站在这科学的玻璃栈道上，想象自己像一只神奇的鸟吧……我飞到了历史深处，栖足于"云南梯"。此梯由明朝时的云南人在800米高的悬崖上开凿而得，宽1米，长73米，共79级，现为万山最重要的采矿遗址之一。我仿佛看见了工匠们用铁锤敲击着石壁，艰苦卓绝，挥汗如雨。汗雨向下流淌，汇成了汩汩汗河。

顺着他们的汗河，我来到了瀑布之端，跟着如练激流，翩然落地。沿着水波的曲线，我漫游在这片土地上。我看见，山川之间的平谷里，禾稻健壮。饱满的谷穗，正等待颗粒归仓。日暮时分，炊烟袅袅，在每一户人家的房顶上，依依不舍地流连舞蹈。

滔滔林海里，我用翅膀一一亲吻可爱的树们：甜槠栲、石栎、木荷、木莲，马尾松、油桐、枫香和板栗，还有亮叶水青冈——这诗一样的名字啊，还有不那么高大却更珍贵的中药：银花、生首乌、百合、葛根、杜仲、半夏……听说万山还有一种雪花树，每年立冬后花蕾含苞，却不绽放。她在等雪。雪不来，她不开；雪来了，她才开。雪大，她开大；雪小，她开小。当地百姓有谚语：雪花树，开白花，有雪无雪得看它，来年年成好不好，隔年观花便知晓。

多有意思。眼睛的能见度虽然很低，心的能见度却高了起来。我就这样想啊，想啊，想象着万山的前生今世，三生三世，想象着我能够想象的一切。相比于现实的万山，这想象中的万山，这眼不见心见的万山，自有另一种无边无际的美啊。

# 铜仁二记

喻子涵[①]

【题记】《贵州通志》载："黔中各郡邑，独美于铜仁。"所言不虚。铜仁建府610多年来，文人雅士频聚，故有"八景""十景""十二景"种种美称及其诗文留世。我曾在铜仁学习工作20年，遍游铜仁城乡，探寻古风遗韵，也曾留下《铜仁八记》及其他多篇，集成《雨天作文》出版，今选其二，以兹寄情。

## 天乙峰记

铜仁城东南之天乙峰，初看过去，荒寒有余，秀丽不足，确如清代文人喻焘过此山时留下的诗句"茅店疏林人寂寂""一径荒寒入暮云"之情境。但我是上去了的，在一个天高秋爽的时节。太虚邈邈，山之孤傲挺拔的精神和肃穆超凡的气象，令人望而思敬，让人立刻振作与清醒起来。

天乙峰实叫文笔峰，在城中任何一个位置遥遥望去，其峰峭拔，直上青云，恰如文笔，所以明代以前的铜仁《郡志》都称此峰为"文笔峰"。而真正的天乙峰却在城西。因其半腰有佛家洞天"文笔洞"，且洞的名声渐盛于山，人们便把天乙峰叫成了"文笔峰"。古人按八卦定方位，城西应为天乙，城东南为太乙。而城东南的文笔峰则因右侧并峙一座"太乙"之峰，故人们习惯性地把这两座山峰误叫成了"天太"二峰。时间飞逝，几百年来，天乙峰就从城西移位到城东南去了。这些山峰的名称，除了地理学家以外，没有谁去理清它的源流，以致将错就错，传至今日。而我也就随俗从流，将我登上的这座本叫"文笔"的山峰称为"天乙峰"了。

---

① 喻子涵（1965—），本名喻健，贵州沿河人，贵州民族大学教授，中国作家协会会员，贵州省作家协会原副主席。

天太二乙之峰，名不及黄山天都、莲花二峰之盛，景也不如天、莲二峰之奇，但在铜仁小城周围、锦江之上，此二峰端耸突出，直插重霄，确为一城难得的雄伟景致，是铜仁人扶培灵运、立品端行的极好参照物。

但是这里被人们忽略已是若干年代了。其他一些地方仅几棵树、几座石、几池水就成为风景区或度假村，而这超凡入圣之地，却被冷落成一座落落寡合的“孤峰”，实在令人悲叹。

伫立天乙峰顶，碧空之中，轻雾之上，众山飞来眼前，如众多哲人圣者聚会于曲江之上，漫谈着天地万物、古今之事，平常逼仄混浊的心灵世界，此时已无限空朗，无比纯净。在这尘嚣之上、天宇之间，平时无法找寻的立足之地，此时已获得，苦闷的人生此时得到宽慰，丧失的灵性此时已得到回归。那种惬意的感觉，哪又是一般风景区所能获得的呢？

天乙峰大有一统众山诸水之象，而城西遥遥相望的文笔峰，亦具雄姿，能与之抗衡，势均力敌。若选择山峰观全铜风物，仅此二峰了。摄影家周川先生赠我一幅大有三十英寸的铜仁全景图，就是从城西的文笔峰顶选取的拍摄角度，很美。这幅图的主体，是以东山为中心的铜仁全城。而突出的更在于水，能清晰地看出大小两江之水于城南铜岩阁汇流之后，悠悠盘曲，绕城半周，再向东南闯过天太二山扬长而去的情景。他拍出了锦江流动的情节，可谓一绝。在这幅艺术作品中除了表达他对铜仁山水风光的赞美以外，还反映出他通过江水走出山门、探寻远海的精神来表达人生的内涵和精神境界。

但如果他选择天乙峰的拍摄角度，那又是如何的景致呢？

我想也很美。

天太二峰居城外锦江出口处，横锁江心，水欲出而不能轻易得出，盘曲回环，城中水上诸景全得力于它。清代文人徐如澍描述说：“水口二峰，关锁全局，地舆灵秀之气，得此盘纡最为有力，此一郡之胜概也。”所谓“盘纡”，即是说江水在城中的百般变化之态；而“胜概”，是指由此二峰带来的赏心悦目的极佳感受。因此，站在天乙峰拍摄出的铜仁全景，仍美于水。但此时看到的是水的气质和涵养。大小二江初来乍到，她们于城中鼓瑟吹笙、轻歌曼舞，尽情欢乐，说她们在举行庆典亦可，说她们在慰抚百姓亦可，在日光下显得明丽可爱，表现出她们的温良和秀雅。一座小城，被她们点饰装扮，就变得更加清新雅致、秀丽美观。而人呢？经过水的世代濡染与涵育，男子变得聪敏，女子变得灵俏，好山好水，扶培一城优秀儿女。

铜仁全景图，除此两幅之外，我想，再不会有其他更美的了。

当然人人心中都有他自己的“奇山丽水”。

铜仁之景，水、山、石、洞，各为奇特。古有“铜仁八景”之说，但好像没有把铜仁风光概括完备，以致后来出现“铜江十二景”。其实十二景哪又能数尽铜仁风光呢？自然景观，既随物迁，又随人变，人人心中都有一把丈量万物的尺子，都有一个属于自己的精神世界。除了纯自然的美景以外，还要因为欣赏者的文化修养、精神状态和感受方式而产生人文的景观。周川先生选择文笔峰拍摄铜仁全景，而我选择天乙峰观全铜万象，不正如此吗？

太阳下山时我便下山。下完天乙峰，全城已是灯火通明，早先阳光下那江面倒映着的群山和建筑物，此时已变成满江的点点渔火。当如山一般高亢激昂的情绪，融于水中变得十分宁静平和时，人生不就这样又走过了一段心的路程了吗？

## 莲池庵记

铜仁城东去二十里有一山，蜿蜒绵亘两百里，奇峰错列，如飞，如走，如仰，如仆，如盘，如卧，名曰“六龙”，系武陵一脉。其一峭壁危峰，格外奇险，中劈一洞，形如花瓣，洞中有池，泉香味洌，四季不枯，叫“莲池洞”。洞外岩壁下有平地半亩，可造屋。明代一个叫“无相”的诗僧，远道而来，一眼相中此山，于池前构屋三楹，结僧奉佛，大兴佛事，兹山从此大开生面，而池亦灵异无比，当地人争相上山朝拜，称此地为“莲池庵”。

我是一九九四年春天到莲池庵的。同行有四人，自备一天饮食，坐篷篷车至寨桂下，沿溪步行二里河滩，穿过几座村寨，便到六龙山麓。此地真不愧是僧家之山水，佛家之洞天。伫立河滩仰观，碧幛青崖，丹峰翠壑，烟峦雾岭，朝晖夕阴。我和罗漠为初次到者，故选择上山，另二人沿河滩上行而去。

山道屈曲盘桓，峭壁数折。林木森森，葱茏蓊郁，目不见天光，行不见脚步。至半山，遇一老翁身着青布衣，持刀劈荆棘，方见脚下小路延伸。与之攀谈，亦是喜山爱佛者，为朝山拜佛之人行善开路。至洞口，凉风绕绕，疲劳顿消；洞外丛中，百鸟争鸣，奇花勃放。

莲池庵古为名流聚会之所。古书记载，无相大师圆寂后，大模、补松、纯中、兴济等几代高僧虔心继业。几百年间，大畅宗风，广置福田，佛事活动繁盛一时，往往宾客云集。听风品茗，无数文人墨士把酒吟咏，谈佛论诗，留下不少诗文佳句，为今人创造了优秀的历史文化遗产。

有一个叫徐言的清代逸士，我们得十分感谢这个人。至性过人的徐言，恬淡冲和，不屑仕进，颇能作文赋诗，于读书之余，纵游山水，时与诸名流题咏唱和。铜仁诸多名胜，皆因徐言之文而美传至今。像莲池庵这个名流荟萃之地，徐言当然是常往之客。一日，徐言到山，补松和尚迎至啸台，沏上清茶，在清风白月之下品茗论诗。补松取出一帧莲池图谱，叹息道："自无相老人开山以来，历代诗僧及骚人墨士，留下不少佳作，但天长日久，恐致散漫，岂不可惜？"徐言是一个聪明的文化人，领悟其意，几日功夫，将莲池所存之诗抄于图谱上，汇集成帙，取名《莲池图诗志》，并作了一篇序。序中有两句话，颇令今人感慨："后有作者继此为之，将以成一郡之奇观，而垂名山之大业……"

可惜这本珍贵的《莲池图诗志》早已散失，现仅存徐言的那篇序。徐言之望，后人终于背叛，其憾，其愧，不可言状！倘若莲池庵不遇无相和徐言这些诗僧文人，尚且让它成为一座空山，确也不足为憾。而先人已创造了丰富的历史文化遗产，后人却不加珍惜，任其散漫漂失，那就太不应该、太不应该了！

站在莲池洞外悬崖上，白云万壑，山幽林静，六龙缥缈，豁目荡心。

攘攘尘途，当初唯恐自己无缘，不能领受如此清幽澄净之妙景，而如今终于如愿。

进莲池洞，洞形与记述逼真。饮莲池水，清凉透腑，不愧为佛地灵泉。在石屋中，石壁依然，大概此为僧侣栖息之所。小坐片刻，出观石壁上无数僧诗，因字迹漶漫，无可辨认，诵之不能成篇，抄写不能成句，终于放弃，再去登三昧塔。

三昧塔高不过两百米，而雄踞秃顶，其势险峻奇拔。史载，三昧塔本无路可上，道光年间，心碧和尚于绝壁辟一径，方通绝顶。小径以石块镶就，悬空贴壁，盘旋而上，每级且容脚趾，左脚尖着石，而右脚悬空不敢跨前，身不能转，眼更不能回，稍一疏忽，则身坠命亡。我们行至一折，眼花心乱，手软脚麻，二人退身下塔。据传，僧人上下却如履平地。大概我们修行不够，无缘登极顶一览六龙风烟，此乃又一大憾事！

在三昧塔前稍息，仰观三尊大字，书为柳体，端正大方，健劲有力。但仔细思索“三昧”二字，原来我们上不了塔，只因为不备“三昧”之道。杂虑未除，心不能专注于一境，虽不险奇，亦不能达极致，便深悟佛法之神秘与博大。事业与人生，又何尝不是需要如此清醒和专一呢？

回到城里，每每与人念及莲池庵盛衰之况，便听说：何不写篇文章追古叙今，暂且不图其他，而在警策世人尊重自然、保护文物。思之再三，此话有理，便于甲戌年立秋前一日草成此记。文章后来发表，引起各级政府的高度重视。保护环境，抢救文物，列入有关部门的重要工作内容。现莲池庵已成铜仁市重点保护的文物单位，并拨款维修古迹，开发景点，如今游客络绎不绝，其盛况不减当年。

# 楼上古寨

熊育群[1]

一棵巨树，或者说两棵巨树的出现，算不得一件什么事情。但它有一种奇怪的力量，让我忘记了远方的目标，不假思索就停下车来。

车一停，像水被划开一条波纹，旋即又合拢，山谷立刻被宁静深深覆盖。远方的想象像一件沉重的行李卸了下来。眼里不再只见森林不见树木。

我看到了两棵树奇迹般变作一棵树：一棵树把枝丫横了过来，两棵树于是长在了一起。一种内部隐秘的欲念朦胧可窥，改变面貌的力量来自于它的内部。一种彼此靠拢的欲求变得越来越清晰。心里起了欲念——叫它们爱情树、夫妻树吧。

雨正好落下云层，先落在高高的树叶上，再落到草丛中，静静地起了一片轻音。远处的吊脚楼却是从一片比雾还要轻的声音里发现的。那片木脊檩上盖着的青瓦是一个音箱，雨在那里呢喃在那里响成天籁。那是仡佬人的木楼。

这个最早出现在贵州土地上的民族，喜爱石头，把寨子建在石旮旯里，若非轻烟般上升的炊烟，他们掩蔽在山谷里的泥瓦木壁的吊脚楼很难被人发现。

再上路。山，又到了瞳孔上，作浪一样的汹涌、呼啸。

一只高飞的鹰，看到人小如蝼蚁。上好的柏油公路，在山间线条一样绕着团。刀剐斧削坚硬挺刮的石灰岩峭壁是一座山吹向另一座山的白色气泡。峡谷的转接也如枝丫一样交融一体：一座山岭横插过来，封锁了去路，河水吼一声就凿穿了山体，从山内奔涌而出。

---

① 熊育群（1962—），湖南汨罗人，中国作家协会散文委员会副主任，广东省文学院院长。

仡佬族学生背着书包在路上走，孩子气十足的脸颊抑制不住兴奋，笑容浮出如葵花开放，高高举起的右手，认真地行着少先队礼。去田头劳作的仡佬族长者，远远地靠到路边，给车让出宽松的路面，善良亲切的笑脸一闪而过。与外面世界人与人的冷漠一比，石阡这个地方显得不但隐世而且隔世。

石阡，古夜郎国都城之地。《史记·西南夷列传》中的牂牁河就是脚下流过的乌江吗？夜郎国在秦代消亡，这里变成了夜郎县。土地上的主人却不曾改变，仡佬人古时是夜郎国的子民，先民们称作濮人，魏晋时称为僚人，唐代叫作仡僚。而石阡另外两个民族苗族、土家族，是在部落的战争中，从洞庭湖平原沿着水路，一路西迁而来的。他们像树叶一样飘落到起伏不平的山谷，面对着一片人烟渺渺的荒山野岭，逼着嗓子歌唱，希望别的山头有人能够听到；他们住到高山之巅，希望看到遥远的山外之山。但是关山阻隔，他们渐渐与山外的世界失去了联系，没有了山外的音讯，整日面对的只是无言的山谷，耳边只有林喧溪唱，如同一条帆船沉到了深深的海底。所谓夜郎自大，实在是时间久远了，忘记了群山之外还有一个比自己更广大的世界。

一只白色鸟飞过了峡谷，它张开的双翅像一张纸片，在气流里飘浮。我想看到它怎样从空气里消失，但它消失在一棵巨大的古柏上，就像一个故事消失在了时间里面。古柏下是一个500年的古寨。

我看到被一只鸟遗弃的大峡谷。那个迁徙中的汉人与一个热爱满世界跑的人视线在某个时刻重叠。这个时刻，日影西斜，我看到了一幅凝固的或者重叠的景象——这个名叫廖贤河的峡谷也许一直就不曾改变——山下的廖贤河，有过大的山洪暴发，在那些惊雷夺魂的高原雨季，水像瀑布一般从天倾泻，但两岸陡峭的石灰岩壁坚硬如铁，它们不会随水而变化，至多河床上的一些大石头被水搬动，一些小的石头冲到了下游，还有上游的冲到了这里，在水把石头揉成砂这样的改造中，500年的时间成绩显然有限。石头的山上，树木仍然是郁郁葱葱，峭壁上的树高度营养不良，500年它们的成绩也不大，只有山顶山坳一些有泥土的地方，即便当年的一棵小树，现在也是苍苍古木了。我看到了这些树木，但在巨大的山体面前，它们显示不了自己伟岸的身躯，它们仍然与500年前一样只是一片绿色覆盖于山上。鸟，在峡谷中翱翔，这也像500年前的翱翔。宁静正在漫过幽蓝的山谷，漫过更幽深的岁月，只呈现天地间永恒的空灵。

我现在就把自己当成500年前走进峡谷的那个人。眼前的草木立刻显出了凄惶。我正沿着一条河流上到山腰，500年前的这一天，没有人烟，山下清澈的河水只浮着腐败的落叶，浮着四处行走的云朵，触响峡谷间的岩石。落叶在半途上就腐烂一空。白云如我，只在看到后就转身离去，它的世界更加广大。你看中了一座龟形山，你踩出一条路，也许有不少的鸟和兽被你惊吓，纷纷逃往密林深处。你决心在这里住下来，并且永不出山……

刀削的峭壁上，一座龟形的石头山，一片狭小的平地。我的眼睛发亮，我的眼睛里出现了一个村庄，那的确是他眼里幻想和渴望的村庄，也是我看到的500年的村庄——楼上古寨，蓊郁的古柏栖满白鹭，曾经的事物风一样在树冠上摩挲。触目的石头铺满了曲折的街巷与欹斜的阶梯，黄褐一片，参差一片；木条、木板穿织交错，像石头河流上聚集的篷船，而浪就是木条上的青瓦。这岁月之河上流逝的是19代人繁衍生息的生命。

明弘治六年(1493)，这一年没有什么特别值得一提的大事。但对于个人，譬如这个迁徙的汉人周伯泉，这一年却石破天惊。仅仅这一年在一个人脚下所进行的艰苦卓绝的长途跋涉，就是我这样坐着小车长途奔波的人所不能想象的。由此我看到了这个被行走着的脚步抛远了的惊天动地的事件——“避难图存”。这“难”又是什么呢？也许，这只是一个人的灾难，这灾难让他穿过三湘四水的湖南，甚至是崇山峻岭的湘西，像劲风吹起一片树叶，一路飘摇，从江西直到武陵山脉。如浪如潮的群山把他淹没在一道道褶折之中，人世间的烟火几近绝灭。他悄悄停伏下来，在言语不通的仡佬人的土地收起了那双走得肿痛甚至血肉模糊的脚板。在那些孤独的夜晚，一个人抚摸着脚背，看着自己熟悉的生活变作了遥远的事物。

然而，个人的灾难要作如此长途的迁徙吗？甚至，这并非一个人的迁徙？只是他人的迁徙没有被我们看到，他们散落在岁月之中，散落在更广大的群山之中，不再为世人所知。汉民族对于故土的留恋是游牧民族无可比拟的。汉人的迁徙是一次次悲剧的结果，永远是历史的玄机与秘密。在南方的山水间，一些隐蔽的村落，藏匿着几百年、上千年的信息：总有某个人，曾经孤身深入，寻找到一个世外桃源，于是，独自驻扎下来，砌屋生子，世代繁衍，决绝地与他从前的生活断掉了一切联系。一个村庄只是一个人在岁月中繁衍的结果。

廖贤河出现了卵石铺就的太极、八卦、白鹤图案，出现了数百年的木建筑——宫殿、观音阁、戏楼、寺庙、宗祠、龙门，出现了罗汉、飞檐翘角、古匾、楹联，另一种生活在仡佬人的世界里展开、延伸、生长。它们隐藏在云贵高原僻远的大山之中，生长在少数民族摇动一身银饰的响动里。赣江流域那些遥远的物事成了记忆一次又一次不断的抵达：它是梦魇似的造型精致的雕花木门窗，图案为花鸟、走兽、鱼虫，雕刻刀法娴熟，线条流畅，富含寓意，表达主人求福安居的心态；它是古寨遵从的勤、俭、忍、让、孝、礼、义、耕、读的家训。楼上古寨家家善书写，民风古朴，礼仪有加；而那些粗犷狰狞的傩面具表达的是主人对于神鬼世界的恐惧。那个 500 年前走进峡谷的人，无时无刻不在他脑子里出现的远方，就是他一生都没能卸下的故乡南昌丰城。正如我无法舍弃的诱惑，是在永远的路途之上。

雨滴从青瓦上响起，像天地间敲响的暮鼓。天色已暗，黄褐一片的古老村庄里，色彩晦重，炊烟正在向着天空爬升，被雨打得散成一片，像云一样低低笼在青瓦和树林上。鸟敛翅于村口古柏之中，不再作飞翔之想。我的行程到了该折返的时候了。500 年的村庄还会一年一年往时间的深处走。我的行程仍然会继续着一个又一个的远方，正如时间没有边际，远方也无法尽穷。我们都在往自己生命的深处走去。

# 一匾誉千秋[①]

孙春平[②]

车出贵阳，一路西驰。先是高速公路，可过了遵义城，就上了国道。毕竟是西部待开发的省份，即使是高速公路，比起已腾飞起来的东部地区，也还差着一个档次，有很长一段还是双向两车道，路中间甚至连隔离带都没有，高速的标志只是路两侧设了封闭护板。但时代的进步还是令人欣喜的，想起20年前我来贵州时的连日颠簸，已经非常幸福了。

地无三尺平，似乎是人皆有之的对贵州的印象。满目青山，峰盘路绕，山坳里的村舍炊烟，石缝里的翠嫩秧苗，还有路边的牛哞犬吠，纯粹而古朴的田园风光真是让人心旷神怡。专程赶来贵阳陪同我们的朋友一再歉意地讲，到印江是420公里路，要跑一整天，真是辛苦大家了。我们这些爬烦了稿纸格子的书生们则说，行万里路嘛，难得。

印江是土家族苗族自治县，地处黔东北，属铜仁市。到了夕阳晚照时分，扑入眼帘的地貌发生了明显的变化，云贵高原上的丘陵变成了满目大山，高峰峻岭，连绵不绝。路况也越发复杂，盘山路七折八拐，我的朋友中有开了一二十年汽车的，都有些晕起车来。

400多公里的路，跑了整整9个小时，贵州大山真是给我们留下了深刻印象。同样留给我们深刻印象的还有印江人的热情，下车洗尘便端出了让国人骄傲更让贵州人自豪的茅台美酒。那一夜，我们都睡得十分香甜，曾经急切的对印江的想象都变成了梦中的神往。

印江原为邛江。元明时期，朝廷统治集团为稳定西南局势，在西南地区广泛推行土司制度，这里隶属思邛江长官司。明弘治七年（1494），苗族

---

① 本文原载于《海燕·都市美文》2005年第8期。

② 孙春平（1950—），辽宁锦州人。中国作家协会第六届全委会委员，辽宁省作家协会副主席。

农民不甘压迫，揭竿而起，夺了长官司的军政大权。军报传到京城，也不知是弘治老儿一时慌急，还是老眼昏花、手腕颤抖或对邛江本无太深的印象，竟御笔亲批，废除长官司，改置印江县。邛与印，二字之间只差那么一点点，但既是皇帝钦批，也就因错就错，延至今日了。

第二天，我们先去县博物馆参观。县城虽小，却整洁，也繁闹。在古色古香的博物馆前，绿茵草坪上赫然耸立一个高达丈余的石雕塑像，一袭布褂长衫，瓜皮帽，脑后拖着长辫，颏下一缕长髯，飘飘欲动。引人注目处，是他手中悬着一支如椽之笔。一方水土养一方人，一方人有一方人的骄傲，想来这个人物必是印江人心中的偶像了，凭他脑后的那根粗长的辫子，必是清时人物无疑。再细看雕像座基上雕刻的文字——严寅亮（1854—1933），果然是生于清末逝于民国的人物。敝人才疏学浅，猜想能让后人雕塑在此的，定非等闲人物，却又碍着脸皮，不敢贸然暴露自己的浅陋，只好心里存着一份悬念，随大家走进馆里去了。

及至见到馆内陈列的“颐和园”仿制匾额，我才大梦初醒并为之怦然心动。凡我中华之人，还有谁不知那个昔日的皇家第一园林？凡去北京旅游者，除了天安门和故宫，可能就是她了。昆明湖，万寿山，湖中石舫，千米长廊，那个人间仙境的匾额原来竟出自这边远穷僻小县的一个文人之笔呀！前两年，看电视连续剧《走向共和》，剧中浓墨重彩地渲染慈禧为了庆贺自己的六十大寿，竟不惜动用北洋水师的军费，终酿成甲午海战的惨败。我清楚地记得屏幕上的慈禧和光绪皇帝都在一遍遍地挥毫习字，专写那“颐和园”三字，原来最终高悬于园门最显赫处的烫金三字，却出自印江寻常一书生啊！

《印江县志》载：严寅亮，字剩庵，名碧岑，号弼丞，本县农场乡阳坡村人……清咸丰四年甲寅（1854）生。少年学习文墨，刻苦用功……光绪十六年（1890）到北京会试（考进士）未中，习业于国子监。……光绪十七年（1891）九月，朝廷修建颐和园竣工，向全国征集书写“颐和园”匾额，各地书法名流争相献书。因慑于帝后尊严，大都构于恭汉，故其字工整有余，风韵不足，慈禧亲自评阅，概不中意。严寅亮受皇亲权贵庆王的嘱谕，也恭书呈献，欣然中选，并为园内楼台亭阁题写了部分匾额和楹联，均得到慈禧赏识，给予嘉奖，赐以龙纹饰边的“宸赏”玉章一枚……

我不懂书艺，但凝目端详，那“颐和园”三字雍容富贵而不事张扬，四平八稳中透着泱泱大国的沉稳与平和。我于书法是门外汉，但那慈禧却是懂的。史料记载，慈禧自幼并没读过几许经史之书，但却聪明过人，不然后来也不可能擅专朝政误国害民，她不仅自习书法，而且还学会了赋诗作画，书画诗文虽难称一家，却也还入得法眼，不至贻笑大方；那傀儡皇帝光绪肯定也是懂书法的，皇族子弟自幼有高人指教，那年月又不使钢笔圆珠笔和敲电脑，一个整天挥毫的人再怎么顽冥不化，一笔字总还说得过去，这也有光绪留下的墨迹为证，尤其是国内那些书法名流也肯定是懂的，他们要指靠一笔字谋生吃饭，若“颐和园”三字难入法眼，即便是老佛爷指鹿为马颠倒黑白，怕也终有人要说咸道淡，那烫金匾额也难经风沐雨一悬百年的。

由此，不由人不生出一些联想。那沽名钓誉、飞扬跋扈爱出风头的慈禧为什么不学学康熙皇爷书“避暑山庄”，在专为自己庆寿的园林大门上亲笔写上三个字呢？她为什么要在天下广征匾额又“概不中意”呢？如果抛却她擅权卖国至毒至恶的一面，是否可以说，起码，在这一点上，她还算颇有自知之明的。她既知自己的字难为这皇家园林锦上添花，也不迷信于那些“构于恭汉，风韵不足”的书法名流，而是欣然赏识于“尚习业于国子监”的一普通布衣。县志载，严寅亮在中举人后，最高职位不过是“候补知县”，后来，他考进士再次落第，回贵州教书，出任的最高职位也只是龙里县知事和国民党贵州省顾问。人不尊而字尊，字贵了人也并没随贵，史料中便是这样记载的。

由此，便不由再联想时下日新月异的楼堂馆舍建设，有多少恢宏建筑的显赫处，留下的不是当权者的“墨宝”？甚至在一些名山大川，一些当权者也要在绝壁悬石处留下“到此一游”之类的滑稽题字。若是那字那词真有些风骨神韵能给楼堂山川添光添彩倒也罢了，偏又横不平竖不直全无章法让小学生都为之耻笑，相比于慈禧的征匾之举，真令人为之汗颜，不知该评说些什么了。

一匾千秋，自有公论。严寅亮一介布衣，为家乡印江人民赢得了骄傲，也让许多中国人记住了他的名字。印江境内的梵净山很雄伟很神秘，印江的民众很勤劳很好客，如果你有机会也来到黔东北的这座小城，站在严寅亮的雕塑面前，不知是否会跟我一样，也想起很多很多呢？

# 铜人，铜仁

周湫生[①]

铜仁市锦江广场第六十四级高台上，伫立着令人肃然起敬的三尊铜像。孔子像气象敦和，凝目沉思；慈目善眉的释迦牟尼像，袭一身祥和之气，指点着芸芸众生；老子像则透出一股飘逸之风，以他尚无为、顺自然的深邃目光洞察着世事人生。

沐浴在21世纪阳光下的三尊铜像，并非是现代城市的“名片”创意，而是铜仁富于底蕴的文化象征。自元朝始，中国传统文化的三宗就在这里聚合，儒释道三家鼻祖的塑像在铜仁的青山绿水间相拥而立了700年，史称“铜范三教像”（中国传统上所谓“三教”的“教”，其含义乃教化之“教”，而非宗教之“教”）。

“铜仁”的由来，就因这三尊“铜人”。

“铜人”，这一奇特而意蕴无穷的文化景致，古往今来，在铜仁从蛮荒到现代的历史长河中，演绎了许多扑朔迷离但并不怪异荒诞的故事，钟灵毓秀之气和铜仁人透悟中国文化的智慧，在这些故事和史料间表现得淋漓尽致。

三尊“铜人”的来历，有两种说法，一说“捞”自江中，一说自上游冲激而来。前说是元朝时有渔人潜入大江、小江合流处的铜岩底，见“岩足如鼎，中有铜范三教像”，遂“挽之而出”，并有墨客为之咏叹“郡控乌罗障玉屏，铜人出水铸三星”。后说出自从日本影印回来的明万历《铜仁府志》：“元时，思南府德江上游五十里，播州（今遵义）、石阡二水合流处，名铜佛嘴，相传寺中有铜佛七尊，各重千斤……三尊忽流至铜仁……因以名司，

① 周湫生（1948—），江苏吴县人，铜仁日报社原社长。

至今名府。”前说并未说明“铜人”究竟是何人何处何时所铸，给人们留下了一个美丽的想象空间。后说也让人疑窦丛生：铜仁的大小江分别发源于梵净山的南麓与东麓，何以与乌江水系的播州、石阡相通？更不会有千斤大佛像“忽流”而至，也让人有一种时空错置的感觉。尽管两说都未能尽如人意，似成千古之谜，但今人大可不必细究，因为历史的真实不可能完全包容历史的细节，即便是一种附会，也在中国文化“得意忘象”的意境之中，“气、韵、神”味十足，模糊之美反而映衬出铜仁人的一种难能可贵的人文精神。

历史褒奖了铜仁人的智慧。史实确凿无疑地印证“铜仁”与“铜人”的渊源。元时，官方认可了“铜人”，并循“铜人”之事，命以“铜人”之名。史载，约在元世祖至元二十年（1283），始置“铜人大小江等处蛮夷军民长官司”；“三教像”也被置于谓之“中流砥柱”的铜岩之上，还有文人骚客留下的不少丽词佳句：“天造中流一柱观，地标何代三铜人”“巍然一石砥中流，谁立铜人最上头”……这是当时弥漫着文化气息、洋溢着喜庆气氛的铜仁景观的真实写照。诗中似有一些疑问待解，但更多的是颂扬和欣喜。

“铜人”这个地名被延续了89年。明洪武五年（1372），“改铜人大小江等处蛮夷军民长官司为铜仁长官司，铜仁至此定名”，并沿用至今。至于“铜人”为何改称“铜仁”，《铜仁市志》上是这样说的：“古人认为‘人者，仁也，渐人之化’”，于是就改为“铜仁”。这顺应了当时的政治文化潮流。明代程朱理学盛行，其以承继道统和复兴儒学为己任，自然对儒家的理论有很多的阐发，特别是发挥儒家性理之学与佛、道抗衡。“仁”是儒家的核心思想之一，所以在明代改“人”为“仁”当是顺理成章的事情。人杰地灵的铜仁，对“以人为本”早就独具慧眼、情有独钟，对“人”与“仁”的涵义有独到的领悟，也促成“铜人”到“铜仁”的改变。

对铜仁历史文化颇有心得的刘新华先生收集到的一个细节意味悠长：说“铜人”之改为“铜仁”，因组成“仁”字的两部分“人”与“二”，合起来刚好为“三人”；而“仁”中的单人旁，象征儒家在中国文化的主体地位。这真是“铜范三教像”和铜仁历史沿革中的点睛之笔，这是关于“铜仁”

由来亦庄亦谐的诠释。

由于朝代更替和战乱，三尊铜像也曾数度移挪和毁失，但铜仁人对文化圣人的崇尚和膜拜之情一直耿耿于心。明洪武五年（1372）、弘治十五年（1502）、崇祯十六年（1643）和清康熙初年都进行过重塑或移置，至1954年“被人偷凿成碎铜出售”，2005年1月1日又重塑于铜仁市的中心广场，传续着铜仁演变的千古佳话。

遍观神州大地，五湖四海，自古及今以儒释道三“圣人”聚合而立成为地域和城市标志的，惟铜仁而已。

一个没有文化底蕴支撑的地域和城市，是浅薄和没有品位的。循着“铜人”到“铜仁”的历史轨迹，守望着奇光异彩的文化源头，铜仁文化的根脉历历在目。

# 思州田氏土司形成始末

瞿政平[①]

在古代铜仁的历史长河中，思州田氏（开黔始祖田宗显氏族，下同）占据了最为厚重的一段。窥探古代铜仁，必得研究思州田氏。

最初，思州非田氏领地，思州建置之称，始于唐代。早在隋文帝统治时期，为解决南北朝官多民少、建置混乱的状况，国家在地方推行州、县二级行政建制。隋炀帝时，改州为郡，即为郡、县二级建制。最初，今铜仁境分属黔州（黔安郡，治今重庆彭水）、庸州（治今境德江北部）、辰州（沅陵郡，治今湖南辰溪）3州（郡）。其县级行政建制隶属彭水、涪川（治今思南）、辰溪、务川（治今沿河，因川得名）、扶阳（治今德江）5县。其中务川县，唐《元和郡县志·江南道》载："隋开皇九年（589。唐《贞元十道录》记为'十八年'，北宋《太平寰宇记》记为'十九年'）置务川县，属庸州。庸州，黔江县地是也。大业二年（606）废。武德四年（621）于县置务川郡（务州，设治今沿河北部城子头）。贞观四年（630）改为思州，以思邛水为名。"

这里需要说明的是，大业二年废务川所属庸州至武德四年置务川郡，共15年，务川县转隶于巴东郡（治今奉节）。武德四年务川县之所以置"郡"，南宋《舆地纪胜》载："唐初，招慰使冉安昌以务川县当牂牁要路，须置郡以抚之，复于务川县理置务州。"唐太宗改务州为思州，隶属江南道（733年分置黔中道后，属黔中道），辖及今酉阳、秀山、沿河、务川、德江、印江一带（见《重庆民族史》第六章）。无论是务州时期，还是思州时期，均与此前后建立的黔州、锦州、叙州、奖州、费州、夷州、播州、溱州、南州等乌江中下游地区和五溪流域各州一起被定为经制州。唐王朝为维护国家的

---

① 瞿政平（1954—），铜仁市地方文史专家。

统一和稳定，在中原发达地区和边缘落后地区分别推行不同的管理体制，通常将先进发达地区所设各州定制为经制州（俗称“正州”），将边远落后地区所设各州定制为羁縻州（俗称“边州”）。乌江中下游地区和五溪流域依托长江水道连接中原，相对西南其它地区更发达，唐王朝划分经制州、羁縻州之初，则将这一带所设各州与中原地区一样定制为经制州，推行封建地主制经济。经制州的职官，通常贯彻“官不世袭，职不常任”政策，都督、刺史等职大都由朝廷直接调遣，一般不任土著首领。故思州最初为川东“冉蛮”所据，（疑《重庆民族史》述“冉氏据思州”的时间有误）“显庆之初”（656年改元），为银青光禄大夫李爽（字乾祐）任刺史（见《唐刺史考》）。由此可见，在唐永隆（680—681）以前，思州并非为田氏占据。

务州改思州50年后，25岁的黔始祖田宗显宦游巴峡，相中（史载其占卜择地）思州并安居，于永隆元年（680）建筑思州城，并以恩威取信夷民，率领大家开采水银，积资丰厚，惠顾百姓，在民众中有较高的威望。加上其父田阳明“杀贼有功”，为朝中重臣，朝廷便“令（田克昌）掌一方事，为大首领”，授思州义军兵马使。（《黔南田氏宗谱》有载）

思州田氏，原籍为陕西蓝田县滥泥村。《黔南田氏宗谱》（修于宋绍兴年，续于明洪武年、清康熙年）载：入黔始祖田宗显（字辉先，号耀华），才智过人，原世袭为陕西河州军民千户候。隋开皇二年（582），因“黔中夷苗屡叛”，由大臣苏威举荐，授职黔中太守。后人一直尊之为“开黔始祖”。朗溪田氏三十五世孙曾撰有祠堂锦联：“肇黔自开皇三十五世冠裳远，守朗原洪武四百余春锦秀长。”（见《黔南田氏宗谱》）其“肇黔自开皇”，说的也是先有“黔”，自开皇后才为田氏据黔的肇端。

黔中郡设治今重庆彭水。早在北周保定四年（564），朝廷于此置奉州，建德三年（574）改置黔州。隋炀帝大业三年（607）改置黔安郡。唐王朝建立后，郡、州称谓更迭，通常并称黔州黔安郡。唐天宝元年（742）改为黔中郡。其间，贞观四年（630）设黔州都督府。开元二十一年（733）分江南道，设治黔中道。故后人（包括史家）通常将此笼统称为“黔中”。田宗显于隋开皇二年授职黔中太守时，实为黔州太守。辖境包括今重庆东南角及沿河西北部。

田宗显与其子田惟康入黔不久，“黔中大治，文帝诰封为国公节度使之职”（民国《沿河县志》）。开皇三年（583），陕西天鹅山白莲教金头和尚作乱，朝廷调其前往镇压，黔兵至天鹅山，金头和尚溃败而逃至成都。田宗显追至，金头和尚再次败走渝城朝天门，潜往小河（沿河境内）。田乘胜追击，贼兵彻底覆灭。“追贼授首”，田氏奉命镇管黔中务州地一十八堡、四十八渡，疆域有所扩大，置黔安郡，领彭水、涪川二县，大概包括今重庆彭水、黔江和贵州务川、德江、思南等局部地带。唐初，朝廷改郡设州，田宗显归顺，受任黔州知事，加封宣慰荣禄节度使金龙护国公，子孙世袭宣慰职，黔州成为田氏世袭领地。

田宗显执掌黔州政权期间，百姓安居乐业，“民夷率服，兹土大治，有太平风，尽属乐留”（引泉口田氏手抄本《黔南田氏宗谱》）。贞观七年（633），享年72岁的田宗显去世，长子田惟康改任黔州刺史。田惟康因平定割据江陵的肖铣有功，任潭州都督府加黔、潭二州节度使。他接任黔州刺史后，继承父业，使黔土安定。唐麟德元年（664），田惟康去世，长子田阳明（字东辉，别号自光）饱有才学，洒脱豪放。长孙无忌流放黔州后，曾与其一道于显庆五年（660）杀贼立功，大受朝廷嘉奖，授黔州都督府大总管。

田氏三世田阳明授任的是“黔州都督府大总管”。所辖黔州的刺史职，在田惟康之后由谁继任，无考。据《唐刺史考》，在田阳明授任黔州都督府大总管的时间段，黔州都督府的都督是李子和，相继有陈瓒、周利贞、可朱浑城、萧希谅等在任，也无田氏就任。到了唐大历，任黔州刺史者为李樟、李国清等李姓人士，也有薛舒、吕颂等他姓人士。在田阳明74岁卒于唐景云元年（710）时，其子田克昌（字世隆）却已经营思州30余年，筑牢了田氏据思州的基础。从那以后，田氏子孙的重心已转移至思州，而不再是黔州。南宋王象之撰《舆地纪胜》记有这么一事，说是田氏十四世田祐恭在政和年间北阙见天子，问其身世，其中“知思州田祐恭奏，祖父母坟茔在黔州”。

说明田氏领地是思州，“黔州”则是田氏的祖籍。如此算来，田宗显氏族自隋开皇二年入黔至唐永隆元年，长达98年间，只涉事黔州而未经营思州。

自四世田克昌于唐永隆元年经营思州，进而建立田氏思州政姓合一政权开始，思州虽定制为经制州，但随着田氏部落的日益壮大，封建领主制经济日益强盛，唐王朝对其政治经济的管辖一直“以羁縻属之”，准予世袭。

《黔南田氏宗谱》记载，继田克昌“掌思州一方事，为大首领”之后，田氏历代大首领（氏族酋长）大都智勇过人，功绩显赫，曾授朝廷敕封。五世田道元（字从善，号世魁，袭大首领位38年），精于武艺，熟悉刀弩，辗转如神，众矢莫能近。唐景云二年（711），征战黄土坡仡僚有功，授义军兵马使。六世田公荣（字子爵，号竹齐，袭位19年），唐开元十七年（729）授义军兵马使。二十三年（735）因平叛有功，加思州节度使，升中书侍郎。唐天宝元年（742）改思州为宁夷郡，16年后于乾元元年（758）复名思州。从此直至唐末，七世田载龙（字文明，袭位45年），八世田时丰（字廷实，袭位40年），九世田佐禹（字良弼、致奄，袭位8年），十世田凤翔（字祥舜，袭位78年），均沿承父职，授义军兵马使。

十世田凤翔15岁承袭父田佐禹大首领位。唐王朝渐趋衰落，地方割据势力干戈四起，梁、唐、晋、汉、周五代更迭，整个社会动荡不已，各地氏族部落、大姓集团趁机摆脱中央王朝控制，自行蕃部，仍按族规承袭蕃部长，自署刺史。其间，后唐灭蜀后，思州归后唐控制，田氏蕃部长田凤翔于后唐同光元年（923），“以威慑服苗夷，远近闻风知畏，加定蛮威武将军”。分裂割据、兵连祸接、战乱不休的五代时期（907—960），南方各氏蕃部为自己的沉浮惶恐不安，唯独田氏番部田凤翔掌控的思州毫无“震竦”，世人称之为“乱世之能臣”。

《黔南田氏宗谱》记载，在这一时期，承袭田氏蕃部长者，先后有多人，十一世田承文（字载道，号养正），袭蕃部长位62年。田承文以武勇闻名，宋大中祥符三年（1010），奉敕安宁（今云南昆明西南部）、交趾（今越南北部河内）将军。因作战勇猛，号称“田老虎”，远近无不畏服，故又加义勇将军、都指挥右仆射平章事。十二世田正允（字成仁），袭位43年。田正允生来有勇有谋，北宋庆历八年（1048）八月，奉旨收复南边叛寇王贵千、傅事鲁等，授义军兵马使，升都指挥，封武略将军。十三世田士儒（字崇古），袭位33年。田士儒言行公正，表仪超俗，谙于韬略，神于智勇。北宋熙宁五年（1072）正月，受命平定庆元之乱，加封都指挥使。元丰元年（1078）秋，受命征讨泸南叛寇，大获全胜。“思之义军，其聚如云，其散如鸦，用偏架之弩射无不中，中无不死。”文中还说他“神兵无以加也，累加都指挥使，封义勇略将军”。由此看来，思州田氏已成为大宋王朝赖以巩固和稳定大西南局势的有生力量。

思州田氏部落，作为蕃邦能为朝廷屡建奇功，倍受宋王朝倚重，“其有力者，还更赐以疆土”。十四世田祐恭奠定了土司基业，继之以开疆拓土，东征西讨，称雄一方，威震西南。

田祐恭，字子礼，田氏十四世蕃部长。他文韬武略，用兵如神，元符元年（1098），授教练使，加荣州刺史，以功转武节大夫。大观元年（1107）晋京入朝，请求内附，成为名副其实的朝廷命官，升团练观察使。于此田氏世守思州，并开始有了朝廷颁发的印信，可代表朝廷发布地方文告，遵照王法管理社会。

田祐恭成为正统以后，一方面以经营田氏思州而效忠中央王朝，承担为大宋帝国守边疆，卫王室，纳贡税等义务；另一方面在听命中央王朝之间着意巩固和发展田氏基业，将卫王室与经营思州相结合。北宋政和二年（1112），黄阳洞酋首冉万花四族侵犯黔州，田祐恭奉命“自备糗粮”征讨，戮冉万花、冉万辽、杨文胜等于草街，大获全胜，朝廷褒其志勇，特授成忠郎。五年（1115），率军策应泸南（今四川泸州），解梅岭堡之围，以功转忠训郎。继而讨晏州贼，以功转武翼郎。七年（1117），移司署于都濡（今务川）。是年平定播州杨惟聪暴乱，以功转武翼大夫加荣州刺史。重和元年（1118），救石泉军至白沙寨，凯旋，以功转武节大夫；是年秋，因筑思南州有劳而奉诏赴阙，迁武德大夫。宣和元年（1119），授泸州兵马钤辖，被召入朝，加忠州团练使、贵州防御使；后又差充成都府马都监，同管两路巡检。是时田祐恭以母老，乞允还思州，再充思州边面巡检。其间，曾于宣和四年（1122）降思州为务川县，所辖邛水、安夷二县改设为堡，隶属黔州（治今彭水）。建炎四年（1130），本地剧贼王辟、郭宁忠犯归州（今姊归），直逼黔州，田祐恭率兵征战，大获全胜。以后田佑恭军威越发大振，“群贼不敢贸进，川东得以安宁”。翌年（绍兴元年），恢复思州建置，设治龙泉坪（今德江龙泉乡），辖务川（治今务川）、邛水（治今三穗）、安夷（治今镇远）三县，并赐田氏“世为思州守”，奠定田氏土司基业。随之，田祐恭又相继统兵破侵扰四川的桑仲、郭希，抵抗金兵侵犯梁洋，等等。他平寇征蛮，大智大勇，职位武功文治震耀西南。

承袭田氏蕃部长并由朝廷授思州军民事者。十五世田汝端（字守忠），承袭职位期间曾于绍兴五年（1135）另授黔州防御使。十六世田祖衡（字有定），在位时蒙古人犯境，其“弟兄十余人俱出才力，为国匡主庇民，各管领地方，保俱基业”。十七世田宗翰（字惟藩）。十八世田庆裕（字好义），因其英勇善战，曾加授夔州路兵马节度使，封协应侯。宋末兵戈四起，朝野鼎沸，田庆裕出力戡乱，累次大功，又加封显庆侯。十九世田兴隆（字国兴），也曾加授夔州路兵马团教练使。

二十世田应丙（字南卿）承袭职位期间，蒙古军再度举兵四川，为阻挡蒙军南下，宋廷令田应丙率兵前往播州，与播州共同出兵3万人，于播州地修筑关隘防御，结果蒙军瘟疫突发，不战自退。由于思播田杨的抵御，客观上形成蒙军南征宋室的一道防线，其间南宋授田应丙武烈大夫，并吉州刺史。二十一世田景贤（字德孚）承袭职位期间，蒙军东山再起，从四川大举东进南下，并遣使诏思播田杨内附，对其竭尽予以“安抚”。思州田景贤与播州杨邦宪见大势已去，为保境安民，便顺应历史于元至元十四年（1277）以其地归附元王朝。自此在思州播州两地推行土司制度，分别置思州军民安抚司和绍庆珍州南平等处沿边宣抚司，授田景贤思州安抚使并知思州、珍州驻御防统制兵马使。田景贤次年与杨邦宪一同奉诏朝参，朝廷赐其荣禄大夫，同知枢密院事。思播的归附，打开了元军进军辰、沅的通道，两年后南宋王朝彻底覆灭，整个西南地区跟中原一样成为大元帝国的天下。元至元十八年（1281），设治龙泉坪的安抚司改为宣抚司，兼管内安抚司，统一思州土司政体，其地已扩张至东起今湘黔边境，南迄黔桂边境，北连川黔边境，西抵都云安抚司（治今都匀市南）、定云安抚司（治今贵定），并与新添葛蛮安抚司（治今贵阳新添寨）交错，西北接播州安抚司（今遵义湄潭以西），共辖一府、十四州、一县、五十二长官司，相当于今近半个贵州省。是时民间即广泛传播“思播田杨，两广岑黄”谚语，说明思州田氏和播州杨氏在西南大小林立的土司当中有很高的声誉。

田景贤之后，授思州宣抚使者如下。二十二世田惟墉（字奠邦），承袭职位期间，泰定三年（1326）以功加右功大夫、忠州团练使，赠历代助国功臣。二十三世田茂烈（字伟功），因至正十八年（1358）古州八万溪洞（今榕江、黎平一带）苗夷叛逆，次年红中贼又起大叛，田茂烈分别命部僚张应隆、张应铭兄弟与杨惟载出征讨平。田茂烈保举张应隆授黔南道都元帅、杨惟载授抚夷候、张应铭授武功承节郎。二十四世田仁厚（字公淳）承袭田氏首领时，元王朝已处于穷途末路，田氏思州也由盛而衰，风雨飘摇，难以挽回当年雄风。

至正二十四年（1364），田仁厚割镇远、思南两地献给明玉珍（思南原属田茂忠管辖，绝嗣后亦由田茂安统管），明玉珍接纳并授田茂安为思南道宣慰使，设都元帅府，府治镇远，辖镇远府、务川县和水特江、洪安等处，思印江等处，偏桥中寨、德胜寨偏桥四甲等处，铜人大小江等处，省溪坝等处，大万山苏葛办等处，乌罗龙干等处，溶江芝子平茶等处，五寨铜人等处长官司。并授田茂安的长子田仁政为龙虎卫将军，次子田仁美为统兵元帅、新军万户将军，三子田仁智亦授龙虎卫职。四世田克昌卜筑思州起，长达684年的田氏思州一分为二，并列设置思州、思南二田氏土司领地政权。

田茂安擅自割地献给大夏明玉珍政权，制造分裂，朱元璋为之震怒，谴其“叛逆”，更引起田仁厚的愤慨。至正二十七年（1367）正月初九，抑制不住心中怒火的田仁厚率兵攻破龙泉坪（随之迁龙泉坪长官司于今凤冈县），田仁政、田仁美当场战死，田茂安见状悲痛欲绝，抱病而亡。其三子田仁智袭思南道宣慰使职，为报家仇，与田仁厚仇杀不止，由此也就结下了两思之间的仇恨。

之后田仁智暗弃明玉珍，遣都司杨琛为使归顺朱元璋，朱元璋仍授其为思南宣慰使。田仁智出于战略考虑，反复移司治，先迁龙泉坪（今德江龙泉乡），后又移回镇远，然再迁水德江（今思南）。明洪武二年（1369），田仁厚去世。二十五世田弘政袭位，因与思南宣慰历年仇杀，早卒。洪武二十年（1387），二十六世田琛袭思州宣慰使。思南宣慰使职由同辈田大雅承袭，“两思”构仇日深，仇杀不绝，未有宁日。据说镇远祝圣桥，系田大雅袭位后第二年始建，却因与思州仇杀，只好半途停工（直至230年后，万历三十七年重修，又20年才竣工）。明洪武二十八年（1395），田大雅去世，其子田宗鼎（字重器，二十七世）承袭思南宣慰使职，生性暴虐，凶狠残忍，生杀淫乱。嘉靖《思南府志·失遗志》记载：思南宣慰司在其统治时期，“禁民居不得瓦屋，不得种稻；虽有学校，人才不得科贡；属官俱以喜怒予夺生杀之，日刑数人于香炉滩”。同时，渎乱人伦，缢杀亲母。长期以来，他在内部与其副使黄禧相互构怨，在外与思州常常借机仇杀。明永乐九年（1411），田宗鼎与思州宣慰使田琛争夺边界砂坑。该矿区大万山属思南宣慰司，施溪、黄道溪属思州宣慰司。黄禧受任辰州知府后，为顺利交易产于万山、销于辰州的“辰砂”，常联络田琛与田宗鼎争夺开采权，互相仇杀，“两思”矛盾白热化。因屡禁不止，朝廷便于明永乐十年（1412）将二田革职问罪，永乐十一年二月初二日（1413年3月3日）废思州、思南两宣慰司，以思州之地置思州、黎平、新化、石阡四府，以思南之地置思南、镇远、铜仁、乌罗四府，设贵州布政使司总辖，同时废除田氏土司世袭制，改派流官出任新职。至此，田氏领地自分裂为“两思”49年后，逐步退出政治舞台。

可见，无论思州建置还是田宗显氏族政权，均经历了隋、唐、五代、宋、元、明6个朝代。思州，起源于隋务川县和唐初务州建置。自唐贞观四年（630）

改务州为思州起，至田氏思州废置止，共经历非田氏思州、田氏思州、田氏“思州、思南”三个阶段，“自隋文（帝），以至（明）永乐，田氏历仕九朝，辅君六十七主，年逾八百二十一载（隋开皇十二年至明永乐十一年。实际应为隋开皇二年至明永乐十一年，共 831 年），世传二十有六，爵秩三十荣封。以亿万血战汗马之劳，平成底定；以一腔忠君爱国之忱，土解瓦灰。迹其干戈用武之地，川东半壁，湖南一隅，夜郎全幅，开辟捍卫之功，难以枚举。今则版图分郡邑，税粿入流寓，乐土安居者，宁忘水木之思耶”。寥寥数语，勾勒出田宗显氏族 831 年的辉煌历史。

# 傩：原始戏剧的活化石①

李岚②

自从地球诞生，人类至少已经走过 50 万年的历史，我们今天的一切现代文化，不仅都发源于古远的原始文化，而且皆在不同的程度上体现着对原始文化的吸收和复归。正由于此，至 19 世纪中叶文化人类学（Anthropology）创立以来，原始文化在世界范围内始终是学术界研究的热点，古代典籍、神话、现代土著部落的生活……一切可以捕捉到原始气息的文化现象，都成为人们通往洪荒时代的桥梁。然而，在许多重要问题上，我们看到的只是些彼此不相衔接的片段和零星的记载，在从原始走向现代的历史链条上，我们尚有不少难以找到的缺环。

正是在这个意义上，我们为中国傩文化的发现和研究感到格外兴奋。在群山起伏、层峦叠翠的贵州山区，至今还保存着一种奇特的原始文化现象——傩，为上古初民驱邪除疫鬼的禳祭，《玉篇》解“傩，左‘鬼’内堇假借字，惊驱疫疠之鬼”。随着历史的演进，这种禳祭逐渐发展为大规模的宫廷傩礼和民间乡傩活动，从古籍记载中可知，周代的傩仪基本保持着原始巫舞的面貌和特征，由巫师头戴面具，手执傩器，边歌边舞，降神驱鬼，兹后，这种巫术文化逐渐从日益发达的中原退却，在地域偏僻、生产方式原始的贵州地区长期保留下来。尽管在漫长的历史时期，傩文化受到了儒、道、佛思想以及贵州地区多种文化因素的影响，但其原始巫术的核心和表现形式却基本保持不变，这便给我们提供了一种衔接性的文化形态。傩文化一只脚尚停留在原始思维和巫音巫舞之中，另一只脚却已迈进近代生活和艺术表现的大门。傩文化这种复杂性多元性，恰恰是许多现代化土著文化或其他类型

① 本文原载于《光明日报》1990 年 6 月 3 日。
② 李岚，文化学者。

文化所不具备的，因此，对于研究原始文化向近代文化的过渡以及巫术与艺术相剥离的过程，具有十分重要的意义和价值。

譬如，从审美发生学上看，傩文化的重要特征傩面具，是审美渊源于原始宗教活动的有力证据，在傩信仰者看来，傩面具就是神祇，每一个面具在经过肃穆隆重的宗教仪式之后，便具有了超自然的神的属性。在这种观念支配下，傩文化地区发展了精湛的面具雕刻艺术和丰富多彩的面具舞蹈表演。然而，随着文化的发展，傩戏吸收了大量民间现实生活的素材，人间气息渐浓，巫术意味减弱，不仅部分面具造型从早期狰狞严肃的图腾面貌转向世间人物喜怒哀乐的面容，而且许多面具舞也从纯粹的娱神走向娱人，成为公众喜闻乐见的娱乐活动。从这种演变中我们可以清晰地看到巫术与审美相剥离的过程，戏剧史告诉我们，晋代（文康伎）娱人面具舞，与傩仪傩舞有千丝万缕的继承关系；今天人类的戏曲脸谱，其造型多脱胎于傩面具。看了傩戏我们就会明白，戏剧的审美，正是在巫术意味不断淡化的过程中，从原始宗教活动中缓慢地走出来，成为一门独立的艺术的。

再比如傩坛巫音，作为原始音乐和语言的遗响，它对人类音乐和语言的起源和演变，具有很高的研究价值，闻一多先生经过考证曾经推测，原始人的语言和音乐没有明确的划分（界乎音乐与语言之间的一声“啊”，便是歌的起源）。因为“这声音可以拉得很长，在声调上也有相当的变化，所以是音乐的萌芽”；同时这带有特殊声调的一个感叹音，因为“不是一个词句，甚至不是一个字，而是代表一种颇复杂的涵义，所以是孕而未化的语言”。（《闻一多全集・歌与诗》）傩坛巫音的发现，正好补充了人类音乐、语言起源研究中的一个缺环，使以往的某些推论有了确实的证据。在举行傩祭仪式时，巫师不断地提高声调或降低声调，使之产生一种界乎说话与唱歌之间的声音形态，似说非说，似唱非唱，这种用特殊的声调表现某种语言或者说把某句语言用近似音乐的语调加以强调的形态，无疑是人类语言和音乐较早的存在形式。可以说巫术催化了人的语言，特别是音乐的发展，而且正如傩面具的演变一样，随着傩戏傩舞巫术意味的逐渐淡化，不少傩坛巫音也渐渐从神坛向世俗演变为相对独立的歌唱艺术形式，构成群众性审美娱乐活动的重要部分。

由此我们可以看出，傩文化是一种跨时代的传统文化现象，它对哲学史、民俗史、美学艺术史以及宗教史等学科的研究具有重要的学术价值，为了使更多的公众和学者了解傩文化的意义，最近贵州省铜仁地区（现铜仁市）文化局和傩文化博物馆在京举行了傩文化展览，该展不仅展出了大量傩戏面具、神案画、道具、服装以及傩书、手抄傩戏剧本等文物藏品，还请当地的掌坛师现场表演生动的傩戏傩舞片段以及精湛的赤脚踩刀等傩技，得到了专家学者和广大观众的高度赞扬。

# 沿河山歌：穿云透月的清音

刘照进[①]

## 一

一身土家族打扮，地地道道的农民装束，神韵、气质、动作无不透出几分稚拙憨朴，甚至带着几分滑稽。不过没关系，这恰是民歌歌手们身上的特质，为他们将要进行的“演出”做一层铺垫。

这山没得那山高，那山妹崽捡柴烧；哪年哪月嫁是我，柴不弄来水不挑。

这山没得那山高，那山娇妹把草薅；六月太阳似把火，你来歇哈我来薅……

清越的民歌唱起来，原汁原味的乡音俚调满地流淌，像民歌歌手一样简拙、素朴，不带任何修饰，却将这片地域的文化演绎得有滋有味、有声有色。

以大山为背景，靠水而居的土家人世世代代在这块土地上繁衍生息，骨子里融会了山的粗犷和水的柔媚。他们似乎天生就是优秀的歌手，在与自然抗争的过程中，他们摘天上的日月星辰为词，扯身边的清风流水为曲，自编自创，自导自演，自歌自吟，用穿云透月的清越歌音，抒发胸中的喜怒哀乐，释放劳动的负重与愉快，描绘美好的生活，表达对爱情的纯真追求……

土家人生来爱唱歌，不唱山歌瞌睡多。土家人民爱唱歌，山歌越唱越快活。

---

① 刘照进（1969—），贵州沿河人，中国作家协会会员，铜仁市文学艺术界联合会三级调研员。

我曾采访过一位农民歌手陈庆国。39岁的他看上去精神抖擞，丝毫没有农民的卑怯。耕种之余，他也替人做些砌墙垒灶的泥水活。清贫的生活丝毫没有影响他对民歌的热爱。无论是上山砍柴，还是栽秧薅草，他都喜欢扯着喉咙吼几嗓子。唱歌已成了他的一种生活方式，寂寞时他唱，欢娱时他唱，得意时他唱，失落时他也唱。他的日子里注满了民歌的韵脚，只要心灵的和弦轻轻拨动，那些优美的野曲俚调就抬起头来，站到生活的表面。

陈庆国说他最爱唱的是对歌（山歌的一种），他说对歌的“味道”特别浓。对歌一般都是一男一女对唱，而且在野外要相隔一定的距离。“这山望去那山平，对门有两个好女人。大的就是大姨子，细的就是管家人。”隔着河流、山坳，看见对面走着两个陌生女子，年轻的土家汉子按捺不住激动，放开喉咙就把山歌递过去。他未经对方同意，就说“细的是管家人（妻子）”，语气霸道，大胆、粗犷、率真、鲁莽的性格显露无余。对方顺口就回绝：“小兄弟哎你莫聊白（聊皮、无聊），你的家庭我晓得，那年那月我往你家门前过，你瓢瓢铲铲都没得。”人家不仅讨厌你的性格，更是对你的家底了如指掌，后生自然要遭到挖苦和奚落。

这一位土家后生却不同，他对爱情的表达就要含蓄得多：“好久没到这山来，访问这山好人才。访问这山人才好，等我回去请媒人来。”姑娘从他的歌声里听出了炽热的倾慕，内心不免欣喜，但她不会贸然答应，装着拒绝：“小兄弟哎你莫忙，等我回去问爹娘。爹娘许配我许配，慢慢相交得九场。”看来，他们的爱情“有戏”了，但还得经历十磨九难的考验。

后来，我从陈庆国的歌声里品出了他说的“味道”的确切含义，那种不修边幅、素面朝天、贴着大地飞翔的乡音俚调，饱含男女之间对爱情的追求、渴望、期盼、向往，确实蕴涵了无尽的意味。

## 二

民歌的源头是大地。似乎，这里的每一块石头都是琴键，每一缕山风都是曲调，每一滴流水都是音符……你的脚掌只要轻轻踩踏着这里的任何一寸土地，都会有民歌从那些隐蔽的角落探出头来，向你招呼问候。劳动歌、情歌、山歌、打闹歌、哭嫁歌、仪式歌、红军歌、犁唱、船工号子，哪一首不婉转悠扬？哪一曲不震魂夺魄？哪一首不穿云透月？

暮春时节，斜风细雨，土家山寨到处是头戴斗笠、身披蓑衣的成年男女，他们躬身于田间，把大地当作纸笺，以手中的秧苗做笔，书写一行行精彩的诗句。春天提着五彩的油漆桶把大地的每一寸肌肤都涂抹得花红柳绿，啁啾的鸟儿在树枝上赶着爱情的集墟。不远处的水田里，一对秧鸡头挨着头，在秧苗的空隙间悠闲地游玩。弯腰“写作”的“诗人”触景生情，想起心中爱恋的姑娘，灵感喷发，一曲高亢粗放的《栽秧歌》就从田间的这头扯到了那头。

大田栽秧行对行，一对秧鸡来歇凉，
秧鸡跟着秧鸡走，情妹跟着少年郎。
天上落雨地下稀，打湿情哥白衬衣，
心想脱是情哥换，情哥不穿女人衣。

土家歌手王波七八岁时就爱唱民歌，启蒙歌曲是母亲教给他的《奴幺妹》《望娘歌》《赌钱歌》。那时，当地唱民歌的风气特别浓郁，尤其是唱山歌。虽然有些俚俗，多数歌曲带有调侃、骂人的意味，但是很刺激，体现了人们在生活、劳动中的单纯和愉快。在那个填不饱肚子的年代，繁重的田间劳动、枯燥单调的乡村生活、压抑的情绪，成为人们心头一块沉甸甸的石头，然而，土家人正是用这歌声来消愁解乏。隔着河沟、山岭放声对唱，一起一伏，此唱彼应，歌声穿行在林间山野，如一缕缕清风拂过。王波和小伙伴上山放牛，就和乌江对岸的放牛娃对山歌，整日不厌。而到了栽秧季节，满田都是栽秧歌声，那韵味就更浓了。

“唱歌对我的最大好处就是欢乐，只要有歌唱，无吃无穿都无所谓，如不唱歌就心里闷沉沉的。”王波称唱山歌为“穷欢乐”，那时家里九口人，只有两间木房，穷得连媳妇都娶不到。后来他到别的村去做木工活，一边做活一边唱歌，整日不歇，渐渐引起了村子里一位姑娘的注意。姑娘是村小的民办老师，也是个“乡村文艺”爱好者，不知不觉就被王波的歌声“缠”住了。后来，这位名叫宋仁春的姑娘成了王波的老婆。乡亲们戏称王波的老婆是“唱来的”。

几十年过去了，王波的歌声依然高亢、明亮、清澈，像山涧里流出来的泉水，一路叮叮咚咚地伴随着岁月流淌。在那一曲又一曲高亢激昂的演唱中，一条民歌的河流正从远古时代缓缓流来。

田中打鼓啼泸州，街前打鼓立排楼；
教场打鼓兴人马，田中打鼓起歌头。
正月二月农夫忙，三月清明下早秧；
前山薅到后山转，打起锣鼓喜洋洋。

劳动创造了歌声，劳动创造了生活的美与和谐。这首《薅草打闹歌》，正是土家人以歌舞助兴劳动的见证。

远古的蛮荒年代，土家人身居高山深谷，人烟稀少，野兽肆行。于是他们邀约众人，推举一名歌头领唱，众人敲锣打鼓大声吆喝，赶山守苗。后来，聪明的土家族人逐渐把这种歌舞活动运用到生产劳动中去，创作了《薅草打闹歌》，在农事繁忙的薅草季节，聚众劳动，伴之以歌舞督促，展开竞赛，提高效率。透过歌声的丛林，我的记忆又回到了故乡人唱着山歌薅草打闹的激情年代。夏忙季节，山村的天边刚刚露出浅色的鱼肚白，挂在村子中央古树上的高音喇叭就扯开了喉咙，喊醒人们扛着农具走上山坡。

坡头坎脚，四荣公手提铜锣，亢奋的激情在圆面上扩散，拣瓦匠老何斜挎半边牛皮鼓，棒槌舞动，彩袖翩飞。他们站在薅草队伍的前头，歌之，舞之，唱之，蹈之，一场民歌的大雨顿时倾盆而下。

清早起来雾沉沉，沉沉浓雾不见人。

东边一朵红云起，西边一缕紫云开。

红云映红山和水，太阳照着唱歌人。

锣声惊得河水响，鼓声震得山谷鸣。

歌声起处，锄头像勇敢的战士，朝着杂草的敌阵冲锋陷阵，包谷林里，锣鼓和着汗水一起滴落草丛。

四荣公和拣瓦匠老何都是我们村优秀的民歌歌手。我曾在散文《散落的碎屑》里这样描述过他们："四荣公天生有一副好嗓，他的山歌和唢呐一样远近闻名。他没有进过学校，那些民歌是他在山路上捡拾的，带着牛粪的气味和露珠的清香，充满十足的野性，与教科书毫无关联。年轻时他是我们村的歌手，他和拣瓦匠老何联唱的《薅草锣鼓》曾使一个乡村充满了理想主义和浪漫主义的色彩……"

不知不觉日挂中天，暑热难耐，有那精神不振者偷奸耍滑，只把锄头在苗丛间来回晃动。也有那闲不住的嘴巴，三张两张凑一堆，唧唧喳喳扯着东家长西家短的闲话，影响了劳动的进程。这时，锣声和鼓点就会撵到跟前，或以白描的手法点出他们的偷懒行为，或以戏谑调侃的方式描写他们劳作的情形。

青冈锄把三尺长，杵起锄头拉家常。

你说你的荒瓜好，我说我的茄子长。

一把锄头二斤半，杵起锄头望团转，一锄挖到连二杆（小腿肚），告奶奶奶奶（狗叫声）惊叫唤。

那位邋遢的懒大嫂，更是遭到了直接批评，歌词运用比兴手法，描绘形象生动，充满了乡村式的幽默。

二嫂薅得快又好，偏偏挨着懒大嫂。

你在用力专心薅，她在胯下捉虼蚤。

懒大嫂，尽光薅些茅盖草。

三天太阳两天雨，望住望住草活了。

嘻嘻哈哈的笑声传遍山野，懒大嫂赶紧集中精力，融入薅草的劳动行列。那些清越的歌声就这样飘荡在20世纪70年代的乡野，带着明显的抒情和憧憬，撞击着一个时代的神经，让兴奋的锄头和劳动的汗水忘记了偷懒。

## 三

我曾无数次穿越乌江这条古老的河流，感受着沿途的陡滩恶浪，也曾无数次对着江岸绝壁上的蜿蜒的纤道赞叹感怀。每当此时，那些肩负纤绳、匍匐拉船的纤夫背影就在我的脑海里一一闪现，我的耳朵也会响起那些节奏紧迫、刚劲有力的《乌江船工号子》。

天上落雨地下粑呀

蟥狮蚂蚁在搬家呀

过路大人不踩我呀

为儿为女才搬家呀

这只船儿过陡滩呀

头打湿来尾巴干呀

听我把号子喊一段哪

号子催船上陡滩呀

哟哟嗬——

千里乌江奔泻而下，沿途滩多浪急，水势汹涌，在航道未经整治之前，这是一条充满死亡气息的水上之路。“乌江滩连滩，十船九打烂。”在那些苦难的岁月，不知演绎了多少船毁人亡的人间悲剧。于是，一生把命运系在水上的船工们，在来来去去的走船日子里，创作了这曲震撼人心的号子。

如今，往来于乌江上的那些木质的歪屁股船、斑鸠尾船、竹篷船已被钢铁船舶替代，船工们再也不需要在险滩激流中匍匐拉纤。但曾经那段拉船的历史却深深地嵌进了他们的记忆，那一曲曲或高亢粗犷或舒缓回旋的号子余音袅绕，挥之不去。

多年前，我陪地区文艺采风团到黑獭乡采访老船工田海云。老人石雕般的脸上依然刻写着水手的坚毅，那些皱纹的沟沟壑壑写满了老人一生行走乌江的传奇故事。听说是要来搜集《船工号子》，老人不禁兴奋起来，赶紧邀来了当年一同走船的同伴。最后，大家就在乡政府狭窄的院坝里为我们表演“拉船”。他们站成长长的一溜，躬着身子，手上“拉”着虚拟的“纤绳”，随着领唱的指挥，身子前倾后仰，嘴里跟着“吆吆吹哟”地伴唱。一条负重的逆水“船”被他们“拉”着，缓缓地向“上游”“行驶”。

往前梭噢来哟，吆喂吆哦来吔，吆吆来哟，吆喂吆哦来吔。

清早起来哟吵嗨嗨，把门里开哟嗨嗨，嗨呀嗨哟吹嗨嗨，妹儿拿起哟嗨嗨，梳噢子啰嗨嗨，来梳理那头哟嗨嗨，前头梳一个呀嗨嗨，剪刀的发哟嗨嗨，后头的燕尾巴嗨嗨，紧紧拉哟嗬嗨嗨，吔喂，喂啰嘿哟吔晗拉，斗劲来呀吔晗，喂嗨嗨咗，哟嗬嗨咗，吔哦哟嗨咗，吆来哟嘛吆哦嗨咗嗨咗，吆吆嗬嗨咗嗨咗，吔哦嗬嗨咗嗨咗，喂啰哟。

让我感到无比惊讶的是，他们的脸上丝毫没有流露出“表演”的敷衍。他们充满了激情和斗志，起初时红光满面，渐渐地随着“船”的上行，肌肉不断绷紧，手臂上青筋突兀，“汗水淋淋”，号子声越响越激烈，双手扯动也越来越快。终于，“船”被拉上陡滩，在平水中缓缓徐行，号子声也由激昂变得舒缓起来。

吆咿吆，太阳去了岩搁咃岩咃，一来咃怕你咃吃酒醉咃，二来咃怕你咃滚下咃岩咃，嘿哟哦吠，哟嘿哟啦，哟，吆吆吠哟，嘿哟吹，嘿！

一抹夕阳挂天边，歌声舒缓悠扬。那时，乌江就在他们的脚下流淌，他们的影子被阳光侧打在江岸，仿佛老照片中泛黄的背影。

## 四

在我的记忆深处，那些缠绵悱恻的哭嫁歌总是那么牵人情怀，以致时间过去若干年，我依然看见大红花轿在山梁上一闪一晃地簸动，爱情伴随依依惜别的歌谣飘荡……

寨子里的春花大姐要出嫁了，姐妹们早早地来到她家，躲在吊脚楼上叽叽咕咕地教唱哭嫁歌。新郎是山那边的年轻小伙，英俊孔武，姑娘心里暗暗充满了期待，她把羞涩一针一针地绣进鞋垫，自己掌握着爱情的密码。

婚期到来，远亲近邻齐聚一堂，鞭炮鸣响，唢呐声声，接亲的大红花轿停放在大门口，堂屋里点着红红的花烛，大红对联将古老村庄的黝黑脸庞映成喜色。姑娘心头充满喜悦与惜别的矛盾。面对即将离别的父母兄妹，居住多年的老屋，还有那朝夕相处的寨邻姐妹，一股离别的愁绪涌上心头。此刻，她用一方手帕遮住娇羞的脸，悠长悠长的歌声就从那方帕的边角缝隙溜出来，一声两声敲击着亲人的心口。

开声哭娘刀断肠，女儿难舍我的娘。
千言万语说不尽，娘的恩情哪个忘。

母亲也心疼女儿，责怪自己家贫没有为她置办像样的嫁妆，难免伤心，但她想着今日是女儿的大喜日子，一边挥起袖子擦抹眼泪，一边劝慰女儿到了夫家要遵守妇道、孝敬公婆。

弟兄姊妹团团围住，听着她如诉如泣的歌谣。

千条树杈共一根，姊妹本是同根生。
吃水吃的一口井，上山砍柴同路行。
我的哥儿哎！我的姊妹哎！

想着自己从此就要远离家门，年迈的父母无人照应，只得依靠哥哥兄弟多替爹娘分担忧愁，于是，那哭声里又多了几分嘱托。

风吹杨柳绿茶花，我今要去别人家。
堂上双亲你孝敬，千斤重担你承担。
我的哥儿哎！我的兄弟哎！

哭嫁的歌声就像山路上的草绳，长一声扯住哥哥的腿，短一声拴住妹妹的脚。礼炮响过，锣鼓敲起来，唢呐吹起来，难舍难分的新娘子哭唱着歌谣上了花轿，离别熟悉的家园，向着另一个方向而去。大红花轿一闪一闪，抬轿的汉子唱着山歌野调，故意颠来荡去，唢呐声声，红绸子在风中飘舞，飘在山梁上的歌谣，就这样翻过了一坡又一塆……

时光远去的海面，民歌的岛屿浮现。这匍匐的植株，鸟鸣的清音，这带着露珠的清澈和泥土馨香的天籁之声，似乎，只有大地配得上倾听。

# 花烛无泪[1]

侯军[2]

幼时读《神童诗》，说到人生有四大喜事："久旱逢甘雨，他乡遇故知。洞房花烛夜，金榜题名时。"稍长，喜欢看戏，常常看到戏台上才子佳人上演大婚场面，小喇叭一吹，新人被簇拥着进了洞房。那台上摆的必是大红蜡烛，从此留下一个印象，以为"洞房花烛"就是指那样的红蜡烛了。

然而，深秋时节的一次贵州思南之行，一下颠覆了我过去的印象——在这里，我见识了真正的"花烛"，那真是花团锦簇、名实相符的花烛啊！

思南古老的安化街上，一家小小的门面，一块不起眼的招牌，吸引了来自全国各地文化记者的目光。进得门来，只见墙上倒挂着一串串漂亮的花烛，有大有小、有长有短，有牡丹、有蜡梅、有玫瑰，有龙凤、有燕子，有"寿"字，真是五彩缤纷、满目琳琅。一个女孩子忍不住上前用手一摸，惊呼道："真是蜡做的啊！"站在旁边的一位老人家笑眯眯地告诉她："这可不能摸呀，手是热的，一摸花烛就会化了！"

这位老人就是这小小花烛作坊的主人刘贵贤，今年已经85岁了。他指着墙上的花烛，慢声细语地告诉大家，这些花烛都是他和家人手工制作的。花烛样式不同，用场也不同：孩子满月要点满月烛，金榜题名要点报喜烛，给老人祝寿要点寿字烛，家里办丧事要点白花烛。在思南，各式各样的花烛几乎贯穿了人的一生。当然，最常见也最讲究的，还是办喜事用的龙凤烛。听到这里，大家顿时兴奋起来，有人指着墙上的一对龙凤烛问："洞房花烛夜就要点这种花烛吧？"老人微微一笑，说："洞房花烛夜点这个可不合适，"大家都诧异了，老人指着旁边一种短小精致的花烛，"这才是洞房花烛，

① 本文原载于《北京晚报》2016年11月24日。
② 侯军，高级记者。

这种花烛只能燃烧20分钟，叫圆房烛。那种龙凤烛要烧24个小时，人家新郎新娘哪里有那么大的耐性呀？”这一句话，把满屋子的人都逗笑了。老人继续给大家讲：“光是办喜事的花烛就有好几种，男方到女方家接亲要点接亲烛，婚礼大典拜天地时，才要点那种龙凤烛。”听着刘贵贤老人的讲解，我们才恍然大悟，原来戏台上的大红蜡烛过于简单，也过于“写意”了。

众人散去，我和几位同行意犹未尽，围着刘贵贤老人刨根问底：“这些花烛是用什么原材料做的？”“您制作花烛的手艺是跟谁学的？”“花烛的市场怎么样？”“您每年靠制作花烛能有多少收入？”

刘贵贤显然是接待记者的老手，他有条不紊地一一作答：

做花烛最要紧的是灯草。还需要乌桕，俗称“棬子”，思南这里漫山遍野都是，可以榨油，而且这种油在常温下是固态的，再有就是做蜡烛必需的石蜡了。思南的地理位置得天独厚，做花烛的主要原材料一样都不缺，所以才能成为“花烛之乡”。早年间，思南有很多家花烛店，单是这条老街上就不下百十户。可现在只剩下我们这一家了，这门手艺也快失传了，要不，怎么会变成“非物质文化遗产”呢？我从10岁开始学做花烛，手艺是父亲教的，我父亲的手艺是跟我外公学的，算来已经有一百多年了。如今，我又把手艺传给了儿子儿媳，现在，“思南花烛”的非遗传承人是我儿子刘仕贵。老祖宗留下来的手艺，不能在我家断了根呀！

我们家几代人做花烛，真是尝尽了酸甜苦辣。就好像这蜡烛的小火苗一样，飘飘摇摇，忽明忽暗，来一阵大风，呼的一下就吹灭了。“文革”中，花烛是“四旧”，不允许做了，我没法子，只好自谋生路。幸好我是1949年前的高中生，有点文化基础，就去学校教书，教的是苏式会计学，直到改革开放我才回来重操旧业。刚恢复生气，还很艰难，现在逐渐好起来了，人们生活水平提高了，对传统的东西越来越喜欢，花烛市场也随之越来越好。好多外地客人慕名前来购买花烛，北京、上海、广州、香港的都有。我这个小店，每年能卖2000多对花烛，收入也有25万元左右。

我望着那满墙花烛，脑海中忽然涌现出许多与蜡烛有关的古诗佳句，若“秋夜床前蜡烛微，铜壶滴尽晓钟迟”（王建）；若“何当共剪西窗烛，却话巴山夜雨时”（李商隐）；若“洞房昨夜停红烛，待晓堂前拜舅姑”（朱庆馀）；若“只恐夜深花睡去，故烧高烛照红妆”（苏轼）……电灯发明之前的千百年中，烛火一直是人类主要的照明光源，而在浩瀚的文化星空里，花烛又曾幻化出多少曼妙的意象！而今，这些昔日的诗情画意，随着人们生活方式的巨变而渐行渐远，譬如眼前的花烛，在现代生活中早已难觅踪影，只有跑到这相对偏远的贵州小城，才有机缘与它不期而遇，即便在思南，也仅存这一家小店。由此可想，在现代化大潮的冲击下，偌大的中国又有多少历史悠久、工艺精湛的手艺，已经或正在无声无息地消逝呢。

思及此，我忽然萌生出一个异样的问题，悄声去问刘贵贤老人：“现在您做的花烛还有烛泪吗？”

大概我这个问题有些突兀吧，老人愣了一下，但他思考片刻就做出了回答：“我经过反复研究试验，现在已经把花烛的两大问题，一个是蜡烟，一个是烛泪，全都解决了。我现在做的花烛，一不冒烟，二不流泪，既安全又环保。”

同行的朋友又在追问：“您是用什么方法解决这两个大难题的？”只见老人狡黠地一笑，“这是我的诀窍，哪能告诉你呢？”

伴随众人的笑语欢声，我悄然离开这家花烛小店，信步走在安化老街上，心头却泛起一丝苦涩，眼前浮现着那既无蜡烟又无烛泪的现代花烛，心中追念着那些流传千载、脍炙人口的诗句“春蚕到死丝方尽，蜡炬成灰泪始干”“蜡烛有心还惜别，替人垂泪到天明”。

然而，花烛无泪，诗将安在？这么一想，顿觉怅然。

# 万是千非朱砂红

刘醒龙[1]

一得永得，夺锦朱砂如墨黑。

这话出自佛门。也只有在佛门中待得够久，才会将万是千非归如一一。

因为足以夺锦，才有秋日里最高枝头上，最香艳、最浓密的繁花被称为朱砂桂。还有那所有旧季节的残花全开过了，新年头的春蕾还没有苏醒，唯一独占寒枝霜雪之花，被赞叹为骨里红还不够，还要再进一步，美其名曰朱砂梅。甚至大半个中国和大半个亚洲都有生长的普通灌木，由于结出一串一串、一团一团与众不同的紫金般果实，而叫作朱砂根。

而之外，心动之动的更是欧阳修情意有所属版——“朱砂玉版人未知”，那叫朱砂红的。

欧阳修必是见过朱砂红的，因为他也是书生出身。那位同在洛阳的穷困潦倒的书生，赶上大比之年，半文银子也没有，还想赴什么汴京应考？书生一发愁，就要借酒浇一浇，那连酒也喝不起的，只有看花解闷。没有酒喝的书生，在去崇德寺看花解闷之际，于无限春光里，由翻飞彩蝶中，遇上一位面如桃，眉如柳，百分之百会心的红衣女子朱砂，说是相助以小资，实则包裹了五十两白银作盘缠。从洛阳到汴京三五六七天，路程很顺，应试过程更顺，只是结局不顺，分明是第一名的状元，却被奸佞使坏，弄得榜上无名。九死一生之后，神情恍惚的书生竟然误入奸佞的后花园，分明是将错就错，却弄得像是将计就计，顺手救出被奸佞抢来此地的朱砂姑娘。连夜逃回洛阳的才子佳人，命中注定只能过上一百天好日子。重病在身的朱砂姑娘，直到最后一刻才吐露，自己本是崇德寺附近张四家园子里排位第七的牡丹，名叫

---

① 刘醒龙（1956—），湖北黄冈人，中国作家协会主席团委员，湖北省文学艺术界联合会主席。

朱砂红。朱砂姑娘消失后，书生拿着她留下的二百两银子，将张四家园子买了下来，不再读圣贤书，涉名利场，一心当个花匠，悉心照料起排在第七位的朱砂红来。

其实，这故事的前半部分是很俗气的，真正打动人的是后半部分。本可以成为状元的书生，为了一株只排在第七位的牡丹，心甘情愿地做了一辈子花匠。后来欧阳修说，洛阳牡丹他过去记得数十种，后来差不多都忘记了。朱砂红不仅在他记得的名目中，还是其文章中提及最多的。欧阳修能够记住朱砂红，会不会与朱砂姑娘表明自己是那第七位的牡丹有关呢？

世间之物，黄金、白银、宝石、琥珀、珍珠、沉香等都排名靠前，以俗世之念相比较，大约朱砂也只能排第七。真正可爱，实在可人的往往不是最美的，当然也不是不美的，最美的东西往往无瑕，就像水至清则无鱼，人至察则无徒，爱得太深往往痛得最厉害，笑得最响亮的人有可能是失意者。在数十种牡丹花中，第七这个位置更加亲和。那排第一的，往往名花有主，由不得自己，不可像清风一样自由自在地与人会心偶遇，快意相逢。

传说不等于胡说，将朱砂红排在牡丹园众花的第七位置上，无论怎么想象，都觉得是最好的选择。我到贵州次数不少，估计也是在第七次时，才注意到那名叫朱砂的古镇的。早前到贵州，不需要任何其他原因，下意识地就会将茅台镇、黄果树瀑布、赤水河、遵义会议会址、千户苗寨、威宁草海放在优先要去的名单里。2015 年春天那一次，都已经到铜仁了，也曾听说此地有座朱砂古镇，还是由于边地珍宝太多，向来极不善饮的自己，三杯两盏下去，便被茅台美物所折服，顾不上欣赏其他而错过。相隔十三年，第二次到铜仁，有机会深入到朱砂古镇，恰好是第七次到贵州，免去了豪饮状，只把目光轻轻一移，脚步率性一挪，哪怕有雨有雾，内心上下也美不胜收。

在梵净山的深处，因为出产朱砂最多而以汞都著名的古镇，几朵白云，几团浓雾，就可以一点痕迹不露，遮蔽得很彻底。在早年的孩提那里，朱砂曾经是一种小小的恐惧，那时候的日光灯管，不可以随便弄破，万一不小心弄破了，人就得赶紧躲得远远的。因为老师说过，日光灯管里的水银蒸汽有剧毒，闻一鼻子就会死人。朱砂、汞和水银，是同一物质在不同形态下的不同说法。现在的朱砂，于我最大用途是钤印，在用毛笔书写相对重要作品时的点睛。所谓朱批，是那无上皇帝干的活。从唐高祖的第一位科举状元开始，到光绪三十年最后一位状元，千年以来，这样的朱砂红，先后点批五百零四位（一说五百九十二位）状元。其中就有开元十九年，唐玄宗御手朱批，后来成为山水诗歌鼻祖的王维；宝祐四年，宋理宗朱笔钦点，史称状元中的状元文天祥。

仅以帝王朱批为例，不用说将朱砂红排在第七位的牡丹，如果牡丹有一百种或一千种，将其排列第七十位和第七百位，只要不改芳名，朱砂红还是会被欧阳修牢记在心。本以为自己必中状元，仁宗皇帝却只给个第十四名、位列二甲进士及第。都已经触碰到额头的朱批，从眼前一滑而过，落在别人的名下，这样的朱砂红哪能不刻骨铭心！这就难怪原始朱砂晶体被称为砂宝。毫无规律自由散漫地生长在水晶石中的砂宝，红白相映，外形如箭镞，别号箭头砂，藏在地下时，悄然听去会有母鸡孵蛋那样的咯咯之声。一旦有谁稍不小心，惊跑了砂宝，就再也找不着。欧阳修太想有朱砂红批钦点在自己名字上，不可避免的那些动静，自然也会惊动砂宝！那洛阳城中有可能成为状元的书生，到头来只做了花匠，终日陪着位列第七的牡丹。简直就是醉翁亭与欧阳修的另一种写意。就朱砂红的全部意蕴来看，第七和第十四，得到的，才是那曾经失去的。

有缘怪石，三生求证，无种奇花，四季常开。

雨雾团团的朱砂古镇上，潮润的青石，踏得轻轻一响的是朱砂的传说，踩着沉沉一晃的是传说的朱砂。错走几步，到了不该到的小街尽头，不是抬头见不到顶的断壁，就是低头看不到底的悬崖。不知是从前的哪个去处，住着一位有名有姓的修炼者。

有道人手提一双草鞋上门来卖，索价黄金五两。他都将黄金拿出来了，却被妻子吆喝着骂了回去。这边刚刚无奈反悔，那边道人将草鞋往空中一扔，化为一对仙鹤冲天而去。还有古镇南门的某和尚，貌似疯癫，有一天竟然挑着粪水，沿街泼洒，惹得街坊四邻手拿家伙到处驱赶。到夜里，不知起了什么邪火，风狂焰烈，见房烧房，遇屋毁屋，唯独和尚用粪水泼过的地方，一根茅草、一片窗纸也没有损失。在和尚、道人之外，还有一位以蒙鼓为业的鼓匠。有好友患伤寒久治不愈，鼓匠让他解衣露背，自个儿盘膝而坐，也不做什么，就这么待了一会儿，好友忽觉背心有热气升腾，慢慢弥散到四肢，出了一身汗，便万事大吉。前人修志编书，不会以讹传讹毫无根据。经过一代接一代学人增删，还能保留下来的，总有其不朽道理。流传在朱砂古镇上许多人事，作为志书印行，看看总是可以的。说一万，道一千，奇与不奇，怪与不怪，都会说明，这些事，这些人，全是爱好朱砂及朱砂爱好者！至于是照搬升腾幻化之术，定时定量服用朱砂；还是学那洛阳书生偶遇，与砂宝有了三生三世关联，没有说清楚，是由于百分之百说不清楚。那些欲寻灵根，以求长生不死，到头来，哪个不是凡胎来、凡胎去。不如就这样，留几则茶余饭后的故事，不是说生，也不是说死。生生死死都是天地所赐，有什么好说的？好说的，也说得好的，唯有朱砂如何成为砂宝，又如何升华为朱砂红。

比雨丝雨雾还要多的，不是传说在流传，不是故事在说事，是那古镇上上下下遍地生长，分门别类载入地方典籍中的谷、蔬、果、瓜、木、竹、花、药、毛、羽、鳞、介、虫、货。说谷时，包括了黏、糯、粱、豆、麦、麻、荞、谷、稗等几乎所有主次食物。蔬、果、瓜、木、竹、花、药各类，也容易一样样地分清楚。毛指虎、豹、熊、马、牛、羊等走兽；羽为鸡、鸭、鹅、燕、雀、鹰等禽鸟；称鳞的非鱼即蛇；叫介的全都身背甲壳；其余能飞的蛾蝶，能走的蚕蚁，能跳的螳螂，能游的蚂蟥，都归到虫类；最后的货，除了天然出产的金、银、铜、铁、锡，还有初级制成的油、麻、葛、棉、纸、烟、茶、盐、蜜蜡、蓝靛等等。

如此富饶，如此丰硕，是该用文字记载下来。

同样用文字记载的，还有令人心疼、心悸的内容。

有学者著文研究，从明清一直到新中国成立之初，贵州汞矿的冶炼一直采用土灶，回收率仅为 50%—60%，这意味着有 40%—50% 的汞呈蒸气进入空气中，汞蒸气浓度超过标准的460倍，废气排放到大气中会对空气形成污染，通过呼吸系统进入人体，影响人们的健康。一部分空气中的气态汞又通过沉降落到地面或水体中，直接导致水土的污染。同时，炼汞过程中形成的废水一般是排放到河流中，直接对河流形成污染，水生物受到影响，甚至灭绝，这些废水若流入到周边的农田又直接导致土壤污染，对农作物产生严重后果。据下辖朱砂古镇的万山一带的村民反映，大片受汞污染严重的田地里种出来的大米是呈黑色的，村民根本不敢用来自己吃，一般是多洗几次用来喂猪。可见，明清以来随着万山汞业生产规模的不断扩大，万山地区及其周边的环境污染也日益严重起来，严重地影响到当地人的身体健康。由于明清时期医疗技术和医疗水平有限，缺乏当时汞中毒的相关资料，从现今万山汞矿退休人员中大量患有各种疾病的事例看，我们完全可以推断明清时期由于汞业生产对水、土、空气造成了严重污染，也对许多直接从事汞生产以及汞矿周边工作的人们的身体健康产生重大危害。如今万山的水土及空气的汞污染相当严重，就是明清以来汞业生产长期发展的后果。

《万山特区志》第30页“一九八七年六月十六日的万山特区人民政府二十九号文件”载：万山汞矿采冶区汞含量超过国家规定标准，水的汞含量最低超过国家规定标准6.4倍，最高超过26倍；大气层含汞量最低超过国家允许浓度的6.4倍，最高超过26倍；土壤汞含量最低超过国家要求的4倍，最高超过45倍；鱼体含汞量最低超过国家规定标准的30倍，最高超过111倍；米（成品粮）含汞量最低超过国家规定标准5倍，最高超过9倍。在同年二至六月贵州汞矿对矿工体检，发现汞中毒274人，汞吸收238人，慢性轻度中毒42人，慢性中度汞中毒4人，慢性重度汞中毒2人。有时候，我们不得不苦恼而由衷地说，资源枯竭对人来说是一件幸事。如果不是20世纪80年代后期开始出现的资源枯竭，朱砂古镇绝对不会出现当下的另一种芳华美景。枯竭通常会被当成是某种同样来自天地间的惩罚。即便朱砂能再珍贵十倍百倍，也摆脱不了固有的负面因素。过往事实表明，那顶被武则天赐以光明砂的桂冠，哪怕戴了1300年，该来的疾苦病痛，还是一样不少地如期而至。

有时候，我们会想也不想脱口而出，说某个人怎么像是吃了朱砂？那样说时，面前的对象一定情绪严重失控，到了某种癫狂程度。话是这么说，人吃了朱砂后的样子还真的没有见过。不过我们的长辈，他们是见过的。比如，20世纪前半叶颇为流行的帮派会众，一旦起事，十冬腊月里都会光着膀子，拿着大刀与标枪，口称刀枪不入地冒死前行。长辈们见过那些人捧着大碗海饮海喝，那大碗里装着的，不是一般的东西，而是赫赫有名的朱砂酒。按长辈这类说法，朱砂酒无疑有使人空前亢奋的功能。我们亲眼见到的却是另一番景象。上小学时，算术老师的女儿患癫痫，某次发作时，突然口吐白沫倒在地上，围观的人，几乎都在嚷嚷，让人快去弄点朱砂化水喂下去。这两件事情，当时没觉得有哪里不对，后来，相关知识积累得多了，想法也多了，同样一种物质，如何既能使人亢奋，又可以令人镇静？

回到开头那话，朱砂夺锦，不等于一得永得，谁能料到后来是否会有墨黑一样际遇？

朱砂好，好到连牡丹也要跟着附庸风雅地起个别名称为朱砂红。

在洛阳书生与朱砂红的缘分里，一方得到另一方的资助而达到与状元只差一点朱砂、一笔朱批的境界，最终结局是受资助的一方回到原始起点，由赏花人变为养花人，同捐资的另一方天人合一了。朱砂古镇几乎就是此番传奇的另一种书写。民间口口相传，从秦汉起，当地就在开采朱砂，正式记入历史档案的是从武则天当朝的垂拱二年（686）：“锦州贡光明砂。”当时朱砂镇属锦州管辖。能够称为光明砂的朱砂，纯度达到90%—98%。千百年来，人们用尽办法，哪怕采不到古镇一带悬崖上最佳的箭镞朱砂，也还可以通过普通的矿井开采略差一些的颗粒朱砂，甚至在各处沙土中，用风播，用水淘，以期得到最初级的朱砂粉末。这些长期得不到节制的过度开采，曾经带来千百年的财富。千百年后，为了前人的索取无度，后来者不得不通过财富的反哺，名义上是再造一个朱砂古镇，实际上是将本来就该如此的真实古镇归还给朱砂，将朱砂一样的美艳归还给古镇。

唐皇用朱笔点批的杭州府第一位状元施肩吾说：“丹砂画顽石，黄金横一尺。”宋时范成大有言：“洛花肉红姿，蜀笔丹砂染。”苏东坡也有诗云：“丹砂浓点柳枝唇。尊前还有个中人。”“丹砂保重开清境，白发相宜倚翠岩”“白石煮多熏屋黑，丹砂埋久染泉红”“画堂深处伴妖娆，绛纱笼里丹砂赤”“觅得丹砂能寄否，溪亭送客鬓毛衰”“换骨丹砂应几转，吾生结得此缘不”。诸如此类写朱砂最好的诗句，全部出自开采朱砂不久的唐宋时期。天下万物出产，能够成为诗词常用常新的元素，理所当然是极品。有这样的境界，满天的朱砂红就已经是诗意顶峰了。也只有这样的顶峰，才是绵绵不绝，永不枯竭的资源。一旦滥用了，不在乎源远流长，就会应了当年白居易叹息过的“朱砂贱如土”。

# 哭嫁[1]

温皓然[2]

一干远方亲人们的到来，越发让这欢庆的日子喜上加忙了，相互惊喜洒泪，问候安置了大半日，方总算是各归其位。那边的正屋里，姑娘刚由嫂嫂给开完脸，教给了一些新婚常识，正是忍不住满眼泪涌之际，猛然一眼看见自己的兄长和抱着小岱宗的秦画姐妹走了进来，这时的小岱宗正在两个姐姐的深情爱抚之下手刨脚蹬、一迭欢声地喊着："假假，假假……"

姑娘一见这般情景，便再也忍不住上前一把搂住几个小人儿，又一把死死抓住哥哥的手放声哭号陈词起来：

风吹杨柳绿茶花，我今要去别人家，堂上双亲你孝敬，千斤重担你担承！

柳花开在梅花上，一样花名几样人，姊妹本是同齐长，难与兄弟一平生！

千条树丫共一根，姊妹本是一母生，吃水吃的一井水，上山砍柴同路行！

姊妹好比鱼和水，眼下就要两离分，死死抓住兄长手，莫要背我出家门。

泪水婆娑中，又一眼看见了躲在哥哥嫂子身后悄悄擦泪的老母亲，便再次忍不住大放悲声道：

---

① 本文摘自长篇小说《箜篌引》，温皓然著，文化艺术出版社 2005 年版。题目为编者所加。本文所记述的哭嫁，是以梵净山区少数民族为代表的一种民俗。
② 温皓然（1976—），天津人，中国作家协会会员。

娘啊娘，我要走了呐，再帮娘啊梳把头。

曾记鬓发野花艳，何时额头起了苦瓜皱？

摇篮还在耳边响，娘为女儿熬白了头。

燕子齐毛离窝去，我的娘唉，衔泥何时得回头？

哀哀陈词，一唱三叹，在场之人无不动容。只有未谙世事的小岱宗未受丝毫影响，依旧欢天喜地、手脚齐舞地一迭声地“假假”个不停。

少时，一班从小一起长大的众姐妹们也陆续走了进来，姑娘便再次情意绵缠，泪雨如丝地哭诉起来：

同喝一口水井水，同踩岩板路一根；

同村同寨十八年，同玩同耍长成人。

日同板凳坐啊，夜同油灯过；

绩麻同麻篮啊，磨坊同扼磨……

也是冤家路窄，姑娘这头正哭得一腔激切，猛一抬头，又一眼撞见了外边走来了眉开眼笑的大媒人，便又立即泪雨霏霏，铁韵泣血地哀哭起来：

天上落雨路难行，你是穿针引线人。贵人把你当钱用，客边拿你作路行。

也是为我生错命，三回九转费苦心。花言巧语你会说，说得两家笑盈盈。

又说房屋有百间，又说田地有万顷。又说他家人口好，又说公婆待得人。

把我爷娘都说信，把我丢在火炉烧。媒人说谎是真言，天下女子都可怜。

坛子栽花无处死，活人丢下死人坑。媒人扯谎不忠信，来世变牛把田耕。

哀哭泣声中，酸恻呜咽的姑娘被一干人等送进了闺房。此时的闺房内更是被装扮得满眼通红，喜气逼人。房屋正中央的地上架着一张大方桌，上面端端正正摆放着十碗茶水，被邀请来陪哭的至亲近邻的九位女子依次围坐，新娘居中，叫作“包席”，坐在右边座位上的女子为“安席”，坐在左边的为“收席”。一干人众刚刚坐定，新娘便又起声哀哭起来，“安席”接腔，依次哭去，一时间便再次长歌哀恸，绵延不绝开来。用心听时，那哭也是有规矩的：辞祖宗，女哭娘，娘女哭，哭哥嫂，姐妹哭，舅甥哭，姑嫂哭，哭梳头，哭百客……主要内容是回忆亲情，诉说分别之苦，感谢养育之恩，托姐妹兄长照护年迈双亲等。

听说，这样一哭就要几天，并且不分昼夜。还听小秦画说，还有的人家是从姑娘出嫁的前半个月起就开始哭起呢！

如此一连几天的哭唱，绵延不绝地任意倾吐心中的喜悦和悲伤，见景发挥，触物生情，姑娘们简直人人都成了锦心绣口的才女。转眼就到了出嫁的前夜。这时，姑娘要从娘家的正房里搬出，住进场院里提前就已用树枝搭起“青棚”内，也有叫“偏棚”的。从正屋出来时，两旁有人给撑着雨伞，搀扶着从门槛里摆放在地上的一面筛子上跨过去，据说这是表示把一切不吉祥的东西全部筛除。这时，小秦画正不错眼珠地看着她的爸爸将一束乌泡枝和一束芭茅草挂在那“青棚”的门上，并小心翼翼地检查着是否妥帖安好，一边不时地伸出小手比画着提醒：“爸爸，小心芭茅草的叶子！”原来，那乌泡枝可以驱邪避秽，而芭茅草的叶儿极其锋利，表示割断姑娘的思念和牵挂，使其可以安心去到婆家去立业成家。

# 仙到玉屏留古调

玉屏县侗学会

明万历乙酉年（1585），平溪卫（今玉屏）郑氏人家的弟子郑维藩考中举人，洋洋喜气地在家里静候佳音，等待做官。时间一天天过去，甚至经年没有音讯，郑维藩慢慢有些焦躁。妻子安慰他，不要着急，吏部一旦发现哪里有空缺，就会下令录用的。面对这老生常谈，郑维藩觉得耳朵都快起茧了，不耐烦听了。特别是看到妻子那平沓沓的肚子，心里再添不悦。妻子都进门好几年了，一直没生个一男半女，祖训云："不孝有三，无后为大。"久而久之，这也是一块心病。在家里烦闷，郑维藩于是常常出门游山玩水，以散心解闷。

阳春三月，正是百花争艳出游赏景的时光。郑维藩给妻子作过交代，说是要去㵲阳河游走一遭，再到镇远拜访朋友。带上盘缠，径直来到北门渡口，搭上过往商船，溯㵲阳河赏景而上。

不日，船靠镇远祝圣桥码头。碧波潋滟的㵲阳河岸，青龙洞巍峨，崖壁古树参天，浓荫掩映，庙宇楼阁，影影幢幢。他感叹秀美景致鬼斧神工，跳下码头，直奔青龙洞而去。钟磬悠扬，石阶曲回，正拾级而上的郑维藩，恍见路边闲坐一个有些邋遢的道人，在朝自己漫不经心地似笑非笑。他本不在意，但心却被道人那炯炯有神的目光打动，禁不住定神打量一番。这道人身披一件鹿皮外衫，粗看的确很是邋遢埋汰，细看却见道人鹤发童颜，眉宇间透出一股不凡的英气，恰似书中的高人大仙。顿时，郑维藩心生敬意，主动施礼与之攀谈，言来语去，十分投机。不知不觉中，足迹已踏遍青龙洞，郑维藩感到遇到了生平罕见知音，嗟叹相见恨晚，热情邀请鹿皮道人到家中小居。鹿皮道人笑辞："出家人四海云游，闲散惯了，不便，不便……"无论鹿皮道人怎样推辞，郑维藩执意邀请，非去不可。他拽着鹿皮道人的手，径直走向祝圣桥码头，找了只出河商船，顺水而下。兴致所致，早把到镇远拜访朋友之事忘得一干二净。

踏进平溪家门，郑维藩兴高采烈地招呼妻子快快沏来好茶，又把邂逅鹿皮道人之事简单说了一遍。随即，叫妻子准备上好的饭菜热忱款待。饭菜上桌，郑维藩请其落座。鹿皮道人说："把孩子们一并叫来吧。"话音刚落，鹿皮道人便觉得话有不妥，因为他见郑维藩支吾不言，其妻脸上顿有羞色，于是，赶紧岔开话题。

连日来，二人白天相伴游山玩水，夜晚掌灯促膝长谈，日子过得畅快舒心。不知不觉，就是十天半月。鹿皮道人觉得郑家人再是真心热情，毕竟打扰久了，怎么也该告辞启程，云游四方去也。天有不测风云，正要告辞，不料突发重病，上吐下泻，动弹不得。郑维藩与妻子守候床前，煎药熬汤，尽心调治。道人病体慢慢好转，神志清醒后的他见到郑家夫妻无微不至的服侍，端水送饭，接屎倒尿，极是过意不去。刚能下床，就要告辞上路，禁不住郑家人掏心掏肺地挽留，只好再行住下。

病体痊愈，鹿皮道人去意已决，郑家人虽有心留客，终不便一再勉强。月上树梢，夜静风清，离别前的知心话总是说不完。

一阵悠扬的箫笛声，婉转袅娜，如诉如慕，丝丝缕缕从夜空里飘来。二人听得如痴如醉，仿佛天上的仙乐一般。郑维藩推窗静听，断定声音是来自㵲阳河那边。河畔滨水之处，有"平溪八景"的四大胜景，分别是"万卷书岩""文水浮洲""北浦渔歌""石莲漾月"。略通音律的郑维藩从未听过如此美妙的旋律，当即要拉鹿皮道人外出寻音。鹿皮道人略作疲惫状说："黑灯瞎火，如何去寻，待明日天亮再说。"郑急说："明天哪里还有？再说，明天你就走了呀。"道人安慰："明日定能寻到，我不走就是。"

一夜无语。好不容易熬到天亮，郑维藩与鹿皮道人来到㵲阳河边。见一艄公正解缆上船，郑维藩问："船家，昨晚听到箫笛声了吗？"艄公点点头，竹篙一撑，船离岸而去。"那箫笛声音是从哪里传来的？"郑维藩忙着大声又问。艄公顺手往对岸山头一指，"石莲峰。"郑维藩急喊："请等一下，麻烦送我们过河去。"

上了船，过了河，二人往山上走去。石莲峰，独峰拔起，峰顶耸石七瓣，形似莲花而得名，也有叫它“独秀峰”的。因其风景秀丽，常有文人墨客在此吟诗作对，咏颂风雅。郑维藩气喘吁吁地问山上尼姑，昨晚山上是不是有人在吹箫笛？尼姑回答是的，但只闻其音，不见其人，虽有七八个飘飘人影，有隐约叫韩湘子、何仙姑、张果老的声音，待上顶观看时，却是一片树影风声。郑维藩见鹿皮道人高深莫测地笑着，问道：“你笑什么？”鹿皮道人仍笑道：“没什么，我们快上顶吧，说不定能看到什么迹象呢。”说罢，自己在前面大步走着。来到山顶，只见石莲盛开，并无异样。

突然，鹿皮道人指着西边一瓣石莲说：“你看，那是什么？”郑维藩顺他手指看去，原来是一支竹箫，拾起一看，竹箫上面还刻着个韩字，他很觉蹊跷，难道还真有八仙不成？鹿皮道人拿过来看了看，肯定地说：“这是韩湘子的爱物，我见过的”。说罢，便吹了起来，音韵竟与昨晚相差不多。郑维藩也拿过来吹吹，从没吹过箫笛的他，居然也吹出了曲子。他大惊，这，这真是神了。随即欣喜叹道：“这莫非是仙人有意留给我的？”鹿皮道人说：“天机无猜，不过，刚才这箫是怎么放着的？”

郑维藩又将竹箫原样放在西边的石莲瓣旁。鹿皮道人左看右看，而后顺着箫头指示的方向望去，若有所悟说：“你看，箫头指的方向正好是飞凤山，那里满山水竹紫竹，上次我们游玩那里，我不是感叹说那儿有天下第一箫材吗？这箫的方向，是在暗示我们用那山上的竹子制箫呢。”

“我哪会呀。”郑维藩无不遗憾地感叹。

“你不会，我会呀。”鹿皮道人爽快地说。

一路吹着竹箫回到了家。妻子惊异地问：“你何时学会吹箫了？”

“你看你看，这是韩湘子的箫，不用学的，无师自通。”他得意地炫耀着，“明天我们就去飞凤山采竹，仿照着韩湘子的仙物做。”

郑维藩搂着竹箫，美滋滋地进入梦乡。韩湘子笑吟吟地来了，问他竹箫好不好吹。他回答说太好吹了，谢谢仙人的礼物。韩湘子笑说：“我没有送给你，你也不用谢，我是来取箫的，你们今后自己会有同我这一样的竹箫。”

说罢，伸手从郑维藩怀里抽走竹箫，化烟而去。郑维藩见箫被拿走，急得大喊：“大仙，大仙……”

“你是搞哪样呀，又喊又抓的？”妻子被闹醒了，摇着丈夫问道。

“箫，箫，我的箫……”郑维藩明明知道是梦，可是，自己搂在怀里的箫却真真确确地不在了，找遍所有房间和角落，也没有竹箫的任何踪影。他一脸沮丧：没有了箫，明天怎么仿着做呀。

“呵呵，不消愁的，竹箫的点点滴滴，都在我的心里呢。”鹿皮道人安慰他。

次日一早，二人带上刀具直奔城西的飞凤山而去。水竹紫竹，砍了几根最适宜的。郑维藩忙着要回赶，而鹿皮仙翁却又在找些草草藤藤的，还有些籽实根茎。他有些莫名其妙，仙道常常在游玩时扯些草草藤藤带回去，晾干了就收在一个布袋里，不知有何用处，现在一心忙着做箫，他竟有闲心扯草抓藤。郑维藩觉得不便催促，便静静地等他。

回到家，鹿皮仙翁便忙乎起来。一夜工夫，就做出两支粗细不一的雌雄扁箫来。一吹，竟与韩湘子的竹箫如出一手。音韵清越，恰如鸟啭莺鸣。

二人来到北门的城楼上合奏，雌雄汇声，鸾凤谐音。悠扬的箫声穿过大街小巷，引来不少人围观。众人赞叹不已，无异于天宫仙乐。

不几日，天孕灵性的郑维藩学会了竹箫制艺，鹿皮仙翁神情轻松地笑辞。临行时说道：“真情平溪有，薄技留心音。中举不足贵，艺精惠子孙。”郑维藩苦笑道：“惠子孙？哪来的子孙？惠自身还差不多……”仙翁接过话说：“放心，会有的。这一段，我细细观察过尊夫人的气血神色，便特地准备了些药草，拿去吧。”他递过布袋，接着说，“按里面的方子煎服，包你明年此时添丁加口，家发业兴。”话毕，将一支竹箫插进后背的布囊里，拱了拱手，转过身子，飘然而去。

四海云游，鹿皮道人到了京城。于风清月白之夜，高坐城头，吹奏平箫。正在御花园同嫔妃们赏月的皇帝，被随风飘逸宫中如丝如缕的箫声打动，惊叹：“此曲只应天上有！何方天仙韶乐，速速寻来。”侍从们疾速出宫，循音追赶。前面总闻箫声袅袅，就是不见人影。一天天跟着箫声追，追到了仙境蓬莱，也没发现吹奏仙音的人。正在泄气时，又听到袅袅箫声在茫茫大海之上，侍从于是驾舟追逐，到了南海起岸，一直又追到夜郎腹地的平溪卫，才清晰地听到悦耳悠扬的箫声。

悦耳箫声，来自在一户正给儿子办满月酒的郑氏大堂上。

这郑氏大堂，就正是郑维藩的家。妻子自吃了鹿皮仙翁的灵丹妙药后，肚子慢慢地凸起来，在仙翁离走的一年之时，一个男丁嗷嗷地啼叫着来到郑家。郑氏上下欢喜，吹吹打打好不热闹。正在这喜庆之时，皇帝身边的亲信，贵足临门，高声唱贺，再给郑家人添喜增光。

从此，平溪卫郑家的扁箫进了皇宫，便被皇室指为“贡箫”。郑家的箫，由此有了平箫和贡箫两个名字。

传说比史实更丰满生动。清乾隆《玉屏县志》载有郑维藩与鹿皮翁的简短文字，印证史上确有鹿皮翁其人：“旧时，郑家供奉有鹿皮翁画像，尊为平箫艺祖。”也有人说鹿皮翁就是张三丰，但县志上又同时载有张三丰和鹿皮翁词条，显然并非一人。

韩湘子遗箫之说，民间较少认同。不过，传说中郑维藩和鹿皮仙翁拾得韩湘子竹箫的“石莲峰”，今人差不多都忘了它的本名，改称其为“八仙岩”了。

# 第四章

# 黔东烽火

# 导言

黔东铜仁，红色热土。早在辛亥革命、五四运动、大革命时期，富有家国情怀的铜仁各族人民，就积极投身到滚滚革命洪流之中。4000子弟参加南昌起义，出生入死，擎起八一军旗；10万民众心向党，以黔东革命根据地之名，崛起云贵高原第一块红色版图。铜仁市境内，多达315处的重要革命遗址遗迹，见证了不同历史时期，中国共产党领导铜仁各族人民进行革命斗争的艰难历程。

一寸山河一寸血，一抔热土一抔魂。梵净儿女，志士丹心图报国；桃源民众，赤子精忠为家园。

《木黄，木黄，木色苍黄》记载了贺龙元帅与铜仁的不解之缘。他于1924年至1926年间，曾四进铜仁扩充力量，并与周逸群书信往来成为好友，还于1934年与关向应等老一辈无产阶级革命家在铜仁创立了红军长征前全国八大红色根据地之一的黔东革命根据地。

《一生交给党》描述了从铜仁走出来的周逸群烈士，“一生交给党，斗争昂扬”；《写在旷继勋烈士故居》则记载了从铜仁走出来的旷继勋烈士，“壮志不渝励后人”；2009年，周逸群与旷继勋被评为“双百”英雄模范人物。

《困牛山壮举》再现了一场血与火的淬炼，100多名红军战士为保护群众，跳崖殉国，血染困牛山，用鲜血和生命谱写了红军英烈的千古壮歌。

《红三军在黔东》《严希纯：铜仁第一个共产党员》《抗日青年远征军的铜仁子弟记事》《抗美援朝战斗英雄龙世昌》……记载了从铜仁走出来的万千革命战士，他们参加北伐战争、抗日战争、解放战争、抗美援朝战争、对越自卫反击战……他们视死如归，英勇杀敌，驰骋在祖国需要的每一处沙场！

访谈、回忆、文献、考证……本单元收录的文章，以多种形式记录了铜仁近现代波澜壮阔的革命史、奋斗史和发展史；再现了一个个震撼人心的斗争场景；讴歌了这块红色热土上孕育的内涵丰富的黔东革命精神。抚读饱含深情的文字，穿透革命历史的烽烟，我们清晰地看到，纵横在铜仁大地上的，是那一股英雄豪气与家国深情……

# 严希纯：铜仁第一个共产党员[①]

韩江华[②]

在追求救国救民真理中，黔东优秀儿女跋山涉水，上下求索，矢志不渝。其中，印江县清末著名书法家严寅亮之子严希纯，积极投身革命活动，是贵州省最早的共产党人之一，也是铜仁第一个中共党员。

严希纯幼时随父行走，曾就读于成都第一小学，1914 年考入省立贵阳模范中学，受到家庭教育的熏陶，学习勤奋，天资聪颖，思维敏捷。1922 年 9 月考取南京河海工科大学水利工程系。思想进步、追求光明的严希纯，得缘结识了恽代英、肖楚女等共产党人，在他们的影响和带动下，积极从事革命活动，不久，光荣加入中国共产党，并成为中共河海支部成员之一，和曹壮父、宛希、曹剑诚、陈君起等人一起，领导开展党的工作。在国共合作的背景下，根据党组织的安排，严希纯以个人身份加入国民党；同时，又以个人身份加入中国致公党，任中央委员兼秘书长。在河海大学期间，1925 年 5 月，严希纯和恽代英、肖楚女等一起，组织了南京各界人士声援“五卅”运动的斗争。6 月，他参与组织领导了南京英商和记洋行工人的大罢工，以“工会筹委会”的名义，向英商提出惩办凶手等 13 项复工条件。

1926 年 4 月，严希纯大学毕业，随即投入北伐，任国民革命军第 8 军第 22 团党代表。此间，结识了周逸群，并在他的引见下，拜望了周恩来、邓颖超。严希纯的主要精力转向工人运动。在周恩来、朱德等人的直接领导下，先后以中法大学专修科讲师、上海科学社编辑、上海工务局技师、山西民族大学教授、桂林科学印刷厂秘书、昆明煤炭公司工程师等身份，在所属地方从事工人运动，开辟新的革命战线。

① 本文摘自《铜仁革命史话》，中共铜仁市委党史研究室编，中共党史出版社 2014 年版。
② 韩江华（1963—），文史工作者，中共铜仁市委党史研究室原主任。

革命斗争是复杂、艰辛和残酷的，大革命失败后，一批批共产党人和革命群众遭到国民党反动派的屠杀。严希纯处境艰险，曾3次被捕入狱，但他不屈不挠，坚持斗争，保守党的秘密，始终保持一名共产党员的革命气节，经党组织的多方营救而获释。

除从事工人运动外，有着丰富统战经验的严希纯，在隐蔽的情报战线上也作出了出色的贡献。1930年，同盟会元老莫雄被宋子文委任为财政部视察，通过莫雄旧部刘哑佛的介绍，严希纯、项与年、华克之等人与莫雄密切往来。莫雄感到他们是朝气蓬勃、革命意志坚定的人，非常倾慕共产党，想请严希纯作介绍人。上海地下党考虑到莫雄的特殊身份和影响，认为他暂不入党更能发挥重要作用，让严希纯做莫雄的思想工作，未接受他的请求。

严希纯是莫雄要求进步、为党工作的主要领路人，并实际上起到了莫雄与共产党之间沟通的桥梁和纽带作用。1932年10月至1934年6月，严希纯在上海市工务局任技佐。在此期间，他与卢志英（中共党员）一道帮助莫雄恢复了同蒋介石的关系，使莫雄先后获得蒋委以江西德安、贵州毕节两行政督察区专员兼保安司令的职务。莫雄在两专署大量任用从事地下活动的共产党人，使之成为共产党获取重要情报的来源。在第五次“围剿”之前，莫雄派人将获取的蒋介石“铁桶合围计划”设法送到瑞金，从而使红军在敌人铁桶合围之前跳出包围圈。

1935年4月，严希纯到江西南昌工作，以育民诊所为联络点，积极营救方志敏。接着又担负中央军委的交通联系工作，给中央军委卢志英转送情报，来往于贵州毕节和上海之间，协助红军顺利通过毕节地区。

此后，严希纯进入上海市公安局防护团任教官。1940年至1945年期间，在周恩来和中共南方局的领导下，以“重庆工业合作协会”专员、工程师的名义，从事党的经济工作，积极开展抗日救亡运动。抗日战争胜利后，1947年赴香港，负责筹设大千印刷厂，直至迎来全国解放。

# 雄关漫道[①]

欧阳黔森[②]

一队衣衫褴褛的红军士兵反绑着双手，被保卫局的人押过来，在凶狠的叫骂声和命令声中，他们在山脚边一字排开，背过身去。面前是青山绿树，山上野花迎风开放，不远处就有一条清亮的小河潺潺流过，朝霞温柔地洒过来，明艳无比，原本是轻松浪漫的时刻，但这时的氛却异常压抑。所有的人都知道，又有一个血腥的场面将要出现。

脸上有一道疤痕的保卫局长跑去向湘鄂西中央分局书记、军委分会主席夏曦报告，说昨夜开小差的二十八个人捉回了二十三个。身材消瘦矮小的夏曦骑在马上，脸色铁青，目光冷硬，嘴唇边的一缕稀疏的小胡子不停地哆嗦。良久，他抬起头来，冷冷地望一眼山顶上正在飘浮的一团乌云，突然挥了挥马鞭子，从牙缝里挤出四个字："统统枪毙！"

这是谁都知道的结果。连日来，已经有上百名逃离革命队伍的人被捉回后执行了死刑。尽管如此，还是有人不要命地逃跑！保卫局长向夏曦敬个礼，跑到队伍前，大声喊道："各就各位，准备——"

二十几个左臂缠着红布条的保卫局的士兵刷刷地举起了枪，向着那二十三个逃兵瞄准。逃兵们有的脸吓白了，有的傻了眼，目光呆滞，更多的人面若岩石，十分冷漠，似乎已将生死置之度外。一个战士大声吼道："红军眼见着已到危险境地，今天即使不被枪毙，明天也会饿死，或者是被白狗子打死。反正是个死，就这熊样了。"

保卫局长扬起的手臂即将落下来，就在这时，几匹马沿着山路急速跑来。行在最前面的那个人身材魁梧，浓眉大眼，面容威严，唇上留着修剪整齐的

① 本文摘自长篇小说《雄关漫道》，欧阳黔森著，贵州人民出版社 2006 年版。
② 欧阳黔森（1965—），贵州省文联主席，贵州省作家协会主席。

黑胡子，腰里斜插着一根长长的烟杆子。有眼尖的人小声嘀咕："贺军长来了。"

千钧一发之际赶来的人正是贺龙。紧随在他身后的是他的警卫参谋罗扬，然后是两个膀大腰圆的警卫员。罗扬大声喊道："住手！枪下留人！"

贺龙的马从夏曦身边一闪而过。贺龙连看都没看夏曦一眼，这在平时是不可能的。保卫局只执行夏曦的命令。夏曦是红军中著名的"二十八个半"之一，毕业于莫斯科东方大学，和王明是同学。在红三军，夏曦说一是一说二是二，夏曦的命令就是党的命令。因此，保卫局长走到贺龙面前，不冷不热地行个礼："报告军长，夏主席命令，枪毙这些革命的败类……"

贺龙哼一声，用不容置疑的口气道："放人！"

保卫局长回头望一眼夏曦。奇怪的是，夏曦往日的骄横突然不见了，夏曦居然没有任何表示。贺龙两眼冒火，厉声道："枪毙，枪毙……我红三军都快让你们给枪毙光了！……给我放人！"

保卫局的人缓缓把枪放下了。

贺龙下马。逃兵们转过身子，惊愕得不知道该怎么办。无论怎样，做红军的逃兵是可耻的，是不能饶恕的。他们不敢与贺龙对视。贺龙一一望着他们，突然雷鸣般吼道："都给我站好！"

二十三个人都像是突然换了个人，虽然双手被反绑着，但他们蓦地一震，挺胸收腹，立正站好。贺龙痛苦地摇摇头，低沉地说："以我贺龙的脾气，枪毙你们八回都不解气！但是，现在我不怪你们，我们红三军一年多没打一个胜仗了，我们丢掉了洪湖根据地，跑到黔东来，东躲西藏，连一块巴掌大的根据地都没有，吃了上顿没下顿，过了今天不知道明天，部队也只剩下这可怜的三千人……我们两年损失了两万多人……"

有人开始流泪。贺龙的眼里也涌出泪滴。平时谁见过贺老总流泪？贺老总是个硬汉子，贺老总是不会流泪的。可是现在，他流泪了。他嘴唇哆嗦着，又说道："你们是看不到希望，才走的，对吧？……是我们这些当指挥员的，对不住你们……给你们松绑，你们想走就走吧。但我贺龙不会走！我贺龙永远都不会离开这支队伍！哪怕战斗到最后一个人！”

罗扬上前，对保卫局的士兵们吼道：“松绑！”

保卫局长似乎也被贺龙打动了，他并没有用眼睛去“询问”夏曦，而是扭过脸，摆摆手。士兵们接到命令，纷纷放下枪，上前去松绑。

贺龙翻身上马。在他身后，二十三个人突然都大声哭起来，有的跪下了，有的边哭边道：“贺军长，我们死都不会跑了……”有的说：“贺老总，你枪毙我们吧……”

背后哭声一片。贺龙的坐骑从神情沮丧的夏曦身边一驰而过。

这时候是一九三四年的六月。红三军三千多人一头钻进贵州东部的大山里，虽然暂时脱离了危险，但依然凶多吉少。从湘西转到贵州说是斗争的需要，其实是不得已而为之，是在逃窜，是在躲避，正像敌人说的那样，变成了流寇。最感到窝囊的是贺龙。仅仅在两年前，他一手创建的洪湖根据地和江西苏区、大别山革命根据地并称为红军三大根据地，鼎盛时期的红二军团最多时有三万人马，那时候是何等气派啊！不仅湖北的徐源泉、长沙的何键奈何他不得，就连南京的蒋介石提起他也是唉声连连。谁知好景不长，红军没毁在敌人手里，却栽在了自己人手里，尤其是夏曦被中央派到洪湖以后，不停地搞肃反，大抓所谓的“改组派”“AB 团”，杀害了无数的红军官兵，还说这是在不折不扣地执行中央的指示，防止敌人混到革命队伍里来，堡垒最容易从内部攻破，因此混入革命队伍的敌人才是最危险的敌人。

搞来搞去，洪湖根据地全部丢掉了，红二军团只剩下几千人，不得已缩编为红三军。后来在湘西也待不住了，只能转移到黔东来。贺龙对黔东并不陌生，当年他曾经在此地驻防，一九二五年北伐时他就是从黔东领兵出发的。

这天，队伍来到沿河县的枫香溪。枫香溪是个古镇，在这一带名气很大。但是红军还没到，镇上的老百姓全都扶老携幼被吓跑了。红军开进镇子，几乎见不到一个人。晚饭时贺龙没胃口，只吃了半碗糙米饭，扔下碗，拎上钓鱼竿就到了镇子外面的小河边。他心情郁闷，钓鱼是他最好的调节方式。

罗扬跟在贺龙后面。罗扬曾经是汉口的进步大学生，因钦佩贺龙在南昌的惊天举动，于是投笔从戎，跑到洪湖投奔贺龙，从此一直待在贺龙身边，他算是贺龙的副官，兼任警卫参谋，是贺龙最信得过的人之一。

罗扬站在贺龙身后十几米远的地方，看着他把鱼竿伸到河面上。夕阳不见了，天空突然阴云聚合，冷风嗖嗖刮来，吹走了十天的燥热，使人顿觉舒坦。许久之后，罗扬终于发现，贺龙心思根本不在钓鱼上，他面色冷峻，仿佛在痛苦地思索着什么。

突然间电闪雷鸣，下雨了。雨滴唰唰地打在水面上，激起一层层浪花。一个卫士跑步送来一把油纸伞，罗扬接过，奔到贺龙身边，替贺龙撑起伞，道："军长，快回屋吧……"

贺龙烦躁地挥挥手，示意罗扬离开。罗扬深知贺龙的脾气，不敢违拗，只能退后两步，默默地收起伞，陪着贺龙淋雨。很快，雨水就打湿了他们的肩头。

贺龙一动不动，像雨中的一尊雕塑。

这时，又有一把伞飘过来，撑在贺龙头顶上。贺龙刚想发火，抬头一看，是军政委关向应，便忍住了。

想了想，贺龙扔下钓鱼竿，站起来，与关向应久久地对视着。关向应道："胡子，有什么要说的，你就说出来。"贺龙痛苦地摇摇头："小关，再这样下去，我红三军就全完了！……"关向应点点头："谁都知道，要是没有你贺胡子，红三军早垮了，撑不到今天。"

贺龙挥了挥手中的烟袋杆："不能再这样下去了！我提议，立即敦促夏曦召开湘鄂西中央分局会议，讨论下一步的行动方案。必须有个根本的改变！"

关向应兴奋地道："我同意！"

罗扬说："我去请示夏书记。"

关向应说："小罗，还是我去吧。"

当晚，在枫香溪一座地主家的宅院里，贺龙、夏曦、关向应三位，还有红七师师长卢冬生，四人分别坐在一张八仙桌的四边。桌子中央点着一根蜡烛，烛光下，每个人的脸都有些虚幻。

罗扬掩上屋门，走到院子里，警惕地守卫着。雨仍然在下。

贺龙用力吸他的大烟斗。关向应吸着小烟斗。夏曦不见了往日的盛气凌人，双目无神，小心地擦拭他的眼镜。

贺龙咳嗽一声，道："老夏，开会吧？"

夏曦站起来："好。我宣布，湘鄂西中央分局会议正式开始……你们哪位先讲？

"我先说！"贺龙正正身子，"我贺龙从军打仗，有六七年了，打过一些胜仗，也打过不少败仗。但是，从来没有像这两年这样子窝囊！我们的洪湖根据地全丢掉了，部队减员百分之九十，好端端的红二军团只得缩编成红三军。我们现在这个样子像什么？我说句难听的话，我们就像丧家犬一样，处处被动，处处挨打！群众不了解我们，把我们当成土匪，见了我们就躲，就跑。同志们，我们已经到了绝境，随时都有被敌人聚歼的可能！"他坐不下去了，站起来，痛心疾首地说："常言道，野鸡有个山头，白鹤有个滩头，红军没有根据地，怎么行？！我建议，立即在黔东创建新的革命根据地，尽快结束这种四处躲避、不停游荡的生活！"

贺龙把烟斗猛地砸在桌子上。蜡烛的火苗一阵摇晃。夏曦一怔，低头吸烟。贺龙坐下了。

关向应举手："我同意老贺的意见。"

卢冬生跟着举手："我也同意。"

夏曦沉默不语，把自己埋在了烟雾里。

关向应说："我还建议，立即恢复被夏曦同志强行解散的党团组织和政治机关。各级政治干部几乎都被当作'改组派'杀光了，红三军在座的只有我们四位是党员，这也太不正常了！"

贺龙举手："这个提议好，我支持！"

卢冬生看一眼夏曦，仿佛下了决心似的："我也支持。其实，红三军只剩下你们三个党员，我的组织关系还在上海呢！"

夏曦恼怒地望一眼关向应和卢冬生，但仍旧不语。

关向应是辽宁金县（今金州区）人，1925 年入党，也算个老党员了，他毕业于莫斯科东方劳动者共产主义大学，在“六大”上当选为中央委员、中央政治局候补委员，1932 年到湘鄂西，任中共湘鄂西中央分局委员、中共中央军事委员会湘鄂西分会主席、红三军政委。这两年，他一直看夏曦的脸色行事，唯夏曦之命是从，虽然他觉得有时候贺龙是对的，但夏曦代表党，为了维护团结，很多时候他站到夏曦一边，但是这天，他完全站到了贺龙一边，这让夏曦感到意外。

七师师长卢冬生这年只有 26 岁，他是贺龙的老部下，参加过北伐和南昌起义，起义失败后担任交通员，负责贺龙的部队与中共中央的联络，经常跑上海，他的组织关系一直在上海党组织那里。这两年他也被夏曦搞怕了，平时不怎么发言的。可是今天，他和关向应一样，完全站在了贺龙一边，这也令夏曦始料未及。

贺龙又说：“还有，立即停止肃反！肃反，肃反，把同志们的心都肃寒了，不能再搞了！”

这时，夏曦突然开口了，语气强硬：“老贺，老关，肃反是中央的决定，我是在不折不扣地执行党的六届四中全会的决定！还是那句话，我决不允许你们诋毁过去四次肃反的伟大功绩！我还准备进行第五次肃反！”

贺龙耐心地说：“老夏，肃反是中央的决定，这没错。但是你扩大化了。肃反暂时停止行不行？好让大家喘口气。”

关向应说：“对，应该停一停了，肃反搞得人人自危，大家没有心思干别的，这样下去确实很可怕。”

终于，夏曦还是软了，他望着三人，犹豫道：“好吧。我同意在黔东创建新的根据地，同意恢复党团组织……肃反也可以暂停，但是一旦时机成熟，我还要进行第五次肃反。”

说完，他颓然坐在太师椅上。贺龙、关向应、卢冬生三人兴奋地站了起来。

# 红三军在黔东[①]

陈正国[②]

回想起在那国民党统治时期，我们印江、沿河、德江等县的广大农民，真是被他们整得有苦没处诉，有冤无处申。抓兵、派款、纳税、征粮，简直逼得干人（穷人）们无路可走。为了活命，大家只得去当“神兵”。那时节，我们印江县的宁家坪、邱家寨、天池坪、池坝、麻竹园、红花园、沙子坡，以及沿河县的旧寨坝、殷家坝、白沙溪等地就有几千人参加，大家自发地组织起来，反对国民党的苛捐杂税。卫邻里、保乡亲；打官府、破豪门；杀贪官、除劣绅。这样一来，封建统治者惊慌得就像热锅上的蚂蚁。当时，沙子坡一带的“神兵”还曾经攻打过印江县城，赶跑了伪县长，开仓吃大户。群众纷纷起来造反，吓坏了军阀国民党反动派。于是，派伪师长黎冈（黎敬侯）带领国民党匪军来到黔东，到处清乡毁寨，大肆屠杀无辜农民，鸡犬不留，连未满月的娃娃，也逃不过他们的刺刀。他们用杀光、烧光、抢光的残酷政策来对付当过“神兵”的农民。人民在那水深火热的漫长黑夜里，是多么渴望能够早些天亮，见到太阳啊！

## 红军到，干人笑

1934 年 6 月的一天，忽然间，对门山上有人高声喊叫：“牛吃麦子啰！牛吃麦子啰！”听到喊声，人们都慌忙爬上田坎，拔腿就逃。我心里也着了慌，因为，“牛吃麦子”是乡亲们发现白匪军后，传递消息的一句暗语。当时我正准备回家带点东西，从后门出去，再往山里跑。可是，已来不及了。

① 本文摘自《红军在黔东》（内部资料），中共铜仁市委党史研究室编，2020 年版。本文由王庆澜整理。
② 陈正国（1892—1957），黔东革命根据地创建人之一，曾任黔东特区革命委员会副主席。

我刚一转身，就发现有三个背枪的人，在离我不远的地方站着，看他们打扮，又不像白匪军。只见他们满脸笑容，一开口就是："老乡！不要怕，我们也是穷人"。

啊，穷人！这句话多么亲切呀！当我见到他们那和气又有礼貌的神态，心里虽说不害怕了，可是，当我看见他们都带着枪，使我又有猜疑，他们究竟是什么人？是来要东西的吗？于是，我不安地走进家里，拿了几件烂衣裳和一升荞麦，送到他们面前说："实在只有这些东西了，你们拿去吧！"

他们三人见我这个举动反倒愣住了。过了一会，好像明白了我的意思，便笑眯眯地说："老乡，我们不拿工人、农民一针一线，你把东西拿回去放好吧！"我一听，真觉得奇怪，从未见过不要人家东西的白匪军！于是，我大胆地问："你们究竟是哪样军队？"他们三人异口同声地说："我们是中国共产党领导的，贺龙率领的红军！"我一听说贺龙，心里一震，这名字好熟呀！可是，红军究竟是什么军队呢？一时真不知该怎样答话才好。在默默无言中，我只好又将他们从头到脚再打量一番。通过仔细观察，我发现这三位红军的确与白军不一样，他们平易近人，态度和蔼，就像自己的亲人一样。我越看心里越说不出的高兴，于是，带着喜悦的心情，掉过头去急忙走进家里，想给他们弄点水来喝。可是，当我把水舀出来时，他们早已放下背包，到田里帮我们插秧去了。见到这些情景，我心里暗自称赞："红军和我们真是一家人呀！"就在这种说不出来的感情支配下，我一口气跑进了山里，把红军帮助我们插秧的事告诉了乡亲们，使大家解除误会，都高高兴兴地回来了。从此以后，我们黔东村村寨寨都有了贺龙的红军。

后来，与他们频繁地接触，我才知道，来我们黔东的红军，是红三军，当时只有两个师，七师师长卢冬生，九师师长钟炳然。在贺龙军长的率领下，于五月初从四川彭水西渡乌江，进入贵州后坪县（现属沿河县）的塘坝，再经务川县的干河坝、发科场，德江县的泉口司，到沿河县的思渠等地。1934年5月21日，进入沿河县城西岸，6月1日占领沿河县城，3日到达沿河县三区的沙子场，4日到酉阳县的南腰界。这时，黔东地区的"神兵"听说贺龙的红军是打富济贫的，于是，便推冉少波为代表去欢迎红军到印江县来。

6月9日，红三军从南腰界出发，经过龙池、唐家溪，松桃县的麻阳，印江县的鸡母溪到达四区刀坝。接着，6月15日，就由刀坝场出发，经合水坡、岩桑坪、青石板、池坝、小郎坝、红花园等地，来到印江三区的沙子坡。当天晚上，红军就派人到德江县六区龙塘，抓了伪乡长、大土豪秦礼坤。秦是伪贵州省财粮厅秦茂颖的兄弟，平素仗势欺压百姓，无恶不作。16日，红军就把他抓到沙子坡来，召开群众大会斗争。贺龙军长还在会上讲了话，他要大家不要靠神，要靠自己，要团结起来，组织起来，成立自己的队伍，打倒军阀国民党，建立工农民主政权，红军坚决给大家撑腰。群众高兴地鼓掌欢迎。当时，各地的“神兵”也都来到沙子坡，一致要求参加红军和游击队。我们旧寨坝的“神兵”是由宁国学带领来参加的，后来，改编为印江独立团。

会后，就把秦礼坤押到德江枫香溪，然后，在尔当溪花桥边把他枪毙了。处决了恶霸，真是大快人心。自红三军来到黔东，山区从此变了样，各地红旗招展，处处歌声嘹亮。红军的一言一行，在人民群众中产生了巨大的革命影响。红军真是到一点红一片，走一路红一线。有钱人一听说红军到，就吓跑了；干人们一听说红军到，都拢来了。真是，红军到干人笑，山笑水笑人欢笑，寒冬过去春天到。

## 建立黔东特区

1934年6月19日，贺龙军长和夏曦主席在德江县枫香溪召开了“湘鄂西中央分局会议”，决定建立“黔东特区”。接着，红三军组织了地方工作队，分别到沿河、德江、印江、松桃等县发动群众。我们沿河县的旧寨坝乡，是红军张均旺、冯琪云等同志来开展工作的。他们一来，就召开群众大会。张均旺同志在会上向大家宣传什么叫革命，什么叫地主阶级，什么叫资产阶级，什么叫苏维埃。那时，对这些道理我们还不怎么懂得，不过，总觉得干人的腰杆子已经硬起来了。

会后，就开始选举乡苏维埃代表。我们这一乡选的是：杨正思、吴儒章、吴天贵等人，并成立了游击队和苏维埃政府，主席是杨景光，书记是吴儒章，自卫队长是王醒堂。后来，在张均旺同志的帮助教育下，开始懂得了工农大众为什么要革命的道理，懂了干人要革命，就必须成立工农自己的政府，组织工农自己的武装，也懂得了苏维埃就是工农大众自己当家作主的民主政权。

一天，张均旺同志从军部开会回来，在旧寨坝的瓦屋（大坝）召开了群众大会，传达了枫香溪会议确定建立“黔东特区”的重要决议，并要大家推选几名贫农代表，去沿河白石溪开大会。我们旧寨乡就选了我和王焕林、吴希堂、杨槐昌等去参加。当我们去到白石溪时，红三军军部已开过长岗岭去了。后来，大会就改在铅厂坝王家大院召开。

7月21日至22日，召开了“黔东特区第一次工农兵苏维埃代表大会”，到会的代表有沿河、德江、印江三县的100多人和30多个红军，共135人。大会选举了我和孙秀亮、秦育清以及几个代表组成主席团。夏曦主席在会上致词：“受苦的工农群众，只有在中国共产党领导下，才能建立中华苏维埃和各级苏维埃政府。只有建立工农民主政权，才是工农民众唯一的出路。贵州黔东广大受苦的农民，要想真正翻身得解放，决不能再去立‘神坛’当‘神兵’，不能再靠神，要靠自己起来革命，组织起工农民众民主政府，才能打倒地主豪绅，打倒军阀，打倒国民党反动派！”

最后，夏曦主席给大家提出三点要求：一、实行土地革命，要把地主豪绅的土地没收，由贫农、中农平均分配；二、组织雇农工会、贫农团和苏维埃代表会议，坚决同地主豪绅做斗争，同一切破坏苏维埃革命的反革命做斗争；三、工农群众武装起来，组织三万人的自卫队，一万人的游击队，三千人参加红军，紧紧团结在共产党周围，争取黔东苏维埃的首先胜利。

红军代表钟子廷（钟山）也讲了话。他说红军是工农自己的队伍，是保护工农大众利益的，要求大家回去积极地发动三千人参加红军……

会上，大家还通过《没收和分配土地条例》等六个决议（这些文件在王焕林那里还保存了一些）。接着，就成立“黔东特区革命委员会”，选举贺龙军长、关向应政委、夏曦等80人为委员；汤福林参谋长、孙秀亮、秦育清、张均旺等32人为常委，孙秀亮为黔东特区革命委员会主席，秦育清和我为副主席。

特区革命委员会成立以后，开始在白石溪下寨张贯芝家办公。不久，就搬到土地湾田兴宗家，在这里办公的时间比较长。当时，由于黔军王家烈的部队和地主武装杨通选、杨通红、杨通南、晏克武等经常趁红军主力在外线作战之机，时常袭击我们特区革命委员会，致使特区革委被迫迁移，曾迁至铅厂坝、瓦场坝、谯家、皂角池、山羊岭、照东岩等地。就在特区革命委员会成立前后，六七月间，各县、区、乡苏维埃政府也相继成立了。

各级苏维埃政府成立后，就开始了轰轰烈烈的土地革命运动。为了保卫广大农民的胜利果实，各区、乡还组织了自卫队，雇农工会、贫农团、农民协会、妇女会、少年先锋队等群众革命组织。当时，沿河、德江、印江、松桃四个县就有十万农民参加了共产党领导的热火朝天的土地革命运动。这在黔东历史上真还是开天辟地第一次。

## 淇滩歼敌

黔东特区革命委员会成立不久，敌人就重新制定了三省“会剿部署”，黔军李成章、蒋丕绪，川军达凤岗旅，湘军周矮子（周燮卿）等，经常来进犯我们特区。

8月12日这天，黔军蒋丕绪所属的傅衡中旅，由湘西回到沿河县城，趁我们红军主力在印江、松桃等县活动，即派他的黄富安营占领了淇滩镇。贺龙军长得到情报后，认为淇滩这个军事重镇，决不能落到敌人手里。他亲自赶到沿河四区水田坝，召集了九师师长钟炳然、沿河独立团团长贺炳炎开会，决定由九师配合沿河独立团坚决把这股敌人吃掉！当时，沿河独立团大部分尚在距淇滩180里地的松桃县永安州（火烧桥）。为了消灭敌人，部队接到命令后，一夜工夫就赶到了沿河五区的甘溪上坝，贺炳炎团长立即召开了各连队负责人会议，布置了战斗任务。

8 月 15 日，沿河独立团在九师一部分兵力配合下，兵分两路，向淇滩进发。当天，正逢淇滩赶场。这时，担任前锋的甘溪游击队，在政委、老红军王子龙同志率领下，由狼溪迅速向淇滩场冲去。当部队到达淇滩后街时，淇滩鸡市场的敌人一见到红旗，认为是红军来了，吓得一个个抱头鼠窜。眼看敌人很快会被我游击队包围缴械。这时，不知是谁打了一枪，敌人一听是土火药枪的响声，知道是游击队，不是主力红军。于是，纷纷掉过头来，向我们游击队反扑。这时，王子龙同志和 4 个游击队员正冲到马鞍桥边，突然遭到敌人排枪射击，光荣牺牲了。敌人疯狂地反扑冲锋，接着，激战就开始了。这时驻在天官井那边的九师和后继部队沿河独立团的冲锋号音从远处传来，大大地鼓舞了我军的士气。敌人着了慌，毫无目的地乱放枪。匪军营长黄富安没料到我军大部队来得这样快，慌了手脚，一时指挥不灵，敌人乱成一团，纷纷向淇滩口溃逃。黄富安第一个抢先上船，被我沿河县独立大队长廖云清同志的通讯员一枪把他的大圆盘帽打掉在乌江里，黄富安吓得把头缩进舱里，简直像被追慌了的野鸡一样，顾头不顾尾，屁股高高地翘在外面，狼狈不堪。通讯员见他那副模样，禁不住哈哈大笑。由于一时高兴，忘记了隐蔽，站起来向敌人喊话，要敌军缴枪投降。就在这时，一声枪响，这位年轻勇敢的小战士，扑倒在地，光荣牺牲了。小战士的牺牲激起了广大红军和游击队员的悲愤，大家一致高呼，要为死难的小同志报仇！冲杀声、枪炮声与乌江的怒吼声汇成一片，惊天动地，震撼山谷。敌人在我军的猛烈冲杀下，就像垮了棚的鸭子，四处乱窜。没有渡过江的，被我们击毙的就有百余人。黄富安顿时成了光杆司令，独自一人奔向小河口，朝沿河县拼命逃窜。这次战斗，缴获敌人百余支枪。傅衡中吃了败仗，生怕红军再次去攻打他，便放弃了沿河县城，逃往务川去了。

# 木黄，木黄，木色苍黄[①]

贺捷生[②]

站在那棵遗世独立的大柏树下，我抬起头往上看：两根硕大的树干并驾齐驱，直直地插向空中，到达十几米处，它们像突然意识到了什么，彼此亲热地向对方靠上来，紧紧地拥抱在一起，如同两个失散已久的兄弟。再往上看，是茂密的蓬蓬勃勃的枝叶，根本分不清树枝和树叶是从哪根枝干上长出来的，一群群鸟儿在枝叶间飞进飞出，发出叽叽喳喳欢快的叫声。在墨绿的树冠上面，天空高邈、湛蓝、一望无际，飘浮着一朵朵轻盈而素净的白云，仿若盛开在天空的一簇簇白玉兰。接下来，往云朵里看，我便看见了那支不倦的在天上行走的队伍，他们衣着破烂，脚蹬草鞋，身影若隐若现，几乎听得见他们甩动手臂的声音，枪托叮叮当当地敲击水壶的声音，弹袋里可数的几颗子弹在哗啦哗啦晃动中被磨得金光闪闪的声音。

眼睛一阵灼烫，我知道我在流泪。那是我总也止不住的泪。

到 1975 年 9 月 13 日的此时此刻，我已经走了很长的一段路，我从江汉平原，四川盆地往云贵高原走。不是一个人，而是三个人。我们从夏天启程，沿着红军长征的道路顺走一段，逆走一程。先去了湖北洪湖，然后翻过二郎山，从雅安进入阿坝；再从青草长得比人还高的大草地踅转身子，顺岷江而下，跨过大渡河、金沙江和乌江，沿阶梯般步步登高的山脉进入云遮雾罩的乌蒙山。走到贵州的时候，已是秋风浩荡。眼看就要万木霜天了，进了贵州省城贵阳，几个人累得东倒西歪，人困马乏，都想躺下来美美地睡一觉。

我是三人中唯一的女性，当然更累，两条腿沉得像深陷在沼泽里。可

---

① 本文摘自《父亲的雪山母亲的草地》，贺捷生著，解放军文艺出版社 2013 年版。
② 贺捷生（1935—），开国元帅贺龙长女，湖南桑植人。中国人民解放军少将，军事科学院军事百科研究部部长。

我不想停下来，还想继续走，往黔东的印江、沿河和四川的酉阳走。我对我的两位中国革命博物馆的同事万钢和何春芳说，你们在贵阳歇几天吧，剩下的几个地方我一个人去。我没有说出的另一句话是，黔东那片偏僻而蛮荒的土地，于公于私，都是我不敢遗忘的地方。我发誓此生必须亲自去寻访，就像有什么东西丢在了那里。

离开同事，我直奔省府找李葆华。他是革命先驱李大钊的儿子，在贵州当省委书记，说起来，我们是心照不宣的老熟人和老朋友了，到了贵州没有理由不见他，何况我还有事要求他。但那一年，跟着小平同志出来"促生产"的这批老干部，被那批热衷于"抓革命"的人揪住不放，日子很不好过。听说北京来人要见他，正在开会的李葆华一脸疑惑地走出来。我像在黑暗中找到了党，开门见山，提出请他从省博物馆派个同志陪我去黔东。他说这事他还能办到。当时正是午餐时间，会开得差不多了，他回去简单做了交代，然后对我说："捷生，你来得真不是时候，我没法招待你，跟我吃去食堂吧。"省博物馆派来陪我的谭用忠同志，是个党史专家，学问很深，对黔东革命史了如指掌。他建议我先去印江，因为印江的木黄非去不可，那地方太重要了。这与我的想法不谋而合，我说我最想去的就是木黄。

那时我虽然还年轻，但也经不起折腾，当我们舟车劳顿地沿着惊涛拍岸的乌江走到木黄这棵千年古柏下时，我已是脸色枯黄，头发蓬乱，身上的衣服皱皱巴巴的。附近挑着担子走过的土家族人和苗人，都用惊奇的目光望着我，不知道一个外乡人为什么会对着一棵树流泪。

肯定是李葆华的特别叮嘱，印江派出一个副县长接待并陪同我寻访，不过那时叫"革委会副主任"。副县长和我一样，也是个女同志，叫张朝仙，是很朴素也很泼辣的一个人。许多年后，她以县政协文史委员的名义在县里局域网上撰文回忆，她在印江县招待所第一眼看见我，都不敢相信我是贺龙的女儿，"像一个女知青。"她说。

木黄是因为那棵千年古柏而闻名，还是那棵千年古柏因为见证过那段轰轰烈烈的历史而闻名，没有人能说得出来。反正当我寻遍那几条简陋的街道，最后站在那棵古柏下时，我发现木黄唯一能作为那段历史和我面对面的，也就剩下这棵树了。

这让我无语而泣，悲从中来。

当看着漫山遍野又要飘落的落叶，我们怎么能忘记木黄呢？党史和军史都应该记载的中国工农红军第二、红六军团木黄会师，迄今都过去41年了，新中国也建立26年了。

我想，我们可以不知道历史的每个细节，但应该知道在红军的三大主力中，有一个红二方面军。而红二方面军的源头，就是1934年10月，从湘西发展壮大的红二军团与从湘赣边界跋涉而来的红六军团，在贵州印江的这个叫木黄的小镇上胜利会合。两支劲旅从此合二为一，生死与共，开始了让世人称奇的全新征程。

红二、红六军团的会师地点，就在木黄的这棵大柏树下。

许多红二方面军的老同志回忆，41年前，就是在这样一个木色苍黄的秋日，父亲贺龙亲自带着红三军主力，站在木黄的这棵树下焦急地等待任弼时、萧克和王震，等待他们带领的那支远道而来的筚路蓝缕的队伍。

这是1934年10月24日，层林尽染，弯弯曲曲的山路上白霜铺地，在黔东逶迤起伏的山岭里吹荡的风，已经像藏着刀片那般凌厉了。

9天前的10月15日，父亲在酉阳南腰界获悉由任弼时、萧克和王震带领的红六军团号称“湘西远殖队”，从江西永新出发，试图深入湘西，与我父亲的队伍会合。经过一路恶战，此时已进入黔东印江和沿河一带寻找我父亲率领的红三军，这让我父亲喜出望外，因为到这时，他在湘西拉起的这支队伍已经有整整两年与中央红军失去了联系。在这两年里，由于“围剿”的敌军蜂拥而至，夏曦又在红军内部大搞“肃反”运动，把许多忠心耿耿的指挥员和地方干部残忍地杀害了，闹得人心惶惶，军心涣散，把父亲在湘鄂西好不容易建立的根据地给弄丢了。父亲惨淡经营，站出来收拾残局，他把我怀孕在身的母亲丢在湘西的山野中苦苦挣扎，自己带着由红四军改为红三军的部队退到黔东的印江、沿河和酉阳等地，建立新的根据地。黔东一带虽属贵州军阀王家烈和川军的地盘，但因地处湘黔川三省边界，山高林密，河流纵横，敌人鞭长莫及；还有一个原因，是当地的民众也和湘西一样，多为土家族和苗族，与父亲这支在湘西土家族和苗族地区拉起的队伍有着天然的亲近感，因而逐渐被当地号称“神兵”的民族武装接纳，使这支伤痕累累的部队勉强站稳了脚跟。

那天，部队报告说抓到一个探子，但几番审问，最终弄清是个普通邮差。

父亲说，既然是个邮差，就把他放了吧，把信件和汇款单还给他，让他继续送信，但必须把报纸留下来。如果没有路费，再发给他路费。就是从邮差留下的那摞报纸里，父亲看到了任弼时、萧克和王震率领的红六军团经湘南向黔东“流窜”的消息。

红六军团同样是一支苦旅。1933年10月，蒋介石调动几十万精锐部队步步为营，对江西中央苏区进行第五次“围剿”，因王明推行的“左”倾路线占据上风，中央红军屡战失利。为实行战略转移，中央命令在湘赣边界作战的红六军团开始西征，挺进湘西与贺龙领导的红三军会合，策应中央红军突围。这支由任弼时任军政委员会主席、萧克任军团长、王震任政委的部队，1934年9月从湘黔边界进入贵州，立刻遭到王家烈联合三方会剿。部队原想冲破敌人的防线，西渡乌江，进军黔北，中央军委却命令他们奔向江口。10月7日拂晓，第六军团在辗转中到达石阡甘溪，准备白天休息，晚上利用夜色越过石阡、镇远进入江口。谁知敌人在甘溪设下埋伏，一场让红军团在须臾之间损失3000指战员的惨烈战斗在此打响，军团十八师师部及五十二团指战员大部壮烈牺牲，团长田海青阵亡，师长龙云被俘后遭杀害。军团参谋长李达引领前卫四十九团、五十一团各一部突围后，意外得知贺龙的部队在印江、沿河一带活动，毅然率部奔赴沿河地区。

在获悉红六军团主力行踪的同一天，前方传来消息，李达在突围中带出来的部队与红三军七师十六团在沿河水田坝会合。父亲兴奋不已，在第二天，也就是10月16日，率领红三军主力从酉阳进入松桃，在梵净山区纵横交错的峡谷里寻找中央红军。

在山里整整转了7天，22日，当红三军主力到达印江苗王坡时，红六军团主力已先他们一步经苗王坡向缠溪进发。看见红六军团踩过的青草还没有直起腰来，父亲一挥马鞭说："快！抄近路追赶，不能让中央红军再吃苦受累了。"

22日深夜，随红六军团参谋长李达突围、先期与红三军会合的郭鹏团，率侦察连穿插到印江苗王坡，忽然听到后面发来一阵"嘀嘀嗒嗒"的军号声。仔细一听，是他极为熟悉的红六军团四十九团的号谱！郭团长欣喜若狂，命令司号员吹应答号。霎时一问一答的军号声此起彼伏，就像两股泉水在空中欢快地碰撞和交缠。号音未落，两队人马已在溪谷的一块坪地上泪光闪烁地抱成一团。

23日，红六军团从印江缠溪出发，经大坳、枫香枰、官寨、慕龙，宿于印江落坳一带。红三军从印江苗王坡出发，经龙门坳、团龙、坪所，宿于芙蓉坝、锅厂、金厂。从地图上我们就能看清楚，两支部队其实是向一个中心靠拢，这个中心就是木黄。

24日中午，按照事先约定，任弼时、萧克、王震率红六军团主力经落坳、三甲抵达木黄。父亲贺龙、关向应和先期到达的红六军团参谋长李达带领红三军，提前在木黄的大柏树下列队迎接。

虽是满身战尘，衣衫破旧，还拖着300多名伤病员，但在枪林弹雨中跋涉而来的红六军团，精神百倍，指战员该刮胡子的刮了，背包里还有换洗衣服的都换上了。队伍走近大柏树的时候，正生病躺在担架上的任弼时，一见父亲的身影，立刻从担架上跳下来，坚持要自己走；父亲连忙迎上去，想让他继续躺在担架上。任弼时激动万分，紧紧握住父亲伸来的手，说这下好了，我们两军终于会师了！父亲也非常激动，连连说好！好！好！我们终于会师了！站在各自首长身后的队伍，顿时欢呼雀跃，掌声如雷。在两军领导人历史性握手之际，双方拥上来热烈拥抱，相互通报姓名，又相互捶打着对方的肩膀。后面的人挤不进去，急得朝天放枪。

木黄的这棵千年古柏，就这样见证了两军会师的伟大时刻，见证了红军中几个湘籍领袖久久地把手握在一起。

两军会师后，双方领导人在镇上的水府官召开紧急会议，商量下一步行动。会议根据中央的部署和黔东的敌情，作出了迅速向湘西发展的决定，而且事不宜迟，第二天便拔寨启程，实施战略转移。

10 月 25 日，两军到达酉阳红三军大本营南腰界。这里鸡鸣三省，群众基础稳固，暂无敌人追击之虞。部队驻下后，用红六军团的电台及时向中央军委报告了会师情况。26 日，在南腰界一块坪地上隆重召开两军会师大会。在会上，作为中央代表，任弼时首先宣读了党中央为两军会师发来的贺电，接着宣布红三军恢复红二军团番号；两军整编后正式称为二、六军团，设军团总指挥部，总指挥贺龙、政治委员任弼时，副总指挥萧克、副政治委员关向应，参谋长李达、政治部主任甘泗淇。其中红二军团下辖四、六 2 个师 4 个团共 4300 余人，贺龙任军团长、关向应任政委。红六军团的军团长仍为萧克，政委仍为王震，下辖 3 个团共 3300 余人。

父亲尊重中央红军，信赖中央红军。他虽然担任两军会师后的红二、红六军团总指挥，但他在大会上说了一句话，让后人交口称赞。父亲说："会师，会见老师，中央红军就是我们的老师！" 28 日，红二、红六军团从南腰界出发，向湘西挺进，拉开了创建湘鄂川黔新苏区的序幕，有力地策应中央红军长征。

熟悉中国红军史的人都知道，红二、红六军团木黄会师，意义重大，它使不同战略区域的两支红军汇成了一股强大的革命力量。

1936 年 7 月，在紧迫的长征途中，中央军委发来电文："中央决定，从 7 月 1 日起，红二、红六军团改称为中国工农红军第二方面军。"

# 黔东独立师浴血梵净山[1]

段苏权[2]

## 黔东特委和独立师的组建

红二、红六军团会师后，对于下一步的发展方向，两军负责同志进行了反复的研究，鉴于当时中央红军正与敌人苦战于湘粤桂边，蒋介石设置了四道封锁线，调集 40 万兵力，前堵后追。在这一严峻形势下，两军团负责同志认为，目前最紧迫的任务，就是以积极的行动，策应中央红军的转移。那么，如何行动，向哪里发展？曾考虑以梵净山为依托，发展根据地。但是黔东特区区域小又不巩固，且贵州山地悬崖绝壁多，人烟稀少，给养困难，不利于大兵团行动。于是，决定向湘西发展。但黔东这块根据地不能丢掉，打算留下一支武装坚持斗争并牵制敌人，与主力在湘西的发展相呼应。同时考虑到，万一湘西发展不利，这还是必要的退路。据此，10 月 25 日给中央军委发出电报，报告了敌我力量及地方条件等情况，建议“以目前敌情及二、六军团力量，两军团集中行动”“两军团行动由二军团统一”，同时，加强黔东根据地党和地方武装的领导，开展游击战争，巩固和发展原有根据地，主力伸出湘西。电报发出后，两军主力进到黔东特区东北端的南腰界。在这里，部队进行了整编，红三军恢复红二军团番号，七、九两师共编为 3 个团，红三军黔东独立师的沿河独立团编入红二军团。这样，红二军团总共就有 4 个团的建制。原第七师改为第四师，辖第十团和第十二团，原第九师改为第

---

① 本文摘自《在坚持黔东斗争的岁月里》，《红军长征纪实丛书·红二方面军卷》，中共中央党史研究室编，中共党史出版社 2016 年版。

② 段苏权（1916—1993），湖南茶陵人。1930 年参加革命，曾任红六军团政治部宣传部部长，中共黔东特委书记兼红军黔东独立师政治委员，东北野战军八纵司令员，东北军区空军司令员、志愿军空军第一副司令员，福州军区副司令员、解放军军政大学副校长、解放军军事学院政委等职，为开国少将。

六师，辖第十六团和第十八团。红六军团因减员，暂编为 3 个团，十七师辖第四十九团、五十一团；十八师辖第五十三团。决定成立黔东特委，组建红二、红六军团黔东独立师，留在根据地会同各区、乡游击队，由黔东特委统一领导坚持黔东斗争。新成立的独立师以未编入主力部队的黔东独立团、德江独立团和川黔边独立团为主体，分别由编入六军团留下的 200 多名伤病员组成。其建制为一团（黔东独立团）团长秦真全，二团（德江独立团）团长潘 ××，三团（川黔边独立团）团长马吉山。原红六军团五十三团团长王光泽同志任独立师师长，我担任黔东特委书记兼独立师政委。这支武装成为坚持黔东特区斗争的主要力量。

我们与二军团会师时，因中央红军突围长征，湘、桂两省军阀急令入黔追击六军团的部队“刻日反省”以加强对付中央红军的力量。敌方资料记载：“王主席家烈、廖军长磊、李代司令觉三军首领，会面于石阡，正商讨围剿大计，适因朱毛出窜，湘桂两军，奉命班师，所有追剿萧、贺之役，交由黔军王主席负责。”此时，四川军阀刘湘为阻止我军入川，派第五师的达凤岗旅和独立田忠毅（田冠五）旅驻守川黔边境；割据湘西的军阀陈渠珍，派周燮卿部向南腰界方向急进。当我们从木黄经松桃石梁到南腰界集结期间，川敌达凤岗旅已进至沿河晓井一带；湘敌周燮卿部也接近南腰界，并在距南腰界十余里的龙池（龙塘）与我军交战，将其击溃。黔敌王家烈于 10 月 26 日下午率特务团到达思南，任命参军长刘民杰为前敌总指挥，分兵两路：一路由第二旅旅长李成章率领第二团（戴玉堂）、第三团（周相魁）、第十团（宋华轩）进至松桃红石板一线；另一路由前敌指挥王天锡率领第五团（李维亚）、第六团（刘鹤鸣）、第九团（罗习斌）进至印江天堂至松桃火烧桥一线，以第十三团（袁锦文）驻于印江刀坝，保持李、王交通。王家烈决定亲自督师将二、六军团“追出黔境百里以外，与川、湘友军围剿”。我军面临着敌人的重兵追击，因此，黔东独立师最紧迫的任务，是牵制住当前的敌人，掩护主力向湘西进军。

## 掩护主力东进坚持黔东斗争

1934年10月28日，红二、红六军团主力由南腰界挥师北上，进占酉阳，将敌人西调，创造东进的有利条件。主力撤离后，特委分析了当前的形势：川、湘、黔敌人进逼南腰界，黔东苏区已被敌人分割，黔东特区革命委员会在副主席秦育青同志的领导下，带领各区、乡游击队尚在瓦厂坝、铅厂、白石溪、谯家一带中心区活动，处境十分困难。为了巩固根据地，决定独立师回到黔东特区中心区，在游击队的配合下打击敌人，把敌人牵制住，掩护主力的进军。29日，我们从南腰界出发，向西南方向前进，进入黔东特区中心区域。二、六军团主力北上时，黔敌李成章、王天锡两部继续跟追，当发现黔东根据地还有部队活动，王部追至酉阳，李部和田部追至百福寺后，又急速返回，与川、湘敌人对付我们。这样，三省军阀部署追剿我二、六军团的10多个团全扑向黔东特区。

敌人除正规部队以外，另一股反动势力是民团。还在红三军开辟黔东特区之前，湘、鄂、川、黔四省在重庆成立"剿共联防指挥部"，四川的酉（阳）、秀（山）、黔（江）、彭（水）划为重点"剿共""防共"区。各省建立团防机构，四川成立了民团总指挥部。酉、秀、黔、彭先后成立团务委员会，集中民间枪支，刘湘还"价拨"一万多支枪，仅酉阳一县，就有八千支枪。贵州则成立全省保卫团，各县、区成立团防指挥部。湘、鄂两省亦建立了相应的民团组织。敌人施行所谓"军团合一"，即军队与民团的合一。因此，湘鄂川黔"剿共联防指挥部"由刘湘任总指挥，贵州的保卫团也由王家烈兼理。各地的民团头子大多数原为反动军队中的大小头目。如铜（仁）、松（桃）、江（口）、省（溪）民团指挥杨德村，曾担任黔军第一师的参谋长，思（南）、石（阡）、印（江）、沿（河）民团指挥周世勋，当过黔军的旅参谋长。许多则是土匪头子，出于反共的需要，反动政府公开委任为民团的头目。贵州岑巩县政府为扩充"围剿"黔东特区的力量，对在当地为匪的蒋云青、彭德胜二人，因"尚能与区团联络一气，协力堵截"红军。"为地方计权委"担任保卫团的队长。可见，所谓“军团合一”，实质上是兵匪合一。这些反动民团，是当地的地头蛇，情况熟悉，地形熟悉，他们是一股十分凶恶的敌人，后来我们吃了他们很大的亏。当二、六军团主力部队撤离后，趁黔东特区的空虚，许多民团又随着军阀部队气势汹汹地返回，分驻各地。因此，独立师回到黔东根据地中心后，围攻我们的除三省的正规部队外，还有这伙反动民团。

当时，包围我们的敌军，北面，川敌达凤岗两个团于晓景一线，湘敌周燮卿部控制南腰界至晓景一带；西面，为黔敌第三师第四旅杨畅时控制从沿河至土地坳各高地；东面，李成章、王天锡两部6个团和原驻刀坝的第十三团共7个团；南面，为黔敌驻德江张家湾一带的土著军阀姜兴尧1个团。敌人四面围攻，紧缩包围，妄图压迫我们于狭小地域消灭。从敌人的部署看，10月28日，川敌电令达凤岗旅“由平洞口推进，向甘龙口、南腰界攻击”，目的是企图截断我在南腰界的主力与黔东苏区中心区。与此同时，达旅另一部会同驻沿河的黔敌又向特区的淇滩、沙子场等地发起攻击。我主力撤离南腰界后，我们急迫返回中心区即投入游击队正与敌人的战斗。沿河县伪邮政局局长呈报军情中谈到了我与敌人的交战情况：“十月二十八日至三十一日，沿河淇滩、沙子场、小河场一带，红军与川黔两军发生激战，纵横百里，交通断绝。”我们打退了敌人北面和西面的进攻。11月上旬，黔敌又从西北面发起进攻，仍据沿河县邮政局局长的两次续报：“沿河驻军杨畅时部前往大坝、枫香溪、白石溪、谯家铺等地大施清剿，但均‘未奏胜功’。”这些材料，如实地反映了敌军的败退。接着姜兴尧部从西南向枫香溪进攻，在我军的英勇反击下，敌狼狈回窜。我乘胜追击至德江袁场，狠狠地打击了敌人的嚣张气焰。我们在根据地内的活动，配合了两军主力的进军，邮政局局长的另一次呈文也表明了这一点，他说：“‘共匪’已窜酉、秀、沿河境内尚有已被赤化之游击队数百，盘踞谯家铺、枫香溪、岩门口等处，与军队作最后之狰拒。”这期间，独立师和游击队，三面反击，消灭了部分敌人，保卫了根据地中心区，黔东特区的革命政权巍然屹立。敌人采取轮番的战术，不让我有喘息之机。此时，东面的黔敌又开始进攻。黔东独立师组建时约500人，有重机枪一挺、轻机枪两挺、步枪三万余支（每枪子弹仅三至五发），加上各区、乡游击队100多人，近700人的武装力量与优势敌人苦战了十多天，虽给敌予部分杀伤，我亦付出了一定的代价。由于连续战斗，弹药已十分缺乏，加之敌人四面封锁，给养困难。黔敌又发起了新的进攻，如果再与敌人于当地周旋，将继续消耗自己的力量，并难摆脱敌人的包围。在此形势下，特委研究，决定独立师采取外线作战，向梵净山转移，依托梵净山与敌人展开游击战，各区、乡游击队留在本地坚持活动，独立师从外线将敌人引开，减轻根据地的压力，并在运动中消灭敌人，以利坚持长期斗争。这一战略方针确定后，我们作了下面的部署：由王光泽同志赴瓦厂坝，集中各区、乡游击队，进行组编，委派张金殿、徐承鹏统一领导，在根据地内继续活动；另一方面，黔东独立师各部到印江沙子坡集中，准备转移。行动之前，布置两支后卫部队，以第一团担任左翼后卫，阻止黔敌姜兴尧和杨畅时的追击。以黔东特区革命委员会副主席秦育青率领的黔东特区保卫队和特区机关工作人员为右翼后卫，以防川湘敌人的追击，掩护主力撤离后随即向梵净山，将重伤病员，安置在根据地内。

11月10日，我与王光泽率黔东独立师两个团从沙子坡出发，12日，左翼后卫完成任务后尾随主力前进，15日，右翼后卫撤离，开始了外线作战的阶段。

我们率领的两个团从沙子坡经红溪到天堂，当地土豪薛三、倪洪昌平日欺压百姓，我们打了这两家土豪，向群众分发了他们的浮财，并捉了薛、倪二人，继续向木黄急进。敌李成章恐我军采取声东击西的战术，有倒击印江县城或进入江口县之举，急令第二团戴玉堂移驻朗溪至合水一线，令第三团周相魁尾追驻永义至居龙一线与驻江口县境之柏辉章部遥相控制梵净山区。11日，我们抵达木黄，在附近的燕子岩处决了薛、倪两名土豪。又经锅厂、芙蓉、平所进入了梵净山张家坝至护国寺一带。后卫第一团尾随我们后亦顺利到达。

另一支后卫秦育青部，15日从白石溪撤离拟到沙子坡，随独立师之后向梵净山，途经白石溪枫香园遭敌人伏击，特区保卫队战士和机关工作人员奋力抗击，我牺牲了8位小战士。由于敌人的阻拦，他们未能赶到沙子坡，遂取道茅草盖、花园，准备入川去湘西寻找军团主力。17日，行至胡家坝遇地方民团拦截，损失不小。到下寨坝，又遭印江北二区民团大队长安永成部的袭击。我军且战且走，到达来安营塘房坳，为毛坝区的伪区长陈文澜带领的民团夹击。我军牺牲20多人，被俘24人中遭敌惨杀了21人。余部辗转经岩柯坝、化稿坪进入秀山县境的百岁、坝芒一带，继续受敌截击，苦战不克，除少数战士脱险外，几乎全部遇难。

黔东独立师进入梵净山区，部署第一团驻守山脚的滥泥坳，第二团驻守苏家坡，第三团驻守大园子，师部设在护国寺，并派出警戒于钟灵寺、凤凰山、马槽河一带，以防敌人的偷袭。梵净山是印江、江口、松桃三县的结合部，这里层峦叠嶂，古木参天，地形复杂，进可攻，退可守。打算以护国寺为中心的这一带作基地，开展游击战争，寻机消灭敌人的有生力量。我们立足后，积极备战，在各团驻地区域构筑了简易工事，砍伐树木拦截道路，开展筹粮，为解决弹药缺乏的困难，还搬来制作鞭炮的工具，自制了一些大炮仗，战斗时点燃爆响，以壮声威，迷惑敌人。与此同时，在苏家坡、大园子、团龙等地打了这些地方的土豪，一部分留作军用，一部分给当地穷人，深得人民的拥护。

从我们进山后两三天，敌人不断进犯。15日，在苏家坡和关口岭，16日在交流塘，21日在滥泥坳等地，与小股黔军和民团作战，均被我击退。23日，敌周相魁团在印江民团东防大队张汉如部配合下、集中了近2000人的兵力进攻我驻滥泥坳第一团，由于敌众我寡，我军后撤上山，以1个连于途中的帝母庙迟滞敌人。敌军占领滥泥坳后兵分三路，左路进攻苏家坡，右路进攻大园子，中路继续追击我军。我在帝母庙阻击敌人的一个连，受到从苏家坡、大园子两翼敌军的包围，未能撤上山，除十几人突出下落不明外，其余伤亡或被俘。三路敌军追到护国寺，我与敌展开了战斗。鉴于此处较为开阔，不利歼敌，我们且战且退，至钟灵寺，预先占据有利地形，居高临下，痛击敌人，敌狼狈后退，后又组织几次反扑，激战了一天，均未能攻上。歼灭了敌军百余人，我军伤亡20多人，通讯班战士牺牲了五人。这时，我们的弹药已所剩无几，粮食也吃完。同时，黔敌柏辉章部一路从江口德旺推进梵净山脚的坝梅寺一带，另一路从松桃向寨英急进，江口县的民团已上山配合“清剿”我军，对我形成了包围之势。在此紧急情况下，特委研究认为，我们返回黔东根据地已坚持了27天的斗争，牵制了敌人，估计军团早已进入湘西，完成了掩护任务。根据目前的形势必须抢在敌人合围尚未就绪之前，撤出战斗，到湘西寻找主力部队。

在我们转移到梵净山的同时，留在根据地中心区活动的游击队也受到敌人的攻击。他们转入深山密林中进行游击活动，不断袭击敌人，与我们在梵净山的斗争相呼应。从敌方11月19日的一份报告中，可以看到，敌人害怕我二、六军团返回，不得不加强边地驻军的防守，而我们在黔东活动，敌又忙于东防西堵。这份报告写道：“近因残匪（指我二、六军团——引者注）。离黔东未远，尚在湖南龙山里耶，军队恐匪窜回，悉驻边地防堵，军方内顾不遑，而沿河境内游击队数百仍得啸聚山林……”敌人采取分割包围的办法，“清剿”游击队。由于敌我力量的过于悬殊，留在中心区的各区、乡游击队没有能够继续存在下去，他们艰苦斗争，一直坚持到11月下旬，根据地才被敌人占领。

根据地沦陷，使我们更加难以在梵净山立足。按照特委的决定，11月24日，黔东独立师撤出战斗连夜转移，越过梵净山顶峰，经风香坪、鱼坳、马槽河、瓦溪、快场、凯岩、凯文、落满到寨英。在这里捉住了柏辉章派到此地催办军粮的两名副官，了解到敌情，得知孟溪敌人防御薄弱，我们在普觉宿营，封锁消息。26日凌晨，出敌不意，袭击了孟溪区公所，缴获了14支步枪，200多发子弹，还缴获了一面国民党旗帜。为了迷惑敌人，我们打着这面旗帜，伪装成敌人，大摇大摆地前进，驻大路的民团，以为“省军”到来，不及提防，我乘势一举打垮了此地民团，活捉了厘金局1名卡员，当时准备放了，由于此人平时作恶多端，当地群众强烈要求杀掉，为平民愤，处决了卡员。接着，我们进入了秀山县境的兰桥，军锋直指梅邑（梅江）。驻守梅邑的民团杨志鹏中队和镇公所乡丁企图拦截，我军迅速占领了附近的飞山庙制高点，向敌人发起攻击，敌一触即溃，仓皇向秀山方向逃去。在进攻中，我带领通讯班冲入梅邑（梅江）镇，被埋伏于街边的乡丁放枪打穿右踝骨，枪弹在肉中爆炸，骨头碎裂，不能行走。战士们气愤已极，冲进镇里的一家商号，杀了反动盐商吴二毛，将许多盐巴分给了老乡，击毙了乡丁1人。

王光泽同志率部折向西南又进入贵州松桃的净岘北上，经瓦厂、五里牌、九龙向迓驾前进。抵张坝堰时，伪区长姚雨珍和当地民团龙海清尾追而来，企图截击我后卫部队。我因弹药缺乏，并争取尽快到湘西，未予还击，但匪部衔尾不放。至新压，龙海清又会同另一民团杨永成部袭击，我后卫5名战士牺牲。时已天黑，到迓驾附近的石号坡，民团麻秀臣部拦截，与后面尾追的民团夹击我军。独立师不得不进行还击，与敌展开激战，我牺牲战士20多人，战斗持续几小时，未能甩开敌人。第三团团长马吉山率领1个排，奋力苦战，掩护部队撤出战斗。此时，弹药已消耗殆尽，马吉山同志英勇牺牲。由于夜黑阴雨，坡陡路滑，地情不明，我军除伤亡外，失散和被俘者亦有之。鉴于敌情和任务，王光泽同志流着眼泪，叫干部和战士将我抬出战场，率部继续前进。我在车田村老乡李木富家。为避免敌人的搜索，李木富将我藏在半月形小山洞内，送给我一些草药医治枪伤，藏了20多天，左脚冻伤和感染，失去3个足趾。当地几家老乡都很穷，无法供养，我只好离开这里。临行前，一位木匠苏士华做了两根“下”字形拐杖相送。我拄着拐杖，拖着伤脚，沿途乞讨回茶陵，在家养伤，以后到了延安。主力复进入秀山县境。

我长途跋涉，连续苦战的独立师，在迓驾战斗一天粒米未进，他们以野菜充饥，艰难行军，经化溪等地，11月28日到川河盖，行进至大板场时，被酉阳龙潭的田忠毅旅和龙山里耶的周燮卿旅支撑下的民团文代章、刘九河截击。我已弹尽粮绝的疲惫之师，在优势敌人的进攻下，战斗失败。为了尽可能保存力量，王光泽师长决定化整为零，向湖南永顺方向分路突围去寻找主力，仅数十人找到主力部队。王光泽与部分战士突围的一路，在上川路上被涌洞的民团发现，不幸被俘。

王光泽同志，是一位优秀的指挥员，党的好儿子。他是湖南衡山县吴集乡人，自幼家境贫寒，父母靠帮工的微薄工钱维持一家九口人的生活，经常是贫困交加，饥寒交迫。不满四岁的弟弟因疾病饥饿而死，刚生下的妹妹无法养活忍痛送给他人。光泽幼年时帮地主看牛，少年投靠舅父学木工手艺，出师后在攸县做木工活，帮助家庭生活。随着年龄的增长，对这人吃人的社会深恶痛绝。1922 年，他到茶陵县周围乡镇做木工活时，受到农民革命运动的影响，投身于革命。1930 年在茶陵腰陂镇加入中国共产党，积极开展群众工作，组织苏维埃政权，被选为腰陂乡苏维埃政府工会主席、赤卫队长，1931 年腰陂区苏维埃政府建立区警卫连，光泽同志先后担任副连长、连长。次年，调任茶陵县警卫营长。警卫营扩充为独立团，王光泽任团长。不久，独立团编入红六军团第十八师为五十三团，他继任团长。1934 年，红六军团奉命突围西征，光泽同志率部随军出发，与军团长长途转战进入贵州。在与敌人作战中，他指挥沉着，不畏艰险，身先士卒，深受战士们爱戴。被俘后，送到酉阳龙潭田忠毅旅部关押。敌人捉到了红军师长，欣喜若狂，一方面邀功请赏，另一方面软硬兼施，妄图逼供诱降。王光泽同志忠贞不屈，每次审讯时痛斥国民党反动派祸国殃民的罪行，宣传革命的道理，表现了他对党对人民的赤胆忠心。敌人的一切企图未能得逞。1934 年 12 目 11 日，川军总司令刘湘向田忠毅传蒋介石命——“就地枪决”。临难时，光泽同志大义凛然，高呼“共产党万岁”“工农红军万岁”等口号，英勇就义。时年 31 岁。他为中国人民的解放事业献出了自己宝贵的生命。

黔东独立师和游击队与强敌进行了 1 月的艰苦斗争。这期间，我二、六军团主力取得了龙家寨战斗的胜利，攻占了永顺、大庸、桑植，扩大了湘鄂川黔革命根据地。

回顾坚持黔东斗争的这段历史，虽然完成了牵制敌人，掩护主力的任务，但未能继续坚持住根据地斗争的原因：第一，敌人在“围剿”红三军和追击六军团的过程中，各路敌军已调往黔东，云集于该地区，形成了包围；第二，黔东独立师刚组建即与各区、乡游击队连续投入战斗，毫无喘息之机，敌人四面封锁并轮番进攻，使我粮食极度困难和消耗我军战斗力；第三，贵州军阀王家烈在川、湘军阀配合下决心不让我在黔东立足，避免贵州“沦为江西第二”，投入了大量兵力，并进一步加强与地方民团和土匪的勾结，使本来还属于统治薄弱的黔、湘、川边，形成了强大的反动力量；第四，黔东独立师的力量较小，采取外线作战后，未能引开大量敌人，敌得以紧缩包围，攻占黔东苏区；第五，黔东特区窄小。正如贺老总在南腰界会师大会上向六军团战友们说，“同志们辛苦了，你们来这里是找后方的，后方是有啊！可没想到就在脚板上，在草鞋底下。”总之，处在革命低潮，红军长征生死存亡的时刻，留下少数武装和伤病员建立根据地，实践证明大都是不成功的。

这里应当提到的，由深受压迫的农民为主体自发组织起来反抗官府的“神兵”，倾向革命，红三军入黔时，他们成为可靠的同盟军，积极支援，开创了黔东特区；当其加入革命队伍，接受改编成红军和游击队后，始终坚持斗争；在坚持黔东根据地斗争的艰苦岁月里，尽管敌情如此严重，他们坚定地团结在特委周围，与黔东独立师一道，进行了英勇卓绝的斗争，与几十倍追堵围剿我军的敌人斗争达 1 月之久，付出了巨大牺牲，我们将永远记下他们的历史功绩！

# 特级战斗英雄文子全[①]

陈云开

文子全同志是贵州省江口县人。他13岁参加红军，历任文工团连长、政治指导员、青年干事，经历了举世闻名的“万里长征”，参加了惊天动地的抗日战争。为了中华民族的解放事业，他献出了自己宝贵的生命，牺牲时年仅18岁。

文子全同志15岁就当学兵团连长。他不仅是学兵团里很受尊敬的少年连长，而且也是老一辈无产阶级革命家朱德、贺龙、王震、郭鹏等最喜爱的少年干部之一。朱总司令3次接见文子全同志，把他搂在怀里，对他说：“好好学习，为人民服务，多做贡献。”贺龙师长接见他时，拍着他的肩膀说：“有出息，要为人民立战功！”王震旅长曾经送给他一支儿童玩具手枪，他佩戴在身上既美观又威武，活像一个英雄小将军。

文子全同志离开我们已经五六十年了，但我们永远忘不了他。

1936年1月10日，红六军团路经江口县时，一个衣着褴褛，身体精瘦的男孩，整天跟着部队，说他没有家，是个放牛娃，要求参加红军。部队的同志见他要求坚决，就同意他参军了。才13岁的文子全换上军装后，尽管还不太合身，却显得漂亮了，加上他好学习、爱活动，又唱歌又跳舞，更是活泼可爱。那时，我在红六军团保卫局工作，文子全同志在宣传队，我们都亲昵地叫他“苗子”。他和宣传队的另一个叫肖林达的小鬼在一起，很逗大家喜欢。

1936年7月，红二、红四方面军会师后，文子全同志在宣传大队，熊晃同志在该大队任分队长，他就在熊晃同志这个分队。过阿坝河时，熊晃同

① 本文摘自《江口县文史资料》第四辑。

志拉着他；爬雪山过草地时，都是军团领导把他抱在马背上；之后过渭河，大家又用绑带拉着他渡过。

到陕北后，熊晃同志带着文子全等20多个小红军战士（都是宣传队员），在魏拱之同志领导的中央人民剧社学习。尔后，红二方面军组织成立战士剧社，文子全又回到六军团奋斗剧社。部队在山西演出，扩军有成绩，成立了“八路军学兵团”。

记得是1937年的12月，在晋南洪洞县扩兵时，有一天，我告诉熊晃同志说：“准备明天晚上公演《亡国恨》。”当时文工团的干部和16岁以上的演员全部都调出去工作了，只留下指导员（正营级）熊晃和40多个15岁以下的小演员。指导员立即开会布置演出，也来不及排练。第二天搭起台就演，真是出人意料，这样一出几十人登台的大戏，匆匆上场，却表演得很成功。青年观众中，当场就有几十人来报名参军。那天，文子全同志是扮演“流浪儿”，本来是配角，演出过程中却成了主角，他表演逼真、动人，老年人和妇女看了都流泪，有的甚至放声大哭，整个剧场的抗日情绪，顿时高涨起来。连演三天，三天都挤满了观众。

为了扩大宣传效果，我们又把40多个宣传队员，白天分散到全城宣传抗日的大道理，这样听的人就多了，每天都有成万的人听讲。有一天文子全没有回来吃饭，我便出去找他，走到大街上，见他站在桌子上的一条板凳上正讲得起劲。周围有千余人围着听他讲演，我也挤了进去，只见一个空蓝长衫的白胡子老头，一面聚精会神地听，一面连连点头自言自语地说：“讲得好！有道理！有道理！”我又朝前挤了几步，看见一群大学生也围在那里听得起劲，他们一边听一边议论，一位大学生夸奖说：“了不起，一个十四五岁的孩子，讲得头头是道、生动有力，难怪他能吸引这么多听众！”另一个自愧不如地说：“我们虽然是大学生，也懂得不少，但讲不出他这样深刻生动的大道理！”接着他用手指向文子全赞赏地说：“你看他，很像一个教授，说得人心服口服，真了不起啊！”

1938年成立了冀中区党委、行政公署和军区，河北游击军与人民自卫军合编为八路军第三纵队，纵队和军区司令员吕正操到我们部队要老红军战士，文子全同志被要去了。1941 年我在雁北分区任政治部主任，调郭鹏同志来任司令员，把文子全同志带来担任政治部青年干事。我们又一起战斗了。

同年，山西雁北敌情严重，特务汉奸活动猖獗，敌人“奇袭队”袭击频繁。我们分区遵照中共中央指示，采取“敌进我进，积极主动打击敌人”的方针，组织大批武装工作队深入敌后开展游击战争，反击敌人的“军宪政总体战”。骑兵以营，步兵以排，分区机关以小组为单位分散活动。10 月 5 日（农历八月十五）晚上，我带一机关小组在平鲁县北检查分散部队的工作。先找到步兵四连一个排汇报，随后文子全率领的步兵五连一排也来了。正在汇报时，接到地委来信说他们机关和平鲁县机关及部队全体人员都到平鲁根据地中心村白辛村去，同群众欢度中秋佳节，会后转移。我看了吃惊，即使会后转移也摆脱不了敌特汉奸的跟踪，这么多人，很难避免敌人“奇袭队”的袭击。劝阻已来不及了，我必须靠拢地委以防不测。我立即通知部队做饭吃，四、五连的两个排今天不能回原地区去，要跟我去执行紧急任务。吃完饭，急行军拂晓前赶到了平鲁县以西的土墩，占领阵地，派出了骑兵侦察，了解地委的去向。

第二天天刚亮，我们正在找群众调查有关情况，突然听到“哒哒！轰轰！”从榆林村方向传来断断续续的机枪和爆炸声。这种枪声不是同战斗部队打仗，很可能是地委机关被敌人包围了。我立即命令部队朝有枪声的地方跑步前进！一口气跑了 20 多里，到了东水洼西停下来时，群众见到自己的部队来了，便从四面八方跑来给我们报信。果然不出所料，地委机关的人员被包围了。

地委机关、专署、抗联（包括各级领导人）和警卫连共 100 余人，是从白辛村联欢后转移到平鲁县以南 30 里的榆林村宿营（连同本村群众在内共 200 余人）。被敌特汉奸跟踪，最后遭到日伪军 1200 余人包围在榆林村，出不来。平鲁县机关全体人员（包括各级领导人）和两个步兵连一共 100 余人，留在白辛庄未动。第二天（6 日）也遭到清水河偏关来的伪军袭击，打了一个消耗仗。

榆林村是晋北塞外一个小山庄。敌人在两天前就发觉了地委的集结活动，于是，集中日伪军分两路（每路600余人）来包围。一路从朔县用汽车送到井坪（现县址），下车后步行占领了榆林村后山主阵地（内有日军48人）；一路从大同用汽车运到平鲁城，下车步行占领了榆林村外围阵地，后山主阵地敌人的手榴弹，直接投到了榆林村各家的窑洞里；沟底敌人封锁了各家出口；西山敌人封锁了村前横沟300米长的通道，形成了四面火网交叉连环封锁。地委突围不成，我们兵力太少，情况万分危急。

我带去的全部人马，包括勤杂人员在内，才115人。村内各家窑洞互不相通，内外无法联系，调兵增援又来不及。敌人凭借有利地势，不停地向榆林村射击、投弹，解围已刻不容缓了。时间就是生命。必须抢在敌人发起总攻击之前解围。

怎么打呢？为了发挥群众的智慧和才干，我把情况和想法如实地告诉了全体指战员："同志们，今天我们要打的敌人比较多，平均每人要打10个敌人。'奇袭队'没有重机枪、迫击炮，轻火器增加了一倍，我们必须分成小群，四面猛攻，东路分队担更重，平均每人要打20个敌人，任务十分艰巨。但比双碾村抢救教导队时的敌人少四分之三。我们把教导队抢救出来了，无一伤亡。要减少伤亡的唯一办法就是打'钻心战'，让敌人包围我们打，使敌人由多变少，我们钻进敌群中去，就能由少变多。"我问："这里有谁打过'钻心战'？"有十多个人举起手说："我打过！我打过！""好，打过的人介绍经验，只说打法不说经过。"这时，只见文子全同志站起来，斩钉截铁地说："冲进敌人肚子里去打，咬住敌人打，使敌人的火力发挥不了作用！"接着大家争着发言，一致认为，"钻进敌人肚子里去打；我们不是孙悟空，但可以学孙悟空钻进铁扇公主的肚子里去，对准敌人的心脏打。敌人的心脏就是榆林村后山主阵地。前沿敌人600多，全是伪军，分散很宽，挡不住我们的攻击。敌人后面是榆林沟，沟深坡陡，如果把敌人赶下沟去，堵住南口，把北山敌人也赶进小沟去，用密集手榴弹消灭他。然后全力杀上主阵地火速肉搏，把主阵地的敌人杀尽，不要活的，这就能确保成功解围。”

我们先从东路发起攻击，用第一排手榴弹为讯号，南北西三路立即发起猛攻。

文子全同志自告奋勇率领5连一个排，从东面攻打主阵地。这个排包括排长、文书、炊事员共33人，白天强攻比他们大20倍的日伪军，要通过300米长的暴露线路，没有突然性，是十分艰难的。只有充分掌握敌人骄横、人多、轻火力密度大、视线宽广等特点，用计谋欺骗敌人才能突入敌人阵地中去。因我的左臂折骨不愈，带着护木不能拼搏。在这种情况下，我决心指令文子全担当这一任务。年仅18岁的指挥员文子全同志接受任务后，沉着坚定地向全排战士动员说：“同志们，今天的战斗，没有增援部队，要冲进敌群中展开肉搏，要打到阵地上没有一个敌人为止！”说罢就带领大家向东绕道，向西冲杀，突入敌阵。他们离开隐蔽线，头上摇动着白手巾飞快向敌人猛扑过去，迷住了敌人。到达敌前沿，一声喊“打！”30多个手榴弹冒着浓烟，像几十架小飞机飞向敌群中爆炸，吓得敌人丧魂落魄，忘了放枪。英雄们随即对准最近的敌人放出第一枪，机枪、冲锋枪射手扫开了一条血路，随爆炸声冲进了烟雾中，上子弹、取炸弹，投出了第二批炸弹，放出了第二排枪，进入肉搏，杀得敌人人仰马翻，丢盔弃甲，血肉横飞，哭爹叫娘乱成一团无处藏身。英雄们越杀越猛，把敌人杀下山去了。敌人督战队端着机枪向退逃的伪军扫射，把逃跑的敌人赶上山来。英雄们利用敌人督战队扫射的机会，从正面上反扑，我们躲开了对抗形式，继续全力拼搏，才扭住了敌人。

我强攻南、北、西三面外围敌人的各分队，只用了一分钟就把敌人赶下山底小沟去了，又将手榴弹急风暴雨般投进山沟底敌群中，炸得地动山摇。南口被我通讯班封锁住了。北山的敌人被我骑兵冲杀也退进了山沟，敌人人挤人、尸压尸，死伤一大片在山沟底。我军只用了三分多钟杀上了主阵地，配合东路军在主阵地上同敌人拼杀。敌我混成一团。日军变成了督战队，伪军跑不了，我军扭住了敌人拼搏，杀他个你死我活。此时枪里有子弹没时间上膛，手中有炸弹没地方能投，敌我难分，手榴弹只有当石头用。战斗大约在九时许开始打响，足足拼杀了二三十分钟。

我们20多个铁骑英雄们拼马扬刀，扑向北山，一米二长的马刀，银光闪闪，吓得敌人魂不附体，马刀从后向前砍，发挥了人、马、刀三种力量融为一体的作用，只见得人头像断线的珠子，一个个咕噜地向前滚，杀了几个来回，北山就没有抵抗的敌人了。马有本能地懂得撞倒的人不用脚踩，而这时它似乎也知道要为祖国抗战出一把力，有意把脚踩在敌人身上过去，有的是被马踩死，有的是马刀砍死的，有少数敌人向北逃跑，也被赶来的群众抓住打死，向南逃跑的敌人被赶进了西沟，用炸弹报销了他们。在拼搏的几十分钟内，没有一个伤员离开阵地，没有一个战士离开分队，人人浴血奋战，个个全身是血。

这一仗，歼灭了敌人三分之二，占领了敌人的全部阵地，确保了机关部队和群众安全解围，我军也付出了不小的代价。文子全等38人壮烈牺牲，负伤10余人。我们的武器90%被打坏了，缴获了比我们多几倍的武器、弹药。这一仗打出了水平，打出了军威，打出了国威。

这次战斗中，文子全同志表现尤为突出。他不仅身先士卒、英勇善战，而且沉着冷静、足智多谋、指挥有方，死死地把敌人扭住了，为这场胜利起到了决定性作用。战后，为了表彰他在榆林解围战斗中的功绩，雁北分区党委追认文子全同志为“特级战斗英雄”。

每当回忆起文子全同志短暂而光荣的一生，我便为我们的部队有这样好的一位年轻指挥员而自豪！也为我们中华民族和贵州人民有这样一位英雄的儿子而骄傲！

# 写在旷继勋烈士故居[①]

何亮[②]

最初知道旷继勋烈士的英名，是5年前去四川，在遂宁市的蓬溪县。那里是他率部起义并建立四川首个县级苏维埃政权的地方，建有旷继勋纪念馆。馆内展示了烈士生平，蓬溪起义的来龙去脉，起义对后来川陕红色根据地的重大意义，等等。我惭愧于自己的寡闻，此前竟不知有这样一位智勇双全、战功卓著的红军前辈。

烈士的戎装遗像上那英俊的面容、紧抿的双唇、深陷的眼窝和眺望远方的神情，从此就深深印进了我的心底。

如今，我到了贵州的思南，瞻仰烈士的故居。

故居在思南县城的安化街。一个普通无奇的门楼，里面是十几米见方的小院，三间正房两排厢房，在周围高大的居民楼间显得逼仄。然而有那尊据烈士戎装遗像雕成的石像在，描述烈士生平的铜质浮雕又嵌满了一面院墙，便仿佛有一种强大的气场，让人甫入其间，就不由自主地将脚步放轻、再放轻；居民楼从视野中退去，街边的嘈杂也已滤掉，只对着与烈士有关的起居室、厨房、马厩，屏息凝望。

正房的门柱上，有一副黑底金字的长联：

大风起兮救世匡时举义旗红军虎将建旷代奇勋

睡狮醒矣富民强国求发展乌江儿女继先烈宏愿

---

① 本文原载于《火箭兵报》2017年1月13日。

② 何亮，原名申菏亮，山东菏泽人，曾任火箭兵报社通联处处长、文化处处长，高级编辑，中国报纸副刊研究会副秘书长。

思南紧邻乌江，尽占水运之利，自古商贸兴盛，获誉“黔中首郡”。旷继勋于 1897 年生于大河坝乡一个农民之家，读过几年私塾，后随父串乡摆摊卖药，大抵已可衣食无忧，渐至小康。然而他像那个年代的许多热血青年一样，对中华受欺凌、人间皆不平的世道不愿顺从，必欲争取改变。儿时的他就曾因雨天赶集时看到有人坐轿，有人打伞，穷苦人则连遮雨的斗笠也没有而发过宏愿：我长大了，要为天下每个没斗笠的穷人买一顶斗笠！

或许天资聪颖的他早就悟到了枪杆子和政权的关系，或许身强体健能骑无鞍烈马的他天生就是军人坯子，他在 24 岁那年随友人入川当兵，因有勇有谋很快崭露头角升为军官，29 岁时已是混成旅的旅长。此时，黄埔军校中由共产党人蒋先云发起的全国青年军人联合会影响日盛，其主张深得旷继勋之心，于是他派人南下广州联系共产党，党组织很快派出曾留学苏联的秦青川等来蜀，在旷旅建立党支部并发展旷继勋入党。

从此，这位深受上峰器重、在川军中有着锦绣前程的年轻旅长便成为共产党的忠勇战士，至死不渝。

望着展室里“中国工农红军四川第一路军”和“中国工农红军第二十五军”两幅军旗照片，不禁心潮翻卷。红旗已如此破旧，几成斑驳的布片，中间的黄五星是缝上去的，星间的镰刀锤头是手绘的，然而却都是烈士亲手擎过的旗啊！两支部队皆系旷继勋亲创，前者在军阀林立的四川亮出第一抹红色，令土豪胆寒，百姓开颜；后者为鄂豫皖根据地的王牌劲旅，在历次反“围剿”中屡立奇功，著名的磨角楼战斗、双桥镇战斗等被载入我军军史，作为经典战例用于军校教学。

旷继勋还在洪湖苏区任过红六军军长，率部连克华容、石首、津门诸县，与贺龙的红四军在公安县城胜利会师，将荆江南北根据地连成大片。正可谓千军易得，一将难求，旷继勋到了哪个部队，哪个部队就士气高昂，能打胜仗。

我读过许多革命先烈的事迹史料。那些浴血疆场马革裹尸的烈士让我屏息仰望、血脉偾张，如杨靖宇、董存瑞、黄继光；那些身陷敌手但坚贞不屈的烈士更让我感佩不已，如李大钊、瞿秋白、方志敏；我也曾面对重庆歌乐山的烈士群雕潸然泪下，对那些天已破晓却倒在末路疯狂之敌屠刀下的党的儿女深感惋惜，想象着他们会是一种怎样的心境呢？痛苦吗？遗憾吗？新中国已经诞生而自己却未能一见。我曾就此写过文章，终还是以为“求仁得仁，又何怨焉”——革命既获成功，理想已然实现，他们在远行前的刹那应是满足的、欣慰的，死而无憾吧！

然而，此时此刻，徜徉于思南这个宁静的院落，凝望着那尊英气逼人的雕像，我的心情是复杂的，难以名状。

因为他曾在张国焘授意下给川军中的故旧写过信，希望他们在军阀田颂尧围剿红军的作战中保持中立，却因此而死。

旷继勋于蓬溪起义失败后转往上海周恩来领导的“中央特科”工作时，曾于大庭广众下击毙叛徒白鑫并全身而退；曾在一家浴室击伤青帮大佬黄金荣，吓得黄亲向中共致信“今后井水不犯河水”，不再为国民党“剿共”卖力。旷继勋死前曾写过几句话，不是写给亲属的，而是写给其最信任的两位同志的：

中生，琴秋：我先走一步了。请你们多加保重，如活到胜利，请向党中央报告，旷继勋是革命的，是含冤而死的……

如果他从未走出思南，也像父亲一样做一个商贩，以他的头脑和勤快，定能把生意做得风生水起，日子优裕。如果他当旅长时没有率部起义，以他的过人韬略和在川军中的人脉，完全可以当上师长、军长，称雄一方。抛开这两个“如果”不论，如果起义加入红军的他不是那么坦荡刚正，对器量狭隘的张国焘顺从一些，不在小河口会议上直言批评，他也会继续作为红军猛将而大有作为。

一绺秋风吹过，又吹落几片黄叶。我心中一阵发紧，把衣领往上拽了拽。凝望烈士雕像，烈士沉默不语。

忽然觉得我这样的想象、痛惜，不过是心理学所说的移情、投射，而未必有据。就像歌乐山受难的江竹筠、许晓轩们那样，旷继勋烈士在远行之前，在绞索套向颈下的瞬间，或许是更加从容的，安详的。因为他知道自己是什么人，走的是怎样的路，他对自己选择的主义和政党有坚定不移的信仰。

4 年后的 1937 年，毛泽东在延安批判张国焘错误路线时，明确指出“旷继勋同志是好同志，被张国焘错误迫害，应作烈士对待”。

76 年后的 2009 年，新中国成立 60 周年之际，中共中央宣传部和解放军总政治部等 11 部委联合评选出“100 位为新中国成立作出突出贡献的英模人物”，旷继勋光荣上榜，短评语为“壮志不渝励后人”。

# 革命先烈肖次瞻[①]

张仁杰、徐光明、杨昌运[②]

肖次瞻，原名炳煌，又名次旃、汉吉，1905年10月生于思南县塘头区（今塘头镇）尧民里一个书香世家。父亲肖荣东（润生），清末殿科秀才，曾响应孙中山先生领导的民主革命，参加自治协会，兴办搪头自治学堂并任堂长，一生多以行医为业。肖次瞻兄弟姊妹八人，他排行第二。

肖次瞻跟兄炳辉上私馆，模仿哥哥念书写字，四岁正式入私塾，接受启蒙教育，九岁进塘头小学堂读书。曾随父行医到铜仁，旋往常德，考进教会学校，专习英语、数学。1924年到武汉，就读于共进中学。1925年加入了共产主义青年团。先后结识了一些共产党人、进步教师和青年，更加努力地学习马列主义，积极参加学生运动，初步树立起共产主义人生观。1926年，北伐军攻占武汉，时值武汉邮政管理总局招考邮务生，肖次瞻放弃继续深造的机会，应试并被录取为四等三级邮务生。随后参加我党领导的湖北邮务职工总会，任中华全国邮务总工会筹备处常委。他坚定地同邮工们一道，为争取收回邮政管理权，改善邮务工友的生活，投入声势浩大的反帝反封建斗争，成为工人运动的骨干。在武汉光荣地加入了中国共产党，曾与恽代英、项英、夏曦、任弼时、关向应等一起从事革命活动。

1927年大革命失败后，党的活动被迫转入地下，共产党员纷纷隐蔽疏散。肖次瞻转移上海，化名肖先立，先后在上海海关校英文专修科、青年社

---

① 本文摘自《烈火硝烟御外侮》（内部资料），中共铜仁市委党史研究室编，2015年版。

② 张仁杰（1937—2014），贵州贵阳人，曾任中共思南县委办公室副主任兼县委党史资料征集、研究领导小组办公室主任，中共思南县委办公室主任，思南县政协秘书长。

徐光明（1958—），重庆沙坪坝人，曾任中共思南县委宣传部副部长，中共思南县委组织部副部长，中共思南县委办公室副主任等职务。

杨昌运（1952—），贵州思南人。

学堂进修。在堂兄肖海源的帮助下，主办了《黔首周刊》，揭露军阀罪恶，宣传反帝反封建的思想。1928 年，上海白色恐怖更为严重，革命转入低潮。肖次瞻找党不成，而《黔首周刊》被查封，得知贺龙、周逸群在洪湖革命的消息，他来到湘西洪江，先于中学教书，继而主办《洪州周刊》，发表《从民国元年到十六年》等文章，抨击时弊。1929 年，转到贵州天柱中学执教，半年后，因未找到党组织，于 1930 年初回到了家乡思南。

从 1904 年到 1928 年间，思南和邻近七县酝酿联办中学。几起几落，均未实现。肖次瞻挺身而出，兴办“八县联中”（即思南、石阡、印江、德江、沿河、凤冈、务川、后坪），出任筹备专员，该校于 1931 年 3 月被命名为贵州省立第七中学，1932 年春建成招生，标志着以思南为中心的新文化的崛起。肖次瞻出任校教务主任。由此，把学校作为培养革命干部、宣传共产主义思想的基地。他提倡白话文，号召学生组织自治会。肖次瞻不仅学识渊博，才华横溢，精通英语和世界语，对古典文学造诣颇深，对人循循善诱，对学生讲帝国主义侵华史，讲中华民族的危机，讲封建军阀的祸国殃民，讲劳苦大众的悲惨处境。这些新知识和进步活动，唤醒了青年，却刺痛了当局，尤其是以校长裘伯莹为代表的封建顽固势力挖空心思从中作梗。在肖次瞻的领导下，1933 年秋，全校举行了针对开除进步学生的声势较大的罢课斗争，持续半年之久，以迫使裘伯莹“辞职”而胜利。但随后政客覃茂松接任校长，以种种借口解除了肖次瞻教务主任职务，学生运动遭到严重挫折。

1934 年夏，贺龙率领红三军创建了黔东革命根据地。肖次瞻找党心切，随即派进步青年肖毓雄带了他的亲笔信前往苏区联系，因敌军封锁甚严，途中受阻，未能如愿。1935 年 1 月，遵义会议召开。肖次瞻为及时了解革命新形势，设法再度找党，遂于 3 月带领进步学生熊大瀛、肖炳焜、李宗泽等徒步奔赴贵阳。其间，通过熊大瀛、商学礼等人的介绍，肖次瞻开始与地下党员龚永明、李长青接触。但不久，贵阳发生“七・一九”事件，线索又中断了。在这种情况下，他即返思南继续从事开拓工作。

受同乡冷国士办学之力请，肖次瞻出任思南凤仪小学（以后改为城区小学）教务主任。在此，广泛团结一批上层进步人士如郭屏周、冷国士、杨继时、王仲伦、熊鼎初、尹克钧、孙华山、戴明修等人和青年学生，在城区小学和塘头农村学校，开展抗日救亡活动。与此同时，他还在七中和城小组织了有300余人参加的“读书会”，对进步知识青年进行启发引导。尤其在尧民里、芭蕉溪、麻坝、板桥等地，办了几所农民夜校，动员上千名青年农民入学，自编教材，自印课本。这批青年农民在中共思南地区总支委员会领导下建立“思南游击队”，迎接解放，配合接管政权的基本力量。

1937年9月，进步青年商学礼于贵阳男师毕业后回到思南。他带回了几份党中央文件和一些理论书刊。肖次瞻及时组织商学礼、肖毓雄、金贵昌等人反复学习讨论，进行工作部署。以城区小学为中心的抗日救亡活动迅速开展起来，全校师生组成抗日宣传队、夜呼队、歌咏队和演剧队；进行募捐活动，劝募寒衣和捐款，写慰问信，慰劳八路军和新四军等，抗日烽火在乌江两岸燃烧起来。肖次瞻设法在城区小学开设了“凤仪图书馆”，并做庶民书店老板龙正武的工作，从四川购进了数千册进步书籍，丰富了图书馆的藏书。他还通过与思南邮政局局长、投递员交朋友，使《新华日报》以及进步书刊避开敌特的检查，得到及时、安全的转移。读书会的不断发展，革命干部的迅速成长，为思南地下党的建立作了思想上和组织上的准备。

1938年初，在贵阳男师积极参加革命斗争的熊大瀛回到思南。肖次瞻同熊大瀛、商学礼一起分析了全国抗日斗争形势，根据思南革命斗争情况，经过多次讨论，一致认为建立思南地下党的条件已经成熟，并决定召开筹备会。遂于农历正月初五以拜年为名，在大坝场梧桐树商学礼家中，肖次瞻主持召开了秘密会议。熊大瀛和肖毓雄、商学礼、金贵昌等人参加了会议。经过四天的讨论，通过了他起草的《思南地下党组织大纲（草案）》《工作大纲（草案）》等两个文件，并决定派商学礼送到贵阳报省工委。经上级党组织的考察，6月份，省工委秦天真派宁起琨（汉戈），以合作金库指导员的身份来到思南，传达了省工委恢复肖次瞻党籍和思南建立党组织的决定。同时，肖次瞻介绍熊大瀛入党。这样，由肖次瞻、宁起琨、熊大瀛组成中共思南县临时工作委员会，肖次瞻任书记。7月，肖毓雄利用赴筑受训时机向省工委汇报工作，报送思南临时工委筹建组织情况和肖次瞻的自传。9月初，肖毓雄带着省工委秦天真批示的文件回到思南。根据省工委的指示，中共贵州省思南县委员会正式成立，肖次瞻任书记。接着，肖次瞻亲自拟发《中国共产党思南县委成立宣言》，在党员和发展对象中秘密传阅。县委成立后，先后吸收了22名新党员，建立了机关、思南中学和农村（塘头）等三个党支部。这些党员分布在思、石、印、沿、岑巩等处，在当地开展抗日救亡活动。

肖次瞻指导“读书会”成员开展社会调查工作，这对于党组织掌握情况，制定斗争策略，培养革命干部起到积极的作用。为了更好地宣传党的抗日民族统一战线政策和全国的抗战形势，县委创办了党内刊物《中和》，学校支部也办了《骎骎》《焰焰》周刊。肖次瞻亲自撰稿，宣传革命思想，发表了《救救孩子》《培养高尚的革命情操》等文章，并亲自负责《焰焰》的编制工作。在农村兴办了农民夜校，在青少年中组织了“儿童救国团”、宣传队、话剧队、歌咏队，走向社会，深入农村开展活动。假期，他亲自带领宣传队到石阡县城、农村演出《放下你的鞭子》和他编写的《东北沦陷之后》《屠户》《老师的年关》等话报剧，激发了人民抗日救亡的热情，深受人民大众的欢迎。

1937年2月，肖次瞻与受党派遣回贵州搞军事情报工作的印江地下党员严竞成发生联系。此后，肖次瞻给严竞成寄去一些进步书刊，对印江的工作给予指导。经过严竞成的积极工作，一批进步青年逐渐成长起来。严竞成通过思南与任绪本（即朱沙一，严竞成的学生，当时在贵阳读书），于1938年3月至4月与上级党组织接上关系，并得到去武汉接受任务的通知。在严竞成离印途经思南时，肖次瞻、熊大瀛和他研究决定了两个问题：一是严竞成走后印江地下党工作由谁负责；二是打算利用红三军创建黔东根据地时留下的一批枪支，组织一支游击队。严竞成并将组建游击队的问题带到武汉向上级党组织请示。肖次瞻筹备路费和办理到武汉的护照，支持严竞成北上抗日。党的活动已从城市到农村，从思南到邻县深入开展起来。

1939年12月，国民党顽固派发动第一次反共高潮，国民党贵州省党部提出要“净化贵州”，明目张胆地查封抗日救亡团体，疯狂破坏我地下党组织。省工委执行党中央制定的“隐蔽精干，长期埋伏，积蓄力量，以待时机”方针，反击国民党的反共逆流。1940年2月，肖次瞻调贵阳工作，开始到省立医院担任会计。同年4月，以邓止戈为书记的省临时工作委员会组成，肖次瞻任委员兼任秘书长、贵阳县委书记，负责贵阳地区工作。同年7月，思南地下党遭敌破坏，国民党到处搜捕肖次瞻。在贵阳，他已被敌人盯梢，但他不顾个人安危，仍继续工作，曾多次机智地甩掉敌特的跟踪。鉴于他的处境，省工委陈于彤要他转移，把工作交给杜守敦，他一再表示要处理完手上的工作再走。陈被他坚守岗位，临危不惧，一心以党的事业为重的大无畏精神所折服。7月19日，肖次瞻在省立医院被捕，被关押在省保安二处狱监号单人黑牢里，此前被捕的思南县委书记熊大瀛等五人，关进同狱六号大牢，正好面对二号牢房。

在狱中，肖次瞻写下诗句，传递给同志们，鼓励他们坚定革命意志，严守党的机密，保存党的力量，与敌人斗争到底。11月下旬的一天夜晚，肖次瞻被秘密转押到三号牢房。这时，他意识到为党献身的时刻已经迫近，写下正气歌：“不恋我生前，陈债一笔除。不虑我身后，后事有人继。人生持久战，小败大胜利。胜利多信心，遗忘个人私。招手有巨人，普罗米修士。”充满着浩然正气，催人慷慨奋发，光照人间。他的双目被剜，始终坚贞不屈，敌人无计可施，12月7日，在一个寒风呼啸的深夜，肖次瞻被秘密杀害于保安处防空洞。

# 中共黔北工委与德江地下党[①]

先仲虞[②]

1947年11月，我和宋至平背了一匹布，扮成做生意的人，作为第一批赴贵州开辟工作的先遣人员从重庆徒步出发，到达德江时已是12月份了。

当时正是毛毛雨季节，宋至平是个文人，一路上摔了不少跤。我们边走边了解情况，到永兴镇时由宋至平持张人均同志给他哥哥的亲笔信，要其兄张奚活帮助找关伯庸，我到湄潭去找关祖秦。我不认识关伯庸，只知道他的组织问题没有解决，张立、宋至平都一再讲过，要解决他的组织问题，由于战争环境等客观情况，一直没有解决。关祖泰是被国民党特务杀害的关祖乾的弟弟，和我是同学，我在重庆经常与他联系，还给他寄过一些进步书刊，思想是进步的，我想通过他找到关伯庸。由于我的斗争经验不足，我去找他时，还不知他已出事了，差点出问题，幸好是大清早，没被敌人发现。我迅速返回永兴把情况向宋至平作了汇报。他当即决定，马上离开那里。到凤冈茶花坪，我把宋至平安排在付朝选客栈住下，然后我一个人先到德江。通过我三哥找平原十字关丁朝忠商量，他同意宋至平暂住他家。付朝选、丁朝忠等处是我前几次回贵州时物色好的联络点。付朝选为人忠厚，丁朝忠是付朝选的女婿，是我三嫂的哥哥，做漆生意，当过保长。我说："张先生（宋至平化名张志真）是我的朋友，学识渊博，做生漆生意亏本了，想到这里来找点事情做。"丁朝忠高兴地让我把宋至平接到他家里住下。之后，我和丁朝忠商量，由他出面聘请"张先生"在十字关保国民学校教私塾（实际上是失学青少年补习班）。为了联系方便，我把我的两个侄儿先全敏、先全雄送去

① 本文摘自戴德贵整理的先仲虞回忆材料，全文见《黔北工委在德江》（内部资料），中共德江县委党史研究室编，2004年版。

② 先仲虞（1923—），贵州德江人，中国人民解放军原黔东北纵队司令员。

那里，以读书为名，担任秘密交通员。我以家长和朋友的身份与宋至平会面，也就不会引起别人的注意了。

宋至平立住脚跟后，我就利用我家庭的各种关系开展工作。我大哥本身就有些枪，我又邀约一些人组织“鸟枪队”“打猎队”，一些学生也参加了。一方面向他们灌输革命思想，一方面也是作好保护宋至平等同志安全的准备。我周围的朋友越来越多，宋至平也广泛而慎重地交朋友，不少学生家长都成了我们的联络点。加上我原来物色的付朝选、丁朝忠、安树怀、冉崇福等老关系，我们的“耳目”和联络点就多了。我们将这些情况向重庆的张立作了汇报。

开始，我们最大的困难是缺乏经费。没有经济来源，我通过一些关系，收购了一些猪油、生漆等运到重庆去卖，赚了一点钱来做革命活动经费。有时困难得实在不行又急需开支，就东挪西借，我到现在还欠一些人的账。另一个办法就是把我们的同志分散安排，去经商、教书、看碾房、种美烟（烤烟）和棉花。一方面解决生活困难，一方面深入发动群众。

1948 年春，张立同志通知我到遵义汇报。我通过潘明辉（在遵义丁字口开布店）找到张立。大概是 2 月份，杨柳刚发青，我们在遵义老城顺河下去的一棵柳树下约会。我向张立汇报了在湄潭清理党组织和如何安置宋至平等情况。张立表扬我们的工作搞得不错，并指示按原定计划开展工作。接着，张立去湄潭通过关伯庸、张奚活等了解湄潭地下党的情况。以后按照我告诉他的路线到德江，宋至平向他汇报了工作。黔北工委原定打算设在遵义，后来觉得德江这边条件不错，就在德江了，实际就是宋至平教书的那个地方。

张立回重庆后，陆续派了一些同志到德江，有周翔、林茂德、张志高、谢焕耀、刘学礼、董啸嵋、张春涛等。工委决定派人到各县去恢复或建立地下党组织。我记得各县党的主要负责人有湄潭何恩余、王陶熏、何少奇、张奚活；派林茂德到凤冈；派我去德江；派刘学礼去道真；派李延伦、郑代琪去正安；松桃先是滕久荣，后是周翔、董啸嵋、张春涛，宋至平去过，张立同志也去过；绥阳、沿河也派了人去，名字忘了；思南是朱亚，朱亚的关系是宋至平去松桃时告诉我联系的。后来才知道他的直接领导是程途同志。朱亚在思南清理恢复过去肖次瞻同志发展的那些关系，恢复了组织叫“思南总支”。张春涛同志开始是在工委协助宋至平工作，他们白天上课，晚上就绘制地图，起草一些宣传文件，商量怎么行动等。还有让李延伦同志在正安、道真、务川、德江、松桃之间来往联系，加强我们的联络工作。

张立第二次到德江，与宋至平住在一起，那是1948年的这个时候（9月份），天气不冷不热。他一到那里，就深入了解各种情况，我背着望远镜跟着他一同观察地形。望远镜是张立带去的，他带去两件东西，除望远镜外，还有一床俄国方格毛毯，他准备在那里亲自组织领导黔东北地区的武装斗争。我们在山上边走边谈，他指着那些地形地物告诉我，如何利用它们隐蔽自己，消灭敌人。他常找我的几个哥哥谈话，了解社会各方面的情况。张立到过老虎顶周翔家，从周翔家那里翻山去务川。大兴我妹妹先仲贞家那边的山上，他也去跑遍了。他搜集了各县地图，结合实地考察情况，绘制了准备打游击的地图。张立去务川和凤冈都是从那些山坡上转过去的，我送他到务川就回来了。他单独在务川活动些时间后才返回德江的，看来务川那边肯定是有我们的人在那里活动。过了一两个月，宋至平突然通知我想办法给张立准备路费，他要走，我记得张立是从大兴我妹妹家那边走的，说是去铜仁一带视察工作。张立临走时对我说，他在铜仁有个关系，有一定交情，是一个有声望的人，可以向他开展统战工作，以他的名义去找那个人，争取得到一些支持和帮助，那个人叫什么名字忘了。后来才知道，他是经铜仁去重庆找上级组织汇报工作去了。

那段时间，我们的工作重点在德江。在工委直接领导下，我首先做好我家庭的工作，把我哥哥们的枪弄到手，成立“鸟枪队”“打猎队”，搞起了我们一支小型的地下武装。一是保卫黔北工委的安全。二是以它为形式宣传群众、组织群众。我和周翔去打磨溪一带以抗丁、抗粮、抗税的名义组织“齐心会”；又和刘学礼互相配合在龙溪丁家林组织青年农民成立“同心会”，集体抗兵、抗粮。我们通过各种关系，以同学、亲戚和我大哥的声望，把一些失业军官、绿林朋友争取过来，编入我们的游击队。我们派人打入伪乡政府，利用合法身份，安排外来的同志，记得张蜀伦同志就是这样安置在煎茶小学教书的。我们的同志要走，就通过伪乡、保政权开路条。国民党布置抓壮丁，我们的人就事先暗地通知要被抓的青年逃跑。团结在我们周围的人越来越多，建立了很好的联络网。我们的消息很灵通，有什么情况，或有陌生人去明溪，很快就有人向我们报告，尤其是地处要冲的七星场冉崇福家，我大哥称他家为我们的“总机”。

我们的活动，震动了思南、德江、凤冈国民党当局。他们在德江煎茶设立了三县剿共联防指挥部，我们也加倍提高警惕。发现有可疑的现象或人物，就密切监视或派人跟踪。我们有较强的实力，所以敌人的小部队一般不敢来。我们利用各种关系掩护，没有公开打旗号，德江国民党县政府根本摸不清我们的实底，不敢轻易对我们采取行动。李明吉、覃义宽这两股武装我们收编了，我二哥保上的枪我们掌握了，我们派董啸嵋在朱阁臣家里做工作，朱阁臣和大兴乡公所的枪也为我们掌握。我们要打一个县的保警队是没有问题的。如果张立同志不走，我们最迟在那个冬天就准备搞武装暴动，把松桃、印江、思南、德江、凤冈这一片地区的武装斗争搞起来，这是当时的打算。我后来知道，煎茶三县联防大队长张维汉已密报了我们，我是被贵州省国民党当局秘密下令通缉的。张立周密地分析过敌我情况，认为当时我们的力量对付一两个县的敌人是没有问题的，但要公开打着旗号干，对付国民党更多的正规武装还不行，还必须为更好的发展做好准备工作，且各县更密切地互相配合才行。

…………

1949年秋，国民党19兵团49军275师825团在湄潭招兵，声称谁能招多少人去就委任谁当多大的官。我和刘学礼、周翔、林茂德等研究，认为是个拖枪的好机会，决定组织一营人打进去，相机拖枪。说服李明吉去当营长，又说服吴卫群当副营长。连排班干部也都是我们选定的，当然征求了李、吴的意见。李、吴当营长是不会引起敌人的怀疑的，吴在国民党部队当过营长，在淮海战役中被我军俘虏后，教育释放回家。我和他“同过学”，在去做他的工作时，知道他晓得共产党、解放军厉害，看到国民党确实是腐败，从长远看国民党非败不可。开始我们只想让他中立，利用他搞一些统战工作，一经接触，了解到他对国民党那些腐败的东西很不满，有靠拢共产党的思想（想升官发财），我们就利用这一点。再就是我们知道他是进步青年付成锐的姐夫，就利用付成锐当时在贵阳被捕的事实，激发他对国民党更加不满。我说：“你不是经常说此路不通找毛泽东吗？只要你同李明吉带一营人到练可伯那里，拉出一营人的枪来，拉起队伍打游击，就找到毛泽东了”。他便出任副营长了。我们叫他当副营长还有一个原因，就是他与八二五团的副团长李时选原在国民党中央军校是同学，毕业后吴当营长李当副营长。因此，由吴卫群出面去联系，敌人更加相信。练可伯说：“要不是吴与李时选这个关系，对德江去的这个营不一定信得过呢！”（当时复兴乡伪乡长唐大典向他密报过，说招去的这个营中有异党）他很快批准我们派去的那一营为第三营。其中，李明吉、覃义宽各带一个连，从“齐心会”和“同心会”的成员中组织一个连，于1949年中秋节前后分两次集中的。第一次在绥阳场（今凤冈县绥阳镇），集中100多人，第二次在七星场又集中100多人。去湄潭825团是中秋节那天从李明吉家里出发去的。我没有去，因为当时敌人对我已有注意，所以留在煎茶作策应工作。刘学礼、周翔、林茂德、张蜀伦、张志高、何昌达、曾宪川、冉容等都去了，分别安插在团部、营部、连部任职。去后不久，领到一少部分枪，分发在七连、八连，九连没有领到枪。我们本想等九连领到枪后再行动。10月底，得到部队要开往遵义方向的消息，地下党组织立即召开会议，决定立即把部队拖走。当晚10时起义拖枪成功。牺牲一个同志，他叫徐兴贵，是我们打入保警队去任班长的。去湄潭前，为加强我们的力量，通知他去湄潭拖枪，他在出来的途中被敌人抓去杀害了。曾宪川也未跑得出来，后来到了云南边境才被解放军解救。部队拖出来后，打了流河渡乡公所，得枪10支，手榴弹40枚。天快亮时，阻击了49军一辆军车，毙敌8人，俘虏敌上尉军官1人，得10多支枪和部分手榴弹。部队到覃家湾休整时有100余人。几天后，部队去七星场追击从贵阳开会回来的德江、思南两个县的县长，两伪县长在七星场丢下东西跑了。游击队又追至煎茶，我带着20多名武装人员在老鹰沟与刘学礼他们会师，然后一起去围打煎茶乡公所，毙敌1人，仍未找到两个伪县长。已是下半夜，我们得知国民党保八团从思南开往遵义的消息，连夜赶到凌板垭宿营。第二天还未来得及吃早饭就跟敌人干了一仗。由于地形对我们有利，又是事先埋伏，打得敌人昏头转向，丢盔弃甲。铺子湾乡公所的一个炊事员用一把菜刀就缴了一个钻进厨房去的敌人的枪。等敌人清醒，重新布置打开机枪大炮时，我们早已撤出阵地。这次战斗对德江县伪政府震动非常大，他们急忙出告示安民，进行自我欺骗。我们撤出凌板垭后去轿子顶进行休整。我和刘学礼、周翔、林茂德等几个地下党员开会，研究部队如何开展游击活动，如何教育训练部队，在危急情况下采取什么应急措施以及部队的番号等问题。确定把原先定的“黔北游击队”改称为“黔东北游击队”，李明吉任司令，我任副司令，刘学礼任政委。刘学礼亲自为游击队员上课，讲三大纪律八项注意，讲共产党领导的人民军队的宗旨是为人民服务。几天后，我们把部队开到梅子坳救命关伏击保三团，由于我们的经验不足，敌人尖兵刚进入我埋伏区就打，后面敌人的大部队就停止前进，这一次的伏击计划没有达到预期目的。以后，游击以分两路活动：一路由周翔、李明吉率领，在德凤公路沿线活动；另一路由我、刘学礼、吴卫群率领，在煎茶的龙溪、潮阳和靠近思南边境一带乡间活动。

1949年11月17日，我们在煎茶得知德江伪县长戴郎星率保警队逃往沙溪的消息，便令李明吉、先仲虞率先仲唐中队前去追剿，保警队长勾诗韩是我大哥事先作过工作的，游击队刚到沙溪还未接上火，勾诗韩就派人打死了大队副蒋辅仁，率部反正。戴郎星狼狈逃往务川。19日，林茂德率游击队解放了德江县城。

我和刘学礼前往思南找二野三兵团十军首长联系汇报工作。在思南东华溪过去不远的公路上，遇见了十军首长和随军西进前来的松桃、思南等县地下党和游击队的负责人，这是黔北工委领导下的游击武装力量与解放军的一次具有重大历史意义的胜利会师。

当晚，即1949年11月21日，宿营东华溪，由十军政治部主任许梦侠同志主持召开了黔北地下党游击武装领导人会议，参加会议的，部队方面有民运部长范朝福，政治部郭益荣、宋向斗、李俊轩，文工团团长魏若萍，二九师司令部王三欣，随军记者陈一敏、李力华、王景武等；游击队方面有我和刘学礼，松桃的滕久光、董啸嵋、田家乐、滕从戎、张嗣麟，思南的朱亚、邵冠群、朱俊。我们在会上汇报了关于地下党游击队的活动与斗争情况。许梦侠同志讲了全国解放战争的形势和进军西南的情况，要求我们加强游击武装力量，扩编部队，维护地方治安，筹备粮草，保证大军胜利过境，筹建地方政权，配合解放军解放整个大西南。为了统一领导，会上确定成立“中国人民解放军黔东北纵队”，下设三个支队。由我任纵队司令员，朱亚、李明吉任副司令员，刘学礼任政委，滕久光、安熹、何恩余、林茂德任副政委，董啸嵋任参谋长。德江、凤冈设第一支队由吴卫群、林茂德、先仲齐、周翔等负责；思南、松桃、印江等县设第二支队，由邵冠群、滕久戎、田家乐、肖思平、安开寿、杨福奇等负责；湄潭设第三支队，由王绍清、何恩余等负责。支队以下设大队、分队。纵队司令部另一个直属中队，由先仲虞负责。第二天，我们发现李明吉因职务变动情绪有异，为了便于防范，我和刘学礼确定任命先仲齐任纵队副参谋长，加强支队领导，湄潭当时没有领导人参加会议，决定将会议精神写信告诉他们。

东华溪会议后，各支队按会议精神分头回去贯彻执行。我随德、凤支队移驻煎茶溪，按部队首长指示，我们派何昌达同志专门负责加工粮食，供应过境大军；派人护理解放军伤员；派吴昌模带一个武装班前往稳坪追捕德江县伪司法官穆文龙；派吴卫群、彭昌镜去潮砥接管思南大业公司转运的一些盐巴。我们按许梦侠同志在煎茶给黔东北纵队交代的任务安排工作，以保证大军胜利过境。

那时，全国解放的大局已定，纵队的变化非常快，人员迅速增加，从原来的百余人猛增到千余人，成分越来越复杂，我们感到很不好控制。十军首长曾指示我们，找遵义二野五兵团联系，争取他们的帮助。我和刘学礼就到遵义地委去汇报情况，要求派人整编部队。遵义地委决定纵队 12 月中旬集中凤冈整编。纵队负责人有我和刘学礼、林茂德、滕久光、董啸嵋、朱亚等同志参加了整编会议。会议决定将黔东北纵队改编为凤冈、湄潭、德江、思南四个县大队和松桃县一个直属中队，各县县长兼大队长，县委书记兼政委，编余人员每人发几块银圆动员回家。军分区首长看到我们服装很差，就把我们上交的银圆发给我们做了一批军装，军分区李程司令员还专程到凤冈去看望我们的部队。整编结束后，纵队司令部继续留守凤冈，我接省委通知赴省委汇报。这时松桃有 200 多苗胞到凤冈要求整编，由刘学礼、董啸嵋研究决定将他们编为直属中队。我知道后，认为这个中队的建立，将对松桃工作起很大作用。

12 月下旬，我在贵阳向省委组织部郭超同志汇报了黔北工委的活动与斗争及凤冈整编等情况，还与兴义地区的张立同志通了电话，汇报了我们的情况。张立同志就是在这次通话中告诉我宋至平同志牺牲了。他还和郭超同志通话，介绍了黔东北地区地下党游击队的情况。在十七军军长赵健民举行的邀请各地在筑军政领导同志的宴会上，郭超同志在介绍时对我说："你这个'黄涛'的名字要改过来，那是对付敌人用的，现在要用你的真名。"从此以后，我就有"先仲虞"这个真名字了。

# 解放军接管铜仁回忆[①]

李树荣[②]

1949年10月，中国人民解放军第五兵团奉上级命令，向贵州挺进。中旬部队到达湖南湘潭并休整几日，当时我任47师政治部主任，兵团司令员杨勇、政委苏振华找我谈话，要我担任中共铜仁地委书记，并从部队抽调一批干部组建西进支队六大队，由我任政委，李诚同志任大队长（47师副师长），大队辖五个中队，明确负责接管铜仁地区。当时我请求组织派一名搞过地方工作的专员到铜仁，以便做好地方工作。同时向杨、苏二首长请示军分区的组建工作，贵州省军区司令员杨勇说："军分区你任政委，另派司令员来。"下旬，我随部队到达邵阳，杨、苏二首长又找我谈话，贵州省委书记苏振华说："我们考虑调江西浮梁专区专员、景德镇市副市长王立然到铜仁任专员。"杨勇说："马宗凯来铜仁任军分区司令员。"苏振华又说："军分区成立党委，你任书记，马宗凯任副书记，夏德义为副政委，政治部主任吕百川为党委成员。"

10月底，六大队在湖南洪江市安江镇召开了各中队长、政委会议，传达兵团关于西进支队六大队接管铜仁11个县的命令，学习接管工作的方针和政策，还明确了接管铜仁地区部分县的县长、县委书记。随后进军铜仁。

大军所到之处，势如破竹。11月初玉屏、三穗、岑巩三县解放，上旬六大队到达玉屏，王立然也随部队到达。我们在玉屏开了干部会，就是到职

---

① 本文摘自《铜仁党史》1993年第1期。

② 李树荣（1919—2014），陕西延川人，1935年参加中国工农红军，1936年加入中国共产党。土地革命战争时期，参加了清涧、直罗镇、东征、盐池等战役。抗日战争时期，参加了平型关、张店、沁水等战役。解放战争时期，他历任旅政治部副主任、师政治部主任等职，参加了平汉、集宁、淮海等战役。新中国成立后，他历任铜仁地委书记兼军分区政委、海军青岛基地航空兵部副司令员、海军北海舰队航空兵部副司令员等职；1964年被授予少将军衔。

视事。随后铜仁、松桃、江口等县相继解放，12月底最边远的沿河县也获解放。12月下旬地委迁铜仁，到铜仁不久，根据中共贵州省委电令，三穗、岑巩二县改归镇远专区管辖，1950年1月中旬二县交接工作最后完成。

铜仁地委在组建初期只有三人，我任书记、王立然任副书记、马宗凯为委员，我们三人分工负责，我负责全面，王立然负责行政，马宗凯负责军事，主要工作都是我们三人研究，然后分头去办。当时铜仁是新区，上级规定，部队所到之处，有三项任务：一是消减国民党部队，稳定地方局势；二是建党建政；三是发展生产。除此之外，还有两项具体工作：一是多准备食盐，供应百姓；二是多方筹集粮食支援前线。当时的建党建政和现在不同，不是什么都考虑好了才去办，而是先派人去当书记或县长，先把工作搞起来，这里派人去，那里才向上级报告，这也是当时上级的规定。

贵州当时交通很不方便，通信设备也很差，当时是刚刚解放，情况复杂，早听说贵州山大，残匪多且厉害，我们当时做好了最坏的准备，有的地方准备把打游击那一套本事拿出来与土匪周旋。

当时我们到铜仁接管的干部很少，而且大多数是部队来的，所以省委又从其他专区的地方干部中抽调了三个中队，陆续来到铜仁，充实了我们的干部队伍，就这样派到县里去，当时的人仍然很少，最多的不过百人，有的县只有三四十人，去的时候还是派部队护送去的。

1950年2月，上级电令我任贵阳市委副书记，范阳春、王猛他们调来铜仁，我简单地向他们交代了工作就走了。他们于是接管了铜仁地委和军分区，我记得46师当时驻铜仁，范阳春是政委，接任铜仁地委书记，齐丁根是司令员，王猛是政治部主任。

我到贵阳后，贵州军区要派一名师级干部到空军去，我请求去，经体检后，完全符合空勤条件，组织就派我到航校去学习，学了飞行后，组建空军17师，我任师长，后来又率空军17师参加朝鲜战争，回来后就到海军航空兵部队了。

我到铜仁工作时间很短，但却给我留下了难忘的美好记忆。

# 抗美援朝战斗英雄龙世昌[①]

谢庆常[②]

龙世昌，1928 年出生在松桃平茶乡抵哨村（今世昌乡世昌村）一个贫苦苗族家庭。16 岁时，父亲病故，全家生活的重担就落在了他的肩上。

1948 年，龙世昌被抓丁送到镇远师管区当兵。在国民党军队里受尽了欺凌和侮辱。

1949 年秋，人民解放军进军大西南。12 月底，龙世昌所在的国民党部队在贵州晴隆起义。1950 年 4 月，龙世昌被正式编入中国人民解放军十七军当战士。部队在黔西南一带执行剿匪和征粮任务中，他积极参与宣传党的各项政策，出色地完成了剿匪和征粮任务，多次受到部队首长表扬。同年秋，世昌加入了中国新民主主义青年团。

1951 年 4 月，龙世昌参加中国人民志愿军。在志愿军新兵营里，他被任命为一个新兵班的班长。他事事以身作则，处处关心战士，班集体被评为全营模范班，受到营党委的表彰和奖励。同年 10 月开赴朝鲜，世昌被分配到四十五师一三四团三营八连当战士。在营里，他见到贵州籍苗族战士、一等功臣刘兴文，对他十分敬佩，决心以实际行动向他学习。在挖坑道中，他总比别人干得多，在挖防坦克壕时，他一人干三个人的工作量，并与三人同时完成任务。

1952 年 10 月 19 日凌晨，在著名的上甘岭战役中，世昌所在的八连由坑道里分两路向敌人反击。世昌在右路，他第一个登上三号阵地的山背，用手雷炸开了敌人的地堡，同战友们一道，夺回了三号阵地主峰。接着，八连

① 本文由中共铜仁市委党史研究室提供。
② 谢庆常（1943—2020），铜仁人，侗族，曾任铜仁市第二中学校长，铜仁市（县级）政协副主席。

又组织力量向九号阵地进攻。刚冲击不久，就被敌人大小地堡里射出的火舌阻住了，世昌的右腿受伤。但他是爆破手，坚持着不下火线，同另一爆破手向敌人地堡扑去。当战友中弹倒下后，世昌机智地绕到敌人地堡右侧，炸毁了地堡。可是，仍有一个大地堡的火力，压制着战友们不能前进。这时，龙世昌的手背也负了伤。爆破组长叫龙世昌作掩护，自己去炸掉这个地堡。刚要接近，又被机枪击中。龙世昌见状，迅速把战友背到一个较安全的弹坑，拿起爆破筒，伏着向大地堡爬去。后面反击部队的火力也怒吼起来，掩护他缓缓前进。世昌爬到地堡旁边，突然站起来，将已经嘘嘘冒烟的爆破筒猛地塞进敌人地堡。但意外的是，狡猾的敌人把即将爆炸的爆破筒从地堡孔里推了出来。在这千钧一发之际，龙世昌抓起冒烟的爆破筒从射击孔塞进地堡。敌人又向外推，世昌再往里塞。最后，龙世昌用胸膛死死顶住爆破筒，堵住了射击孔。如闷雷般一声巨响，敌人大地堡的盖子被炸飞了，龙世昌与敌人同归于尽。反击部队的战友们呼喊着“为龙世昌报仇”的口号，冲上山顶，消灭了九号阵地上的敌人，全部夺回了被敌人占领的表面阵地。

龙世昌壮烈牺牲了。同年 11 月，中国人民志愿军司令部政治部为他追记特等功、授予二级战斗英雄。朝鲜民主主义人民共和国也授予他英雄勋章，并将一所小学命名为“世昌小学”。家乡人民为了纪念他，把他所在的区、乡、村更名为世昌区、世昌乡、世昌村。他的英雄事迹，载入了《志愿军英雄传》等史册，永远铭刻在中朝人民心中。

# 困牛山壮举[①]

戚建国、叶小文[②]

## 幸福之根，复兴之源

1934年8月7日红六军团奉命西征，为中央红军战略转移先遣探路，拉开了红军长征的序幕。红六军团转战赣、湘、桂、黔4省，先后突破国民党军4道封锁线，于10月7日进至贵州省石阡县甘溪地域，陷入敌军24个团的重围之中。红六军团第18师第52团为掩护军团主力突围，将敌军诱至石阡困牛山地区，与敌激战三昼夜，掩护军团主力成功突出重围。坚守困牛山的100多名红军战士，面对国民党军的疯狂攻击，浴血奋战，英勇顽强地打退了敌人一次次冲锋；但面对被胁迫走在敌人前面的当地群众时，他们为了不伤及人民群众，毅然决然地选择了集体跳下几十米深的悬崖，用鲜血和生命谱写了红军英烈的千古壮歌。

## 一

1934年夏，由于王明"左"倾冒险主义领导者的错误指导，中央苏区第五次反"围剿"陷入困境。中共中央和中革军委开始酝酿向湘西地区战略转移，准备与贺龙领导的红三军（红二军团）会合，以图扭转越来越严峻的不利形势，重开革命新局面。

根据中共中央和中革军委命令，在湘赣苏区艰难进行反"围剿"斗争

---

① 本文由中共铜仁市委党史研究室提供。

② 戚建国（1952—），山东文登人，第十三届全国政协提案委员会副主任，中央军委联合参谋部副参谋长。2014年授中国人民解放军上将衔。

叶小文（1950—），湖南宁乡人，中央社会主义学院原党组书记，第十三届全国政协文史和学习委员会副主任。

的红六军团，于1934年8月7日由横石和新江口地区出发，执行到湘中创建新的根据地并联络红三军，为党中央和中央红军主力的战略转移侦察探路的重大任务。红六军团由任弼时、萧克、王震组成军政委员会，全军团西征出发时共9700余人。

国民党军发现红六军团突围后，即调各部进行围追堵截。从8月底至10月初，红六军团连续突破国民党军4道封锁线，向乌江急进，准备寻找有利渡场渡过乌江，彻底甩掉追堵之敌，然后向北实现和红三军的会合。

此时，参加围堵追击的国民党湘桂黔军阀紧急调动部队，集聚兵力从三面合击，企图将红六军团消灭在石阡地区。10月7日，红六军团进入石阡县甘溪镇，与敌展开阵地争夺。战斗异常激烈。处于被动地位的红军将士浴血奋战，打退了敌人的多次进攻，最终暂时摆脱了敌人，但人员、弹药、精力消耗极大，部队亦被截为三节。而国民党军集中了24个团的兵力防堵，企图毕其功于一役，消灭红六军团。渡江未成后，危急之中，军团首长决定采取灵活的游击动作，寻机突破敌人的包围，迅速转入黔东苏区与红三军会合。红军在石阡以西人烟稀少的山区艰苦转战。担任后卫的红18师第52团奉命改为前卫，在险峻的深山老林中披荆斩棘，开拓道路，形势非常严峻。

10月15日，红六军团主力准备前往印江与红三军会合。担任前卫的红52团进至板桥附近时，遭遇湘军堵击，又一次陷入国民党湘军和黔军的层层包围中。10月16日，根据军团命令，红18师师长龙云和团长田海清率领已与湘敌对峙一昼夜的第52团800余人，由前卫改为后卫，阻击敌人、掩护主力向甘溪地区转移。红52团指战员阻挡住了敌人一次次疯狂的进攻。在朱家坝一带完成断后任务后，面对紧紧追来的国民党军，为保证军团主力顺利转移，龙云、田海清率全团没有尾随主力向南转移，而是改道向西，走十二山梁子到川岩坝、困牛山的大路。红52团将敌人一步步引到了困牛山，自己却陷入敌军重围之中。此时，红52团仅剩下400多人。

困牛山是贵州石阡县龙塘镇境内诸多山中的一座小山，海拔500米左右，南高北低，南北长约5公里，东西长约一公里。困牛山的南、西、北三面有黑滩河环绕，山谷幽深，悬崖壁立，极为险峻。红军退到困牛山时，四周高山已被国民党军占领。为最大限度地保存有生力量，师长龙云率200余人攀陡壁下到河沟突围，团长田海清率100多位红军战士在困牛山上的鼎罐堡，依靠有利地形阻击敌人。红军战士多次打退敌人的进攻，敌人伤亡惨重，但团长田海清不幸牺牲。16日下午4时左右，面对英勇的红军战士，气急败坏的国民党军拿着枪躲在后面，胁迫当地老百姓走在前面，向红军战士一步步逼近。为了避免误伤老百姓，红军只能瞅准机会打击后面的敌人。陷入被动的百余名红军边打边退，一直退到了悬崖边上，他们退无可退。即使如此，他们宁死不当俘虏，也坚决不对人民群众开枪。100多名红军指战员砸毁枪支，从困牛山义无反顾地集体跳崖，跳下了数十米深的虎井沟（最高处70多米）。除个别红军战士被树藤挡住幸存外，大部壮烈牺牲。

红52团指战员的英勇行动，为红六军团主力的转移赢得了宝贵时间。贺龙对红六军团十分关切，不顾敌人重兵拦堵，率红三军主力兼程南下，迎接红六军团。红六军团78天西征，转战5000余里，战胜了敌人的围追堵截。与红三军的胜利会师，完成了中共中央和中革军委赋予的光荣任务，为中央红军的战略转移起到了开路先锋的重要作用。

## 二

困牛山红军英烈的英雄壮举已经过去88年，随着时间的冲刷日益彰显它的光辉。幸存者泣血的记忆、红六军团指战员深情的怀念、当地百姓的回忆，包括国民党报纸和资料对困牛山战斗的记载，都在不断还原着它的历史原貌。而红军指战员以激烈的战斗和英勇的牺牲，为红六军团主力的胜利突围赢得了时间，为中国革命的绚丽画卷书写了浓墨重彩的一笔。

失散在龙塘川岩坝困牛山一带的十多位红军，对此次跳崖壮举记忆尤为深刻。跳崖被树藤挡住得以生存的司号兵陈世荣生前说，红52团为了拖住敌人，战斗十分激烈，“我们四百多人，全被打垮”“有一百多红军跳崖”“红军跳崖不是在一处，是一长段，顺河沟一线”。幸存红军黎国兵讲，红军“在川岩坝一个光垴垴上四周被围，边打边退，退到悬崖边，有一百多人约一个连跳崖”。

当地有些民众目击了这场惨烈的战斗，记住了英雄的事迹。当年 11 岁的姚祖华回忆：“我当时就躲在困牛山上，红军是从三步跳上面虎井沟那里跳的崖，红军下去滚成许多草壕壕。”三合乡的刘光荣老人回忆道：“河底下死的多，有些还挂在半岩，到处都是，百把人不止。”核桃湾老人刘朝选回忆：“红军打枪打得很高，不乱打，不打百姓。”

在当时国民党的档案资料里，也保存了困牛山战斗和红军跳崖的部分记载：1934 年 10 月 19 日的《黔军军部皓电川岩坝战况通报》称：红六军团“顽强抵抗，冲锋十余次，全用肉搏”“伤亡逃散及跳河者近千人”。湘军独立第 32 旅旅长胡达的《关于追剿红六军团战斗详报》、石阡县保安团指挥李采书的《呈报萧克部经战情况》、湘军李觉的《湘军李代司令觉详述追剿始末》等 20 多种旧政权档案资料，都有对甘溪、困牛山等战斗的记载。

红六军团与中革军委的往来电报、红六军团首长的回忆、中国人民解放军军战史和中国共产党地方党史研究部门所编撰的史书均有对这一事件的记录。红六军团首长在 1934 年 10 月 25 日致电中革军委：“六军团现只有五十二团八百余人未到，其余已集中编成三团。”时任红六军团军团长的萧克在自己的回忆录中说：“五十二团是湘鄂赣久经战斗的部队，在行军中为后卫，遭敌包围，全团苦战数日，惨遭损失，十八师师长龙云惨遭杀害。”《中国工农红军第二方面军战史》记载：“第五十二团的战士们在困牛山殊死战斗三昼夜，弹尽粮绝，团长田海清牺牲。”《中国共产党贵州历史》记载：“在战斗中与主力失去联系的红 52 团，在红 18 师师长龙云率领下，在困牛山一带与敌激战三昼夜，终因孤军奋战，寡不敌众，弹尽粮绝，团长田海清牺牲，百余红军战士跳崖壮烈牺牲。”

困牛山战斗中，红 18 师第 52 团指战员付出了巨大牺牲，但同时他们以自己的牺牲掩护了军团主力的突围，为中国革命作出了重要贡献。在甘溪战斗后，红六军团陷入敌人的多重包围之中。面对如此艰难的处境，担任断后的红 52 团不畏强敌，在板桥打退了敌人一次次进攻。完成掩护任务的红 52 团向南追赶军团主力，在大田再次遭遇敌人截击。为避免敌人探知红军主力转移行踪，龙云、田海清果断带领红 52 团由南转向，西进川岩坝，激战困牛山，以巨大的牺牲为军团主力的顺利转移赢得宝贵时间，使得军团主力胜利突围，为中国革命保存了一支重要的战略力量。

红 52 团指战员以自己的行动感动了群众，影响了群众。红军到石阡之后，打击土豪劣绅，爱护穷苦人民，对老弱病残的人给予适当照顾，对帮助了红军的群众给钱给物。困牛山战斗中跳崖幸存的红军陈世荣曾告诉女婿覃智学："土匪（指民团）穿的衣服跟老百姓一样，（红军）分不清是土匪还是老百姓。红军怕伤老百姓，手软，没有狠狠地打。不然，红军不会那样惨，那么多人跳崖。"红军的壮烈行动，感召了当地的民众。1936 年 1 月，红二、红六军团再次来到石阡县境时，已经有了一定觉悟的广大工农群众踊跃投身革命队伍，在短短 13 天时间里，红军就建立了 12 个游击大队和两个游击队，扩充了 1000 多名新战士。

## 三

一百多名红军指战员宁死不做俘虏、宁死不误伤百姓，毅然集体跳崖的英雄壮举，是人民军队坚持真理、坚守理想和不负人民的生动写照，是红军将士听党指挥、英勇斗争、不怕牺牲的光辉典范。困牛山红军英烈的千古壮举是中国共产党人精神谱系的光辉实践，主要表现在 4 个方面：

听党指挥、服从大局的绝对忠诚。习近平总书记指出，我军之所以能够战胜各种艰难困苦、不断从胜利走向胜利，最根本的就是坚定不移听党话、跟党走。红六军团第 18 师第 52 团指战员，在西征战斗中充分展现了对党绝对忠诚的精神品格。党指到哪打到哪，绝不讲任何条件。时任红 52 团总支书记的杨尚高回忆说："那时五十二团的战斗力很强，前面有情况就调五十二团到前面，后面有情况就调五十二团到后面。”追击红六军团的国民党湘军旅长胡达也感慨，红军“服从命令，拥护首领，达到任务，动作迅速，种种不能不公认的”。无论形势多么严峻，无论任务多么重大，无论战斗多么激烈，红 52 团指战员始终服从大局，听从命令，不管付出多少牺牲也要坚决完成任务，他们以自己的实际行动，践行了对党的绝对忠诚。

不畏艰难、革命到底的坚定信念。习近平总书记强调，理想信念就是共产党人精神上的“钙”，没有理想信念，理想信念不坚定，精神上就会“缺钙”，就会得“软骨病”。困牛山战斗，面对重重包围上来的敌人，红 52 团指战员没有一个人叛变偷生，没有一个人畏敌逃跑，宁愿舍生取义，跳崖明志。一直率红 52 团征战的师长龙云在战斗中受伤被俘，他在敌人的牢笼中坚贞不屈，拒绝劝降，最后壮烈牺牲。时任红十八师政委的甘泗淇说，52 团“为革命流了最后的一滴血”。国民党军在它们的战报中也不得不承认，红军“对于其主义，信仰甚深，故拥护首长，甘心效死疆场”。以红 52 团指战员为代表的红六军团将士，以自己的实际行动，体现出对党的忠贞，表现出坚贞不屈的革命情操，诠释了理想信念的巨大作用。

英勇顽强、不怕牺牲的战斗精神。习近平总书记指出，一百年来，在应对各种困难挑战中，我们党锤炼了不畏强敌、不惧风险、敢于斗争、勇于胜利的风骨和品质。红六军团在战略先遣行动中几次陷入国民党军重围，但都凭着一往无前的战斗精神，战胜强敌，迎来胜利。国民党军亦感叹红军大无畏的战斗精神。黔军称，红军“顽强抵抗，冲锋十余次，全用肉搏”；湘军称，红军“虽极少数，抵死顽抗，非有上官命令，绝不撤退”。红 52 团指战员在困牛山的壮举，以压倒一切敌人而决不被敌人所屈服的英雄气概，谱写了中外战争史上悲壮的篇章，成为人民军队战斗精神的最好写照。

牢记宗旨、人民至上的爱民情怀。习近平总书记指出，始终要把人民放在心中最高的位置；人民是历史的创造者，人民是真正的英雄。在困牛山战斗前后，红军在形势极为严峻的情况下，仍然严格执行群众纪律，坚持向群众宣传党的政策，打土豪，处决恶霸地主，救济贫苦群众。困牛山战斗中，面对着被胁迫来的不明真相的群众，红 52 团一百多名指战员宁死不伤百姓，用鲜血和生命诠释了人民军队的性质和宗旨，体现了深深地对党忠诚、不负人民的家国情怀。

困牛山红军英烈集体跳崖的壮举，虽然已经过去 88 年了，但他们的英雄事迹却在新的时代被更多的人学习传颂。这些英勇的烈士虽然在困牛山倒下了，英魂却在岁月长河中永垂不朽。他们是人民军队杰出的代表，是中国人民优秀的儿子，是中华民族伟大的英雄。他们将永远受到全国人民的怀念和敬仰。

# 木黄会师的伟大意义①

陈晋②

1934年10月，红二、红六军团两个战略区域的红军在木黄会师，在当时看来，或许被人们认为是党的历史上的一个局部事件。今天回过头来看，木黄会师事实上使它成为一个在当时党的事业全局中，具有重要影响的大事件。对它在历史上的影响，人们已经作了充分的总结。概括起来，恐怕至少有四点。一、两军会师更有力和有效地策应了中央红军的战略转移。二、两军会师是创建和发展湘鄂川黔革命根据地的起点，而湘鄂川黔革命根据地的创建和发展，是中国共产党在土地革命后期走向低潮时，在十分艰难的条件下，创造的为数不多的辉煌。三、两军会师结成一个团结战斗的整体，形成一支强大的战略突击力量，孕育了后来诞生的红二方面军，为红军三大主力这一战略格局的形成奠定了基础。黔东地区也由此成为红二方面军的孕育之地。四、正是红二方面军的形成，为解决张国焘的分裂问题，进而争取长征的最后胜利奠定了重要基础。木黄会师这四个方面的影响，每一个方面在当时党的事业全局中，都有着重要而特殊的意义。

在木黄会师80周年的时候，我们纪念这一重大事件，不光是缅怀革命先辈的功勋，更要挖掘、传承和发扬他们在创造这一重大事件的过程中，创造和体现的伟大精神。为此，我讲这样几个认识。

一、坚定和坚韧的理想信念。木黄会师，特别是会师后红二、红六军团的奋斗和发展历史，发生在土地革命从高潮走向低潮的时候，一个人，一个群体，一个地区的革命精神，对党的理想信念的坚定与否，常常是在困难

① 本文整理自陈晋在纪念黔东革命根据地创建暨红二、红六军团木黄会师八十周年座谈会上的讲话。

② 陈晋（1958—），四川简阳人，曾任中央党史和文献研究院院务委员。

的时候，特别是在整个革命形势处于低潮的时候，才能真正检验出来，体现出来。过去如此，现在和未来也是如此。习近平总书记几次讲革命理想高于天，讲理想信念是精神之钙，道理就在这里。

二、党性原则和团结精神。两支红军的会师，一开始就是十分融洽的，在精神上，在物质上互相支持，自觉地形成了以任弼时、贺龙为核心的领导集体，统一指挥两支部队。同时，两军会师后在艰苦条件下自觉地策应和配合中央红军的长征，体现了高度的大局意识。这些无疑是党性品格的典型体现。这也是我们今天十分需要的党性品格。

三、实事求是，敢于担当，一切从实际出发的思想作风。这一点非常鲜明地表现在湘鄂西中央分局在枫香溪会议上的争论和决策，没有这次实事求是的决策，就没有黔东革命根据地的创建。同时，更表现在木黄会师后，围绕两军是集中行动、统一指挥，还是分开行动，各自确立行动方向并分别接受中央军委指挥的问题，任弼时、贺龙等人同中革军委之间，发生的一场争论上面。事实证明，红二、红六军团的意见是从当时实际出发，是正确的。没有实事求是，就不可能有科学的担当，不敢实事求是也很难在关键时刻有担当。只有实事求是并且敢于担当，才能独立自主地解决现实面临的迫切问题，才能进行开拓性和创造性的工作。这一点，过去如此，今天和未来也是如此。

四、相信群众，依靠群众。黔东地区有光荣的革命传统，昨天晚上翻看了铜仁党史研究室写的《铜仁革命史话》和《血脉史诗》两本书，深刻体会到这一点。在大革命时期，这里便走出了好几位著名的共产党人。在红三军于 1934 年到黔东之前，黔东就有了冉少波、熊仲卿、孙秀亮等为代表的党的地下活动，并且拥有武装。孙秀亮牺牲前的誓言："打铁不怕火烫脚，革命不怕砍脑壳；只要干人得解放，为了革命死也乐"，被苏区编成民间歌谣，传唱至今。贺龙在新中国成立后说起黔东，认为它的一个重要特点是敢于革命，就是这个意思。尊重群众，发动群众，依靠群众，是红三军能够在短时期创建黔东革命根据地的根本方法。黔东根据地使红三军得以在此休养生息半年多，获得关键的生存发展的机遇。在半年多的时间里，红三军在黔东根据地补充 2000 多名新战士，还组建了以 1500 多名原来神军为主的黔东纵队。木黄会师后，创建湘鄂川黔革命根据地，同样是靠了尊重群众，发动群众，依靠群众这个法宝。我们今天正在开展的党的群众路线教育实践活动，同样可以从红二、红六军团木黄会师后的做法中寻找和汲取深厚的精神资源。

# 一生交给党

周逸群[1]

硝烟弥漫中华，
有斑斑血泪，
遍体痕伤。
军阀横行，
列强争乱，
九州魔怪猖狂。
今日宏愿酬，
一生交给党，
斗志昂扬。
愿为工农革命，
洒热血一腔。

① 周逸群（1896—1931），字立凤，贵州铜仁人。中国共产党的优秀党员，杰出的无产阶级革命家、军事家，贺龙同志的入党介绍人，早期中国共产党军队的缔造者之一，湘鄂西革命根据地和湘鄂西红军的创建者之一。1931 年 5 月，在湖南岳阳贾家凉亭牺牲，时年 35 岁。

# 新正气歌

肖次瞻①

患难忧虞日，德业长进时。
要得胸怀阔，忍垢甘守雌。
要得身康健，饥寒强支持。
羑里七年囚，文王成大易。
释迦弃宫院，寂坐悟禅机。
心志既坚实，苦汁甘如饴。
读书三十年，真伪辨须臾。
仰不怨天命，俯不怪人非。
服劳尚有日，慎保五尺躯。
生当大时代，鞠躬唯赴义。
大义须舍生，慷慨亦何辞。
不恋我生前，陈债一笔除。
不虑我身后，后事有人继。
人生持久战，小败大胜利。
胜利多信心，遗忘个人私。
招手有巨人，普罗米修士。

---

① 肖次瞻（1905—1940），又名炳煌，贵州思南人，革命烈士。1926 年在武汉入党，1927 年在上海主办《黔首周刊》，次年在湖南洪江主办《洪州周刊》。1930 年回思南，筹办八县联立中学（今思南中学），并筹建中共地下党组织。1938 年，正式成立中共思南县总支委员会，任总支书记。1940 年 2 月调任中共贵州省临时工委秘书长，贵阳县委书记，7 月被捕，同年 12 月 7 日在贵阳英勇就义。

# 题木黄会师

萧克[①]

二六军团，历尽艰险。
木黄会师，三军欢唱。
八千健儿，挥戈东向。
沅澧波涌，狂飙燎原。
赤区重建，湘鄂川黔。
抚今追昔，怀梵净山。

① 萧克（1907—2008），原名萧武毅，字子敬，湖南嘉禾人，黄埔军校四期毕业。先后参加北伐战争、南昌起义、井冈山斗争和长征，历任连长、营长、团长、师长、军长、红六军团长（此间曾战斗在铜仁）、红二方面军副总指挥等职，抗战时期任八路军120师副师长，解放战争时期任冀察热辽军区司令、第四野战军第一参谋长等职。1955年被授予上将军衔。全国解放后，先后任军政大学校长、军事学院院长兼政委、国防部副部长、第四届全国政协副主席等职。

# 我所知道的杨承芳[①]

王作民[②]

打从新中国成立起，杨承芳就是我的顶头上司。那是在新闻总署国际新闻局的编撰处，他是处长。

编撰处的任务是编译各种外语的图书、小册子，介绍新中国。开始时已找来很少几个会英、法、德、俄、日等外语的干部，其中个别人连中国话都说不上三句。处长嘛，虚位以待呢。

没多久，他来了。中等身材，穿着洗褪了色的制服，戴着不浅的近视眼镜。别看我们学的语种不同，却都坐在国会街26号口字楼一间不小的屋子里。大家一齐起立，早来的副处长张企程作介绍。一一握手时他显得稳重亲切。待他退入一间小小的办公室时，大家的眼神中透出的信息是一个知识分子？能率领这支五湖四海来的队伍吗？

且看国际新闻局搞外宣业务的其他两家吧：人家新闻处早在全国解放前就做广播、发新闻稿了，老干部很多；另一家，骨干分子来自党在香港编辑出版的英文期刊*China Digest*（《中国文摘》），正热火朝天地筹备1950年元旦出版的英文版《人民中国》半月刊呢。

可喜的是，在杨承芳的领导下，编撰处也有板有眼地出书了。

到1951年年底传闻国际新闻局行将撤销时，我们这间“不小的屋子”里的人出版了6种语言的30种图书，用的是Foreign Languages Press名义。还组织英国共产党的*Daily Worker*（《工人日报》）记者阿兰·魏宁顿写了一本《中国为什么援助朝鲜》，用的是New World Press名义。今天回头想，可惜承芳同志当年没有申请“专利”。

---

① 本文摘自《中国外文局五十年回忆录》，中国外文局五十年编委会编，新星出版社1999年版。
② 王作民（1916—2005），浙江长兴人，新世界出版社原副总编辑。

编撰处忙的就是翻译，比如说，把《共同纲领》译成各种文字。翻译方面，承芳同志驾轻就熟，英译文由他定稿。

党的 30 岁生日，该多出些书庆贺，他提出来了。上级说《毛选》让英国翻译出版，个别单篇可先在期刊上刊登，也可出单行本，视需要而定；让我们把少奇同志的著作译出出版。《论党》有一份早年英译稿未出版，承芳揽去校核，结果等于他重译。此书 1950 年 10 月问世，一连出了 6 版。

我们译的《论国际主义与民族主义》，也出了 4 版。译《论共产党员的修养》时，“修养”二字难译。承芳同志说：“把书名译成‘*How to Be a Good Communist*’如何？”他教导我们该活译，以达意为要。

1951 年组织发展他入党，听了他的个人经历，我们才知道他原是个久炼成钢的老手哩。下面介绍一下：

承芳同志 1908 年出生于贵州思南县县城外的一个小山镇。他的父亲曾在思南当中学教师，教出一大批学生。他以父亲为榜样，勤奋读书，早在 16 岁就毕业于贵阳模范中学。随后，因优异的成绩被湖北高等师范学校英语系录取。从此，他告别故乡，负笈远游，去开拓他新的生活道路。

1926 年北伐军到江西，他辍学赴江西参加北伐。1927 年蒋介石在上海发动了震惊全国的反革命政变——“四一二”大屠杀。19 岁的承芳在 1927 年 5 月参加了共产党。1928 年，党派他赴上海。他先后在太平洋职工会议秘书处、全总代表办公室、中共中央秘书处等部门担任翻译和秘书工作。

长期坐机关，他几乎完全断绝与他过去的社会关系的来往。他的生活，怎么办？

1936 年，杨承芳因公去了法国，他凭着英语好、翻译经验多，在法国哈瓦斯通讯社找到一份编辑工作。上海成为“孤岛”后，他转赴桂林，在范长江、胡愈之领导下的国际新闻社、文化供应社当编辑，也曾在桂林、昆明美国领事馆当翻译。日本投降后他回到上海，先后在苏联塔斯社和密勒氏评论报社从事编、写和翻译工作，直到中华人民共和国中央人民政府宣告成立。

以上资历说明为什么他一到我们编撰处，大家很快就看出他的能力和自信了。听了他的入党发言，才知道他还是 1927 年 5 月在白色恐怖笼罩全国时毅然决然入党的老革命。大家对他更加心服口服了。

那次会上组织接受了他入党，党龄从当天算起。

1952 年，图书和期刊两部分业务合并组建成外文出版社。我们原编撰处分成图书编辑部和各语文组组成翻译部。承芳同志坐在图编部办公，担任两个部的主任。

我被分到图编部第二组，编发文教、文艺书稿。工作方针是选编优秀成品为主。这对我来说是彻头彻尾地大改行，我得从零开始当学徒，只能摸着石头过河。国际友人用英文写的、译的书稿交第二组编辑后出版。

幸运的是，我仍在承芳同志直接领导下工作。他为人正直，关心体谅人，待人诚恳，有话摆在桌面上。须知那年头，领导的理解很重要。镇反运动时，我组里一位同志汇报，他当县长的父亲被镇压了，他认为政府做得对。我向承芳同志汇报，他叫我告诉那同志：安心工作，不要有心理负担，个人事个人负责，不会乱牵连。

同志们都说："承芳同志是个好人。"

他的工作范围在逐渐扩展。外事活动方面，参加了 1950 年的柏林世界和平理事会、1952 年的维也纳世界和平大会、1954 年的第一次日内瓦会议、1964 年率中国文化代表团访印尼、1981 年到菲律宾进行学术交流……在国内也是不断被调去干"外活"，如 1956 年中国共产党第八次全国代表大会第一次会议，他负责整个翻译处工作，还为英文文件定稿。平时，他常参加重要文件的定稿。1956 年，他升任外文出版社副总编，在工作上我离他越来越远，简直不搭界了。

1958 年干部下放劳动开始。我在第一批中，下放到吉林通化大山沟里的依木树村。这是我生平第一次下农村。农民十分淳朴可爱，耪地时一人一垄。在依木树，一垄就是一大亩。大家同时开始，速度相同，煞是好看。可我连那长柄锄头都不会使，一下子就落在后面了。两侧的老乡都在帮我，使我能跳跃前进——他们顺手在前边一段又一段替我耪了。今天想起来，心里还是热乎乎的。我总在想此行实在受教育，没有到过农村就不了解中国，不是完整的中国人。不论在劳动上还是生活上，我都高标准严要求自己，尽力而为。大跃进时，有时一天出工四茬，早上露水湿透整个裤腿，有月亮时就着月亮下地……同时领导不断召集大、小会议，要求我们“树立扎根思想”，似乎是从此不归了。但出乎意料的是，一声令下，1958 年 11 月中旬我们就“班师回朝”了。在北京下火车时，领导招呼大家各回各的岗位。许多人已纷纷投入原来的工作，我却被安排在一桌一椅、有个书橱的小办公室坐冷板凳。原先跟我同一个组的曹华民，在他下放的生产队以劳动好出名，回来后却被安排去烧锅炉。真令人百思不得其解。

后来才知道有一张名单，其中有我、曹华民和其他一些人，准备上交“对外文委”另行分配工作。身兼外文出版社党委会委员的承芳同志却不知有这么一回事。他听说后才要求看看名单，发现其中有我。他说《北京周报》（他是总编辑）刚创刊不久，还在全国物色干部，怎么把已在这里工作 10 年的人遣散？“王作民，《周报》要。”一句话把我留下了。其余的有去贵州的、山东的、广西的、武汉的……可惜承芳同志不认识曹华民，没把他要下来。他如今是华中理工大学名牌教授、武汉翻译协会副会长。当年他是单身汉，不像我有两个不满 10 岁的女儿，外加爱人老段。

且说我被承芳同志捡回来之后，去《周报》总编办公室见他。我说我在图编部已 7 年（包括下放依木树村一年），完全脱离英文，如今连“王”字怎么拼都忘了，《周报》编译合一，用英文写稿，我又得从头学起，希望这以后不要再有巨大变动了。承芳同志立即回答:“这不能保证，不能保证。”

细想他讲的倒也是真话。不过到 1958 年底，今天回顾，该是承芳同志在外文社一路顺风、头角峥嵘的 10 年。本来一个有职有权的领导，对下级完全可以更潇洒、委婉些。《周报》的第一年，谁都知道连毛主席都表扬过，让《红旗》杂志学习《周报》的生动活泼，总编能不风光吗？

1959 年可比不上 1958 年了。物资匮乏，许多吃的用的买不到，人们议论、担心，大约外文社党委会上也有些议论。有一个党委成员向上级“对外文委”

参了外文社一本，于是大会批，小会揭，群众被动员写大字报。

承芳同志不幸“小辫子”最多。自 1958 年 3 月《周报》创刊开始，他每期给《周报》写一篇社论，有机会还写长篇通讯。正愁写不出大字报的人，有稻草就抓，断章取义给他无限上纲，乱扣帽子。

沉默，杨承芳沉默了。

幸亏 1962 年时对 1959 年的“反右”进行了甄别平反。承芳官复原职，仍当《周报》总编辑。但是他不再写社论，也不再写别的稿子，也不出新点子了。另外，他让他的得力干部“三驾马车”当上英文部的正副主任，也是新动向。当时《周报》只有一种英文版。

1958 年有个关于他的笑话，值得一提。一天有人到他办公室找杨总编辑，他告诉人家走错了地方，忘了所找的正是他自己。

他下面有三个中层领导——段连城、冯锡良、孟纪青，他们合作无间，三位一体，没有职务。群众自发给他们命名“三人委员会”，又嫌麻烦，简化之，叫他们为“三驾马车”。果然顺口，一下子《周报》内外都叫开了。有好事者劝承芳：好歹给段冯孟一个职务名称吧！承芳说：“没必要，他们不在乎。”他自己不想做官，只想做事。他认为他的得力助手一定同他一样，只要有事做就行。

会不会在这 3 年沉默中，他浮想联翩，懊悔没给“三驾马车”一官半职呢？要是没有猜对，是不是因为《周报》要出多种语文版，从机构组织上考虑，有此需要呢？

就在这“难”字中，“文革”开始了。

大约 1966 年 8 月的一天，承芳同志的爱人何锦川同志发现他未去她办公室吃午餐。她匆匆吃完赶回宿舍，发现他自杀了。还好抢救及时，把他从死亡线上拉了回来。

后来听说他直到 1978 年才获解放。之后他就转业到社会科学院情报研究所当所长去了。他依然一如既往，不想做官，只想做事，领导同事们编出一部《当代国外社会科学手册》。

他已于1995年离开人世，他夫人1987年就不在了。人们可以谈论他的优缺点而不必担心得罪他。缺点嘛，个别同志说他比较固执；优点呢，大家则异口同声称他是个好人，为人正派，对自己要求严格，艰苦朴素，待人诚恳，关怀他人……

他的三个女儿都说他关心妈妈，在家自己的事自己做。他在女儿们心中“很有权威”。上面所说，全是我记录下来的多位同志的原话。他留给人们这么好的印象，说明人们对他的支持率极高，令我感动、欣慰。最叫我难忘的是他那天真、稚嫩的小外孙女所说的“公公最好”！

# 抗日青年远征军的铜仁子弟记事[①]

谢庆常

1941 年 12 月 7 日，日本袭击了珍珠港。同一天对中国香港、马来西亚、菲律宾、关岛等地发动攻击。12 月 8 日，美、英对日本宣战。

当时，中国同国外的联系有以下几条交通线：香港—广州；中国甘肃、新疆—苏联；越南—中国广西；缅甸—中国云南。四条交通线中一、三被切断，西北路线最安全但路远往返费时，运量不大，而缅滇通道中的滇越铁路、滇缅公路、“驼峰”航线、中印公路分别是这个阶段维系全国对外交通，外援、外贸的国际通道大动脉，云南省是通道的枢纽。

日本处心积虑企图切断这条大动脉。起初是在外交上威胁恐吓，后则集结 100 多架飞机，上千架次、千吨炸弹重点轰炸澜沧江上的功果桥和怒江上的惠通桥。两年的狂轰滥炸并没有中断战时供应及援助，之后这条通道被中外各方人士称为“炸不断的通道”。于是，进攻缅甸，拿下仰光，进逼中国后方云南，成为日本的战略重要步骤。

1942 年 3 月 8 日，日本军队进入仰光。缅甸原是英国的殖民地，在缅甸保卫战时，蒋介石两次要求中国军队入缅作战都遭到傲慢的英国拒绝。直到英军一败涂地，英方才请中国入缅。由于英方贻误了战机，第一次入缅远征军就陷于被动，致使战局失利，事关中国战局的通道一度中断。

为了入缅参战，打通国际援华的交通线，蒋介石下令在全国号召知识青年参军参战。当时名说全国，其实也就只有贵州、云南、四川西北数省及湘鄂西部部分地区是国民政府能征集兵源的地方。

1941 年至 1944 年，民国政府先后在铜仁开展了三次大规模的为远征军

---

① 本文由中共铜仁市委党史研究室提供。

的征兵活动，征募兵员600余人。

1941年9至1949年10月，民国政府财政部税警总团征召青年远征军，总团长是孙立人。来铜仁征兵的部队军官在保、甲长的陪同下，在各乡村寨里物色兵源。

小江口半沟村的李代书，上有两个哥哥是做活儿的，按规定家中应出一个丁，加上总团征兵的又宣传是财政部征的兵，吃得好、穿得好，津贴多，不上前线打仗，只到大城市里当保卫……年仅17岁的李代书虽不适龄，却愿留下能干活的哥哥持家守业，而自己去顶这个差。这次，税警总团在铜仁征得100多人，大部分是农村的，如牛郎的黄昌厚、老场的冉端兴等。

新兵在都匀集结整训，不久，总团长孙立人被蒋介石调赴缅甸参战，税警总团扩编为新陆军38师，师长孙立人（后又扩为新一军，军长仍是孙立人）辖三个团，经训练后分乘100多辆汽车，从兴义经云南入缅在腊戍参战。

1942年春，铜仁城内掀起宣传抗日从军的高潮。兵役科宣传：这次参军是出国，在国外穿美军制服，吃西餐、津贴多。全城张贴布告。还写着能在印度学习军事技术，可自愿选择兵种。到处宣传知识青年在国难当头、民族存亡之际，要报效国家。县政府承诺：若已参加工作者，从军后保留工作籍，国立三中（现一中）、县中、省立铜仁师范、明德初级中学的校长都在各自校作参军动员报告。国立三中同意，流亡来此读书的学生，从军者按国三毕业待遇，离校就发毕业证。古城内十字街岗亭下、县政府门前、道坳上大街上都设有宣传站。破天荒地一改以往那种强行抓丁的方式，唤起了铜仁青年的爱国热情。一时间，国立三中、省立铜仁师范、铜仁县中学、明德初级中学的在校生和毕业生踊跃报名参军，几天内竟在城内报名100多名，经过兵役科口试面试、县卫生院体检后刷掉一些，最后录取了82名。

铜仁儒商姚鹤生与其子姚铁航在贵阳进货，见街头的宣传站招收青年远征军，由于要求文化程度在初中以上，宣称是“为机械化部队培养军官，以装备远征军”对知识青年颇有吸引力。已中学毕业的姚铁航见状立马向父亲说明，要想投军，开明的姚鹤生认为古今送子从军赴疆场是义举，便以鲜明的态度支持儿子报国。姚铁航在贵阳经文化考核和体检合格，被编在远征军 38 师，入缅作战时，由于勇敢，由班长提拔为排长。

铜仁八大号商家之一的“封茂昌号”龚老板，次年春父亲去世，为守孝服丧，家中生意停业。家有 4 个适龄壮丁，为逃兵役，已花钱买过一次丁了，这次老二龚循恕，原国立三中江口分校学生，后县中毕业，没有继续升学，闲在家中，见街上宣传征兵，也自愿报名出国参战。其父是个开明商人，尽管家中不缺钱买丁，见其子已报名从军，非常支持。

铜仁经录取的 82 名青年远征军新兵集中后编为三个分队。一分队是国立三中从军的学生；二分队是省立铜仁师范从军的学生；明德中学学生和社会青年从军的为三分队。

1943 年 4 月的一天上午，天上下着细雨。全城青石板街上滑滑的，铜仁各界人士和父老乡亲数千人冒雨夹道欢送知识青年出征。82 名学生兵已全部换上戎装，在领队的现役军人童昌明少校指挥下，在县政府大院集中，高呼着“驱逐倭寇，收复祖国河山”“打倒日本帝国主义”“我们要做民族英雄”的口号，列队从江宗门经中南门、道坳上、十字街、白家巷、旅部街、枇杷湾出中正门，沿街店铺用竹竿挑起万响爆竹燃放，欢呼声、口号声与爆竹声交织混响不绝。这时东门木大桥刚建好，破例让新兵通行。历时 14 天的步行、短途车运到达省城贵阳，全省其他各县的早已到达驻地。次日，在达德小学编队，并宣布这支部队直属军政部，番号是军政部教导第六团，团长系省军管区少校参谋长朱笃祜兼任。铜仁与镇远专区（今黔东南自治州）镇远县来的编入第三营，营长就是铜仁领新兵的少校童昌明，铜仁去的都编入三营一连当士兵，营、连、排级军官均由省军管区委派。

之后，开始了紧张的军事训练生活：早上六时起床，由值勤排长带着新兵到了甲秀楼南明河边洗脸，再集合跑步到大西门或六广门作参加军事训练；10 点早饭后整理内务打扫环境卫生；中午睡觉；下午 5 点晚饭后开展文娱活动；8 点就寝。

军训时期，纪律严格。稍有犯规，挨打、罚跪是常事，书生气特浓的新兵常会意气抗争，亦有少许学生开了小差。

龚循恕与铜仁的几十个新兵一直坚持在新兵营接受训练，不久，该部奉命出国参战。他们坐木炭车（烧木炭，用水蒸气作动力的汽车）到了云南曲靖，再转乘云南境内火车到达昆明，驻扎在昆明师范学院。1943 年 7 月一个黎明，身着戎装的铜仁学生兵整队迈步入昆明飞机场，登上只能坐五十个人的 C46 小型运输机，当过“驼峰”（喜马拉雅山脉）时，机上士兵们一个个冷得浑身发抖。中午，飞机抵达印度汀江，一出飞机又热得受不了，不少士兵不适应如此气候变化而晕倒在地。汀江有远征军转运站，有部队人员接待。炎热的印度，白天太阳似火，晚间蚊群叮人。搭帐篷于草地，夜间很难入睡，加上高温，发病率很高，死亡的士兵不少。

在缅甸孙立人部经历的战事最多，承受的压力最大，阵亡的将士也多，但该部军纪最严，秩序最好。铜仁子弟最勇敢，最能吃苦，阵亡的人也多。铜仁这两次从军的子弟全在孙立人部。在缅甸的日子里，参加了仁安羌解救被日军包围的一个英军师团战斗，一一三团火速赶到缅甸盛产石油的仁安羌。紧接着发起猛攻，日军溃退，解围后的英军乘车离开油厂时，纷纷伸出大拇指欢呼：Chinese（中国人），顶好！阻击日本进驻卡沙战役，当 38 师 3 个团奉命北撤时，500 多辆汽车被迫烧毁。一一三团（铜仁人所在团）担任掩护任务。任务完成后，该团已处于数倍于我军的敌人的包围圈中，在山上转了几天撤不出去，团长无线电请示孙师长：“准备把武器毁坏或掩埋，人员就地当老百姓。”师长不同意。最后历经三个月的艰苦岁月才得以安全撤出，到印度马格里达休整。到此时，一一三团及孙立人的整个师已减员过半，待空运新兵补充后又投入缅甸二次战役。在围攻密支那之战中，以较大的代价收复了日军精心布防、工事坚固、地形险要、易守难攻的密支那。一次两个团从密支那去增援腊戍，经七天的急行军方到达前沿阵地。这时守军营长阵亡，副营长负伤，4 门山炮被毁，战场危急。一一三团忙投入战斗，一昼夜激战就阵亡将士 20 多人，守住了阵地后，我方发起反击，连续攻下两个高地，痛击了日军。

在收复缅北时，在瑞丽河一渡口处，偷渡过河时被日军发现，日军轻、重机枪，迫击炮，掷弹筒一股脑地向河中倾泻。渡河的 4 只胶帆船被打得像筛子眼一样，战士被迫涉水强渡。登岸后，敌援军赶到，远征军背水一战，持续到第二天晚上，日军不支，开始溃退。

在争夺南巴卡高地时，团长、营长到主攻连督战，日守军是 1 个加强连。倚仗地利、器利之优势，远征军攻坚屡次受挫，营部令姚铁航带 1 门火箭筒、4 名射手、40 发火箭弹增援。此时，主攻连长阵亡。后营部继续增援，最后终于占领了高地，截断了敌人的公路运输线。

通过野人山时边修路，边前进；参加孟拱和八茅战役；收复曼大、瑞古、八莫、腊戌失地。

在原始森林中辗转行军是家常便饭，其艰苦难以用文字表达。在缅甸对日作战异常残酷，悲壮惨烈，阵亡的将士甚多。铜仁的徐树臣、戴著斌、杨仲文及一些尚未留下姓名的铜仁子弟战死在缅甸和云南龙陵。

龚循恕入缅后，由于条件艰苦，水土不服，染病不起，水米不沾，部队专程送他去伊洛瓦底江边的野战医院治疗半月未愈，又转院到密支那医院。在这所美国人办的医院里遇上一位不知姓名的好心军医官，见他年轻，有培养前途，要他出院后到六军二十二师医院来找他。可以给他重新换个兵种。循恕出院后寻到二十二师医院，受到该医官的热情接待，随即把他介绍给一位中校王主任，王主任给他安排到二十二师后勤科，负责登记病骡、病马，这时他才知道那位好心医官叫屠森冠，是贵州人，安顺国立兽医大学毕业。古道热肠，对青年学生有同情之心。

周逸群烈士家，在铜仁只能算小康之家，有住房、不愁吃穿。周逸群日本留学归国后，曾入北伐军，应该说周家有丁从军了，按政策周家子弟可以不再被征，可是，其弟周立信却也要报名从军。铜仁六场（运输公司）驾驶员杨再清原居城内十字街万寿宫对面，入缅作战时，在运输连队学开车。远征军撤销后，转入其他部队，淮海战役被俘，留在解放军继续开车，后复员在铜仁六场工作。刘永清，原铜仁县粮食局车队驾驶员，桐梓巷人，参军入缅作战后仍在部队开车。解放后，复员安置在粮食局干老本行。国立三中体育老师何启生，江苏武进区人。当时，他才 20 岁。父母在家乡均死于日寇刀枪，从江苏沦陷区流亡铜仁，值此国恨家仇，能上前线手刃日寇，机会岂能放过，他辞去工作报名投入远征军。战后，居住台湾改学中医。徐嗣元，铜仁徐家园人。县中毕业后投军，在中央军第十六期军委干部训练团当学员，后任上尉连长，随部队归属远征军入缅作战。刘应义，铜仁松桃县人，省立铜仁师范毕业入军委会政工班结业，也随部划入远征军任训导员。

日本偷袭珍珠港后。爆发了太平洋战争。美国直接参战，在缅甸有大量美军人员在中国部队，语言不通，急需翻译人员，国民政府急令各大学毕业的学生应征入伍，为美国军事人员当翻译官。方俊鑫，铜仁国立三中毕业后就读“中央大学”，他以优异的口语和笔试得以录取，派在美军参谋部当翻译官。战后在上海交大任教；现铜仁学院的退休老师夏波臣，当年在贵阳高中毕业，外语成绩好，经考试被录取当翻译入缅作战。战后，入贵大读书，后分配在省立铜仁中学（现一中）当老师；国立三中学生胡道炳，从军后也编入远征军部队序列，后在印江县离休。

八十多年过去了，蓦然回首，记忆斑驳，韶华已逝，但精神永存。

# 抗战苏联援华飞行员在沿河[①]

杨秀瑜[②]

1939年12月24日中午，沿河县城上空出现三架飞机，作超低空飞行，盘旋三次后向淇滩方向飞去。当时县城设有防空哨，据哨所观察，三架飞机机翼上没有国民党徽，电台多次与之联系不上，有人甚至怀疑是日寇飞机。县长李拔夫电话命令淇滩乡公所发动群众、严密监督。

三架飞机准备在坝坨降落。由于淇滩乡公所向群众转达了县长的电话命令，附近的农民不论男女老少，都拿着锄头、扁担、斧头等奔向坝子上，愤怒地注视着飞机，监视它们的降落。飞机鸣枪报警，示意疏散，大家就是不予理睬。那天又正逢县城赶场，经过坝坨的群众都停下来观看，人越聚越多。其时正值冬月，乌江水涸，江边现出了大片乱石沙滩，为了坝上人群的安全，飞机只得在沙滩着陆了。前两架安全降落，并列停在沙滩上，沙滩所空地面已很小，在无其他地方降落的情况下，为避免与前两机碰撞造成机毁人亡，第三架飞机果断地作横向乌江着陆，一飞行员急速跳伞，不想跳伞的飞行员刚落地，飞机也降落了，从他身上辗过，飞行员当场牺牲。

飞机着陆，即有人进城向政府报告。县长李拔夫派秘书率保警队三十余士兵，与防空哨长艾仁祥，防空班长黄大勋等带话机一部前往坝坨。曾秘书用普通话和英语询问一飞行员，对方的回答无人听得懂，这个飞行员拿来一个用丝线绣有“来华助战洋人”的干粮袋和一张中国地图，大家才知道他们是苏联人。在场中方人员无人会讲俄语，只好电话上向李拔夫汇报。李留学过苏联，精通俄语。当曾秘书把话筒递给这个飞行员时，他欣喜若狂，高声大叫。刹时，每架飞机除一人看守，其余的飞行员都围着话筒，兴奋不已。

---

① 本文由中共铜仁市委党史研究室提供。
② 杨秀瑜，贵州沿河人，贵州省第八届政协委员，沿河县政协常委、总工会副主席。

通话后，李拔夫赶到现场。原来苏联空军经同盟国批准，三架飞机一行九人组成战斗小组，自愿来中国援助中国人民抗日战争。12 月 24 日在独山县上空与日本空军作战，把日机打得狼狈逃窜。返航途中汽油将尽，打开中国地图，根据当时所处位置，只有秀山县机场最近，于是就顺乌江飞行，寻找秀山机场降落。至沿河上空汽油已尽，迫不得已在坝坨乌江河漫滩着陆。

跳伞时牺牲的飞行员叫金角罗夫，苏联红军空军少尉，在独山与日机作战中腿部受伤，仍英勇战斗。空战未牺牲，却在降落时殉难，实在令人惋惜。知其是抗日盟军，县里急令赶制了一口大棺材，将金角罗夫遗体穿裹入棺，准备厚葬。另八名飞行员西渡乌江暂住联桥一农民家中。县里派人给他们送去特制蛋糕和饼干，他们也拿出牛肉干和压缩饼干来请陪同人员吃。一飞行员在信笺上画了一片大山，山下若干小人，当中一大人，对这一大人跷起拇指比划着，意思是这边远的山区竟有精通俄罗斯语言的人，了不起。这张画大家争相传看，一片欢笑。其间，一飞行员轻轻唱起了《义勇军进行曲》，曲调、字词非常准确清楚，就像出自一个中国人之口。随着大家都唱了起来。在场的资大最年轻，还不到 20 岁，飞行员抱起他边唱边舞，其他飞行员则一边唱一边拍掌。整个屋子充满了雄壮的歌声。

第二天中午，曾秘书率一个保警分队把飞行员和金角罗夫遗体接到县城，先安排在县政府，后移到九重堂（现五金公司后面），派专人服务和保卫。29 日中午，在万寿宫右侧球场（现政府宿舍）为金角罗夫举行隆重追悼会，李拔夫致悼词。一中尉飞行员讲了话，感谢沿河政府和人民的热情接待，感谢对金角罗夫的隆重安葬。各人民团体、学校师生、地方绅士、群众等佩戴白花，鸣放鞭炮，拥棺游街，送到“迎将桥”（现大桥西桥头）边入土树碑。

其他八名飞行员在沿河住了一月有余。离开那天，东西两岸站满了送别的群众，飞行员在船上不断鸣枪，表示对沿河人民的致意，岸上鞭炮齐鸣，船上岸上一片惜别深情。

1940 年 3 月，由重庆派来一些飞机机械师将三架飞机拆卸，于 6 月乌江发洪水时装运去了重庆。金角洛夫永远留在了中国，留在了乌江边上。

# 第五章 古韵铜仁

# 导言

八方之士笔下的一眼万年，定格了一方山水的生态互联——灵山秀水，礼遇铜仁。

山是梵净山，水是乌江水与锦江水。以“一山两江”为圆点辐射四境，铜仁一域，黔东一方，县县有穿城秀水，乡乡见如画春山。数亿年绿水青山的生命长歌，六百年府衙边城的向善之治，时光峰峦，人文华章，铜仁，是万物流连的秘密花园，是诗意栖居的心灵原乡。山风江涛中，蕴藏着铜仁独特的人文之美，梵天净土上，闪耀着铜仁群星璀璨的历史过往。

《开设贤科以宏文教疏》《请建考棚疏》《吏科杂录二则》……前人的奏疏奏议，使用广泛，可以歌功颂德、陈事言兵，也可以议礼论学、弹劾进谏，是一方主政上报工作之径，是有为之士关注社会之举，是王佐之师实现抱负之道。历史长河，大浪淘沙，前人辑存，殊为不易，保存至今的奏疏，既呈现了铜仁古代的制度文化，也展示了铜仁古代的吏治精华，是极其宝贵的文化遗产。

《宋敕赠少师思国公田祐恭墓志铭》《修思南府学碑记》《王总爷功德碑》《化行俗美碑》……散落在铜仁各区县的古碑记，浸染了千百年的文化时光，涉及各民族社会生活的方方面面，成为了解读铜仁历史信息的重要文献。

“诗言志，歌永言”，诗词歌赋是文化传承和民族认同的一大载体，能启迪人们的思考和情感，提高人们的审美素养，推动文化交流与创新，有着深远的社会价值和意义，不仅是中华优秀传统文化的瑰宝，也是当代社会不可或缺的精神财富。当诗词歌赋与山水风光奇绝，人文风情独特的铜仁发生碰撞，就营造了一份美妙的奇遇：

——明人祁顺眼里的石阡“雨余山翠开图画，夜静泉声落管弦”；蔡潮心许的铜仁“山从岳麓分来秀，郡向辰沅占上游”；王阳明入黔述志“清世独便吾职易，穷途还赖此心存”；陈珊居乡有兴“一声清夜磬，身在碧云端”……

——清人徐以暹诗咏家乡胜景（《咏铜仁景点》）；查慎行铜仁提笔寄思（《铜仁秋感和刘丙孙六首其一》）；洪亮吉行舟赏乌江（《自塘头舟行至思南府城外》）；许韵兰见景念故乡（《过沈家渔梁诸滩望铜仁作》）……

——前人多咏叹，今人亦有歌，《咏铜仁景点》《过沈家渔梁诸滩望铜仁城作》……颂铜仁绵绵不绝的清新美景，赞铜仁生生不息的民生画卷。

爱在铜仁，美在铜仁，情牵铜仁，梦绕铜仁。本单元收录的奏疏碑记，诗词歌赋，或为历史名人的低吟浅唱，或为当代墨客的引吭高歌，撷梵天净土之灵气，纳乌江奇峡之雄奇，集锦江碧波之隽逸，汇邑内名胜之丰姿，以传神之笔，洗练之意，真挚之情，记天地人和之灵境，绘铜仁之洞天，至臻至美，至情至性的文字，是目不暇接的亲历，也是别后依依的忆念……

# 送康宜清左迁石阡推官

[明]杨士奇①

### 其一

三月都门惜别离，春风相送夜郎西。
古来贤达多南谪，往往题诗在五溪。

### 其二

从来清操如冰雪，一旦南迁众共嗟。
谢却壶觞饱餐饭，平安常遣报京华。

# 鹭洲文石

[明]姚夔②

齿齿沙间出，星星水面沉。
五花争眩目，七宝结同心。
斑驳偏欺玉，坚光不让金。
芳洲秋月里，白鹭独知音。

---

①杨士奇（1365—1444），明代江西泰和人，号东里，历惠帝、成祖、仁宗、宣宗、英宗五朝，在内阁为辅臣40余年，任首辅21年，著有《东里全集》《文渊阁书目》《历代名臣奏议》等。
②姚夔（1414—1473），字大章，号损庵，明代严州府桐庐县（今浙江杭州桐庐）人，明代名臣。

# 石阡书怀

[明] 祁顺[1]

男儿弧矢平生志，历遍中华到石阡。
椎髻卉裳荒服地，剑牛刀犊太平年。
雨余山翠开图画，夜静泉声落管弦。
俗客不来公事简，倚窗频和白云篇。

# 铜仁即事

[明] 蔡潮[2]

入眼风光异贵州，问人知是楚西头。
山从岳麓分来秀，郡向辰沅占上游。
雉堞青笳依古岸，鳌亭绿树蘸中流。
乾坤看我终为客，适意何妨数日留。

① 祁顺（1434—1497），明代广东东莞人，字致和，号巽川。天顺四年进士，授兵部主事，进郎中。成化中出使朝鲜，后任贵州石阡府知府，累官至江西左布政使。
② 蔡潮（1467—1549），字巨源，号霞山，明代浙江台州人。先后任湖广提督学政，贵州右参议，福建右参政，河南右布政使。著有《霞山集》十卷、《湖湘学政录》一卷等。

# 平溪馆次王文济韵

[明] 王守仁[①]

山城寥落闭黄昏，灯火人家隔水村。
清世独便吾职易，穷途还赖此心存。
蛮烟瘴雾承相往，翠壁丹崖好共论。
畎亩投闲终有日，小臣何以答君恩？

# 过铜仁

[明] 沈庠[②]

思南五日到铜仁，万水千山上下频。
止宿也能供驿廪，送迎多只是夷民。
朝廷土宇过三代，天下疲癃岂一人。
堪叹徒劳无寸补，自知两事愧君亲。

① 王守仁（1472—1529），字伯安，号阳明，又号乐山居士，明代浙江余姚人，中国杰出的思想家、文学家、军事家、教育家。
② 沈庠，字尚伦，应天府上元县人，明弘治年间任贵州提学副使。

# 岩门山

[明] 田秋[①]

登高纵目尽清秋，万里云山在两眸。
地脉不因黔水断，风光似与达人留。
鸟鸣木落空林响，竹瞑烟生别涧幽。
兴极马蹄随处到，恍疑身已在沧州。

# 晚登东山

[明] 陈珊[②]

向晚东山寺，徘徊着意看；
雨余城郭净，月上浦烟寒。
胜友期相会，高谈兴未阑；
一声清夜磬，身在碧云端。

① 田秋（1494—1556），字汝力，号西麓，贵州思南府水德司（今思南县城）人，明代进士，官至广东布政使。著有《西麓奏议》，删定嘉靖《思南府志》。
② 陈珊（1510—1577），字鸣仲，亦字近衡，贵州铜仁（今碧江区）人。明嘉靖三十二年（1553）进士。

# 圣岭春耕和李别驾郡城六景

[明] 李渭[1]

## 圣岭春耕

岩阿黄虞民，独志唯田园。
日出复日入，不知城市喧。
去草培嘉禾，两者不并存。
汲隧甘自拙，抱膝听禽言。

## 白泉渔乐

野步任颉颃，所到成流连。
况复泉壑清，渡云澹浮烟。
石高坐垂钓，月出歌放船。
达人各有怀，那复论百年。

## 桐崖鸣凤

碧桐琴瑟材，离离立高岗。
上楼凤鸟雏，有道仪朝阳。
不入虞人罗，所谋非稻粱。
提扶不易闻，一鸣兴圣王。

① 李渭（1514—1588），字湜之，号同野，明代贵州思南府（今思南）人，明代理学家。

## 三台丛桂

三台何蜿蜒，上有丛桂芳。
植彼月窟中，移来山之阳。
本仁以种之，灌溉元穆浆。
寄语天台人，天根毋自伤。

## 真源洞月

云渚澄素景，溦澹披秋夕。
沙泄沸苏畹，潦尽见桂宅。
一鹤自丁零，千峰散虚白。
挥手弄潺湲，借兹洗形役。

## 德江晚渡

山影江半阴，渡口喧人语。
东林精舍近，挥尘自来去。
渔父歌放逸，悠然寡尘虑。

# 两江春色

[明] 蒋其贤 ①

铜水交流见两川，光吞晓翠日浮烟。
柳阴已占西湖地，花气浑如二月天。
夹岸香风牵荇带，惊涛石濑起龙眠。
手摇歌扇谁家子，玉袖金壶笑满船。

# 平溪高指挥请登獭崖

[明] 孙应鳌 ②

平溪岸头江水回，高阁凭虚结伴来。
乡思暗随秋色老，旅怀重向故人开。
风凄落木催寒切，云破惊鸿逐侣哀。
一览西南边徼地，铁桥铜柱仗雄才。

① 蒋其贤，铜仁人，明嘉靖年间诗人。
② 孙应鳌（1527—1586），字山甫，号淮海。明代贵州清平卫（今凯里）人，官至工部尚书。

# 茂龙塘即事

[明] 郑逢元[1]

山水多情笑我迟，狂吟随景快人思。
溪翻急濑凫依渚，花发幽香蝶绕篱。
苍鼠窜梁窥燕子，饥鹰穿水掠鱼儿。
闲愁尽付风吹去，漫拥长竿钓碧漪。

# 咏铜仁景点

[清] 徐以暹[2]

## 文笔凌云

文笔峰高尺五天，长枪大戟笑徒然。
秋凝白露添和墨，春剪青云借作笺。
重叠鸾章三锡下，分明雁字数行连。
怀中自有生花兆，漫向山灵乞秘传。

① 郑逢元（1613—1689），字天虞，又名天瑜，法名天问，明代贵州平溪卫（今玉屏）人，官至吏部尚书。
② 徐以暹（1606—1699），字赤海，清代铜仁（今碧江区）人。先后任广东潮阳知县、广东按察使司佥事、南明广西按察使司副使。

## 东山楼阁

东山东望霭苍苍，楼阁崚嶒接渺茫。
乍听钟声浮下界，忽看日影挂扶桑。
高吟索和松皆发，趺坐求安石是床。
乞向此间容我老，便应倚老兴逾狂。

## 西岭归樵

结伴登山薄暮回，束薪又见夕阳催。
一肩压处云添重，复岫归时月正来。
遥数寒鸦投寺塔，横吹短笛落江梅。
羡他释负全无事，共看群儿笑口开。

## 玉屏献秀

鬼斧神工制作屏，云蒸霞蔚入青冥。
人皆比以昆冈玉，我欲题为座右铭。
爱此不教尘懒拂，对之那肯户常扃。
只应天上通呼吸，香案传闻姓字馨。

## 渔梁夜月

石在清流月在天，月明滩上石涓涓。
照来西子真无二，悟后东坡不计千。
鹤渚凫汀都似此，琼楼玉宇自悠然。
直教胸次尘俱涤，粉碎虚空脱脱圆。

### 石笏朝天

玉皇香案侍多年，正笏归来尚俨然。
皎洁一轮秋捧月，缤纷五色晓生烟。
龙骧虎步过金殿，凤翥鸾翔下众仙。
定与嵩呼同效悃，儿孙罗列肃班联。

### 天马行空

求真知己最难真，捷足风云快绝尘。
世上那无千里马，眼中谁是九方歅。
壮儿欲试何曾敢，市者虽稠莫与亲。
屈指沧桑留得尔，只今拄笏益伤神。

## 铜仁秋感和刘丙孙六首其一

[清] 查慎行[1]

### 五律

风物移黔境，关城接楚邦。
乱山争戴石，细水亦名江。
远燧连苗寨，孤灯冷客窗。
崎岖经战地，游屐不成双。

① 查慎行（1650—1727），字悔余，号他山，赐号烟波钓徒，晚年居于初白庵，又称查初白。曾授任翰林院编修，清代著名诗人，著有《他山诗钞》。

# 丙申今有轩梦余口占

[清]李绿园①

归田赋就剩闲身，扶杖里门两度春。
友忆前欢如隔世，诗翻旧稿似他人。
老觉文章终有价，宦惟山水不曾贫。
梦中偶到印江地，犹见吁呼待抚民。

# 自塘头舟行至思南府城外

[清]洪亮吉②

青山至塘头，南北忽中断。
惊流适有几叶舟，一半舟行半登岸。
帆影欲入地，马嘶惊上天。
高高下下行不歇，马力反后帆居前。
双江合处波流拓，急溜平添水千斛。
高低橘柚合一村，五色石中鱼比目。
风帆北转飘雨丝，马上戴笠知多时。

---

① 李绿园（1707—1790），河南平顶山人，原名李海观，字孔堂，号绿园，亦号碧圃老人。清代印江知县，著名文学家，著有长篇古典小说《歧路灯》。

② 洪亮吉（1746—1809），清代阳湖（今江苏常州）人。乾隆年间先后任顺天府乡试同考官、贵州学政。著有《卷施阁诗文集》《附鲒轩诗集》《更生斋诗文集》《汉魏音》《北江诗话》及《春秋左传诂》。

舵楼半晌酣清梦，马背人愁湿衣重。
江流曲处城郭开，岸上一骑惊先来。
船头吹笳船尾鼓，湿雾惊开日刚午。

# 费改斋除铜仁邑，下问方宜，诗以代答二首

[清] 徐如澍[①]

问俗湖南似，劳形案牍删。
江喧村市近，花放讼庭闲。
试茗能消渴，煨薯说驻颜。
树光相映发，人在翠微间。

饭煮长腰米，盘堆赤甲疏。
年丰庖有肉，客至釜烹鱼。
野店茅柴酒，人家种树书。
循声容易致，民是葛天初。

---

① 徐如澍（1752—1833），字洵南，号雨芃，清代贵州铜仁（今碧江区）人。先后任内阁侍读学士、实录馆总校、顺天府府丞兼提督学政，鸿胪寺卿，通政使司副使等职，著《宝砚山房诗集》二十卷、《文集》十卷等。

# 寄古北口提督杨将军芳

[清] 龚自珍[①]

绝塞今无事，中原况有人。
升平闲将略，明哲保孤身。
莫以同朝忌，渐非贵戚伦。
九重方破格，肺腑待奇臣。

# 过沈家渔梁诸滩望铜仁作

[清] 许韵兰[②]

一棹天涯返，千山画里行。
沙光团雁影，篙响碎滩声。
石出秋江浅，林疏夕照明。
炊烟开乍合，遥见故乡城。

① 龚自珍（1792—1841），字璱人，号定庵，清代浙江仁和（今浙江杭州）人。清代思想家、诗人和改良主义先驱，著有《定庵文集》等。
② 许韵兰（1797—1827），女，字香卿，浙江海宁人。20 岁在京嫁铜仁太学生徐椠为妻，后随夫来到铜仁，系铜仁茶园山著名女诗人，作品见《铜仁徐氏先世事略》。

# 铜仁江舟中杂诗六首

[清] 郑珍[1]

## 其一

江行无百里，江景已多更。
问地难为字，经滩不计名。
败床眠白鲤，疏坞出黄橙。
欲识铜仁近，奇山满眼生。

## 其二

渐见寒流阔，居人两岸分。
潭光清漏石，山影绿摇云。
渔得沙头汛，炊香柁尾闻。
向来风味熟，惆怅但离群。

## 其三

铜舟三日惯，快若乌轻钞。
诗待滩平写，书缘境胜抛。
生薪常失饪，寒菜旋充庖。
道里时相问，黔荆路已交。

① 郑珍（1806—1864），字子尹，晚号柴翁，贵州遵义人。晚清著名经学家，贵州大儒之一。沙滩文化代表人物。

## 其四

蛟龙非获罪，风水自无猜。
朝梦同炊熟，晨舟隔县开。
江鸣知雨到，鸭语觉村来。
半起先劳谢，闲鸥候岸隈。

## 其五

烂石通纤路，荒塘落堠泥。
潮收沙露尾，桨过水生脐。
鱼翠闲闲立，鸡青闪闪低。
劳生惭对汝，方忆漆园妻。

## 其六

景色辰阳变，风烟梦泽通。
山平趋落地，江远欲吞空。
旷岸一庵白，晴砧双妇红。
狂歌仍入楚，陈爪叹泥鸿。

# 授官刑部宿四川司示徐子舟同年

[清] 沈丙莹①

王李魁奇士，当年此唱酬。
于今三百载，犹说白云楼。
鞅掌功名薄，停年月日遒。
寂寥怀古迹，谁与继风流。

# 东关即事

[清] 沈家本②

萧槭暮川秋，秋光满一楼。
晚凉临水阁，人语依滩舟。
山静月逾皎，林高霜已遒。
凭栏话共赏，把酒忆良俦。

① 沈丙莹（1811—1870），字菁士，浙江湖州人道光乙巳（1845）进士，同治五年（1866）授刑部主事，历官安顺知府、铜仁知府、贵阳知府。
② 沈家本（1840—1913），字子惇，又作子敦，号寄簃，浙江湖州人。光绪九年（1883）进士，历任天津知府、保定知府、刑部左侍郎、修订法律大臣、大理院正卿、法部右侍郎、资政院副总裁等职。改编《大清律例》，创办京师法律学堂，中国近代司法奠基人。

# 重至长坪母家

[清] 舒芳芷[1]

清晨出城郭，向晚到山家。
绕屋千峰秀，沿溪一径斜。
盘餐供笋蕨，篱落绕桑麻。
更约重来日，秋深看菊花。

# 德江晚渡

[清] 张清理[2]

江城薄暮淡烟笼，两岸归舟笑语中。
渡口争呼随上下，船唇轻转各西东。
马蹄石畔摇斜日，龙洞溪前荡晚风。
好与云林添画稿，山青水碧落霞红。

---

① 舒芳芷（1812—1851），字芝仙，清代铜仁女诗人。其诗散见于《全黔诗萃》《黔诗纪略后编》《铜仁府志》《铜仁徐氏先世事略》等。
② 张清理，思南人，清道光丁酉年（1837）科拔贡，著有思南八景诗等作品。

# 赞石阡温泉

［清］崔诗[1]

斯泉灵幻极，地喷水如汤。
暖沸肤添润，云蒸气自香。
人心能去垢，炎世就生凉。
独有探奇客，临流歌未央。

# 登印江文星塔

［清］陈景星[2]

凭栏遥望极苍茫，
楼阁参差映夕阳。
春水半篙沿岸绿，
菜花十里抱城香。
摩天峰影云中看，
绕阁人家画里藏。
万点蜀山何处是？
归心端逐暮鸦忙。

① 崔诗，清道光元年（1821）石阡知府。
② 陈景星，清末诗人，重庆黔江人。

# 西南夷列传[①]

[汉] 司马迁[②]

西南夷[③]君长以什数，夜郎[④]最大；其西靡莫[⑤]之属以什数，滇[⑥]最大；自滇以北君长以什数，邛都最大：此皆魋结[⑦]，耕田，有邑聚。其外西自同师以东，北至楪榆，名为嶲、昆明，皆编[⑧]发，随畜迁徙，毋常处[⑨]，毋君长，地方可数千里。自嶲以东北，君长以什数，徙、筰都最大；自筰以东北，君长以什数，冉駹最大。其俗或士箸，或移徙，在蜀之西。自冉駹以东北，君长以什数，白马最大，皆氐类[⑩]也。此皆巴蜀西南外蛮夷也。

始楚威王[⑪]时，使将军庄蹻[⑫]将兵循江上，略巴、黔中以西。庄蹻者，故楚庄王苗裔[⑬]也。蹻至滇池，方三百里，旁平地，肥饶数千里，以兵威定属楚。欲归报，会秦击夺[⑭]楚巴、黔中郡，道塞不通，因还，以其众王

---

① 本文选自《史记·列传第五十六》，记述了我国西南地区在秦汉时代的许多部落的地理位置、风俗民情及同汉王朝的关系，记述了汉朝的唐蒙、司马相如、公孙弘和王然于等抚定西南夷的史实，描述了夜郎、滇等先后归附汉王朝、变国为郡、设官置吏的过程。
② 司马迁，西汉史学家、文学家，著有中国第一部纪传体通史《史记》。
③ 西南夷：泛指我国西南边疆的少数民族。
④ 夜郎：古代部族名，也是国名。主体在今贵州境内。
⑤ 靡莫：与后文中的冉、駹、白马，属于古代部落名。
⑥ 滇：与后文中的邛（qióng）都、昆明、嶲、徙、筰（zuó）都、东越，属于古代部族、国名。
⑦ 魋结：一种发式，将头发梳成椎形，故称“椎髻”。
⑧ 编：通“辫”，就是把头发梳成辫。
⑨ 毋常处：无永久居住的地方。
⑩ 氐类：氐族的同类，都属于氐族。
⑪ 楚威王：楚国国君，公元前339年至前329年在位。庄蹻入滇在顷襄王（前298至前263在位）时，此楚威王当是楚顷襄王之误。《后汉书》及《华阳国志》皆作顷襄王。
⑫ 庄蹻：楚国大将。庄蹻于楚顷襄王二十年（前279），曾率兵沿长江从黔中进入云南，在滇中称王。
⑬ 苗裔：后代子孙。
⑭ 击夺：攻击夺取。按秦昭襄王时，于楚顷襄王十九年（前280），夺取楚国黔中之地。又于顷襄王二十二年（前277），再次夺楚黔中郡和巫地。

滇[①]，变服[②]，从其俗，以长之[③]。秦时常頞略通五尺道[④]，诸此国颇置吏焉。十余岁，秦灭。及汉兴，皆弃此国而开蜀故徼。巴蜀民或窃出商贾，取其筰马、僰僮、髦牛[⑤]，以此巴蜀殷富[⑥]。

建元[⑦]六年，大行王恢击东越，东越杀王郢以报。恢因兵威使番阳令唐蒙风[⑧]指[⑨]晓南越。南越食蒙蜀枸酱[⑩]，蒙问所从来，曰“道西北牂柯，牂柯江广数里，出番禺城下”。蒙归至长安，问蜀贾人，贾人曰：“独蜀出枸酱，多持窃出市夜郎。夜郎者，临牂柯江，江广百余步，足以行船。南越以财物役属夜郎，西至同师，然亦不能臣使也。”蒙乃上书说上曰：“南越王黄屋[⑪]左纛[⑫]，地东西万余里，名为外臣，实一州主也。今以长沙、豫章往，水道多绝，难行。窃闻夜郎所有精兵，可得十余万，浮船牂柯江，出其不意，此制越一奇也。诚以汉之强，巴蜀之饶，通夜郎道，为置吏，易甚。”上许之。乃拜蒙为郎中将，将千人，食重[⑬]万余人，从巴蜀筰关入，遂见夜郎侯多同。蒙厚赐，喻以威德，约为置吏，使其子为令。夜郎旁小邑皆贪汉缯帛，以为汉道险，终不能有也，乃且听蒙约。还报，乃以为犍为郡。发巴蜀卒治道，自僰道指牂柯江。蜀人司马相如[⑭]亦言西夷邛、筰可置郡。使相如以郎中将往喻，皆如南夷，为置一都尉，十余县，属蜀。

---

① 王滇：在滇中称王。
② 变服：改变楚的服饰，穿起当地人的服装。
③ 长之：给当地人当长帅。
④ 五尺道：道路名。秦统一中国后，为控制西南地区，在四川宜宾经贵州到云南曲靖间修了一条大道，路面宽五尺，故称五尺道。
⑤ 筰马、僰僮、髦牛：筰马，筰都的马。僰僮，僰人奴婢，僰是古代部族名。髦牛，即牦牛。
⑥ 殷富：特别富有。
⑦ 建元：汉武帝第一个年号（前 140 —前 135）。
⑧ 风：通“讽”，委婉劝告。
⑨ 指：通“旨”，旨意。
⑩ 枸酱：用枸的果实做的酱。枸是树名，即蒌叶，又名蒟酱、扶留藤。其果实绿黄色，可制酱。据说是贵州最早制作酒的原料。
⑪ 黄屋：帝王之车。其车以黄缎饰里，故称。
⑫ 左纛：插在车厢左边的用旄牛尾或雉尾装饰的旗子，这是皇帝的车饰。
⑬ 食重：粮食和辎重。
⑭ 司马相如，四川人，汉文学家。他在武帝时曾出使西南夷，对开发南边疆有很大的贡献。

当是时，巴蜀四郡[①]通西南夷道，戍转相饷。数岁，道不通，士罢饿离湿死[②]者甚众；西南夷又数反，发兵兴击，秏费无功。上患之，使公孙弘往视问焉。还对，言其不便。及弘为御史大夫，是时方筑朔方以据河逐胡，弘因数言西南夷害，可且罢，专力事匈奴。上罢西夷，独置南夷夜郎两县一都尉，稍令犍为自葆就[③]。

及元狩[④]元年，博望侯张骞使大夏[⑤]来，言居大夏时见蜀布、邛竹、杖，使问所从来，曰“从东南身毒国，可数千里，得蜀贾人市”。或闻邛西可二千里有身毒国[⑥]。骞因盛言大夏在汉西南，慕中国，患匈奴隔其道，诚通蜀，身毒国道便近，有利无害。于是天子乃令王然于、柏始昌、吕越人等，使间出西夷西，指求身毒国。至滇，滇王尝羌乃留，为求道西十余辈。岁余，皆闭昆明，莫能通身毒国。

滇王与汉使者言曰：“汉孰与我大？”及夜郎侯亦然。以道不通故，各自以为一州主，不知汉广大。使者还，因盛言滇大国，足事亲附[⑦]。天子注意焉[⑧]。

及至南越反[⑨]，上使驰义侯因犍为发南夷兵。且兰君恐远行，旁国虏其老弱，乃与其众反，杀使者及犍为太守。汉乃发巴蜀罪人尝击南越者八校尉击破之。会越已破，汉八校尉不下[⑩]，即引兵还，行诛头兰。头兰，常隔滇道者也。已平头兰，遂平南夷为牂柯郡。夜郎侯始倚南越，南越已灭，会还诛反者，夜郎遂入朝。上以为夜郎王。

---

① 四郡：指巴郡、蜀郡、广汉、汉中。
② 罢饿离湿死：指士兵因疲惫饥饿和遭受潮湿而死。罢：通“疲”。离：通“罹”，遭受。
③ 葆：通“保”。
④ 元狩：汉武帝第四个年号（前 122 —前 117）。
⑤ 大夏：西域国名。
⑥ 身毒国：古代国名。或译作“天竺”“天毒”“乾毒”等。
⑦ 足事亲附：值得让他们亲近归附汉朝。
⑧ 注意焉：专注留意这件事。焉：兼词，相当于“于是（此）”。
⑨ 南越反：汉武帝元鼎五年（前 112），南越丞相吕嘉叛乱，后被平定，南越亡国。
⑩ 不下：没有沿牂柯江南下击南越。

南越破后，及汉诛且兰、邛君，并杀筰侯，冉駹皆振恐，请臣置吏。乃以邛都为越巂郡，筰都为沈犁郡，冉駹为汶山郡，广汉西白马为武都郡。

上使王然于以越破及诛南夷兵威风喻滇王入朝。滇王者，其众数万人，其旁东北有劳浸、靡莫，皆同姓相扶，未肯听。劳浸、靡莫数侵犯使者吏卒。元封二年，天子发巴蜀兵击灭劳洸、靡莫，以兵临滇。滇王始首善，以故弗诛。滇王离难西南夷，举国降，请置吏入朝。于是以为益州郡，赐滇王王印，复长其民。

西南夷君长以百数，独夜郎、滇受王印。滇小邑，最宠焉。

太史公曰：楚之先岂有天禄哉？在周为文王师，封楚。及周之衰，地称五千里。秦灭诸侯，唯楚苗裔尚有滇王。汉诛西南夷，国多灭矣，唯滇复为宠王。然南夷之端，见枸酱番禺[①]，大夏杖、邛竹。西夷后揃[②]，剽[③]分二方，卒为七郡。

① 见枸酱番禺：即在番禺（今广州）见到枸酱。
② 揃（jiān）：同“翦”，翦除，消灭。
③ 剽：诛灭。

# 思南铜仁石阡土司传[①]

贵州，古罗施鬼国。汉西南夷牂牁[②]、武陵诸傍郡地。元置八番[③]、顺元[④]诸军民宣慰使司[⑤]，以羁縻之。明太祖既克陈友谅，兵威远振，思南宣慰、思州宣抚[⑥]率先归附，即令以故官世守之，时至正[⑦]二十五年也。及洪武[⑧]五年，贵州宣慰霭翠[⑨]与宋蒙古歹[⑩]及普定府女总管适尔等先后来归，皆予以

① 本文选自《明史·列传第二百四·贵州土司》，标题为编者所加。《明史》是一部纪传体断代史，记载了自洪武元年（1368）至崇祯十七年（1644）二百多年的历史。始纂于康熙十八年（1679），乾隆四年（1739）保和殿大学士张廷玉等集体撰写而成，共三百三十二卷。

② 牂牁：指牂牁郡。汉武帝元鼎六年（前 111 年）开置牂牁郡，又名牂柯，在贵州境内。牂牁郡辖且兰、鳖（bì）、平夷、毋敛、谈指、出丹、夜郎、同并、谈焻（lǔ）、漏江、毋单、宛温、镡封、漏卧、句町、进乘、西随等 17 县，郡治且兰。

③ 八番：官署名。元世祖至元十六年（1279），招降卧龙番、大龙番、小龙番、程番、罗番、石番、方番、卢番、洪番等部（均在今贵州惠水一带），置八番罗甸宣慰司以统之。

④ 顺元：官署名。元至元十九年，置顺元等路宣慰司，统贵州（今贵州贵阳）、金竹府（今贵州长顺境）及顺元路诸部（今贵州修文、开阳、黔西等县境）。二十九年，八番、顺元两司合并，置司于贵州。八番宣慰司曾一度划归四川行省管辖，后隶于湖广行省。

⑤ 宣慰使司：官署名。元置宣慰使司，分道以统郡县，处行省与郡县之间，但不普通设置，各宣慰使司的官署名及设官情形，也不尽同。官署名为宣慰使司，设宣慰使、同知、副使等官。边陲地区的官署名为宣慰使司都元帅府，次为元帅府，设宣慰使都元帅或元帅、达鲁花赤。明、清宣慰使司，设宣慰使等官，均土官世袭。

⑥ 宣抚：指宣抚司。宣抚司是官署名，是朝廷设置在某一地区的监司机构。

⑦ 至正：年号名，指元惠宗（元顺帝）孛儿只斤·妥懽帖睦尔的年号，从 1341 年至 1368 年共计 28 年。

⑧ 洪武：历史上主要指明朝开国皇帝朱元璋年号。

⑨ 霭翠（？—1388），元末明初贵州水西土司。彝名陇赞阿期，水西彝族第六十六代君长，于元末世袭顺元路宣抚使，八番顺元沿边宣慰使，领水西四十八目，明朝初期任贵州宣慰司、彝族水西土司。

⑩ 宋蒙古歹，指宋钦，族名宋阳举，蒙古名宋蒙古歹，元代水东草塘司（今贵州瓮安草塘）人，元靖江路总管宋阿重之孙。原世袭草塘平夷宣抚使司宣抚使。于元至正年间（1341—1368）从草塘迁居顺元城（今贵州贵阳），任八番顺元等处沿边宣慰司同知。

原官世袭。帝方北伐中原，未遑[1]经理南荒。又田仁智[2]等岁修职贡[3]，最恭顺，乃以卫指挥佥事[4]顾成[5]筑城以守，赋税听自输纳，未置郡县。

永乐十一年，思南、思州相仇杀，始命成以兵五万执之，送京师。乃分其地为八府四州，设贵州布政使司[6]，而以长官司[7]七十五分隶焉，属户部。置贵州都指挥使[8]，领十八卫，而以长官司七隶焉，属兵部。府以下参用[9]土官。其土官之朝贡符信[10]属礼部，承袭属吏部，领土兵者属兵部。其后府并为六，州并为四，长官司或分或合，厘革[11]不一。

其地西接滇、蜀，东连荆、粤。太祖[12]于《平滇诏书》言："霭翠辈不尽服之，虽有云南不能守也"，则志已在黔，至成祖[13]遂成之。然贵州地皆崇山深菁，鸟道蚕丛[14]，诸蛮种类，嗜淫好杀，畔[15]服不常。霭翠归附之初，

---

① 未遑：来不及。
② 田仁智（1325—1376），元代镇远同知田茂安之二儿子。思南宣慰使。田茂安（1297—1367），字天定，元代思州（今贵州岑巩）人，元代思州军民安抚使田景贤之孙。原任镇远军民同知，后为首任思南宣慰使。
③ 职贡：古代称藩属或外国对于朝廷按时的贡纳。
④ 指挥佥事：明代的军事指挥职务，正四品。
⑤ 顾成（1330—1414），字景韶，江都（今江苏扬州）人，祖籍湖南湘潭，明代初期名将。镇守贵州十余年，佩征南将军印。明成祖即位后，封镇远侯，赐铁券，还镇贵州，平定思州、思南土司纷争，促成贵州建省。
⑥ 布政使司：全程承宣布政使司，明代地方行政机关。
⑦ 长官司：元代地方政权机构名，元代于西南少数民族地区置，又称"蛮夷长官司"。明、清沿元旧称，只作为土官世袭的地方政权。
⑧ 都指挥使：官名，明制为正二品。唐末有行在都指挥处置使，为临时差使，五代始用作统兵将领之称。明代凡朝廷有吉凶丧事，序头衔，都指挥使在布政使、按察使之前。都指挥使职司军政，各率所部隶于五府而听命于兵部，为地方最高军事长官。明初年，可以世袭得之，后定制不准世袭。明宣宗后，都指挥使成为巡抚下属。
⑨ 参用：兼用。
⑩ 符信：符节印章等信物的统称。
⑪ 厘革：改革之意。
⑫ 太祖：指明太祖朱元璋（1328—1398），字国瑞，濠州钟离（今安徽凤阳）人，明代开国皇帝（1368—1398 年在位）。
⑬ 成祖：指明成祖朱棣（1360—1424），明代第三位皇帝（1402—1424 年在位）。朱元璋第四子 ，年号"永乐"。
⑭ 鸟道蚕丛：指险绝的山路。
⑮ 畔：通"叛"。背叛，叛变。

请讨其陇[①]居部落。帝曰："中国之兵，岂外夷报怨之具。"及仁智入朝，帝谕[②]之曰："天下守土之臣，皆朝廷命吏，人民皆朝廷赤子，汝归善抚之，使各安其生，则汝可长享富贵。夫礼莫大于敬上，德莫盛于爱下，能敬能爱，人臣之道也。"二十一年，部臣以贵州逋赋[③]请，帝曰："蛮方僻远，来纳租赋，是能遵声教矣。逋负之故，必由水旱之灾，宜行蠲免[④]。自今定其数以为常，从宽减焉。"二十九年，清水江之乱既平，守臣以贼首匿宣慰家，宜并罪。帝曰："蛮人鸱张鼠伏[⑤]，自其常态，勿复问。"明初御蛮之道，其后世之龟鉴[⑥]也夫。

…………

思南，即唐思州。宋宣和[⑦]中，番部田祐恭[⑧]内附，世有其地。元改宣慰司。明洪武初，析为二宣慰，属湖广。永乐十一年置思南府，领长官司四：曰水德江，曰蛮夷，曰沿河祐溪，曰朗溪。思州领长官司四：曰都坪峨异溪，曰都素，曰施溪，曰黄道溪。

初，太祖起兵平伪汉[⑨]，略地湖南。思南宣慰使田仁智遣都事[⑩]杨琛来归附，并纳元所授宣慰诰[⑪]。帝以率先来归，俾仍为思南道宣慰使，以三品银印给之，并授琛为宣抚使。思州宣抚使田仁厚[⑫]亦遣都事林宪、万户张思温来献镇远、古州军民二府，婺川（今务川县）、功水、常宁等十县，龙泉、

---

① 陇：泛指山。
② 谕：旧时指上对下的文告、指示，特指皇帝的诏令。
③ 逋赋：指尚未缴纳的税款。
④ 蠲（juān）免：免除之意。
⑤ 鸱（chī）张鼠伏：比喻时而嚣张，时而隐蔽。
⑥ 龟鉴：也说"龟镜"，比喻可供人对照学习的榜样或引以为戒的教训。鉴：镜子。
⑦ 宣和：北宋徽宗年号。
⑧ 田祐恭（1075—1154），字子礼，宋代思州蕃部长官。因战功官拜思州（今贵州东部、重庆东南部）藩部长、少师、封思国公。
⑨ 伪汉：指元末农民起义军领袖陈友谅所建立的"大汉"政权。
⑩ 都事：古代官名。
⑪ 诰：释义为古代帝王任命或封赠的文书。
⑫ 田仁厚，字公淳，元代思州（今贵州岑巩）人。元代思州军民安抚使田茂烈之子。在元代时，世袭思州宣慰使，加朝烈大夫，管思州八万军民事。

瑞溪、沿河等三十四州。于是命改思州宣抚为思南镇西等处宣慰使司，以仁厚为使，俱岁朝贡不绝。

二年，仁厚死，子弘正袭。帝以思南土官世居荒服，未尝诣阙[①]，诏令率其部长入朝。九年，仁智入觐，加赐织金文绮，并谕以敬上爱下保守爵禄之道。仁智辞归，至九江龙城驿病卒。有司以闻，遣官致祭，并敕送柩归思南。时思州田弘正与其弟弘道等来朝，帝命礼部皆优赐。十一年，仁智子大雅袭，奉表[②]谢恩。命思南收集各洞弩手二千人，备征调。十四年，大雅入朝。十八年，思州诸洞蛮作乱，命信国公汤和[③]等讨之。时寇出没不常，闻师至，辄窜山谷间，退则复出剽掠。和等师抵其地，恐蛮人惊溃，乃令军士于诸洞分屯立栅，与蛮人杂耕，使不复疑。久之，以计擒其魁，余党悉定，留兵镇之。二十年移思南宣慰于镇远。大雅来谢恩。思州宣慰弘正死，子琛袭。三十年，大雅母杨氏来朝。

永乐八年，大雅死，子宗鼎袭。初，宗鼎凶暴，与其副使黄禧构怨，奏讦累年。朝廷以田氏世守其土，又先归诚，曲与保全，改禧为辰州[④]知府。未几，思州宣慰田琛与宗鼎争沙坑地有怨。禧遂与琛结，图宗鼎，构兵[⑤]。琛自称天主，禧为大将，率兵攻思南。宗鼎挈家走，琛杀其弟，发其坟墓，并戮其母尸。宗鼎诉于朝，屡敕琛、禧赴阙[⑥]自辨，皆拒命不至，潜使奸人入教坊司，伺隙为变。事觉，遣行人蒋廷瓒[⑦]召之，命镇远侯顾成以兵压其境，执[⑧]琛、禧械送京师，皆引服。琛妻冉氏尤强悍，遣人招诱台罗等寨苗

---

① 诣阙（yì què）：指赴京都。
② 表：古代文体奏章的一种，用于较重大的事件。
③ 汤和，累功升统军元帅。洪武二十八年（1395）逝世于家，享年七十，追封东瓯王，谥号“襄武”。
④ 辰州：指辰州府，湖南怀化中北部古代政区。
⑤ 构兵：交战。
⑥ 阙：本指建在宫殿门前两边的大型建筑物，后转指帝王的住所，即宫殿。
⑦ 蒋廷瓒，明代贵州第一任布政使，河南滑县人。
⑧ 执：捉住，逮捕。

普亮[1]为乱，冀朝廷遣琛还招抚，以免死。帝闻而锢之。

以宗鼎穷蹙来归，得末减，令复职，还思南。而宗鼎必得报怨，以绝祸根。帝以宗鼎幸免祸，不自惩，乃更逞忿，亦留之。宗鼎出诽言，因发祖母阴事，谓与禧奸，实造祸本。祖母亦发宗鼎缢杀亲母渎乱人伦事。帝命刑部正其罪，谕户部尚书夏原吉[2]曰："琛、宗鼎分治思州、思南，皆为民害。琛不道，已正其辜。宗鼎灭伦，罪不可宥[3]。其思州、思南三十九长官地，可更郡县，设贵州布政使司总辖之。"命顾成剿台罗诸寨。成斩苗贼普亮，思州乃平。十二年遂分其地为八府四州，贵州为内地，自是始。两宣慰废，田氏遂亡。

正统初，蛮夷长官司奏土官衙门婚姻，皆从土俗，乞颁恩命。帝以土司循袭旧俗，因亲结婚者，既累经赦宥不论，继今悉依朝廷礼法，违者罪之。景泰间，思南府奏府四面皆山，关隘五处，无城可守，乞发附近土军修筑。命巡抚王来[4]经画之。

…………

铜仁，元为铜人大小江等处军民长官司。洪武初，改为铜仁长官司。永乐十一年置铜仁府。万历二十六年始改铜仁长官司为县治。领长官司五：曰省溪，曰提溪，曰大万山，曰乌罗，曰平头著可。乌罗者，本永乐时分置贵州八府之一也，所属有朗溪长官司、答意长官司、治古长官司，而平头著可长官司亦隶焉。

宣德五年，乌罗知府严律己言："所属治古、答意二长官石各野[5]等聚众出没铜仁、平头、瓮桥诸处，诱胁蛮贼石鸡娘并筸子坪长官吴毕郎等共为

---

① 苗普亮，明永乐年间苗民起义首领，贵州思州（今岑巩）台罗人，苗族，原为酋长。永乐八年（1410），率台罗上下诸寨苗民起事，烧屯粮。后受兵部招安。至十一年（1413），率台罗十四寨与洪江、横陂等地苗民首领苗普罗哲等两千余人会合，并与靖州、会同青龙渡相结，再次起义，攻镇远、清浪诸卫。后遭总兵官镇远侯顾成镇压。

② 夏原吉（1366—1430），字维喆，祖籍江西德兴人，湖南湘阴人，明初政治家、理财家、水利专家。

③ 宥：宽恕，原谅。

④ 王来（1394—1470），字原之，浙江慈溪（今宁波江北区慈溪镇）人，王恒之孙。明朝官员。

⑤ 石各野，明苗族土官，贵州乌罗答意（今松桃境内）人。

乱，招抚不从。缘其地与镇溪、酉阳诸蛮接境，恐相煽为乱。请调官土军分据要地，绝其粮道，且捕且抚。事平之后，宜置卫所巡司以守之。”事闻，命总兵官萧授[①]及镇巡诸司议。于是授筑二十四堡，环其地守之。兵力分，卒难扞御[②]。贼四出劫掠，杀清浪卫镇抚叶受，势益獗。七年，巡按御史以闻，且言生苗之地不过三百余里，乞别遣良将督诸军殄灭[③]。授言：“残苗吴不尔等遁入箄子坪，结生苗龙不登等攻劫湖广五寨及白崖诸寨，为患滋甚。宜令川、湖、贵州接境诸官军、土兵分路并力攻剿，庶除边患。”从之。既降敕谕授，言：“暴师久，恐蹉跌为蛮羞，或抚或剿，朕观成功，不从中制。”

八年，授奏言：“臣受命统率诸军进攻贼巢，破新郎等寨，前后生擒贼首吴不跳等二百一十二人，斩吴不尔、王老虎、龙安轴等五百九十余级，皆枭以徇，余党悉平。还所掠军民男妇九十八口，悉给所亲。获贼妇女幼弱一千六百余口，以给从征将士。”并械吴不跳等献京师。帝顾谓侍臣曰：“蛮苗好乱，自取灭亡，然于朕心，不能无恻然也。”授威服南荒，前后凡二十余年。

正统三年革乌罗府，所属治古、答意二长官司，乱后残民无几，亦并革之，以乌罗、平头著可隶铜仁，以朗溪隶思南，从巡按御史请也。景泰七年，平头著可长官司奏其地多为蛮贼侵害，乞立土城固守，从之。

成化十一年，总兵官李震[④]奏：“乌罗苗人石全州，妄称元末明氏子孙，僭称明王，纠众于执银等处作乱，邻洞多应之。因调官军往剿，石全州已就擒，而诸苗攻劫未已。”命镇巡官设策抚捕，未几平。

嘉靖二十二年，平头苗贼龙桑科作乱，流劫湖广桂阳间，甚獗。帝以

① 萧授（1355—1445），字安民，江西吉安人，明代初期名将。
② 扞御（hàn yù）：指防御，抵抗。
③ 殄灭：消灭，灭绝。
④ 李震（？—1486），字懋学，河南南阳人，明代中期名将。

诸苗再叛，责激乱者，而起都御史万镗[①]往讨之。明年，镗奏叛苗以次殄灭，惟龙母叟虽降，然其罪大，宜置重典。命安置辽东。未几，龙子贤复叛。二十六年，湖贵巡按御史奏官军讨贼不力，降旨切责。三十九年，总兵官石邦宪[②]剿之，擒首恶龙老罗等，遂平。

…………

石阡，本思州地。永乐十一年置府，隶贵州，领长官司四：曰石阡，曰苗民，曰葛彰葛商，曰龙泉坪。宣德六年，葛彰葛商长官安民奏："前以官钞籴粮[③]储备，令蛮民守视。溪洞险僻，无所支用，恐岁外腐烂，赔纳实难，请以充有司祭祀过使廪给之用。"纵之。万历中，改龙泉坪为县。

…………

万历三十四年，贵州巡抚郭子章[④]讨平贵州苗，斩获苗长吴老乔、阿伦、阿皆等十二人，招降男妇甚众。先是，东西二路苗名曰仲家[⑤]者，盘踞贵龙、平新之间，为诸苗渠帅。其在水硍山介于铜仁、思、石者，曰山苗，红苗之羽翼也，窥黔自平播后财力殚竭，有轻汉心，经年剽掠无虚日。子章奏讨之，命相机进兵。子章乃命总兵陈璘、参政洪澄源率官军五千，益以土兵五千，攻水硍山。监军布政赵健率宣慰土兵万人，使游击刘岳等督之。及两路会师，皆九十余日而克。二寇既平，专命总兵陈璘率汉、土兵五千移营新添，进攻东路苗，不一月复克其六箐，诸苗尽平。

---

① 万镗（1485—1565），字仕鸣，江西南昌进贤人，祖籍江西瑞州府高安县（今江西宜春高安），明代中期大臣。

② 石邦宪（1489—1568），字希尹，贵州清平卫（今凯里炉山镇）人，明代名将领。

③ 籴（dí）粮：指买粮，买进粮食。

④ 郭子章（1542—1618），字相奎，江西泰和人。明代大臣、史学家。

⑤ 仲家：布依族的旧称。

# 设贵州等处承宣布政使司[①]

初，思南宣慰使田宗鼎凶狠淫虐、生杀任情，与其副使黄禧构怨[②]累年，互有奏讦[③]。朝廷虽恶宗鼎，然以田氏世守其地，曲与保全，而改黄禧为辰州知府。思州宣慰使田琛亦与宗鼎有怨，禧暗结琛使图[④]宗鼎。宗鼎及琛数相攻杀。禧既得志，肆横虐民，民甚苦之。琛自称天主，妻为地主，长官文得、杨光海等称文武臣，禧为大将，与琛连兵攻思、攻思南。宗鼎挈家走，琛杀其弟，发[⑤]其祖宗坟墓而戮其母尸，尽掠其人畜资财，所过残害其民。宗鼎诉于朝。屡敕田琛、黄禧赴阙[⑥]自辩，皆拒命不至。自知不为朝廷所容，遂有逆谋，潜使[⑦]奸人张胜依托教坊司官史勉，得出入祗应[⑧]，将伺便为变。事觉，命行人蒋廷瓒往召之，而敕镇远侯顾成以兵五万压其境，凶党叛散，琛等就擒，与黄禧相继械送京师，皆引服。琛妻冉氏尤强悍，复遣人招诱台罗等寨蛮人苗普亮等为乱，冀朝廷遣琛还招抚，因得免死。上闻之，诏有司[⑨]禁锢琛等，以宗鼎虽横恣，然穷蹙[⑩]自归得未减，使复职归思南。而宗鼎奏言：必得报怨家[⑪]以绝祸根。上以其素凶恶，幸今免祸，犹不自惩，而欲逞忿[⑫]，民将有不胜其害者，遂留之京师，月给俸禄。宗鼎怨，妄出诽言，

---

① 本文选自《明实录·太宗永乐实录》卷一百三十七。贵州民族研究所编《明实录·贵州资料辑录》，贵州人民出版社 1983 年版，第 140—141 页。
② 构怨：指结怨、结仇。
③ 奏讦（jié）：指上奏章揭发。
④ 图：图谋，谋取。
⑤ 发：打开，挖开。
⑥ 阙：借指宫廷，帝王所居之处，后也借指京城。
⑦ 潜使：秘密出使。
⑧ 祗（zhī）应：指照应。
⑨ 有司：指主管某部门的官吏，泛指官吏。
⑩ 穷蹙（cù）：指窘迫、困厄。
⑪ 怨家：指冤家，仇人。
⑫ 逞忿：逞怒。

因发其祖母阴事，谓始与黄禧奸，实造祸本，而窃损其衣食，欲杀之。祖母亦发宗鼎缢杀亲母，渎乱人伦等事。上命刑部正其罪。谕户部尚书夏原吉等曰：朝廷初命田琛、田宗鼎分治思州、思南，正欲安其土人，乃皆为土人之害。琛悖逆不道，构扇[1]旁州，妄开兵衅，屠戮善良，抗拒朝命，已正其罪。宗鼎尤为凶骜，绝灭伦理，罪不可宥。其思州、思南三十九长官司，宜加意绥抚，可更置府州县而立布政司总辖之，其原设长官司及差税，悉仍旧。所当行之事，卿等详议以闻。原吉等议，以思州二十二长官司分设思州、新化、黎平、石阡四府，思南十七长官司分设思南、镇远、铜仁、乌罗四府。其镇远州、婺川县（今务川县）亦各随地分隶，而于贵州设贵州等处承宣布政司以总八府，仍与贵州都司同管贵州宣慰司，其布政司官属俱用流官，府以下参用土官。从之。遂命吏部选授布政司及府县官，以行人蒋廷瓒、河南左参政孟骥俱为右布政使，改河南右参政陈俊名为右参政，山西左参议王理、河南按察司副使张翥、江英俱为左参议，副使邹锐、佥事丘陵、进士周宗保俱为右参议，授进士崔彦俊、王恭等为府州官，令廷瓒等率至贵州随缺。定注廷瓒。（瓒）尝与擒田琛等之谋，故升用之。

① 构扇：亦作“构煽”，挑拨煽动。

# 铜仁府重修府县两城记[①]

[明]李维祯[②]

中丞郭公抚黔之明年，平播已。平皮林苗，武节[③]焱逝，诸夷酋[④]款关，长愿臣仆，交臂受事。巳（已），疆理播地，为平越郡，为黄平州，为湄潭、余庆、瓮安、龙泉诸县。城郭廨[⑤]寺，以次备举。巳（已），奸人诡称帝子，荧惑铜仁诸苗为乱。而公先是见铜仁府城岁久崔陨，又骤两江[⑥]涨，崩圮滋甚，民居荡析，铜仁县所，置府北门外，未有城。乃会侍御毕公佥谋攸协，爰檄路观察，缮其故者，创其新者。属谭郡理、吴明府护作，而赵左丞、洪参知、何郡守赞议襄事，都督陈君督兵将作。城成，而诸苗觇[⑦]之有备，气夺色沮，奸人遂就擒。文武僚佐服公先几料敌，坐而致胜，而请记其事，以垂示后人。

盖尝观《易》既济之九三[⑧]、未济之九四[⑨]，皆以“伐鬼方”取义。九三既济，宜持中而戒动，故其象曰：“‘三年克之’，惫也”；九四未济，宜兴衰而拨乱，故其象曰：“三年，有赏于大国”。然而兵凶战危，圣人重之。是以既济之时，思患预防；未济之时，辨物居方[⑩]。“天子有道，守在

---

① 本文选自万历《铜仁府志》，记述了万历平播之役后重修铜仁（府县同城）城墙的情况。

② 李维祯（1547—1626），湖广京山人，字本宁。明穆宗隆庆二年（1568）进士，历任陕西右参议、提学副使、礼部尚书等。其诗文求者众多，为明末五子之一。著有《大泌山房集》。

③ 武节：古代将帅凭以专制军事的符节。

④ 夷酋：当地少数民族长官。

⑤ 廨（xiè）：古代通称官署，文中泛指皇家寺院。

⑥ 两江：发源于梵净山的大江和小江，在铜仁城区汇流而成锦江。

⑦ 觇（chān）：窥视；观测。

⑧ 九三：《易经》既济卦第三爻。高宗讨伐鬼方，费时三年才打败它。巫遇此爻，不可重用小人。象传说，费时三年才打败它，因为鬼方这时已疲惫不堪。

⑨ 九四：爻辞曰“贞吉，悔亡”。象传说，“九四”有志于平治乱世，如今能发展他的抱负，达成心愿，也就不会有悔恨的事情，而能够坚正吉利。

⑩ 辨物居方：辨别众物的性质、条件等因素，使之各得其所。出自《易经·未济》。

四夷[①]”，四夷方以类聚，物以群分，申画郊圻，慎固封守。衣袽[②]之戒，终日钦钦[③]，如对敌国，我无隙可乘，而戎不生心，则何乐于破斧缺斨[④]，以鳞介易衣冠为也？

黔于古为鬼方，诸苗蠢焉，称兵以干天诛，义不得不声罪致讨，既龛定[⑤]矣，又奚求焉？其道莫先于自守。是役也，中丞公以辨物居方，夷不乱华，裔不谋夏，大分定矣。以思患预防，武夫勍[⑥]卒，陈利兵而谁何？大势张矣！夷考其时，自公受事，比及三年，力取诸兵之番休、农之休暇，费取诸廪之余粔，金矢之薄罚，有赏而无惫，“民保于城，城保于德”，其斯之谓欤？

夫《易》当忧患而作，其辞多危，幸而既济，而复以未济终，则事何时济而济何时定耶？天下之治乱，如昼必有夜，呼必有吸，循环不息，而圣人以自强不息，治之九四。所居近怀刚正之资，奋震动之威，揆[⑦]事决策，无往不济，其占曰：“志行，贞吉，悔亡。”中丞公修此三者，故全也，于今二城，观其征矣。

《春秋》书城二十有五，非义非时者书。虽义与时者书，重民力也。公时矣、义矣，于《春秋》法当书。而不佞窃度公所以得时、得义者，其源出于《易》。公《易》学专门名家也，经术以经世用，非大儒，其孰能与于斯？

---

① 四夷：古代华夏族对四方少数民族的统称，泛指外族、外国。
② 袽（rú）：指烂衣服或破旧棉絮。
③ 终日钦钦：终日苦思忧虑。
④ 斨（qiāng）：古代的一种斧子。
⑤ 龛定：谓战胜、平定。龛：通“戡”。
⑥ 勍（qíng）：强大、有力。
⑦ 揆（kuí）：道理、准则和掌握管理。

# 参政李渭传[①]

[明] 郭子章[②]

李渭，字湜之，思南府人。公生有异质。十五病肺[③]，屏居小楼，溽暑，散发箕踞[④]。父中宪公富以“无不敬”饬之，即奉而书诸牖，目摄以资检束。第觉妄念丛起。中宪又以“思无邪”饬之，又奉而书诸牖。久之，妄念渐除，恍惚似有得。及下楼与朋友笑谭[⑤]，楼上光景以失。于是专求本心，未与人接，自问曰：“如何是本心？”既与人接，又自问曰：“本心是如何？”

嘉靖甲午，举于乡，萧然布素[⑥]，计偕[⑦]以一仆自随。读《孟子》“伊尹耕莘[⑧]”章，则曰：“尧舜君民事业，自一介不取始，交际岂可不谨。”癸卯，蒋公信[⑨]视学[⑩]贵州，公谒之，因陈楼上楼下光景。蒋公曰：“楼上是假，楼下与朋友谭笑却真。”至一介不妄取。蒋公曰：“此犹然楼上意思在，硁硁然，小人哉！”公愧甚，以为学十四五年，只成得一个硁硁小人，不觉面赤背汗淋淋也。

---

① 本文选自郭子章《黔记·乡贤列传·理学》卷四十五。

② 郭子章（1543—1618），字相奎，号青螺，又自号曰蠙（pín）衣生，江西泰和人，曾担任贵州巡抚，明代政治家、军事家、史学家、地名学家、文学家、医学家。著有《黔记》《黔草》等。

③ 病肺：生了肺病，即肺部的疾病。今多指肺结核。

④ 散发箕踞：披散着头发，半蹲半坐着。这是一种不拘礼节、傲慢不敬的坐法，比喻轻慢傲视对方的姿态。

⑤ 笑谭：也作“笑谈”，指笑话，笑料，可笑的言谈。

⑥ 布素：布衣素服。布指质地，素指颜色，形容衣着俭朴。

⑦ 计偕：汉朝时被征召的士人皆与计吏相谐同上京师，故称为“计偕”。后世举人入京会试，也被称为“计偕”。

⑧ 伊尹耕莘：指《孟子·万章上》一文中，孟子与学生万章关于“伊尹故事”的问答，伊尹在有莘国耕种，喜爱尧舜之道而成为商汤的宰相的事迹。

⑨ 蒋公信：即蒋信（1483—1559），其字卿实，理学家，人称正学先生，常德（今属湖南）人。曾任贵州提学副使，建正学、文明二书院，增贵州解额。

⑩ 视学：专职考查学子经业成绩。蒋信曾担任贵州提学副使，提学是“提督学政”的简称，专门负责文化教育的高级地方行政官。

由华阳知县、和州知州，擢高州府同知，至则谒湛甘泉先生于小嵎峒中。尝宿廉州[①]公署，梦三蛇绕身，亟挥杖，蛇乃走。诘朝，合浦吏以美珠进，化州、吴川吏以兼金进。公皆叱[②]之，笑曰："三蛇梦破矣，金珠非宝，固吾人蛇蝎哉。"擢应天治中，南户（部）员外郎。知韶州府。先是，韶有二源之役，萑苻之警[③]未殄[④]，公集诸寮属谕之曰："夫子告康子'不欲'二字，千古弭盗张本。傥多欲则身为沟壑，竭民膏脂不足以填之，百姓安得不盗？弭山中盗易，弭心中盗难，敢忘自责！"闻者悚息。

入觐，过麻城，从耿楚侗先生[⑤]登天台，楚侗示八语："近道之资，载道之器，求道之志，见道之眼，体道之基，任道之力，弘道之量，达道之才，八者阙一不可。"对曰："渭于八者，独愧见道眼[⑥]未醒耳！"锲"必为圣人"四字，印而布之海内。尝曰："孔子'毋意'，孟子'不学、不虑'，程子'不著纤毫人力'，皆是不安排。知'毋意'脉路，即日夜千思万索，亦是'毋意'；知无纤毫人力脉路，即人一已百、人十已千，如此用力，实无纤毫人力。学是学，此不学，虑是虑，此不虑，知得不学、不虑脉路，任人只管学、只管虑，都是不学、不虑。"

擢[⑦]滇左参政[⑧]，近溪罗公为屯田使，公至，与之合并精神，学益进。门人歌青山绿树诗，因论天理人欲[⑨]："浮云人间作雨，天上常清常明；狂

---

① 廉州：廉州府，为历史行政区划名，是明清时期广东"十府一州"之一。在今广西北海、钦州市。
② 叱（chì）：指大声呵斥。
③ 萑符之警：强盗的警讯。萑符：本为泽名，后借指盗贼、草寇。
④ 未殄（tiǎn）：没有尽绝。未：没有，不。殄：尽，绝。
⑤ 楚侗先生：指耿定向，字在伦，人称天台先生，明代理学家。
⑥ 见道眼：指能洞察一切，辨别真妄的眼力。
⑦ 擢（zhuó）：选拔，提拔。
⑧ 左参政：明代清初布政使的下属官员。布政使掌管一省的政务，参政、参议分守各道，并分管粮储、屯田、军务、驿传、水利、抚名等事。参政一般分为左右各一人，以左为尊，从三品。
⑨ 天理人欲："天理"和"人欲"的合称，简称"理欲"。天理：指纲常伦理。人欲：指人们的生活欲望。宋代程朱理学把这两者对立起来，要人们放弃生活欲望，绝对遵守封建伦理教条。

风江中作浪，流水不增不减。知得常清常明、不增不减，方是学问。以明日青山绿树为天理，只是频复[①]。”又曰：“无不知爱，无不知敬。两个无不知是天地灵窍，吾人通天地民物。死生皆是物，本体原无间断。学者不可在起灭上做工夫。任他千功万行，终做不成，如树无根，纵日栽培灌溉，终成枯槁。予昔日工夫，亦有起灭，被近溪大喝，通身汗浃从出。这身汗，自是欲罢不能。”自言：“已于此学，入白下，与居和高时不同；登天台，又觉与白下时不同；与近溪游月岩，又觉与前不同。”

所著《先行录答问》三卷；《毋意》篇，合《大学》《中庸》《易问》为一卷；《简寄》二卷；《杂著》一卷；《诗》一卷；《文》二卷，统十卷。又，著《家乘》十二卷，藏于家；《大儒治规》三卷，行于世。

蠙衣生曰：“予师胡庐山[②]先生云，‘黔中之学，李湜之为彻’。予友邹尔瞻[③]谪都匀时，犹及交先生。先生曰，‘某为此学，拼生拼死[④]不休。’尔瞻为序其《先行录》。比予入黔，尔瞻曰，‘惜哉！同野已殁[⑤]，君不及见之，尔已闻友人耿子健题先生墓曰：明兴好学君子之墓。’呜呼！此足以概先生矣。”

---

① 频复：本义为频繁返回起点。指皱着眉头回来，引申为回复正道不怎么顺利。频：皱眉头。
② 胡庐山，胡直，字正甫，理学家，学者称庐山先生，江西吉安府泰和人，为王阳明再传弟子。
③ 邹尔瞻：即邹元标（1551—1624），其字尔瞻，吉水（今属江西）人。明代东林党首领之一，与赵南星、顾宪成号为“三君”。
④ 拼生拼死：指豁出性命，拼尽全力。
⑤ 殁（mò）：古同“殁”，死的委婉说法。

# 世侯安绍南荣受封典序[①]

[明] 李渭

圣天子迎和萃祉[②]，备典[③]尊亲，广德达情，以大孝[④]治四宇。凡百辟[⑤]群牧微迩遐，能奉至德、效忠勤，有劳乃位，辄示旌宠[⑥]，且推恩所自出，以顺天下，各欲自尽心于是。

安侯绍南得晋昭信校尉[⑦]阶，配杨氏封[⑧]安人[⑨]，并封其父南江如子，秩[⑩]母王氏如杨氏封，龙章[⑪]鸾书[⑫]，韡韡[⑬]休硕[⑭]称至荣矣。乡荐绅士，群造其庭，举贺事，属[⑮]渭言。

---

① 本文是李渭为学生安绍南接受朝廷封赏爵位而写的祝贺文章，阐述了应怎么正确认识、理解传统孝道，如何践行、传承孝道文化。世侯是对有土司职位的安绍南的尊称。元时，安绍南的先祖“（安）世兴克服三十六洞九十九寨苗夷，授沿边溪洞军民万户总管。明洪武五年（1372）安辉以地归附，改授蛮夷司正长官”（《思南府续志·土司》）。安绍南，名岳，字绍南，庠生，为思南府蛮夷长官司（驻思南府城）第九代正长官，嘉靖四十五年（1566）承袭，正六品土司，万历七年（1579）封昭信校尉，二十三年（1595）授指挥佥事。其父安继爵，字南江，庠生，嘉靖十六年（1537）承袭土司职位，后为修建北京紫禁城“采楠木有功，封昭信校尉”（《思南府续志·土司志》）。

② 萃祉：福气聚集。

③ 备典：制定规则。典：标准，法则。

④ 大孝：所谓“大孝”就是尊敬、关心身边的每一位人。儒家文化认为孝是民众最根本的教化。

⑤ 百辟：百官。

⑥ 旌宠：表彰尊崇。

⑦ 昭信校尉：武散官名。明代定为正六品武官初授之散阶称号。

⑧ 封：封建时代推恩臣下，将官爵授予其父母。父母存者称封，死者称赠。

⑨ 安人：封建时代命妇的一种封号。宋代自朝奉郎以上，其妻封安人。明清时，六品官之妻封安人。封与其母或祖母，则称太安人。

⑩ 秩：古代官职级别，官吏的品级第次。

⑪ 龙章：喻不凡的文采、风采。

⑫ 鸾书：本指男女定亲的婚帖，代指书信。

⑬ 韡韡（wěi wěi）：指明艳，光明华美的样子。

⑭ 休硕：福禄凡大也。休：吉庆，美善，福禄。硕：本意指头大，后泛指为大。

⑮ 属：同“嘱”，叮嘱，嘱咐。

渭乃言曰：绍南岂不诚纯孝子哉？今之言孝者异，是鼎镬[①]镣釜[②]，桂瓿[③]椒胾[④]，日涚[⑤]酪盏[⑥]以进于亲，曰吾亲不饥，庶几吾孝也。不知所以尊亲，即康觚[⑦]噎馁[⑧]，君子以为不宿饱矣。夹绣[⑨]绮褕[⑩]，大袑[⑪]褒服，日裁绨鞲[⑫]以进于亲，曰吾亲不寒，庶几吾孝也。不知所以尊亲，即抚衿袭衽[⑬]，君子以为可朝褫[⑭]矣。层轩雕栋，鸟革翚飞[⑮]，日除堂奥以居其亲，曰吾亲安乐，庶几吾孝也。不知所以尊亲，即身旋席暖[⑯]，君子以为不驻足矣。此何以故？事亲不识大耳。

绍南事识其大者，其集庆绥福[⑰]，恒自南江。南江少负远志，履官初即锐意便民，不为自裕计度，当路者辄有青年志正，褒奖稍稍。扬历日久，于民多所建立，督采殿材，役至劳夥[⑱]，处之从容，每奏奇绩，其善政多可纪者。王安人佐之，有内助声。绍南继其后，乃益光骏[⑲]旧德，绍缵[⑳]往休，非南

---

① 鼎镬（huò）：鼎和镬，古代两种烹饪器。
② 镣釜（lǎo fǔ）：指用勺刮锅。釜：古代的一种锅。
③ 瓿（bù）：古代盛酒器。青铜或陶制，圆口、深腹、圈足。用以盛酒或水，盛行于商代。
④ 胾（zì）：切成大块的肉。
⑤ 涚（shuì）：揩擦。
⑥ 酪盏：装奶制品的容器。
⑦ 康觚（gū）：大酒杯。觚：酒杯。
⑧ 噎馁（yē něi）：吃不下。噎：食物塞住了嗓子。馁：本意是指饥饿，也指鱼腐烂变质。
⑨ 夹绣：指绣成的衣服物品。
⑩ 绮褕（yú）：美丽的衣服。绮：有文彩的丝织品。褕：指皇后礼服中的一种。
⑪ 大袑（shào）：也叫大绔、大裤，一种宽身紧口裤。穿时须上着衣，内穿短裤。汉时多为武者下裳。袑：指裤裆。
⑫ 绨鞲：指披肩一类的服装用品。
⑬ 袭衽（rèn）：整理衣襟。袭：衣物的全套；重衣，衣服上再加穿衣服。衽：衣襟，衣袖，袖口。
⑭ 褫（chǐ）：剥夺、脱去（衣服）。
⑮ 鸟革翚飞：成语，意思是如同鸟儿张开双翼，野鸡展翅飞翔一般。旧时形容宫室华丽。
⑯ 席暖：即成语“席不暇暖”的缩写。原指东奔西走，不得安居，后用来形容很忙，多坐一会儿的时间都没有。
⑰ 绥福：安好幸福。绥：安好。
⑱ 劳夥：很疲劳，指付出了很艰苦的劳动。夥：多。
⑲ 光骏：发扬光大。骏：本义为良马，好马。
⑳ 绍缵（zuǎn）：也作“缵绍”，指继承，承袭。绍：连续，继承。缵：继承。

江之所祗承[①]者弗事，非南江之所区画者弗行。以故士悦民戴[②]，四隅乡风，率所辖远迩僻陬[③]，罔不熙恬成俗。此其为孝，敦实崇本[④]，不以文物。

绍南有茂之、仰之二弟，兄克友厥弟，弟克恭厥兄[⑤]，闺阀[⑥]怡愉[⑦]，既翕且乐[⑧]。此其为孝，修身齐家[⑨]，笃近范远[⑩]。予所谓识其大也，和气所溢，将横四海、塞天地，不可佐辅圣天子纯孝治理哉？此可以迎恩承宠矣。

乃命左右书之于帛[⑪]以贺。

---

① 祗（zhī）承：敬奉。祗：敬，恭敬。承：在下面接受，托着。
② 士悦民戴：知识分子喜欢，老百姓爱戴。
③ 僻陬：荒远偏僻角落。
④ 敦实崇本：也作“敦本务实”，指崇尚根本，注重实际。
⑤ 兄克友厥弟，弟克恭厥兄：哥哥对弟弟友爱，弟弟对哥哥恭敬，形容兄弟间互爱互敬。克：能够。友：友爱。恭：恭敬。厥：乃，于是。
⑥ 闺阀：因婚姻关系而产生的亲属，包括配偶双方的家人。
⑦ 怡愉：喜悦；和悦。
⑧ 既翕（xī）且乐：欢欢乐乐地聚在一起。翕：聚集，聚合，和好。乐：欢乐。
⑨ 修身齐家：指修养自身，理好家政，是儒家的伦理政治用语。修身：指修养身心，简单地说，就是完善自己，行为有规范。齐家：指治家，管理家事，意思是使家族成员能够齐心协力、和睦相处。
⑩ 笃近范远：对关系近的人厚道，给关系远的人示范。笃：忠实，厚道。范：示范，榜样。
⑪ 帛：指丝织品。

# 大木丹砂辨[①]

[明] 万士英[②]

客问于予曰："铜虽僻壤，而天地清淑[③]，钟而为人，泄而为物，济济彬彬[④]，纷纷郁郁。人无暇论，试以物评，高山峻岭，生巨木焉，饱烟霞、饫雨露，干青霄、蔽白日。匠石者过而奇之，取以贡天府[⑤]、充梁栋，岂不诚美材[⑥]哉？况万山之阴[⑦]，产丹砂，如箭簇，可以供耳目之清玩，资仙家之服食，固刘安[⑧]之所需而葛洪所欲得者也。夫西蜀多巨材、勾漏[⑨]产丹砂，未有若铜之兼有者也。"

予曰："唯唯否否[⑩]，若子所言，是以耳食[⑪]而声吠者也。铜旧多山，山故有木，苗实据之，与民无预[⑫]也。况庚戌之役，各苗狼狈，潜伏崖壑，我兵追捕，无高不登，无远不入，始之斧斤，继之烈焰，其有存者，百不一二。况不通水路，山径崎岖，即拱把[⑬]之材，尚难转徙，矧[⑭]度以十寻[⑮]、絜以百围[⑯]者，能自致于水滨哉？人徒见嘉靖之末、万历之初，两经取木而

---

① 本文选自万历《铜仁府志》。万山为中国汞都，本文记述铜仁出产丹砂（汞）的历史情况。
② 万士英，铜仁人，万历二十六年进士，曾任河南开封府祥符县（今开封祥符区）知县。万历《铜仁府志》主撰。
③ 清淑：清和，清美，秀美。
④ 济济彬彬：形容人才盛多的样子。
⑤ 天府：指朝廷。
⑥ 美材：优良的木材。
⑦ 阴：本义是指山的北面，水的南面，这里泛指北面。
⑧ 刘安（前 179—前 122），淮南国寿春（今安徽寿县）人。刘安是西汉时期的淮南王，为汉高祖刘邦之孙，早年被封为阜陵候，后被封为淮南王，招募方士，著《淮南子》。
⑨ 勾漏：亦作"勾扇"，山名。在今广西北流县（今北流市）东北。
⑩ 唯唯否否：应对之词。虚与应付的态度，只应声而不作主张。
⑪ 耳食：常见于文言文，指不加省察，徒信传闻；也可作名词指传闻。
⑫ 无预：这里指与老百姓没有关联。
⑬ 拱把：指径围大如两手合围。
⑭ 矧（shěn）：文言连词。
⑮ 寻：古代长度单位，八尺叫一寻。
⑯ 百围：极言树干之粗，亦借指大树。

铜俱勉焉竣事，遂以木为铜产也。岂知上竭公帑[1]、下悉膏脂，转买川湖，以希结局。民剥肤[2]以应役，官茧足以骏奔[3]，上下俱疲，不但民亦劳止[4]而已。昔少司空方塘潘公、司空郎三河方公，洞瞩情实，具疏请蠲。今案牍具在，仁人君子倘翻阅而请行之，其有造于铜，奚直浮屠七级也！然此人犹易见也，至于丹砂，则又有不忍言者。穴石为坑，蛇形以入，远者十余里，近者数百步。槌凿烟焰，时有倾压之虞、熏灼之苦，商十九罄，百入一生，轻性命于鸿毛，得锱铢为至宝。然身未出峒而收买之使入门矣，砂未进宅而追呼[5]之胥叩户矣。获之甚艰，售之甚易，得不偿失，计不谋身。需者如求珠合浦，采者如捕蛇永州，以为甘。敲朴[6]之苦，犹甚流离，薄所售之值，得完租税耳！近者地利已竭，砂脉难寻，终岁经年，不获颗粒。真者既不可得，而伪者丛兴，守土有司，甚至以此获咎者。夫天地生财，以利民用，而今且为民疠。吾民方病郡之有此苦也，而吾子顾艳谭之。贡于上方，无当玉帛之用；藏之阛阓，只充玩好之供。吾子之计左而言失也，亦已甚矣！恐有道君子所不欲闻也。”

客矍然[7]起，谢曰：“郡城苦此二物，而不佞所闻诚谬也，敢不敬谢！”

---

① 公帑：公款。
② 剥肤：指灾祸已迫其身。
③ 骏奔：急速奔走。
④ 劳止：辛劳，劳苦。
⑤ 追呼：谓吏胥到门号叫催租，逼服徭役。
⑥ 敲朴：指鞭打的刑具，短曰敲，长曰扑，亦指敲打鞭笞。
⑦ 矍（jué）然：指惊惧，惊视，急遽。

# 延江水考[①]

［清］洪亮吉

《汉书•地理志》"牂牁郡[②]鳖县[③]"下，班固注云："不狼山，鳖水[④]所出。东入延，过郡二，行七百三十里"。《水经》注："延江水出犍为[⑤]南广县，东至牂牁鳖县，又东屈北流，至巴郡涪陵，注更始水。"郦道元注："温水、黚水[⑥]并出符县，俱南入鳖水。鳖水于其县而东注延江"。班氏所云鳖水过郡二者，盖牂牁、犍为。《水经》虽云延江水东至牂牁鳖县，然鳖水入延江水处，实如道元所云，在犍为郡符县地。盖延江水自鳖县东屈北流之后，鳖水始注之耳。

今考[⑦]乌江，一名黔江，源出威宁州东北山。东南流迳毕节县南，又东迳大定府南，又东迳黔西州南，又北折而东迳清镇县鸭池汛北，又东北迳修文县西北，又东北迳开州西，又东北迳乌江城南，又东南迳遵义府南境，又东南迳余庆县西北境，又东北迳石阡府西境、龙泉县南境，又东北至思南府西南境，又东北至府城东南，又北稍东迳印江县西北境，又北稍东至婺川县东北境，折西北流入四川酉阳州西南境，又北稍西至彭水县南境，又西迳武隆废县南，又北屈曲至涪州城东北铜柱滩入大江，亦曰涪陵江也。统而计之，其在安顺府普定县境[⑧]者曰三岔河（按：三岔河合以且海等入乌江。故自安

---

① 本文选自道光《思南府续志》卷十一。
② 牂牁（zāng kē）郡：汉武帝元鼎六年（前 111）开置牂牁郡，今大致在贵州内。辖且兰、鳖、平夷、毋敛、谈指、出丹、夜郎、同并、谈焗、漏江、毋单、宛温、镡封、漏卧、句町、进乘、西随等 17 县。
③ 鳖（bì）县：古县名，在今中国贵州省遵义市西。鳖：同鳖。
④ 鳖水（鳖水）：古河名，即今天的遵义市的洛安江，乌江的支流湘江的支流，流经鳖县。
⑤ 犍为：隶属四川省乐山市。
⑥ 温水、黚（qián）水：古河流名。温水即今天遵义的湄江，黚水即今天遵义市的湘江。
⑦ 考：考察，推究。
⑧ 原文无境字，据下文"清镇县境者"可知应有该字。

顺以下，乌江亦兼有三岔河之名）。清镇县境者曰的澄河（《明史·地理志》：的澄河即陆广河上流）。大定府[①]境者曰六归河。毕节县境[②]者曰七星水。黔西州境曰摆革河、鸭池河（与清镇县界）；陆广河、黄沙渡河（王三善传：别将都司线补衮[③]出黄沙渡）；至乌江城以下，始名乌江。至余庆县界名岩门江（《贵州土司传》：总兵杨愈懋等与贼战于江门而死，疑即岩门江也）。过思南府城曰思南河，又名德江。至彭水县以下曰黔江河，又总名涪陵水，亦谓之内江水（《太平寰宇记》：涪陵水一名内江水）。盖迳二省（受贵州、湖南两省水入四川）、八府、二十余州县，凡十数易其名而始入大江。考威宁州东北大山，已入四川屏山县境，距僰道县[④]不远。《元丰九域志》：戎州南溪郡治僰道其地界，东南至南广蛮一百八十里。知威宁州东北境，在汉为南广县地。至宋时已为苗蛮所占，故云南广蛮也。至大定、黔西、修文、开州、瓮安、余庆、石阡皆汉牂牁郡地。毕节、遵义又汉牂牁郡鳖县地。《水经》所云：延江水至牂牁鳖县又东屈北流是也（按：此水自西而东、而北，一一不爽[⑤]）。至思南、印江、婺川、彭水等县又汉武陵郡酉阳县地。《华阳国志》：枳县在江州巴郡，治涪陵水会，道元于江水下引庾仲雍所谓有别江出武陵者也。水乃延江之支津，分水北注，迳涪陵入江，故亦曰涪陵水也。延江水下名之曰小别江也，此又乌江为古延水之一显证也。至云至涪州城东北铜柱滩入大江。考今涪州，实属汉汉平县地。江水下，道元注云：江水又东迳汉平县二百余里，左自涪陵东出百余里，而届[⑥]于黄石东为桐注滩，桐注滩即铜柱滩，古今字异耳（道元注：即在延江水注江之下）。于是而乌江之为延江，益确然不可易。独怪延江大水，源流二千余里，而自唐以后（《元

① 大定府：即今贵州大方县。
② 境：编者所补。
③ 补衮（gǔn）：补救规谏帝王的过失，唐代对补阙的别称。
④ 僰道县：古县名，汉置，治所在今四川宜宾县西南安边镇。
⑤ 不爽：不差，没有差错。
⑥ 届：到。

和郡县志》：黔州西有延江水，一名涪陵江，自牂牁北，历播、费、思、黔等州，北注岷江。今考唐废播州，在今遵义府界；废费州在今思南府界，唐思州即今思南、思州二府境；唐黔州即今四川酉阳州及彭水县等地。与今乌江所过州县，历历不爽，足证唐以前尚无有以延江水为乌江者。又考宋时名此江为巴江。《太平寰宇记》：岭东有沅江水，岭西有巴江水，一名涪陵水是也。武隆县、婺川县下亦同）。为诸土俗名所混，竟无有能剖析之者。岂非以道路绝远，又大半为苗蛮所居，镜古者所不能入，今我国家承平百余年，上下游生苗奉化惟谨[①]，而余适以其时持节，得遍历十二府（惟铜仁府未至）州县。即水道之迂入苗寨中，不获亲履其地者，皆细询土人，得其曲折，证之《水经》《地志》等书无不吻合，宁非一快事哉。

水道提纲既不知乌江即延江。而黄宗羲今《水经》，田雯《黔书》又皆以乌江为即牂牁江，不知牂牁江乃南流至广西泗城府合为左右江者。里隔数千，源流迥别[②]，则又不足置辨[③]矣。

① 奉化惟谨：形容严格遵照命令行事，不敢稍有违背。
② 迥别：大不相同。
③ 置辩：反驳，辩解。

# 中和山记[①]

[清] 郭石渠[②]

中和山者，思城之主，顶而阖郡[③]人物之所由发祥者也。诗曰“惟岳降神，生甫及申”，斯山有焉。大岩之麓[④]，相距数百余步，突起峰峦，巍然秀拔，怪石嵯峨[⑤]，周于四隅，翠柏森森，与石俱古，一望崆峒[⑥]，郁郁葱葱，盖黔山之杰出，而思唐第一胜景也。登临其半，有古坊焉，高插云际，额曰“黔南名刹[⑦]”。由坊而上，茂林深树，曲径通幽，渐入佳境，粼粼[⑧]秀石，若象若狮，若龙若虎，若奔若立，若转若旋，殆难名状。中有巨者，方正平厚，屹如屏立，矫然不群，同野李公渭镌“中和”[⑨]二字于石上，而斯山之名于是乎千古维昭[⑩]焉。

虽然，李公之名此山也，岂无所以名之者？以中和之灵秀，钟盛世名儒，李公其最著者矣。创理学于黔中，启名教于千古，中和之发越[⑪]，孰大于斯？且申、田[⑫]诸公，大忠大孝，后先接踵，光于家乘，荣于国史，垂芳百世，

① 本文选自道光《思南府续志》。
② 郭石渠（1685—1755），字文渊，号介弢，思南府皇民场（今思南县邵家桥镇郭家坝）人。进士出身，历官监察御史，礼部、户部、刑部郎中。致仕后将其北京城樱桃斜街住宅捐赠贵州同乡会，为会试寓馆。
③ 阖（hé）郡：全府。阖：全，总共，是“合”的“异形字”。
④ 大岩之麓：大岩关的山麓。
⑤ 嵯峨（cuó é）：山势高峻的样子。
⑥ 崆峒（kōng tóng）：山高峻的样子。
⑦ 黔南名刹：贵州著名寺庙，明大学士吕大器所题。名刹：有名的佛寺。刹：梵语刹多罗的省称，指寺庙佛塔。
⑧ 粼粼：同“嶙嶙”，形容山石突兀。
⑨ 中和：中正平和，中庸之道的主要内涵。
⑩ 千古维昭：永远光明显耀。维：用于句中，帮助判断。
⑪ 发越：阐述，阐发。
⑫ 申、田：指申祐、田秋。

仪型[①]后学，班班[②]可考，非中和之降神，何以至此？他如人文蔚起[③]，科甲[④]蝉联，说礼敦诗[⑤]，风俗淳厚，是皆中正[⑥]之积厚，而和顺之流光，犹其小焉者也。

至若浮屠[⑦]菩提[⑧]，积翠[⑨]山巅，点缀烟霞[⑩]，亦复可玩。其阁，则有玉皇也，文昌也，观音也；其楼，则有藏经也，寿佛也，一乘[⑪]也，三元[⑫]也。更堪羡[⑬]者，前集一馆，虚敞轩豁，额曰“消夏胜景”，又曰“大中文会”。盖有明一代诸先达讲学论文咸萃于斯，以阐大中之理，发雍和[⑭]之蕴，不尤彰明[⑮]而较著者乎？况山间之四时，亦迴殊于人世，夏则凉风袭体而酷暑无闻，冬则暖气薰腾而严寒不入，惟中和之氤氲实鼓荡而无间，名实之孚信[⑯]有征焉。

呜呼！名山胜地，造之在天，培之在人，创始甚难，赖后之承。盛衰何常？今非昔比。馆阁萧条，楼坊倾圮[⑰]，流览兴怀，徒凭吊于高人达士，重新整旧，是所望于名公巨卿！

---

① 仪型：同“仪刑”，意思为做楷模，做典范。
② 班班：明显貌；显著貌。
③ 人文蔚起：文化蓬勃兴起。人文：指礼乐教化，泛指各种文化现象。蔚起：蓬勃兴起。
④ 科甲：科举，也指科举出身的人。汉唐取士设甲乙丙等科，后通称科举为“科甲”。
⑤ 说礼敦诗：也作“敦诗说礼”，指以温柔敦厚的精神和古礼的规定办事。
⑥ 中正：得当，不偏不倚。此处指正直；忠直。
⑦ 浮屠：佛塔。
⑧ 菩提：是梵文 Bodhi 的音译，意思是觉悟、智慧，用以指人忽如睡醒，豁然开悟，突入彻悟途径，顿悟真理，达到超凡脱俗的境界等。
⑨ 积翠：翠色重叠，形容草木繁茂。
⑩ 烟霞：烟雾和云霞，也指山水胜景。泛指山水、山林。
⑪ 一乘：佛教语，谓引导教化一切众生成佛的唯一方法或途径。乘：指车乘，比喻能载人到达涅槃境界。
⑫ 三元：三元是中国传统节日，上元节、中元节、下元节的合称。
⑬ 堪羡：值得羡慕。
⑭ 雍和：融洽，和睦。
⑮ 彰明：本意为昭示，引申为明显。
⑯ 孚信：信用，信誉。
⑰ 倾圮（pǐ）：意思是倒塌。

# 吏科杂录二则

[清] 冉隆基[1]

## 严禁私宰以杜盗源示[2]

为严禁私宰以杜盗源事。照得[3]司中人民及乡村场市，多有宰杀营生，每岁所伤牛只，不暇数百之多，而于冬秋两季更甚。本司目击心伤，不得不为尔等告诫之。夫牛者，上应列宿[4]，中祀山川，下开地利，其功于世者深；利于人者大，安忍杀为？乃更有不法之徒，营私罔利，伙贼分肥[5]，因而盗匪日炽[6]，估窃耕牛深藏地窖，已获者，勒银方赎；未获者，伙贼私宰。该尔等得利无多，致令百姓耕利两失，盗无可弥[7]，实属玩法[8]已极，罪不容诛。合行[9]出示严禁。

为此示谕居民人等知悉，嗣后[10]如再不悛[11]，一经查拿，并即追伊何贼，照例禁治，决不姑宽[12]。毋达特示。

---

① 冉隆基，清末思南府佑溪土司副官。
② 示：公文；告示。
③ 照得：查察而得。旧时下行公文和布告中常用。
④ 列宿：众星宿，特指二十八宿。
⑤ 分肥：指分取利益，多指分取不正当的利益。
⑥ 炽（chì）：本义指火旺，也指热烈旺盛。这里引申为凶猛，激烈，气焰高涨。
⑦ 弥：古同“弭”，平息，消灭。
⑧ 玩法：玩弄法律条款的行为，玩忽法令。
⑨ 合行：应当；应该施行。
⑩ 嗣后：以后。
⑪ 不悛：指坚持作恶，不肯悔改。
⑫ 姑宽：姑息宽恕。

## 盗斫风木霸挖祖冢禀[①]

为盗斫[②]风木[③]霸挖祖冢事。缘卑职远祖冉鼎臣不禄[④]，卜葬[⑤]祖山闵子溪。四维山土招佃龚姓十户耕种看守，每户每年干认膏粱一斗。蓄有柏树二十余株，内有九株约计一丈大小，以庇风水。卑职迭年祭扫，茂密无异。近因贼匪窃发，未得往拜。忽被地恶龚三童、龚辉榜、龚大旗、龚黄、水猫、黎世美等私将风木盗斫，图利转卖无存。至今卑职亲往朝坟，见其祖冢陷塌，柏树翻根，四路访查，始知被恶等斫挖。投凭邻右向伊等理论，估不赴理。切思祖宗坟墓庇荫无穹，遭此斫挖，阴阳两害。卑职目睹心伤，惄焉如捣[⑥]，事关重大，理合禀叩阁前俯赐电察[⑦]，严究存亡，戴德施行。为此具禀须呈禀者。

---

① 禀：指旧时下级向上级报告的一种文件，禀报、禀复、回禀。
② 斫（zhuó）：指用刀、斧等砍，斫伐。
③ 风木：比喻父母亡故，不及奉养。这里指蓄养庇佑风水的风水树。
④ 不禄：古称士死为“不禄”，意指不再享有俸禄。
⑤ 卜葬：古代埋葬死者，先占卜以择吉祥之葬日与葬地，称为卜葬。
⑥ 惄（nì）焉如捣：形容忧伤思念，痛苦难忍。
⑦ 电察：敬词，谓明察。

# 开设贤科以宏文教疏[①]

［明］田秋[②]

臣秋，原籍贵州思南府人。窃惟[③]国家取士，于两京十二省各设乡试科场，以抡选俊才，登之礼部，为之会试，然后进于大廷，命以官职，真得成周乡举里选之遗意。所以人才辈出，视古最盛，以此也。

惟贵州一省，远在西南，未曾设有乡试科场，止附云南布政司科举。盖因永乐年间初设布政司，制度草创，且以远方之民，文教未尽及也。迨今涵濡[④]列圣休明[⑤]之治教百五十余年，而亲承皇上维新之化又八年于兹，远方人才正如在山之木，得雨露之润，日有生长，固非昔日之比矣。臣愚以为开科盛举，正有待于今日也。

且以贵州至云南，相距且二千余里，如思南、永宁[⑥]等府、卫，至云南且有三四千里者，而盛夏难行，山路险峻，瘴毒侵淫，生儒赴试，其苦最极。中间有贫寒而无以为资者，有幼弱而不能徒行者，有不耐辛苦而返于中道者，至于中冒瘴毒而疾于途次者，往往有之。此皆臣亲见其苦，亲历其劳。今幸叨列侍从，乃得为陛下陈之。边方下邑之士，望天门于万里，扼腕叹息，欲言而不能言者亦多矣！

臣尝闻国初[⑦]两广亦共一科场，其后各设乡试，渐增解额[⑧]，至今人才

---

① 本文选自道光《思南府续志》卷九，乾隆《贵州通志》中题为《请开贵州乡科疏》。

② 田秋于嘉靖九年（1530）奏请在贵州开设乡试考场。嘉靖十六年（1537），贵州首次开科，人才由此而盛。

③ 窃惟：私下考虑，表示个人想法的谦词。惟：思考。

④ 涵濡：滋润；沉浸。

⑤ 休明：美好清明，用以赞美明君或盛世。

⑥ 永宁：永宁卫，今四川叙永县。

⑦ 国初：指明初。

⑧ 解额：考试后录取的名额。唐制，进士举于乡，给解状有一定名额，故称解额。

之盛埒[①]于中州。臣窃以为人性之善，得于天者，本无远近之殊；特变通鼓舞之机，由于人者，有先后耳。今设科之后，人益向学，他日云贵又安知不若两广之盛乎？议者曰：科之不开，病于钱粮之少。臣窃以为不然。盖贵州虽赴云南乡试，而举人坊牌[②]之费，贵州自办也；鹿鸣之宴[③]，贵州自备也。今所加者，不过三场供给试官聘礼耳。镇远、永宁等税课司，每岁不下数百两；思南府又有棉花税，若设一税课司，委一廉干府官监收之，每岁亦可得数百两。只此数项，足勾[④]其费。况求才大事，又可靳[⑤]于区区之小费乎？且历年抚按官亦屡有举奏，盖一方之至愿，上下之同情，其建置之地，区画之详，在彼必有定议，乞敕该部再加详议。

旧额：二省共取五十五名，云南三十四名，贵州二十一名。臣请开科之后，二省各于旧额之上量增数名，以风励远人，使知激劝，则远方幸甚。

---

① 埒：等同。
② 坊牌：牌坊和牌位。
③ 鹿鸣之宴：科举时代，乡试后，州县长官宴请得中举子，或放榜次日宴主考、执事人员及新举人，歌《诗·小雅·鹿鸣》，作魁星舞，故名鹿鸣宴。
④ 勾：勾除，勾销。
⑤ 靳：吝惜。

# 总兵官移镇铜仁疏略[①]

［明］刘大直、宿应麟[②]

贵州镇守总兵原为保障一省而设，先以承平[③]，沿驻省城，遥镇全省。近多苗患，移驻镇远，但铜仁边圉，实镇筸[④]诸夷出入之咽喉，思、石、辰、沅府卫要隘之门户。若镇压得人，铜仁有恃，则湖、贵要路无恐矣。

今虽有新代参将，然威信未著，事权稍轻，难系地方之轻重。且总兵官石邦宪[⑤]，威名久振，于镇平苗夷功业多著，于铜仁境土孤城倚重，不可一日无之。所据铜仁官属、士民，保留镇压地方三司等官会议前来，相应题请将邦宪常留铜仁镇守。若各府卫地方有警，暂令出巡抚剿，仍驻铜仁，防御诸苗。其参将到日，行令移驻思、石二府地方。或暂免添设，通候宁靖，另行议题，总兵复回省城，参将复设铜仁。庶处置得宜，缓急有赖。

总兵之驻铜仁，自石邦宪始，加提督麻阳等处地方职衔，节制镇筸参将，督调两省汉土官兵，湖广镇筸、九永二守备，常德、辰、沅、九、永、施州六卫，永顺、保靖二宣慰，施南、散毛等宣抚，五寨等长官，四川酉阳宣抚，平茶邑梅等长官，悉听节制。

---

① 本文选自万历《铜仁府志》。本文是明嘉靖年间，时任贵州巡抚刘大直、巡按宿应麟为加强朝廷对黔川渝边境民族地区的控制，申请将贵州总兵官移驻铜仁的报告。

② 刘大直，华阳人，嘉靖三十二年（1553）任贵州巡抚，万历《贵州通志・名宦》云："光明俊伟，有大节，具文武才。极力整顿百务，立保甲法，令民自相防范。规劝为善，以塞盗源。土人不知纺织，为颁式制具，延工师教之。他如清屯田，练士卒，省驿递。甫六月卒，士民至今思之。"

宿应麟，字季瑞，号槐庭，掖县人。嘉靖二十三年（1544）进士，官广东道监察御史。嘉靖三十一年（1552）巡按贵阳，勘处夷情等事。奏请设湖川贵总督一员，驻沅州，节制三省，后又奏请总兵官石邦宪移镇铜仁，倡修《贵阳府志》。累迁湖广按察副使，转陕西苑马寺卿。嘉靖四十五年（1566）十二月，被论回籍，愤而去职。

③ 承平：治平相承；太平。

④ 镇筸：地名。在今湖南省凤凰县，以附近有筸子溪而得名。

⑤ 石邦宪（1489—1568），字希尹，号南溪，又号南塘，贵州清平卫（今凯里市炉山镇）人，明代名将。嘉靖七年（1528），嗣世职为指挥使。后晋署都指挥佥事，充铜仁参将。嘉靖三十年（1551），俘苗民龙许保、吴黑苗等，晋署都督佥事，充总兵官，镇贵州。

# 请建考棚疏[1]

[清]贺长龄[2]

为士子隔属附考，艰于跋涉，恳恩俯准分棚，以便就近考试事。

窃据铜仁府属绅士等呈称：铜仁府、县自康熙初年，因应试人少，岁科两试，悉附镇远府合棚并考。嘉庆四年添设松桃厅学，文武童不下三千余人，及赴镇远考试，仅有其半。缘相隔太远，自三四百里至七八百里不等。应试之人，寒畯[3]居多。每因无力远行，致阻上进。请援照黎平府分棚之列，于铜仁设棚，松桃就近合考等情。由司道核议，详请具奏前来。

臣复查铜仁、松桃等处，向未设有考棚，所属生童俱赴镇远候考。道路遥隔，得信偶迟，辄至误考，早则又有守候之虞。寒士跋涉往返，资斧[4]不易，自须酌量变通。据该绅士等合词吁恳，臣察访舆情甚为殷切，合无仰恳圣恩俯准设棚，以顺士心。如蒙俞允，所有一切经费，现经该士民踊跃输将[5]，足敷办理，无须动帑[6]。除俟建办事竣，查明捐数姓名，另行奏请奖励外，理合会同协办大学士、云贵总督臣伊里布，贵州学政臣王庆云，恭折具奏，伏乞皇上圣鉴训示。谨奏。

道光十八年十二月初一日，奏奉旨依议。

① 本文选自光绪《铜仁府志》。考棚是明清举行科举考试的专用规范化应试考场。这是道光十八年（1838）十二月初一日贵州巡抚贺长龄向朝廷要求在铜仁府城单独设置考棚的请示，并很快得到批准。

② 贺长龄（1785—1848），字耦耕，晚年号耐庵，湖南善化（今长沙）人。清代贵州巡抚、云贵总督。任间整顿吏治，禁种、禁吸鸦片，劝民种棉、养蚕、织绸。先后在贵阳、铜仁、安顺、石阡等府创办书院，普定、八寨（丹寨）、郎岱（六枝）、松桃等厅县举办义学。

③ 寒畯：寒微。形容贫苦读书人的穷困、窘态。

④ 资斧：指旅费。

⑤ 输将：资助；捐献。

⑥ 帑：指藏金帛的府库。

# 宋敕赠少师思国公田祐恭墓志铭[①]

[宋] 于观[②]

故通侍大夫[③]、奉宁军承宣使[④]、知思州军州事、充夔州路兵马钤辖[⑤]兼珍州南平军沿边都巡检使，赠正任保康军承宣使，再赠开府仪同三司、少师、思国公，以绍兴二十四年秋七月九日[⑥]薨[⑦]。越十有七日，诸孤奉襄事葬公于婺川县归义乡西山之原，附祖茔也。时观备员[⑧]黔贰[⑨]，熟闻公之威名重望、仁恩厚泽，恨不及见，而公已殂[⑩]。未几，其子汝端以门人李庄述平昔所纪公之事实，属观求状[⑪]。观念公之勋业[⑫]众所著见，以才拙固辞[⑬]不获，敢重违其诚乎？谨按事实：

田氏，田妫姓[⑭]，世为京兆人。昔武王封舜之后于陈。春秋时，陈公子

① 本文选自嘉靖《思南府志》卷一。文章介绍了在贵州发展历史上有重要作用的思州土司创建、发展情况，是研究贵州土司历史的一篇重要文献。由两部分组成，前面的事迹正文由重庆知府于观撰写。田祐恭墓位于务川县归义乡西山。

② 于观，宋人，朝请郎、知重庆府、行夔州路提刑提举、事黔州别驾。

③ 通侍大夫：宋阶官名。宋徽宗政和中，定武臣官阶五十三阶，第二阶为通侍大夫，以代旧官内客省使。秩正五品。

④ 承宣使：官名。宋初沿唐制，置节度观察留后，无定员，无职守，虽冠有军名而不赴任，仅为武臣加官虚衔。宋政和七年（1117）改称承宣使。

⑤ 兵马钤辖：宋代武官名，为临时委任的统兵官，掌军旅戍屯、防御之事。后渐变为固定差遣，掌一路或一州的军务和治安。多以知州充任。北宋末年以至南宋，多成虚衔或闲职。

⑥ 七月九日：此处说病故于七月，与后文“九月之忌辰”相矛盾。

⑦ 薨（hōng）：死的别称。自周代始，人之死亡，有尊卑之分，“薨”以称诸侯之死。

⑧ 备员：充数；凑数。用作任职或任事的自谦词。

⑨ 贰：贰官。即副职官员。

⑩ 殂（cú）：死亡。

⑪ 状：指叙述人物生平行事的文字。这里代指墓志铭。

⑫ 勋业：功业。

⑬ 固辞：坚决地推辞。古礼称再辞为“固辞”。

⑭ 妫（guī）姓：上古时期原始姓氏之一，部落因居于山西永济的妫水旁而姓妫。妫姓为田姓渊源之一。

完如齐子孙大食采[①]于田而命氏。厥后，将有穰苴[②]，相有千秋[③]，皆显名于时。唐有天下，始祖克昌，方陟巴峡，绝志宦游，从事商贾，侨寄日久，遂卜筑于思州，安土占籍[④]民于南鄙。历数世，安定思义[⑤]，能以恩威结服夷民，朝廷嘉之，就掌一方事，为大首领，即唐永隆[⑥]年也。所著钟铭[⑦]，于今犹存。宋隆兴[⑧]，以忠武效能著，代不乏人。曾祖考正元以武勇闻迩知畏。庆历八年秋七月，收溱南叛寇王贵千、传鲁等。祖考士□言动公正，表仪[⑨]边俗[⑩]。考定基勇而有谋，授义军兵马使。熙宁[⑪]间，被命 [ 平 ] 广源之乱。元丰[⑫]初，讨泸南叛寇。奏公之文有曰："思之义兵，聚如云，散如鸦，用偏架之弩[⑬]，射无不中，中无不死。"上曰："神兵无以加也。"累功，加都指挥使，赠武略郎。

公讳祐恭，字子礼。威名有素。未受命间，闻靖州失警，以急来告，乃父当行，阻疾[⑭]，弗克进。公曰："谚有之，养子所以防老也。吾引辞难乎？代父而往，死无悔矣！"元符二年，以善干蛊[⑮]授教练使。政和二年，黄阳

---

① 食采：亦作"食菜"，享用封邑的租赋。意指将某地作为封地分封给某人，封地的封主即享有封地的税收、徭役。《汉书 • 地理志下》："周宣王弟友，为周司徒，食采於宗周畿内，是为郑。"
② 穰苴（ráng jū）：指田穰苴。田穰苴，生卒年不详，春秋末期齐国人，著名军事家、军事理论家。
③ 千秋：指田千秋。田千秋（？—前 77），汉武帝时任丞相，封富民侯。
④ 占籍：上报户口，入籍定居。宋梅尧臣《送韩钦圣学士京西提刑》诗："昔在汉家时，近亲多占籍。"
⑤ 思义：想着道义。《左传 • 昭公十年》："凡有血气，皆有争心，故利不可强，思义为愈。"
⑥ 永隆：唐高宗李治的年号，680 年农历八月至 681 年农历九月，共计 1 年余。
⑦ 钟铭：钟上的铭文。清纪昀《阅微草堂笔记 • 滦阳续录三》："军士凿井，得一镜，制作精妙，铭字非隶非八分，似景龙钟铭。"
⑧ 隆兴：南宋皇帝宋孝宗的第一个年号，1163 年至 1164 年，共计 2 年。
⑨ 表仪：法度。
⑩ 边俗：边地民众。
⑪ 熙宁：宋神宗赵顼的一个年号，1068 年至 1077 年，共计 10 年。
⑫ 元丰：宋神宗赵顼的一个年号，1078 年至 1085 年，共计 8 年。
⑬ 偏架之弩：弩是古代的一种冷兵器，偏架弩是宋代的一种弩。
⑭ 阻疾：久病，被疾病所困。
⑮ 干蛊：典故名，指"干父之蛊"，亦作"干蛊"。谓儿子能继承父志，完成父亲未竟之业。后也指干练有才能。

洞酋首冉万花四族不轨，侵犯黔州，残民掠物，大为边害。郡将陈括知公之雄，乃召委其事。公既承命，躬领家僮，自备糗粮[1]，收冉万花，俘杨文胜、冉万尞、万朝、路洗王等归至郡城，戮于藁街。朝廷褒其志勇，特授成忠郎，充思州边面巡检。五年，统义兵策应泸南，解梅岭堡之围，以功转忠训郎。继而讨晏州贼，以功转武翼郎。六年，干理播州边，转武节郎[2]。七年，安定播州，遏绝杨维聪之暴，以功转武翼大夫，加荣州刺史。八年，救石泉军，至白沙寨，战退戎兵，以功迁武节大夫。凯还，被召赴阙，迁武德大夫[3]。重和元年，建筑思州有劳，迁武功大夫。宣和元年，授泸州兵马钤辖。再承诏朝参，加忠州团练使[4]，赐金带器币等物，宠赉[5]优隆。朝辞，加贵州防御使，差充成都府路兵马都监，同管两路巡检，刺州住扎，以母老乞免，再充思州边面巡检。建炎二年，兼知务川县事。公化郡未宁，知兵不可戢，且遇时乏军储，以万缗[6]献助，朝廷以为有忧国之心，升右武大夫。王辟寇归州，图入蜀，哨聚者众，其锋甚锐。公统兵收王辟，复收郡邑，蜀赖以安。绍兴元年，覃恩[7]迁中亮大夫，再赐金带、金币。已而，桑仲、郭希叛于兴山，图蜀与王辟同，而军势倍之。公复统兵击破，迁正侍大夫，以功转五官。绍兴二年，以保蜀劳绩，加华州观察使。三年，金人侵犯梁洋，四川宣抚处置使张浚会集诸路将帅御之，公被檄[8]行，无逗遛。既至，金人望风退走，赏军器、鞍马等物，迁通侍大夫、知思州军州事。七年，朝廷以公

---

① 糗粮：干粮。
② 武节郎：宋阶官名。徽宗政和中，定武臣官阶五十三阶，第三十八阶为武节郎，秩从七品。
③ 武德大夫：宋阶官名。徽宗政和中，定武臣官阶五十三阶，第二十八阶为武德大夫，秩正七品。
④ 团练使：唐代中期以后，于不设节度使之地区置团练使，掌本地区各州军事，军训壮丁，担当乡土防御。宋代为武将虚衔，无职掌，无定员，不驻本州，为武官寄禄之用，秩从五品。
⑤ 宠赉（lài）：指帝王的赏赐。
⑥ 缗：量词。古代通常以一千文为一缗。
⑦ 覃恩：广施恩泽。旧时多用以称帝王对臣民的封赏、赦免等。宋秦观《鲜于子骏行状》：“覃恩迁都官员外郎，通判保安军。”
⑧ 檄：用檄文征召、晓喻。檄文是古官府用以征召、晓喻、声讨的文书。

抚循[①]夷民，备见勋劳，赐玺书、金带。明年，以母忧[②]解官。又明年，被命起复，仍领州事。十一年，以累大功，加边郡承宣使，又迁奉宁军承宣使。二十四年，以疾薨于正寝，赠正任保康军承宣使，赠七子恩泽，乃命子汝端袭守。后以两郊大礼[③]，恩赠开府仪同三司、少师、思国公。

初，公之生，明满于室。后数月，考妣[④]笃于农桑，襁负[⑤]而行，遇一老父，视之诧曰："此儿骨气不凡，必兴家门，勿轻易之。"俄而不见老父之何适。及长，禀赋殊特，才气过人，行己纯朴，发言简当，处众以宽，待下以仁，事君以忠义，治郡以公勤，廉谨[⑥]律身，机变临事，不学而动，合古人之作。公用兵既久，奇功浸多，朋友问所能，答曰："吾素不读兵书，夫复何所能，但于戎马间。"闻达者论曰："谋定后战，勇冠三军。每深效之，是以取胜。"且泸南叛寇之役也，卜漏[⑦]负固[⑧]据险，以老[⑨]我师。大将赵遹[⑩]问计于公："何日可破？"公曰："不逾[⑪]翌日，但迟明盛疑兵为攻屯之势，无察吾行，一举而胜。"遹喜曰："此乃密机，诸人莫及矣！"公领锐兵自绝径徙峻崖，军不盈伍，扪萝[⑫]攀木，丙夜[⑬]登。达旦，疑兵鼓噪，公破屯焚栅，出贼意外。卜漏无敢动，至有从天上来之语。遂一举而胜，果如前约。议者以比李愬夜至垂瓠城擒吴元济，比公之有谋者也。吴山之役，郭希众已

---

① 抚循：安抚存恤。
② 母忧：遭逢母亲丧事。旧制，父母死后，子女要守丧，三年内不做官，不婚娶，不赴宴，不应考。
③ 两郊大礼：宋有"三岁一亲郊制度"，其"郊"指祭天大礼，包括南郊大礼、祈谷大礼、明堂大礼。每遇大礼，皆有封赠，惠及甚广。
④ 考妣：父母的别称。
⑤ 襁负：用肩背驮。
⑥ 廉谨：廉洁谨慎。
⑦ 卜漏（？－1116），宋代泸州长宁（今属四川）多罔部少数民族起义首领。
⑧ 负固：依恃险阻。
⑨ 老：疲惫；困乏。
⑩ 赵遹，开封人。政和五年（1115），晏州夷酋卜漏反，陷梅岭堡，遹受命招讨，大破晏州夷酋卜漏。赐上舍出身，拜兵部尚书。终谗者言其以军功欺瞒皇上，遂放之。
⑪ 逾：超过。
⑫ 扪萝：攀援葛藤。
⑬ 丙夜：三更时候，为晚上十一时至翌日凌晨一时。

至油口，大师张上行速欲收讨，召公至夔，促其行。师曰："希众之帜，不可捷图，公将如之何？"公曰："不旬间，当以捷闻。"遂伏兵舳舻[①]，冒涨而下，终抵油口。望见贼势甚众，遂命其子汝端率兵遵陆[②]，截其要冲，诱之以战。公乃移舟石门，迎其来道。贼觉，众自溃乱，反覆受击，俘馘[③]不可胜数，其后投崖入水，又不知几何。追及归州，贼以隔水难济，略不为备。公结筏夜渡，复捣其营。比及[④]贼平，不逾十日。议者以比李靖乘水传垒擒萧铣，此公之有勇也。

方北兵深入，盗掳中原，公痛愤之，必期扫荡妖氛，肃静[⑤]夷夏[⑥]，乃叠上表章，愿欲自效。会朝有和议，弗所志。公太息曰："吾能知不获施[⑦]，虏之幸矣！"公慨然于施惠，专勤于向善。凡宾客踵门，亲戚来归，以寒苦告者，赠以衣帛；以饥歉告者，赠以菽粟；以贫乏告者，赠以货财，殊无吝色。伏中闻饥，遽命开仓，以济贫乏宿者。乡民多有借贷，其契券命火焚之无留。且曰："吾岂可重利轻身，以此遗忧于人。"其施惠类如此。名山胜地，琳宫梵宇，或舍良田，或立浮屠，或铸洪钟，或建宝藏，一功一德，祈求之意，即非觊觎私门之福，皆以祝君王之万寿，其向善类如此。

方无事，会堡寨僚属，置酒为欢，即席言曰："吾与诸君，皆以武弁[⑧]进身，比肩岁久，吾当以髦[⑨]辞职。诸君方壮年，各宜协心，捍卫边徼[⑩]，不容有二，勉之哉！"及疾，召子孙立于前，诫曰："吾自入仕，仅五十年，历事三朝，治郡九域，建功立业，始终如一。今爵高禄厚，无愧无怍。尔等

---

① 舳舻（zhú lú）：船头和船尾的并称，多泛指前后首尾相接的船。
② 遵陆：沿着陆路；走陆路。
③ 俘馘：俘获斩杀。
④ 比及：及至，等到。
⑤ 肃静：肃清；使安定。
⑥ 夷夏：夷狄与华夏的并称，古代常以指中国境内的各族人民。
⑦ 施：施行，施展。
⑧ 武弁：武官。
⑨ 髦（máo）：通"耄"，年老。
⑩ 边徼：边境。唐李峤《城》诗："何辞一万里，边徼捍匈奴。"

子孙，当效祖考，勤修乃职，惟忠惟孝，惟仁惟义，惟惠惟养，谨守边方，安集居民，匪懈匪怠，勿违！吾其阴相[①]尔也。”子孙潸然奉教训，公乃瞑目，享年八十。公娶邓氏，累封恭人，赠溱国夫人。子五人，孙十二人，曾孙十三人。以绍兴二十四年冬葬公于归义乡祖茔之侧。

公亡未逾岁，郡效[②]林峦之间，旗帜隐显，有出伍之状。一日，溪夷相犯，闻公引军压境，遂更相慑服，民从以安，乃为祠堂于水东梵宇，以备瞻仰。旱潦[③]祈祷，常获昭应。九月之忌辰，远近生熟夷僚，溪洞境上居民，不约而会，皆共携香纸，结为一社，诣公祠前，稽颡[④]奏献，各祈保佑而去。

初，公之未亡也，夷栅种族，或相仇杀。其寨首领，谕以祸福，凌以军旅，终莫能折服其心。惟示公之文押，则皆惊曰：“吾父知也。”遂不敢动，其威瞻夷狄如此。呜呼！公之为人，生为夷民信服，死为夷民钦畏，可谓安边之良将也。观谨依事实叙之，以俟大手笔铭焉。

绍兴二十六年冬月吉日于观撰。

附铭文：

维[⑤]思为州　实古黔中　田氏世领　肇唐永隆[⑥]

有闻家声　刻铭在钟　传逮[⑦]正允　当宋熙丰

夷乱剪寇　庸亢厥宗　云聚鸦散　军虓[⑧]臣雄

庆流三世　生少师公　子礼其字　讳曰祐恭

孝不辞难　代父匪躬　冉万四族　跳梁蛸蛉

---

① 相：辅助；佑助。
② 效：显示，呈现。
③ 旱潦：久未降雨雨水过多两种天灾。
④ 稽颡（sǎng）：古代一种跪拜礼，屈膝下拜，以额触地，表示极度的虔诚。
⑤ 维：助词，用于句首或句中。
⑥ 永隆：唐高宗李治的年号，680 年 8 月至 681 年 9 月，共计 1 年余。后因避讳唐玄宗李隆基的名字，唐人多称永崇。
⑦ 逮：及；及至
⑧ 虓（xiāo）：勇猛；凶猛。

戮于藁街　资公折冲[①]　解卜漏围　晏州讨凶
安宁播城　遏绝维聪　乡国连筑　白沙退戎
击走郭希　挫桑仲锋　不一其书　韪哉骏功
再朝阙廷　晋接春容　锡赐承宣　赠开仪同
踵冠三少[②]　剖符[③]腰金[④]　治郡国域　禄厚爵穷
策勋立业　无愧始终　少师之生　勇气贯虹
死而不泯　神民与通　旗帜显隐　悦犹公逢
溪夷震詟[⑤]　风静四封　何以致之　曰惟一忠
咨以[⑥]云来[⑦]　无忝[⑧]乃翁　监此诗铭　永永无穷
（于观正文之后的附铭赋由姓安的少保撰写）

---

① 折冲：使敌方的战车折返，意谓抵御、击退敌人。
② 三少：宋政和间三孤也称三少，即少师、少傅、少保。
③ 剖符：古代帝王分封诸侯、功臣时，以竹符为信证，剖分为二，君臣各执其一，后因以“剖符”“剖竹”为分封、授官之称。
④ 腰金：古代朝官的腰带，品级镶以不同的金饰，品级高者亦以纯金制成。
⑤ 詟（zhé）：震慑。
⑥ 咨尔：用于句首，表示赞叹或祈使。
⑦ 云来：云孙、来孙的并称，泛指后代。宋苏轼《坤成节功德疏文》之七：“坐俟云来之养，受禄无疆；屡观甲子之周，与民同乐。”
⑧ 无忝：不玷辱，不羞愧。唐韩愈《顺宗实录一》：“尔惟奉若天道，以康四海……无忝我高祖、太宗之休命。”

# 修思南府学碑记[1]

[明] 李渭

思南学[2]为宣慰氏[3]旧居。先师庙乃旧居，堂皇两杏树，干霄蔽两阶，宣慰氏所植，传者近三百年云，若为今杏坛树者。树不易果，果惟比士，岁登等数视果数，树亦奇矣！

弘治前，庙庑规制不称。正德辛巳，郡守李公文敏拓之，日久就圮。逮隆庆辛未，郡守育庵田公关白大吏，出资算[4]，撤朽新焉。起敝栋，葺垂榱，华榱藻干，累墁易瓦，自庙庑、亭堂、门阶、台墉，皆祓旧增丽美。博士[5]宅先在明伦堂[6]左，正德间迁于堂右，挠不可居，还于左。至于藏修、甲乙舍皆堕地矣，即旧址复之。工有绪，将进诸学士缀习其间，置经史若干，费约而劳勚则多矣。闾里民毫无喧也。

壬申，渭自粤入都，过舍省封树[7]。育庵田公，洎司理松滋伍公，晋诸誉髦[8]真武观中，论孔子之学。育庵曰："孔学，学仁也。"是日，阳和清穆，云行鸟飞，天地生生，大德洪畅两间[9]。在坐者，长幼循序，答问取次，诵书歌诗，肃肃雍雍。渭曰："即此，仁何以加诸？育庵省里甲、氓隶、调庸，奖孝弟力田者，导不谊以教化，措法比不用。即此，仁何以加诸？"

---

① 本文选自郭子章《黔记·学校志》，道光《思南府续志》所录有异文。碑立于万历七年（1579）。
② 思南学：指思南府儒学。
③ 宣慰氏：指思南宣慰司长官。思南宣慰司元末由思州宣慰司分出，明初田仁智授思南宣慰使职，永乐十一年（1413），改设四府。
④ 资算：指汉代为官时应具备的资财数。此指官员自己的资财。
⑤ 博士：古代学官名。
⑥ 明伦堂：旧时各地孔庙的大殿称明伦堂，即由此而来。《孟子·滕文公上》："夏曰校，殷曰序，周曰庠，学则三代共之，皆所以明人伦也。"
⑦ 封树：堆土为坟，植树为饰。古代士以上的葬礼。此指祖先坟茔。
⑧ 誉髦：《诗·大雅·思齐》有"古之人无斁，誉髦斯士。"誉髦斯士，谓选拔英杰之士。后因以"誉髦"指有名望的英杰之士。
⑨ 两间：谓天地之间，指人间。

命渭撰《学记》，且欲得一二语，明孔仁以励诸誉髦。今九载，尚虚然诺也。

万历戊寅，郡守王公昆源以名侍御来思南，继修之；司理王公逢吾、屈公心寰，先后共成之。修文昌宫，培学之左山；修棂星门①，俨学之具瞻。敬一亭乃批剥圮矣，新其椽墉。名宦，旧合祀于乡贤祠，奠祝杂施也，分祠祀之。且命场师植翠柏、芳桂数百章。育庵之所未为者益备矣。其教胶序，给膏楮，视士比偶文，皆罔忤心，乃授轨义，俾由哀还雅。己卯，占解额即倍往岁，兴学爱士汲汲然，渭不得指拾也。

感今忆往，记之曰：

孔子学，学仁也。尧、舜、禹、周，莫不以此生人。孔子绍述②之，授于三千朋徒。非惟三千朋徒娴其谊指，即显者邦君、卿大夫，隐者接舆、荷蒉，以至难与言如互乡愚幼，如阙党小子，罔不鳃鳃③引诱，欲人人共立而共达焉。用是，皇皇于齐、卫、陈、蔡、宋、楚之邦，席不暇暖，辙不得辍。其心何为心耶？孔子四方千古之心，与盖载大德，并之无二已。

今委蛇胶序间，读孔子遗书，展帙逐墨，并心而赴时，父、师见其诵读勤劬、不少悖谬，师可之，父兄以至朋戚皆称可，不以为非，彼亦怡然自许也。其可而许也，果孔子所谓仁者乎？长献于有司，信牒染楮不可穷以辞。有司见其不可穷以辞，而其词不忤于众，故有司可之。党里四方人士皆称可，不以为非。彼亦泰然自满也。其可而满也，果孔子所谓仁者乎？

果为仁，即日展帙，日逐墨，日日学孔也否？则道越而欲面冥山，吾见其日背冥已。比就除目④，得莅苍赤⑤，措注宰割，与往岁习于父师、献

---

① 棂星门：旧时学宫孔庙的外门。原名灵星门，灵星即天田星。汉高祖命祭天先祀灵星，至宋仁宗天圣六年，筑郊台外垣，置灵星门，象天之体，旋又移用于孔庙，盖以尊天者尊圣。后人以汉祀灵星祈谷，与孔庙无涉，又见门形如窗棂，遂改为棂星门。
② 绍述：承继前人所为。
③ 鳃鳃：恐惧貌。
④ 除目：除授官吏的文书。
⑤ 苍赤：指百姓。

于有司者证，合否耶？其不视往所为如故楮[①]、弁髦[②]，鲜矣！宦足而身退，宫室隆矣，妻妾容与备矣。问其向所谓诵读者，十不能记其二三也，若夜寐喭呓[③]中事矣。

己不用，又使其子弟为之。子弟能趾其所怡然、泰然者，闾里之人靡不哆哆而声称。有以孔子所生人者，喁喁款语，即相顾逡巡辟易，莫敢或承，甚有疾视谯谔以为远。且迂国家造士，顾欲得若人已哉！

昔两杏树，今柏桂初植，培以沃土，灌以甘泽，深其根柢，以猥大其枝柯。既深，惟不害其长，不得动揠而增设焉。

孔子之仁，即树根柢也。养士于胶序也，厚其饩廪[④]，纵其游习，土沃而泽甘，欲其拔地千丈，不称良于崇朝者也。以孔子遗书、比偶为文词，是枝叶耳。国家课士以枝叶，因以观士中藏，非教人逐逐外骛也。至于挟无当空言，猎荣邀利，斧斤伐之，羊牛牧之，且又濯濯槁矣。

吾郡士彦，迩共渭明孔学于川上学舍[⑤]，躬庸德[⑥]之行，笃信底理，彬彬然近仁，岂若是弥弥下哉？

育庵田公讳稔，山东高唐人。昆源王公讳琢玉，莘县人。逢吾王公讳奇嗣，蜀之蓬州人。心寰屈公讳群言，粤之番禺人。

---

① 故楮：故纸。指旧书。
② 弁髦：弁，黑色布帽；髦，童子眉际垂发。古代男子行冠礼，先加缁布冠，次加皮弁，后加爵弁，三加后，即弃缁布冠不用，并剃去垂髦，理发为髻。因以“弁髦”喻弃置无用之物。
③ 喭呓：说梦话。
④ 饩廪：指科举时代由公家发给在学生员的膳食津贴。
⑤ 川上学舍：李渭讲学之地。即他在思南府城北中和山观音阁点易洞所设中和书院。
⑥ 庸德：常德，一般的道德规范。

# 移修铜江书院记[①]

［清］徐如澍

郡城在前明设有总兵官，后经裁撤，署遂废。乾隆三十五年，署郡篆陶公详准，即其地建书院，是为铜江书院。乾隆六十年乙卯，苗匪滋扰，事既平，疆臣复奏请添设武备，饬[②]以书院，仍归铜仁协。时县令朱辅臣先生难之。将禀请另建协署，而郡之列名痒序[③]者，乃有以为归之便。也遂卜迁下南门古铜佛寺前，其地在山之半，附近绝无居民。不惟苦于登陟[④]，即日用盐蔬薪炭，购备维艰，一勺之水，亦求之不易。时复穿窬[⑤]往来，夜卧不能安枕，失窃尝屡屡，肄业诸生，谓其不便。即来者去，未来欲来者胥[⑥]裹足不前。虽有讲堂学舍，惟鸟语花香，烟云栖息而已。郡候陈春宇先生，邑侯文小园先生，每接见绅士，辄以为言。兹得殷家凸荒土一幅，在江宗门右。亦山林亦城市，面正人峰，峰恰在辛未天乙贵人[⑦]之方，小江水潆洄湾抱。堪舆家[⑧]谓置书院为最宜。有地之家欣然出售。

六月六日卯时开工矣，开工后，支用正复浩繁，兹仅得片土，不啻[⑨]九仞之一篑，乌足恃？且铜仁自乙卯用兵以来，连遭荒旱，至去年壬午，闾左之细民始得饱餐。然元气未复也，劝输之说，谈何容易？现在府学宫大成殿大成门工尚未竣。去年为修学宫，置劝输簿二十几分，因乡多贫瘠，未经劝

① 本文选自道光《铜仁府志》。
② 饬：整顿。
③ 痒（xiáng）序：指古时学校，也可引申为“学者”。
④ 登陟：登上。
⑤ 穿窬（yú）：指强盗、小偷。
⑥ 胥：文言副词，皆、都。
⑦ 天乙贵人：在古代，天乙贵人通常是皇室贵族和达官显贵的专属命理学指引。许多人会通过命理学的手段来确定自己的天乙贵人位置，以利用这个位置带来的好运和机遇。
⑧ 堪舆家：古时为占候卜筮者之一种。后专称以相地看风水为职业者，俗称“风水先生”。
⑨ 不啻（chì）：不仅，何止。

到者十犹六七，即已劝之乡，其人自书乐输若干敫，而至今，并未交纳者又十犹六七。地方盖藏，大概可知。非尽关出手之太啬也。今复议及书院，直无米之炊矣。乃任其事者，势不可复遏，夫岂徒哉？事之成不成，亦惟任之者积诚何如耳？

今议移修书院，工既非细，而无推诿观望之私。众以为难，而无畏葸[①]游移之见，不可谓不诚矣。山川有灵，其默相之，计日落成，我当拭目以竢。后之肄业于斯者，尚其专一乃心，下学而上达，以无负今兹之一片苦心也。诚则成，吾于今日移修书院之诸君子验之；诚则成，吾更为将来肄业书院之诸君子勉之也。

道光三年六月，宝研山房记。

---

① 畏葸（xǐ）：畏怯，害怕。葸：胆怯。

# 印江尹公祠碑记[1]

[清]杜昌堉[2]

尝谓经学所以明道，道学所以体道，孔门博约善诱，或从知入，或从行入，及其成功，一也。豪杰之士，虽无文王犹兴，而天荒[3]未破之，志学为难；而榛狉[4]杂处之，特立独行为尤难。

余署印篆[5]之明年夏，索《郡志》，得读李公讳渭传，乃憬然[6]曰："士君子特患不自立耳，何风教固殊之足囿哉！"李公，字湜之，号同野，思南人。思南即古牂牁也。明嘉靖举于乡，历任云南左参政，居家孝友，无间言，四礼表俗，以求仁为宗，毋意[7]为的。其交际也，一介必严；其弭盗也，不欲自责。从楚侗先生游，示以语曰："近道之资、载道之器、求道之志、见道之眼、体道之基、任道之力、宏道之量、达道之才，缺一不可。"对曰："独愧见道眼未醒耳。"遂锲"必为圣人"四字。著有《先行录》《大儒治规》。呜呼！是非仁以行之，敦善行而不怠者耶？何其与尹公先后数百年间同崛起于一郡耶？南明僻处天末，经学昉于东汉，自道真始，道学肇于胜朝[8]，自同野始，不宜祔祠[9]以发我同人昕夕[10]景仰志耶？前总宪萧重望有先生思郡特祀记，兹又祔祠于印江书院者，世既未远，居如此近，孝弟务本之心，当更油然而兴起矣。倘于熙朝[11]作人雅化，或亦稍有裨益于万一乎？余

---

① 本文选自道光《思南府续志》。
② 杜昌堉，山东人，举人，清嘉庆二十四年（1819）任印江知县。
③ 天荒：科考未出过及第人才，谓之"天荒"。
④ 榛狉：指文化未开的原始景象。
⑤ 署印篆：代理印江知县。署篆，指署印。因官印皆刻篆文，故名。
⑥ 憬然：觉悟貌。
⑦ 毋意：不主观臆断。
⑧ 胜朝：指已灭亡的前一朝代。
⑨ 祔祠：泛指配享、附祭。
⑩ 昕夕：朝暮，谓终日。
⑪ 熙朝：兴盛的朝代。

分[①]不能饬行[②]，时又难俟详覆[③]，因倡同志，申私淑鄙忱云尔。是为记。

① 分：意料，料想。
② 饬行：下令执行。饬：旧时指上级对下属的一种公文。
③ 详覆：上详回复。

# 王总爷功德碑

特授松桃协左营一天门汛总司厅尽[①]先补用守府王总爷上奎星[②]德政碑。

王汛主者，铜江儒雅士也。幼承家训，长荷国恩。诗书暂弃，效班超之投笔[③]；谋略乍展，法宗悫[④]之请缨。自铜调松，驻潮防乌，均有遗泽。于辛巳（1881）夏履任我境，惟时余孽漏网，小丑跳梁，严饬兵练，昼夜搜捕，境宇奠安，士农复业。暇则教以礼义，劝民勤耕。应奉古今之勤者、堕者、善者、恶者以相教戒，使民等知所劝而知所惩。我境受其德泽者至优且渥矣。继则编联保甲，清查盗源，劝种桑茶，厚民衣[⑤]食，修整道路、桥梁，以便[⑥]之行。禁止毒鱼网鸟，以积民福。施药调治家庶，进荐被害孤魂。凡遇民情词讼，谆谆诚恳[⑦]，以至十余年民无雀鼠[⑧]之争，百余里顿有二南之化[⑨]。愚昧者多方教诲，良善者多方护持。见民饥也，报鹤俸以济之；见民贫者，培风水以挽之。一回如严父，一回如慈姬。真乃寒心为政，非沽民者可比。授钱饮马，洁己而两袖清风；施泽忧民，惠我如三冬温日。文武兼备，欲谷为三军主帅，恩威并用；温公乃万家生佛。前颂恩泽于牌伞，今铭[⑩]德政于石柱。言未修饰，事属确切，非咸云序，聊[⑪]记其略。

光绪十七年（1891）岁次辛卯季春月中浣林昔江绅耆军民等同立。

---

① 原文“仅”，今据义改为“尽”。
② 总爷本名王奎星，后加“上”字，是出于尊重。另有的碑文记录为“王上奎”错矣。
③ 原文“报毕”，是“投笔”之误，予以正之。
④ 原文“懿”字，属“悫”字之误，正之。
⑤ 原文“大食”，为“衣食”之误。
⑥ 原文“使”字，错，正之。
⑦ 原文“息”，乃“恳”之误。
⑧ 原文“雀例之争”，错，正之。
⑨ 原碑文看不清楚，一些记录为空，实为“二南之化”，即《周南》《召南》之化，意即此地风俗渐被中原王化。
⑩ 原为空格，现根据句意完善。
⑪ 多数记录为“联”，辨识有误。

# 东山双峰阁序

[清] 梁懋宸[1]

铜江多佳山水，惟东山最奇。水绕山根，山浮江面，陟山岭而呼，波浪飞而起，岩石响答，有金玉声，余心乎爱。每携茗作少憩，虽不能如谢公之著屐、坡仙之放鹤也，然处残疆而苦劳瘁，求洒洒出尘处，百无一有，独登此山，山容以洗之，岂在踞胡床吹柯亭，爽气扑眉宇，人始不俗也哉。虽然，其胜也，以阁有山水，无其人不传；有其人，无文字不传；山水人文之相遇，而不得一题咏之所留其笔迹，则亦不传。考《郡志》，昔有大观楼，诗歌满壁，今楼亡矣，可不别为之创，俾人文山水相符而益彰乎。余以是戒我工师，乃构双峰阁于其上，盖缘天乙峰、太乙峰，左右屹峙，日月挂峰尖，云霞烂峰脊，倒影入江，鱼龙为之震惊，且其光怪峰色变幻，不分晴雨，日盘旋于阁之内外，恍以诗逋酒债索我游客，壮哉观也。阁故以双峰名，独是经营此阁，为力甚艰，若非得高僧真率者作将伯以助予，予怀弗遂也。阁成，予登而眺焉，山之半，石皆拔起，如张巨翅，翀凤山也；濛濛细雨，山如着衣，雨霁而日出，晴霞制锦，晒袍山也，水上凫鹭，乃于山脚乱流中，贾客行舟也。石洞隐火，歌声彻耳，夜半渔梁也。新劫芙蓉高于天，直泻银河，岩腹散繁珠，潭心卷乱雪，南岳飞泉也。纵目天际，虚窗如吞湖海，东则洞庭之秋月，西则锦江之春色也。

---

① 梁懋宸，清代陕西延安人，武生出身，顺治十五年（1658）任铜仁知府。

# 请移铜仁安化于大江口大堡奏折

[清] 岑毓英

窃查贵州一省，明代始入版图，从前苗多汉少，既有土司弹压，又设重兵镇抚，民事不多，在州县管数百里之地，可以遥制，今则汉苗生齿皆繁，几有鞭长莫及之势，而边要则莫如梵净山，查此山周围六百余里，界连四川、湖南，附近此山之黔境，向归铜仁、思南、镇远、松桃等属所辖，均距城二三百里，或三四百里不等。平时有司征钱粮、验命案，皆因地方窎远，已属往返需时，而查缉奸宄，尤为耳目之不及，致逆匪盘踞六年，惨害百姓。今年夏间，臣亲往搜剿，肃清后周历一次，揆度形势，似非移县治于适中之区，不足以资控制，查松桃、镇远两厅县，皆地要事繁，碍难更移，惟铜仁府之铜仁县，思南府之安化县，俱系附府首邑，尚可移置，盖黔省郡县制度，与他省微有不同。如知府一职，不但表率属僚，兼与州县分管地方，皆系理事收粮，所以兴义府之兴义县，另驻要隘。并未附府；而大定、石阡、思州等府，亦无同城知县，今移铜仁、安化两首县，择要驻扎，仍与知府分界而治，核与黔省制度亦不相背。当饬各属官绅妥议，并与司道悉心筹画。查铜仁县属之大江口，舟楫可通，商贩云集，距府城九十里，距梵净山脚亦九十里。若将铜仁县移驻大江口，即不致顾此失彼。又查安化县属下五里之大堡，距府城七十里，附近沿河司接壤四川，为涪岸川盐入黔要路，距梵净山尚不甚远，该处人烟稠密，商贾辐辏。若将安化县移驻大堡，不仅于下五里沿河一带有益。即控制梵净山亦觉稍易，据善后局司道林肇元等会同贵东道易佩绅详请具奏前来，相应请旨，敕部核议施行。再建置城署，并划分疆界各事宜，容俟部复到日，再与司道另行筹办。抑臣更有请者。为政之要，必自经界始，黔省经界每多混淆。譬诸此村粮地，以界限而论，应归铜仁县经管，乃竟越铜仁、印江两县而归于安化县管者，俗谓之插花。村寨既多，争端由是而起，以致岐考、抗粮、窃盗等弊，层见叠出，前抚臣曾璧光，曾经通饬查办，复奏留臬司吴德溥督同经理，迄因各属绘图不全，事未举办。臣上年到任。采访地方利弊，并据绅士四川建昌道唐炯条陈，皆以此事为当务之急。兹拟督同司道。遴委康干之员，会同各府厅州县，勒限清理。将彼此混淆之处，以城为的，取近去远，互相更换，庶经界既正，而户籍易于稽查，且乘便将各属田地钱粮，逐一查清，因兵燹后，各属钱粮档册，尽行遗失，百姓则互相欺隐，官吏则任意浮收，甚至以熟报荒、以荒作熟，种种弊端，难以悉数，实有不能不清查之势。至于荒田，亦即招徕开垦，照例限升科，似于吏治民生，均有裨益。

# 化行俗美碑[①]

禁当场赌博，以务正业；

禁当场打牌，以免酿祸；

禁当场套扼，以安善良；

禁当场抢劫，以正地方；

禁窝留匪类，以清盗源；

禁酗酒发疯，以复古道。

以上禁约六条，祈各凛遵。倘若古违，捆送公庭，请治重罪，休怪首等无情矣！

光绪三十四年（1908）戊申花月中浣立。

---

①此碑立于沿河土家族自治县淇滩场上，碑高约60厘米，宽约40厘米，呈上圆下方的四边形。全文正楷书写。

# 明世宗敕诰（田秋）文书四则

## 一

奉天承运皇帝敕曰：朕以祀典告成，覃恩宇内。凡任于朝者，咸得推锡其所生，重报本也。尔田显文，乃礼科左给事中秋之父，隐德弗耀，名著乡评，余庆所钟，发祥厥子，方以才望，为国近臣。肇赐宠章，昭贲不朽，斯尔之义训，有足征哉。兹特赠为征仕郎、礼科左给事中。灵爽有知，服兹宠命。

## 二

敕曰：人子之才，虽本于父训，而资于母德亦深矣。故宠荣之命，父母均焉。尔汪氏，乃礼科左给事中田秋之母，夙著内仪，克成令子，揆诸慈范，宜赐宠褒。兹特封为孺人。茂服宠光，益绵寿祉。

## 三

奉天承运，皇帝敕曰：国家稽古建官，置六科于禁中，官以谏为名，官守言责，实兼有之，朕恒以非人为忧尔。礼科左给事中田秋，奋登甲第，佐郡有声，乃兹简抡，入居禁密，官箴克懋，忠荩著闻，宜有命词，以示褒宠，是用进尔阶征仕郎。锡之敕命。尔尚尽聪明之实，以资予视听，庶于治道有稗，尔职无忝。钦哉。

## 四

敕曰：朝廷敷锡群臣，必显其家室，实惟内助之贤，有相成之道焉。尔礼科左给事中田秋妻张氏，育秀儒门，配德名士，贤而克相，休有淑声，宜锡从贵之恩，用伸齐体之义。兹特封为孺人。尚克钦承，永光闺阃。